著者／王金玲　王艳府

图说礼仪

礼仪之邦的礼乐全典（全彩典藏图本）

祝祈福祥之礼　待客之礼　丧葬之礼　伦常之礼

t u s h u o l i y i

前期三日筮賓如求日之儀乃宿賓賓如主人服出門左西面再拜主人東面荅拜乃宿賓賓許主人再拜賓荅拜主人退賓拜送宿贊冠者一人亦如之

舉行冠禮前三天，通過古筮選擇一位爲孩子加冠的賓客，其禮儀與筮日一樣。賓選定後，主人便速往約請賓至。賓着與主人一樣的服裝，從門的左側出來，面向西向主人行再拜禮。主人站左門的西邊，面向東面回禮答拜，邀請賓爲孩子行加冠禮。賓應允了。主人再次向賓行拜禮以示感謝，賓回禮答拜。主人退去，賓行禮拜送。主人又邀請了一位贊冠者，禮儀與邀請賓一樣。

始加祝曰令月吉日始加元服弃爾幼志順爾成德壽考惟祺介爾景福

第一次加冠，賓致祝辭道：『在這良月吉日，你首次加冠。希望你以此拋弃稚氣，順利地修養成德行。如此則可以長壽吉祥，洪福遠大。

再加曰吉月令辰乃申爾服敬爾

国学精读：汉人美丽的精神世界

重庆出版集团　重庆出版社

图书在版编目（CIP）数据

图说礼仪 / 王金玲，王艳府著 . —重庆：重庆出版社，2008.6
ISBN 978-7-5366-9518-4

Ⅰ. 图 … Ⅱ. ①王… ②王… Ⅲ. 礼仪—中国—古代—图解
Ⅳ. K892.9-64

中国版本图书馆 CIP 数据核字（2008）第 030845 号

图说礼仪

TU SHUO LI YI

王金玲　王艳府 著

出 版 人：罗小卫
策　　划：刘太亨 陈　慧
责任编辑：曾海龙
责任校对：何建云
装帧设计：日日新文化

重庆出版社
重庆出版集团 出版

重庆长江二路 205 号　邮编：400016　http: //www.cqph.com
重庆海阔特彩色数码分色有限公司制版
重庆长虹印务有限公司印刷
（重庆市长江一路 69 号　邮编：400014）
重庆出版集团图书发行有限公司发行
E-MAIL: fxchu@cqph.com　邮购电话：023-68809452
全国新华书店经销

开本：787mm × 1092mm　1/16　印张：21　字数：397 千
2008 年 6 月第 1 版　2008 年 6 月第 1 次印刷
印数：10 000
书号：ISBN 978-7-5366-9518-4
定价：58.00 元

如有印装质量问题，请向本集团图书发行有限公司调换：023-68809955 转 8005

前言

礼仪即礼节与仪式，它是古代先民在社会交往活动中逐渐形成、共同遵守的一种行为规范。从个人修养的角度看，礼仪是一个人内在修养的外部表现形式。

礼仪起源很早，从传说中的黄帝时代起，历经尧舜禹时代及夏商王朝，礼经历了萌芽、产生、继承与发展几个阶段，直到周代，礼制逐步系统化，并趋于完备，成为后世的典范。

中国古代有“五礼”之说，祭祀之事为吉礼，冠婚之事为嘉礼，宾客之事为宾礼，军旅之事为军礼，丧葬之事为凶礼。吉礼居五礼之首，主要是对天神、地祇、人鬼的祭祀典礼；凶礼是哀悯、吊唁、忧患之礼。宾礼是接待宾客之礼，包括朝、宗、觐、遇、会、同、问、视八项。军礼是师旅操演、征伐之礼。嘉礼的主要内容有饮食之礼、婚冠之礼、宾射之礼、燕之礼、脤膰之礼、贺庆之礼。“五礼”几乎含盖了社会生活的方方面面，充分反映了中华文明的尚礼精神。

我国古代的礼学典籍，最重要的为“三礼”，即《周礼》、《仪礼》、《礼记》三部礼学著作。《周礼》，是古老系统的官制记录，法天地四时而作，体现了古代朴素的时空观念以及虚实与阴阳相谐的观念。《仪礼》，以士礼为主，记录了士以上的各种贵族典礼仪节。《礼记》，是我国最早的传统礼制教科书，主要记载和论述了先秦的礼制、礼义，解释了《仪礼》，记录了孔子与其弟子等的问答，记述了修身做人的准则，补充了许多《仪礼》没有记载的内容。“三礼”是中国传统礼乐文化的重要的理论形态，是官方经学的重要组成部分，得到了历代统治者的高度重视。

今天，礼仪仍有它的现代价值。如它倡导的尊老敬贤、礼貌待人思想；它独创的形式丰富的仪矩，为当代人在处理人际交往关系中提供了进行相互沟通的技巧。现在的政务礼仪、商务礼仪、服务礼仪、社交礼仪、涉外礼仪，很多都吸收了古代礼仪的精华。从个人的角度来看，礼仪有助于提高人们的自身修养；有助于美化生活、美化个人形象；有助于促进人们的社会交往，改善人们的人际关系；还有助于净化社会风气等。

本书对礼的产生、发展、礼的特点以及相关的礼乐、礼服、礼器等做了阐述，并就五礼的仪程及礼义做了比较全面的介绍，并辅以精美的图片，可谓图文并茂，使读者在深入了解古代各种礼仪的同时，又可得到美的享受。

本书在编写过程中，主要参阅了彭林先生译著的《仪礼》，钱玄、钱兴奇等译著的《礼记》、《周礼》，在此谨表谢忱。

第三章 礼乐相和寓教于美

器以藏礼——礼器/60 礼器的产生/礼器的种类

典制之系——礼服/68 服式/服色/配饰

德音之谓——礼乐/84 德音之谓：声、音、乐三者之辩/完备的古代音乐制度/雅乐与郑卫之音/乐与政通/礼乐之异同

第四章 古代礼仪的形成与发展

春秋战国时的儒家思想/96 以『仁』为思想核心/以『义』为准绳/以『礼』为行为规范

秦汉：以儒家学说为主导的封建礼教/103 焚书罹患/坑儒坏本/罢黜百家，独尊儒术

宋朝：儒学的复兴/108 理学体系形成/伦理观念：三纲五常/女性观念：三从四德/礼的机械化——礼教

第七章 亲万民之礼——嘉礼

冠礼/196 古者重冠/冠礼仪程/冠日之事/笄礼

射礼/206 射礼之功用/射礼之仪程/筵席边的射礼：投壶之礼

婚礼/216 婚礼之产生/婚礼仪程概说/婚姻者，阴阳相合也

乡饮酒礼/225 乡饮酒礼之仪程/以礼法天之礼仪

飨燕饮食之礼/231 飨礼/食礼/燕礼/燕礼仪程

第八章 待客之礼——宾礼

聘礼/244 聘礼仪程/聘问遇丧/敬让的邦交之仪

士相见礼/251 诚敬以访/尚往来而回访

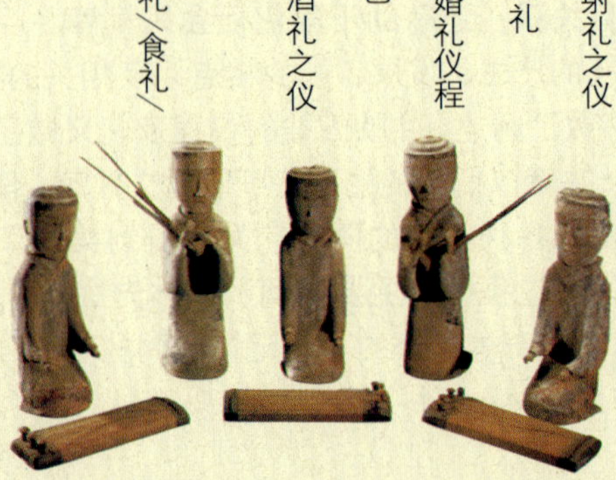

目录

前言

第一章 礼的源流

礼之源／2 物畜然后有礼／礼俗同源／礼源于原始信仰

礼缘何而作／13 顺应人情合乎人性／礼是人类文明的标志

礼之源——周公制礼／18 礼的渊源／周礼的发展

第二章 礼学专著——『三礼』

治国之纲领——周礼／24 古老系统的官制记录／以人法天之纲领 朴素的时空观念

《仪礼》／35 贵族礼仪／细致礼仪／礼的教化作用

《礼记》／44 最早的礼制教科书／广泛而深刻的哲理之思／对于典章制度的记录／大学之道，修身为本／极高明而道中庸／化民成俗必由学

明清：家庭礼制的完善／115 西学东渐，中学成熟／礼的凝固化

第五章 古代礼仪的特点

尊老敬贤／120 尊老尚齿／敬老恭让／养老之礼／日常生活中具体的养老礼节／敬贤重才

仪尚适宜／144 奢俭适度／敬而无失

容仪有整／153 仪表／仪态／言语辞令／称谓的谦敬与避讳

礼有等差／174 行礼有等／礼遇有别

第六章 祝祈福祥之礼——吉礼

祭祀的对象／178 天神／地示／人鬼

祭祀的方法／182 圜丘祭天／方丘祭地／庙祭人鬼／配祭

虔诚之祭／191 及时将祭，君子乃齐／祭者，教之本也

第九章 丧葬之礼——凶礼

士丧礼/256 属纩招魂/楔齿、缀足及设奠/入哭位/报丧、吊唁及助丧/建铭/沐浴、饭含及袭/设重木/小殓：复衾、迁尸、挽发及奠/大殓及殡/卜葬

既夕礼/265 起殡、朝祖/饰柩车/陈明器/祖奠/受赠助葬物/遣奠/撤奠发引/落葬/反哭

士虞礼/273 祭物陈设、主宾就位/迎尸、妥尸/飨尸/三献尸/祝告礼毕、送尸送宾

丧服/279 丧服等级及所服对象/丧服等级之确定/丧服等级之体现/服丧的时间之别/居丧者的服饰/居丧期间之饮食、居处及行止/仁义礼知，人道具矣

第十章 行兵杖之礼——军礼

大师之礼/296 出师祭祀/誓师典礼/军中刑赏/命将出征/宣露布/凯旋、献捷及饮至/师不功

大田之礼/305 仲春教振旅/仲夏教茇舍/仲秋教治兵/仲冬教大阅

其他军礼/310 大均之礼/大役之礼/大封之礼

第十一章 伦常之礼

君仁臣忠/314

父慈子孝/317

夫义妇从/322

兄友弟恭/324

师教生尊/326

第一章 礼的源流

《论语》最后一章是孔子具有总结性的话：『不知礼，无以立也。』这说明礼是人处世立身之根本。这个『礼』到底指的什么呢？礼义？礼仪？礼节？礼制？礼貌？还是其他的什么？都是，又都不是。可以说我们提到的都与『礼』有关，都是从礼的根本来的，但又都不是『礼』。那什么是『礼』呢？『礼』又是如何产生的呢？

礼之源

LIZHIYUAN

“仓廪实则知礼节，衣食足则知荣辱”。人类的生存有了一定的物质保障后，便开始了自身的修养——在日常生活中对行为及内心思想进行约束，形成俗与礼。此外，礼的产生与人类对天地神灵、先祖的崇敬祭拜也有直接关系。

物畜然后有礼

我国是人类的重要发源地之一，同时也是世界文明起源的中心之一，有着悠久的历史和文化。中国在与世界交流的过程中，被赋予“礼仪之邦”的美誉。这一切都得益于中国的文化。而中国文化的核心就是“礼”文化，或者说叫“礼治”，或称其为“礼教”。

要探讨中国文化，不能离开中国所处的地理位置以及中国的社会发展历程。要研究中国的历史文化不能按照西方的阶段划分，只能是按照中国的史书记载，依照朝代的更替来认识中国的历史与文化。

礼是什么？礼的起源在哪里呢？礼是怎样产生的呢？对于这个问题，我们的古人早就做过探讨。“礼也者，合于天时，设于

大傩图

国之大事，在祀与戎，古代礼仪制度的日益完善和体制化，就是在祭天、祭地、宗庙之祭，祭先师先圣、尊师乡饮酒礼、相见礼、军礼等各种政治祭祀中逐渐建立起来的。“傩”，意思是借祭神来驱鬼疫，据考证，在原始社会末期——颛顼之时就有了傩祭的活动，《古今事类全书》载，“昔颛顼氏有三子，亡而为疫鬼。——于是以岁十二月，命祀官时傩，以索室中而驱疫鬼焉。”

地财，顺于鬼神，合于人心，理万物者也。”《礼记·礼器》认为，符合自然运行的时序，契合于山川土地的高下形势，顺应鬼神，又合于人心，而且可治理万事万物的则为礼。“礼”就是“理”。可见“礼”对人确实有规范作用。可以说礼既可以规范人的思想精神，也可以规范人的行为品质。礼是调整人际关系的根本原则，它有两个方面，一是对自身的要求，一是如何对待他人。每个人按礼的精神来自我约束和处世待人，整个社会就会和谐融洽。所以礼也备受国人重视。

《荀子·礼论》中说：“礼起于何也？曰：人生而有欲，欲而不得则不能无求，求而无度量分界则不能不争，争则乱，乱则穷。先王恶其乱也，故制礼仪以分之，以养人之欲，给人之求，使欲必不穷乎物，物必不屈于欲。两者相持而长，是礼之所（以）起也。故礼者，养也。”

有巢氏教民架屋

“仓廪实而知礼仪，衣食足而知荣辱”，礼仪是以社会安定，民居有定所、食能裹腹为条件建立的。有巢氏教民架屋，厚待民众，使人们得以定居，结束了四处游居的生活状态，有了一定的社会组织，礼仪得以萌发。

灵官　开山　周仓

古代傩面具

傩戏中面具起着重要的作用。商周时期，傩祭之风盛行，为获得强烈的祭祖效果，主持傩祭的人都要佩戴造型奇特、面部狰狞的面具，《周礼》中就对傩面具作过生动形象的描述。

人类生来就是有欲望的，而作为动物的人最基本的欲望仍然是获得食物，求得生存。《韩非子·五蠹》曰：“上古之世，人民少而禽兽众，人民不胜禽兽虫蛇，有圣人作，构木为巢，以避群害，而民悦之，使王天下，号之曰有巢氏。民食果蓏蚌蛤，腥臊恶臭，而伤害腹胃，民多疾病，有圣人作，钻燧取火，以化腥臊，而民悦之，使王天下，号之曰燧人氏。”可见在中国的远古时代，人们生产水平极为低下，使用的工具极其简单，人们谋取食物的手段主要是采集和狩猎。在当时由于人类的生存都没有保障，所以当时人们最需要的是填饱肚子，而不知什么礼仪。《吕氏春秋·恃君览》曰：“昔太古尝无君矣，其民聚生群处，知母而不知父，无亲戚、兄弟、夫妻、男女之别，无上下长幼之道，无进退揖让之礼。”在上古时期，人们头脑之中没有君主的概念，过的是群居的生活，只知道母亲是谁而不知道父亲是谁，更没有亲族外戚、兄弟、夫妻甚至是男女

祈求丰收的壁画

岩画是研究古代史实的第一手资料。可分为用颜料绘制的岩壁画和岩刻画，其题材异常丰富，有狩猎、农耕、战争、祭祀、巫术、舞蹈等，岩画整体风格粗犷豪放，具有浓厚的神秘性，既是古代生活的反映，又是一种巫术祈祷。古代礼就是从这种巫术祭祀中发展而来，"礼"本是巫君事神、敬长的巫术活动，而"祭"作为巫术礼仪，维护了古代的政治、伦理秩序。原始巫术礼仪的规范化和系统化就形成了后来的"礼"。

原始社会衣饰

"衣毛而冒皮"是古代人类衣帽发展的一个阶段。图为这一时期的兽皮服饰，颈项处有贝壳、骨制的装饰项链，可一窥古人的审美意识。

的差别，不讲究地位的高低，年龄长幼的伦常之道，更没有那些行为规范如何进退，如何作揖如何退让的礼节。这是原始社会的早期，典型的母系氏族阶段。那样的社会条件之下，只有单个的人与其他的人之间的区别，根本没有什么父子、夫妻之类的伦常界限。在饥饿的驱使下，人类之间甚至发生过人吃人的现象。而当时的人与人之间或者氏族之间也有时为了争夺食物而进行战争。这也就是求而不得则争，争则乱。

后来，随着人类征服自然改造自然的能力逐渐提高，家禽家畜的饲养，农业的发生，使得物质生活有了较大的提高，也为礼的产生提供了最基本的保障。当代考古学成果表明，农业在我国的发生，是距今10 000年以前新石器时代到来之际的事。农业的革命又促进了社会其他经济门类的快速发展。特别是手工业发展最为显著。人们不再把生存当做第一威胁，并且在长期的生产和生活过程中人与人之间开始有了一些共同的生活习惯。这种习惯经过长期使用并形成规范，最后一些习惯就形成了风俗，而另外的一些习惯就形成了礼。所以说礼是人类社会发展到一定阶段，物质比较丰富后的产物。《易·序卦传》上说"物畜然后有礼"，指的就是礼的产生得益于人类的物质生活有了很大的发展。

礼俗同源

人类社会的发展史不只是物质发展的历史，同时也是人类思想发展的历史。在长期的征服自然的过程中，人们积累了丰富的生产经验。而在社会的群居生活中，人们的思想认识也在不断地发展。

有人必有俗，有俗必有礼。俗是什么？什么是俗？《说文解字》解释说："俗，习也。"是指生活习惯。东汉郑玄对此作了进一步的解释："俗谓土地所生习也。"（《周礼·地官·大司徒》郑玄注）"土地"是指人们的生存环境，包括地理、气候、人文等各种要素在内。人们在各自特定的环境中生活，久而久之，就形成了各自的习俗。

在原始社会早期，人类穴居野处，都是赤身裸体的。初时人们只知道用树叶、草葛遮挡烈日，防御虫蛇的啃咬、风雨的侵袭，以保护身体。或者是为了猎获野兽，把自己伪装成猎物的模样，如头顶兽角、兽头，身披动物的皮毛，臀后拖着长长的兽尾，以便靠近目标，提高狩猎效果。后来，才逐渐懂得用猎获的鹿、牛、羊、狐、兔等皮毛把身体包裹起来御寒保暖，即《后汉书·舆服志》中所谓的"衣毛而冒皮"。

当人们的羞耻心、道德感形成之后，用树叶兽皮遮身就更普遍了。人们都这样做了，于是穿衣服就成了一种规范，也就是成为了一种习俗。再后来人们的审美观念产生，从此，人类也就开始了修饰自己的仪容仪貌和穿着打扮的历史，不仅要穿衣，还要佩戴一些饰物，也就踏上了礼仪之路。人们不仅外表上按照一定的标准去修饰，内心也形成了一种较为固定的审美程式。因此可以说礼源于生活。

由于中国幅员辽阔，地理、气候环境复杂多样，加之其他原因，使得中国呈现出多种习俗共存的现象。而最主要的是形成了以农耕为主的地区与以游牧为主的地区的大分野。于是人们的风俗也具有了不同的流向。有损于人类健康的蛮风野俗，被人们自觉地扬弃了；某些落伍的风俗则为新的风俗所替代，发展成为新时代的风俗；还有一部分风俗，则顽强地留存于社会中，继续发生影响。从考古材料看，早在新石器时代，我国各地的民居、葬式、食物、器形、服饰等，都有明显的地域性。这一时期的风俗，具有浓厚的原始性。如在大

穿树叶的始祖

《通典·礼志》记载，"上古穴处，衣毛，未有制度。后代以麻易之，先知为上，以制其衣；后知为下，复制其裳，衣裳始备"。可见，最早的衣裳是遮羞蔽体、避寒保暖所用。但在中国传统文化中，服饰更多的被赋予宗教礼法含义，使人能"见其服而知贵贱"，成为古代礼制的重要内容。图为华夏祖先伏羲形象，手持八卦着树叶，颇有远古味道。

汶口文化地区，流行拔除一对上颌侧门齿的风俗，女性口内多含小石球，致使臼齿严重磨损，腐蚀到齿冠、齿根，甚至将齿列挤向舌侧，使齿槽骨萎缩。这可能与某种原始信仰或审美情趣有关。这是很典型的远古风俗的例证。而这些风俗也是来源于人们的生活。

礼和俗都是源于生活，都是从人们的生活习惯当中规范出来的。俗只是普通的生活习惯，它约束着人们日常生活中的行为。而礼则上升到一个比较高的层面，主要注重的是对人们内心精神上的一种约束，约束人们的行为就是从属于精神的约束了。

礼源于原始信仰

天地信仰 礼的本质是治人之道，是鬼神信仰的派生物。人们认为一切事物都有看不见的鬼神在操纵，履行礼仪即是向鬼神讨好求福。因此礼仪起源于鬼神信仰，也是鬼神信仰的一种特殊体现形式。

礼源于自然界，是古人敬天畏神的观点和认识的一种反映。

在人类的早期，生产力低下，人类认识自然改造自然的能力很差，对大自然中的许多现象如刮风下雨、开花结果等都无法解释，许多的自然灾害，像地震、火山喷发、洪水，甚至山崩、海啸等都无法避免，许多的灾难无法解决，无法克服。于是便认为“万物皆有灵”，相信天地之间有神灵的存在。从而产生了对自然界和自然力量的敬畏与崇拜，即自然崇拜。于是人们开始祭祀、崇拜、赞颂神灵，期望以人们的虔诚感动神灵，为人类赐福，消灾解难。这些心理有了一定程度的普及之后，人们在祭礼、祈福的过程中，

礼的起源

人类进入阶级社会之后，建立起了严格的等级制度。为维护这种制度，并区别贵族中的等级，于是制定出繁杂的礼仪，如朝觐、盟会、聘问、射御、宾客、祭祀、婚嫁、冠笄、丧葬等礼仪。

古代的礼仪，主要反映在典礼活动中，不同等级的人使用的器物、穿的衣服、行的仪式都不同。统治者通过强化礼仪，来体现自己的政治意图，所以，历史上有“礼以体政”的说法。

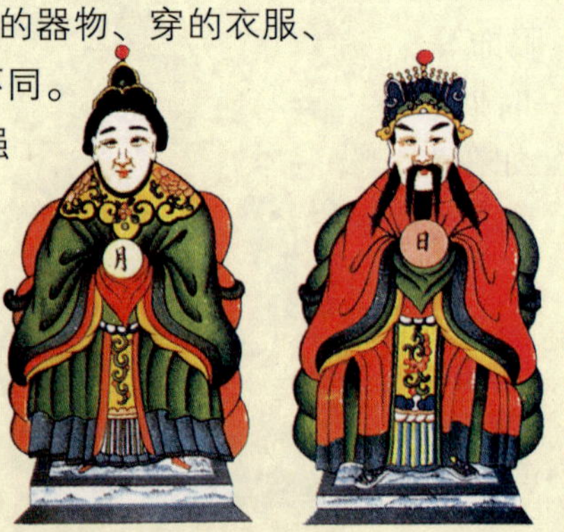

日月神

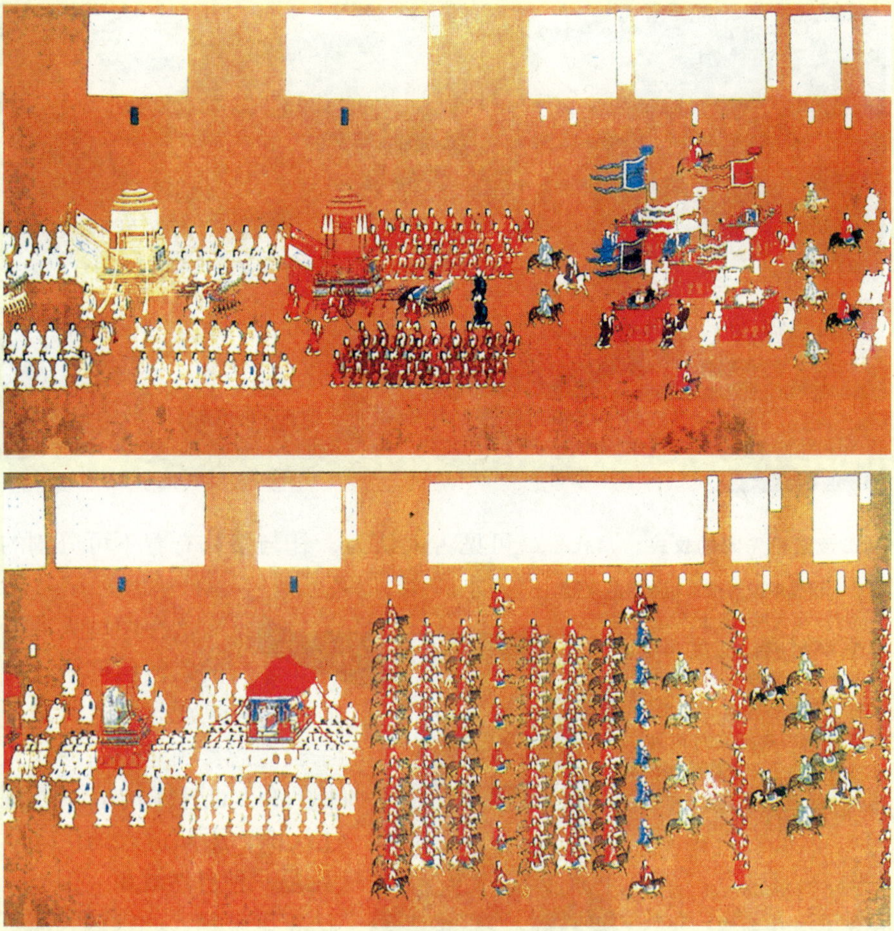

皇帝祭天仪式

冬至日的圜丘祭天，是古代郊祀最主要的形式之一，礼仪极其隆重与繁复。祭天圜丘坛，台上不建房屋，对空而祭，称“露祭”。整个祭天大礼分为迎神、奠玉帛、进俎、行初献礼等9项程序，仪式在赞礼官的指挥下进行。祭天大典，是封建皇帝展现“君权神授”思想的一重大仪式，对出差错的事祭人员有严厉的惩罚规定，《大清律》中明确记载，“每逢祭祀，于陈祭器之后，即令御史会同太常寺官遍行巡查，凡陪祀执事各官，如有在坛庙内涕唾、咳嗽、谈笑、喧哗者，无论宗室、觉罗、大臣、官员，即指名题参。”图为天子在典礼仪官陪伴下前往圜丘的浩大场面。

祭祀地神的玉琮

玉琮，古代玉器中带有神秘色彩的礼器，用来礼地。形制上内圆外方，反映了古人“承天象地、天圆地方”的思想。

开始有了共同的形式，比如在这种祭祀活动中，要向神祖打恭跪拜、祈祷、上贡品等。这些就是后来形成的宗教仪式。而这些仪式就被固定下来，形成了“礼”。就这样，在祭礼的活动中，原始的礼便产生了。东汉的许慎在《说文解字》中对“礼”字作了解释：“礼，履也，所以事神致福也。”

雍正帝祭祀先农的仪式　清代

社稷是中国封建王朝政权的象征。社为土，稷为谷，无土不立，无谷不食。再加上古之以来，中国就是一个农业大国，因此历代帝王皆以土谷为重，在每年仲春仲秋即农历二月八月，在社稷坛为天下求福报功，祈求一年风调雨顺，五谷丰登。

清帝祭月坛朝服

可见古人认为，礼与祭礼有着不可分割的关系。

在中国人原始的宗教信仰中，万物有灵观念是人类最早的宗教观念。由于远古时候人们对自己的身体构造缺乏理性认识，不知道人的生老病死是一种自然现象，因而无法正确解释人的疾病、痛苦甚至死亡。另外人也不能解释睡梦中出现的梦幻现象。他们经常梦到自己和周围的人，甚至是已经死去的人。这就使人们感到除了自身的肉体之外，还有一个看不见、摸不着、有生命、有感知的幻影或者精灵，这就是灵魂。当时人们不仅不能正确解释自身的肉体和精神，也未能正确地解释自然和人类。他们把自己和自然等同起来，根据自身的解释去解释自然界，把所有的自然现象和自然力量都人格化了，认为一切自然现象，包括动物、植物和生物都同人一样是有灵魂的，这就是所谓的万物有灵的观念。这种观念进而认为精灵也同人一样，有善恶好坏之分。善的、好的精灵能够造福于人，而恶的、坏的精灵则降祸于人。为了求福避灾，必须祈求、祷告那万物之灵，于是出现了灵物崇拜。

中国人号称炎黄子孙，传说炎帝族以火作为本民族的保护神。《左传》昭公十七年说炎帝“以火纪，故为火师而火名”。《礼记·祭法》：“山林川谷丘陵，能出云，为风雨，见怪物，皆曰神。”这里面透露着远古先民崇拜天地山川、风雨雷电等自然物与现象的历史信息。

中国在新石器时代的文物中，已经发现各种对于日月、星辰、土地、山石树木、风雨、火、动物的崇拜情景，如《尚书·尧典》中有关于尧舜时期“宾日”于东、“饯日”于西的记载。

中原地区在原始社会后期已经形成以“天”为最高自然神的观念。夏商周时代的自然崇拜，形成以天为最高自然神的庞大祀系，天神崇拜认为天神拥有对自然界和人类社会的最高权力和直接的神秘作用。对天的祭祀对于中国古代的宗教和意识形态产生了极为深远的影响，如在传统哲学中形成代指自然界或最高规律的“天”、“天道”、“天命”等概念。儒家也以“天尊地卑”等观念论证等级社会的合理性。

与天神崇拜并行的是地神崇拜，也就是对土地和地域的崇拜和祭祀。中国古代的地神称为“社”，与天神同为古代最重要的两个自然神。地神崇拜也起源于原始社会的后期。商周以后成为国王、诸侯和贵族显示其统治权力的手段。同时含有求地利、报地功的意义。周代以后，对社神的祭祀往往与对稷神（农神）的祭祀并论，称为“社稷”，是商周时期的重大祀典，并引为国家的代称。

中华文化有一个重要的显著特征就是对龙的崇拜。人们认为龙是一种神物，上能飞于天，中能行于地，下能入于渊，并且能够变化，还能够行云布雨。在中国以农耕为主的地域上看来龙对农业真的是大有益处。所以人们崇拜龙。1994 年，在属于兴隆洼文化的查海类型文化遗址中，发现了一条以红褐色石块精心雕塑的龙。龙身长 19.7 米，宽 1.8—2 米。这是目前我国已知的最早崇龙实例，年代为距今 8 000 年。数千年来，龙几乎是无处不在，无时不有，古国神州，已经成了龙的世界。这种崇龙的传统千年不断，体现了中华民族有一种超乎寻常的凝聚力。不论什么艰难险阻，无论什么样的冲击和震撼，中华巨龙总是神采飞扬，威猛奔放。这是真正龙的本性。

古代的龙形象

中国人自古便以华夏子孙、龙的传人自称，对龙的崇拜至少已有五千年的文化渊源。龙的崇拜最早起源于原始社会氏族的图腾崇拜，最初形象为似蛇非蛇，其后在古人的史料记载中，龙的形象日益神化和丰满，《尔雅翼》中记载，“龙者，鳞虫之长”，“其形有九似。头似驼，角似鹿，眼似兔，耳似牛，项似蛇，腹似蜃，鳞似鲤，爪似鹰，掌似虎是也。”但史料考证，世界上并不存在龙这种动物，它是人们在原始信仰中创造出来的。

祖先信仰 继自然崇拜之后，人类

社会出现的另一种原始崇拜形式是祖先崇拜。它的出现是原始社会晚期的父系氏族阶段，由于农业的发明，社会生产力水平的提高，人类在自然面前取得了初步的胜利，并由此唤起自身的觉醒。那些曾经为本族的发展壮大作出过重大贡献而被尊崇的祖先，首要的功用就是成为联结所有社会成员的精神纽带。

祖先崇拜是华夏民族最重要的崇拜。所谓祖先崇拜，就是相信祖先的灵魂不灭，并且成为超自然的一部分。子孙可以通过对祖先的祭祀等途径，得到祖先对子孙的赐福与保佑。祖先崇拜最初表现为祖先可以通过活人做出行为的巫术。在原始社会后期逐渐形成对于祖先的祭祀，成为祖先崇拜的较进步的形式。中国早期的祖先崇拜遗迹在新石器时期文物中有广泛的发现。商代对祖先的祭祀已经发展出庞大的祀系，其重要性已经逐渐超过对天等自然神的崇拜。在商代王室和其他贵族的卜辞中，记载对于历代先公先王和祖先祭祀的占了极大部分。商王对祖先的祭祀有周祭、选祭、岁祭等形式，对于被祭祀的祖先立有宗庙。周代统治阶级对祖先的祭祀也受到高度的重视，发展出与商代不同的与周代宗法家庭关系相适应的祖先

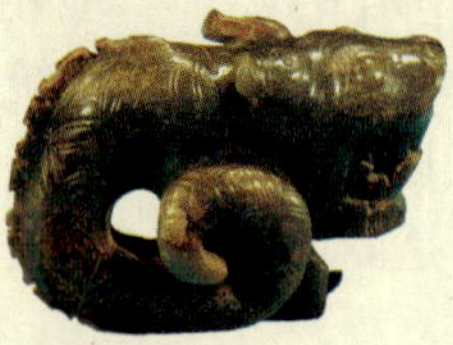

商代圆雕玉龙

红山文化玉猪龙

作乐祭祀

此图为清代黎明绘制的《仿金廷标孝经图》，描绘了古代帝王宗庙作乐祭祀的场面。宗庙制度是古代祖先崇拜的产物，是人们在阳间为祖先亡灵建立的寄居所，皇室家庙称作宗庙，士庶之家的宗庙称作家庙或宗祠。周朝的宗庙制度有严格的等级规定，天子七庙，诸侯五庙，大夫三庙，士一庙，配飨也有差别。

祭祀制度。周代将对祖先的祭祀看做是国家和宗族生存与发达的根据。宗庙亦成为国家和宗族的象征。周代对祖先的祭祀的一整套制度成为后代封建王朝的楷模。

中国古代的祖先崇拜对古代文化具有广泛而深远的影响。尤其是在伦理领域中，先秦以来以对祖先的尊崇和遵循为核心形成的孝的观念，成为古代人们行为的重要规范。在政治、社会领域内，祖先崇拜亦促进了我国社会组织的家长制特征的形成。

礼字的繁体字是“禮”，在甲骨卜辞中是“豊”。据王国维研究，当时祭祀至上神或者宗祖神，都要用两块玉盛在一个器皿里去供奉，表示对于上帝或者先祖的敬意。这个就是“豊”。而且礼字还可以解释为一个器皿里面有许多的麦穗。表示对谷神的敬重。

“礼”就是人们诚心敬奉上天或者祖先，这里面既有隆重庄严的形式，即规范的行为，又有诚敬的心理，所以，我们说礼是建立在诚敬心理之上的一种自觉的行为规范。而这些规范后来固定下来也就是“仪”。所以我们可以这样说，礼和仪是分不开的，礼仪是人类物质丰富的产物，是和风俗一起从人们的生活中不断发展完善起来的，以原始宗教的仪式最终确立的一种规范人们行为的思想。所以在礼的发展过程中我们把礼定性为一种道德，是一种心理或者思想上的约束。

中国之所以被称作是礼仪之邦或者礼仪之邦，都说明中国人首先是重视品德与修养的。《大学》开篇

祖宗影像

遗物保存与祭拜是古代祖先祭祀的一种形式。古代画论中常言，“追形莫善于画”，对祖宗遗容的“追影”、“追容”，一直兴盛。长沙马王堆出土的人物御龙、御凤升天帛画算是祭祀中出现的最早的先人像，帛画作为丧仪中悬挂的旌幡，是吊丧者祭拜的对象，之后与死者尸体一同埋葬。追影是清代绘死者遗容的一种手法，构图平板端正，一律正面。图为浙江某农村宗祠内的历代祖先图轴。

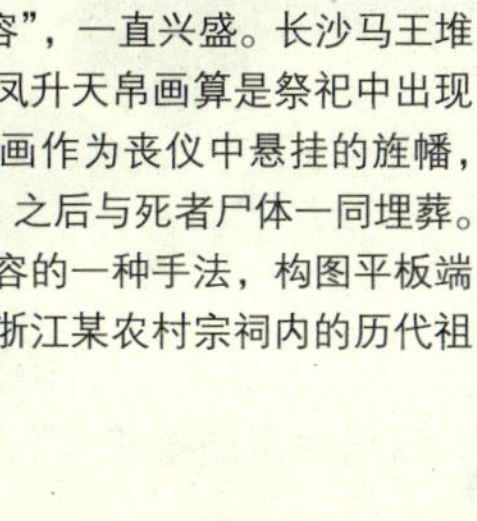

华夏始祖黄帝像

黄帝，中华民族的始祖之一。黄帝战蚩尤，统一天下，于是划分州野，制礼兴乐，教化百姓，古代文明由此开始。此外，关于古代的丧葬礼仪，《孟子·滕文公上》载，“盖上世尝有不葬其亲者。其亲死，则举而委之于壑”，最初人死后，都是直接埋于沟壑的，黄帝定天下后，制定了最早的丧葬制。

礼学的根本典籍——《仪礼》

《仪礼》是中国最早的关于礼仪的典籍，是对春秋战国时期礼制的汇编。其作者一说为周公，另一说为孔子。《仪礼》书名是后起的，先秦时期只单称是《礼》，汉代亦单称《礼》，又称《士礼》。学者认为，《仪礼》这一名称最迟在东晋元帝时已经有了。《仪礼》与《礼记》、《周礼》合称“三礼”。由于儒家倡行礼乐治国，所以作为最早的礼乐制度理论，它不仅是儒家经典“五经”之一，也是儒家安邦治国的根本经籍。

《仪礼》最早的注本是东汉郑玄的《仪礼注》。郑玄在注解中阐发的礼的根本含义，从思想深度及内容上丰富了原文。到唐代，有贾公彦作《仪礼郑玄·疏》。清代《仪礼》之学极盛，集大成者为胡培举的《仪礼正义》。

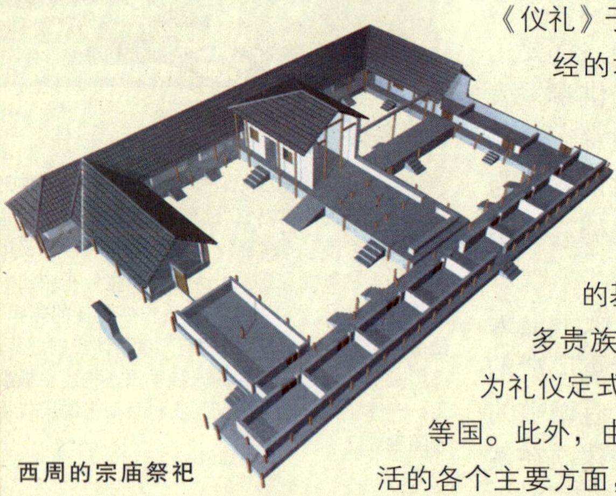
西周的宗庙祭祀

《仪礼》于“三礼”之中最早取得经的地位。西汉武帝时立五经博士，《仪礼》居其一，其后又为唐九经、宋十三经之一。它奠定了封建社会宗法关系的基本原则，影响深远。许多贵族礼仪原则沿用至今，成为礼仪定式，并传播到朝鲜、日本等国。此外，由于其记载了上古贵族生活的各个主要方面，具有很高的史料价值。

即说：“大学之道，在明明德，在亲民，在止于至善。”可见明德，即开发人们心中的善性，让人与别人亲近，最终达到最好的效果，是人们终身学习的目标。所以礼治可以说就是德治，以礼治国就是以德治国，所以重视礼也就是让人人自我约束。这样一来，就会出现黄帝垂衣裳而天下治的局面。也就是《礼记·礼运》所说的大同社会：“大道之行也，天下为公。选贤与能，讲信修睦。故人不独亲其亲，不独子其子，使老有所终，壮有所用，幼有所长。鳏寡孤独废疾者皆有所养。男有分，女有归，货恶其弃于地也，不必藏于己；力恶其不出于身也，不必为己。是故谋闭而不兴，盗窃乱贼而不作，故户外而不闭，是谓大同。”孔子都在感叹自己没有赶上这样的礼治社会。可见礼在中国古代起着非常重要的作用。

礼缘何而作

LIYUANHEERZUO

人的性与情是礼产生与发展的依据。“善”与“恶”是人们对人性的衡量标准，而同时，善是人心向，因此可以说，礼是顺应人情合乎人性之理也，是人类文明的标志。

顺应人情合乎人性

中国古人认为，治理国家就必须制定规章制度、法规政策。而这些规章制度和法规政策的制定，依据是什么呢？就是依据人的情性。所以研究人的情性就成为治理国家非常重要的理论依据。他们研究的都是普遍的人性，而人性中最大的区别就是善与恶这两种极端的性质。因此善与恶就成了中国传统文化中的重要范畴。以善恶来区分君子与小人，来分义与利，来分光荣与耻辱。有了宗教以后，还可以根据善恶来分上天堂，还是下地狱。总之，善恶是一切社会现象和个人行为的价值标准。

人是一种社会化的动物。人们在社会交往中形成了一些约定俗成

皇都积盛图

礼仪是安邦治国的工具。周公制礼乐，主要维护国君、家长尊尊亲亲的封建伦理秩序，这样才不会出现以下僭上、破坏伦理秩序的行为，国家才能安定。周公的礼乐以乐为工具、以政令引导、以刑罚辅助，合同民心，实现治国安天下的目的。图为明都城南京的盛世繁华景象。

的东西。人的心理观念，也就是人情都是要得到他人的认同，得到社会的认可。也就是首先要遵守社会的公共守则——礼。

礼，是一种道德的规范，是规范人们行为的一种准则。虽然它最初产生于祭祀，但最终发展到人们生活的方方面面。礼的产生，使人们的行为有了一定的约束。首先是因为人们心目之中都有了一个共同认识的“标准”。这就是人性的标准——善与恶。

关于善与恶，即人性的善与恶，古人也有过多种的争论。首先是孔子提出了认识。他说：“性相近也，习相远也。”（《论语·阳货》）按照孔子的说法，人性都是差不多的，先天赋予的人性都差不多，只是后天由于所处的环境等不同，个人的行为习惯就会发生变化。所以人与人之间人性就显出差异了。孔子还说过“唯上智与下愚不移”，这就是说在人的天赋中有的人极其聪明，有的人天生极笨。所以这两种人是不好改变的。其他的人都是中等人，一般可以通过教育改变他的品性。对所有的人，都应该有爱心。这就是“仁”。孔子说过：“孝悌也者，其为人之本与？”说明人要孝敬父母，和睦兄弟，也就是先“亲亲”，这样才能爱人，由此引出爱自己的父母，爱他人的父母，爱天下人。孔子还说“克己复礼曰仁”。也就是要人们控制自己天生的那种欲望，不做超出礼仪要求的事，这样才是真正的仁，也就是不做损人利己的事。不损人也就是爱人了。

孟子像

孟子，名轲，战国时期儒家的代表。孟子主张“性善论”，认为性善是与生俱来的，强调内心的道德修养，只有通过教育，加强道德修养，才能扩充和发展这些“善端”。同时他不否认环境对人性的影响，后天的恶习可以改变人的善性。图为绘于民国时期的《亚圣孟子像》。

而孟子则是“性善论”主张。孟子在与告子的辩论中，阐述了他的性善论观点。他认为：“恻隐之心，人皆有之；羞恶之心，人皆有之；恭敬之心，人皆有之；是非之心，人皆有之。”（《孟子·告子上》）人生下来就有恻隐之心、羞恶之人、恭敬之心、是非之心这四种“善端”。他认为无论圣人还是平民百姓，人的本性都是善的。而人性善的这四种“善端”又表现在仁义礼智四种“善德”上。他认为：“恻隐之心，仁之端也；羞恶之心，义之端也；辞让之心，礼之端也；是非之心，智之端也。”（《孟子·公孙丑上》）“风有四端于我者，知皆扩而充之矣，若火之始然，泉之始达。”（《孟子·公孙丑上》）而这四种善端又是人生来就有的，所以孟子断言：“仁义礼智，非由外铄我也，我固有之也，弗思耳矣。”（《孟子·告子上》）这四方面是天生就存在于人的本性中，开始只是萌芽，经过培育，不断发展，

举善风俗

“仁”是儒家学说的核心,也被儒家视为最高的道德规范。“仁”在孔子的知识体系中具有多重含义，《论语·颜渊》记载，“樊迟问仁，子曰:‘爱人’”。而孔子所提倡的“仁”，与孟子的“性善论”，具有异曲同工之处，仁善共同构成了儒家的道德规范。佛教也提倡“善”，主张不杀生，因此在浴佛节期间流行放生习俗。图左为玳瑁放生，图右为承美放生。

就可以形成完全的善性。人有相同的本性，这个本性又是善的，因此自然可以得出结论，每个人都可以成为善人。只要注意保守自己的本性，加强修养，那么“人皆可以为尧舜”（《孟子·告子》）。既然人都有善性，那么为什么还会出现恶人呢？孟子说：“为不善，非才之罪也。”（《孟子·告子》），也就是说人成为不善，不是天生的资质的罪过。问题出在哪儿呢？一是没有把善性的萌芽培育出来，善性得不到充分发展。二是受到外物的引诱，善性被物欲破坏了。因此，只有创造良好的社会环境，保护人的良好本性，社会才能成为美好的人间。

而同为儒家的代表人物——荀子，也非常重视对人性的研究。他从人的本性即性欲的观点出发，认为按照人的本性去行动必然是不道德的行为，所以得出了和孟子截然不同的结论，即“性恶论”。他说：“生之所以然者谓之性。性之和所生，精合感应，不事而自然谓之性。”（《荀子·正名》）他又说：“凡性也，天之就也，不可学，不可事。”“不可学，不可事而在天者，谓之性；可学而能，可事而成之在人者，谓之伪；是性伪之分也”（《荀子·性恶》），他认为人的本性是与道德相对立的，源于人的本性的行为必定是违背道德的行为。由此断言人性是恶的。他说：“今人之性，生而有好利焉，顺是，故争夺生而辞让亡焉；生而有疾恶焉，顺是，故残贱生而忠信亡焉。生而有耳目之欲，有好声色焉，顺是，故淫乱生而礼仪文理亡焉。然则从人之性，则人之情，必出于争夺，合于犯分乱理而归于暴。”（《荀子·性恶》）在这里，荀子把“争夺”、“残贱”、“淫乱”等社会罪恶现象，统统归结为人的本性之恶。他认为“凡人之性者，尧舜之与桀

鲁国大治

孔子仕鲁，注重道德教化，并提出了一套有效的治国方略。他认为，以政法诱导、以刑罚整顿百姓，民虽免于罪过，却无廉耻之心。以仁德诱导、以礼教整顿，民不仅有廉耻之心，而且容易心悦诚服。图为孔子任鲁司寇时，百姓安居乐业的场面。但孔子的为政思想最终没有受到统治者重视，于是他周游列国，晚年归鲁，鲁国国君以“养贤”礼待他，尊奉他为“国老”。

跖，其性一也，君子之于小人，其性一也。”又说：“尧舜者，非生而具者也，夫起于变故，成乎修为，等尽而后备者也。”（《荀子·荣辱》）在这里他就把圣人的本性和众人的本性看成一样是恶的，只是由于个人的努力，才改变了恶的本性，成为品德高尚的人。人的道德行为不是源于人的本性，而是后天学习和教化的结果。他说：“故枸木必将待隐栝蒸矫然后直，钝金必将待砻厉然后利。今人之性恶，必将待师法然后正，待礼仪然后治。凡礼仪者，是生于圣人之伪，非故生于人之性也。”（《荀子·性恶》）这意思就是说，人性之恶只有经过圣人制定的礼仪法度的教化才能得到纠正，正如弯木须得隐栝矫正才能变直一样。为此荀况特别强调“礼”的重要性。他说：“礼者，法之大分，类之纲纪也，故学至乎礼而止矣。夫是之谓道德之极。”（《劝学》）又说：“故绳者，直之至；衡者，平之至；规矩者，方圆之至；礼者，人道之极也。”（《礼论》）在这里，他把礼看成是一种最高的社会规范和行为准则。对于个人只有“以礼修身”，即按礼的标准规范自己的行为，久而久之才能成为君子。对于国家来说“国之命在礼”（《强国》），即是说国家的兴亡取决于如何对待礼。他进一步指出：“隆礼贵义者，其国治；简礼贱义者，其国乱。礼者，治辨之极也，强国之本也，威行之道也，功名之总也。”就是说，礼是治理国家的最高准则，是使国家强盛的根本，是威行于天下的途径，是建立功名的纲要。总之，“人无礼则不生，事无礼则不成，国家无礼则不宁。”（《修身》）足见礼的重要性。

当然还有后来的各种善恶论。无论哪一种观点，人们都是认为人都有向善的一面，哪怕是伪善。所以人们在社会交际中表现出来的必然是自己人性之中比较善的一面，而把自己恶的一面给掩饰住了。

尽管人性有善有恶，但人情都是要向善，都是要示善的。所以，人们要表现自己的优点，展示自己的长久，也就是行事要合乎时宜，即符合礼的规定。礼的出现是人性的一种求善心理的表现。礼的存在与发展就是十分必要的了。礼是社会必展的必然。

礼是社会一切活动的准则。礼治思想发端于人情，“礼因人情而为之”，情是性的外显，情与性相为表里，道始于情就是始于性。儒家认为人的活动，应该符合于“德”，要体现仁、义、礼、智、忠、信的要求。为此，根据德的行为要求，制定为一套规范，也称之为“礼”。如婚礼应该如何举行，丧服应该如何穿着，对父母应该如何服侍，对尊长如何称呼等等。儒家将伦理道德归纳为一系列准则，认为是社会活动中最合理的原则，《礼记·仲尼燕居》说：“礼也者，理也。”《礼记·乐记》说：“礼也者，理之不可易者也。”

礼是人类文明的标志

《礼记·冠义》：“凡人之所以为人者，礼仪也。”《礼记·曲礼》说：“鹦鹉能言，不离飞鸟。猩猩能言，不离禽兽。今人而无礼，虽能言，不亦禽兽之心乎？夫唯禽兽无礼，故父子聚麀。是故圣人作，为礼以教人，知自别于禽兽。”由此我们可以说：人与动物的根本区别不是语言的有无，而是礼。礼成了文明与野蛮的区别。这是更高一个层次的区别，是指族群与族群，或者国家与国家之间的区别，是人与人之间的区别。

豪家佚乐图（局部）　杨晋　清代

礼是中华民族的传统美德，渗透到社会生活中的方方面面。古代教育一直将“明礼”放在重要位置。《论语·季氏》载，“不学礼，无以立”，礼是个体立足社会的重要方面。在古代家庭关系中，礼生和,非礼生争斗,礼也是协调人际关系、家庭关系的保障。图中绘豪门庭院内仕女、幼童十多人，游于长廊、水榭间，或观荷，或细语，人物安排尊卑有序，是封建大家庭礼教的反映。

礼之源——周公制礼

LIZHIYUAN——ZHOUGONGZHILI

从黄帝时代起，历经尧舜禹时代及夏商王朝，礼经历了萌芽、产生、继承与发展几个阶段，直到周代，礼制逐步系统化，并趋于完备，成为后世的典范。

礼的渊源

根据考古资料和文献资料综合考察，分布于河南西部和山西南部的二里头文化，很可能就是目前已经发现的具有标志性的夏代文化的遗存。在夏代以前的漫长岁月里，有丰富的考古资料证明，在广阔的中华大地上繁衍着远古的生民，并有许多文明的创造。但总的来看是中华文明的曙光期，或者是中华文明的序幕。夏文化的一个重要标志，就是青铜冶铸和应用。与此相关的是礼制的形成，宫殿和宗庙的出现，附带着一些礼器，有不少学者认为中国传统文化的基本特点是“礼”或者“礼治”。“礼”是中华文化世代相沿的主要形态，最具有中华文化的原初性和普遍意义，兼有生活方式、伦理风范、社会制度的一体化内容。成为绵延数千年的传统文化模式。

六瑞玉

古人认为玉器有沟通人与神之间往来的特殊功能。《周礼》中有“璧、琮、圭、璋、璜、琥”六瑞之说，认为它们可掌管天地四方，发挥不同的功用。六瑞功用各异，“苍璧礼天，黄琮礼地，青圭礼东方，赤璋礼南方，白琥礼西方，玄璜礼北方”，这也是古代苍天、黄土、青龙、朱雀、白虎、玄武思想的源头。

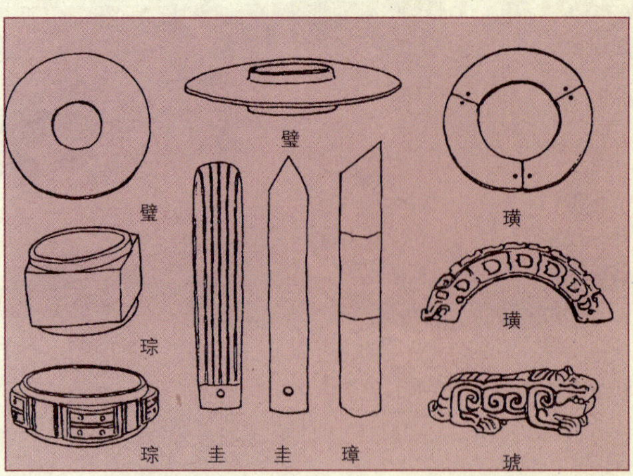

壁画上的传说人物

伏羲、女娲是中华民族的始祖，也是传说中的人类始祖。史籍中有很多关于他们的记载，如伏羲画八卦、结网罟、造甲历；女娲炼石补天、抟黄土造人、始创嫁娶等等，而关于两人交尾造人的记载最多。图为佛教壁画中的非佛教信仰形象，古人认为“无规矩不足以成方圆”，壁画中伏羲、女娲正手执规、矩创造万物，同时也透露了古代礼仪的开端。

我国大约从传说中的黄帝时代开始从氏族社会向奴隶社会过渡。由于生产力一定程度的发展和剩余产品的出现，氏族首领利用公职身份，与其他部落交换权力，侵吞公共财富，成为有权势的压迫氏族成员的贵族。氏族内部出现两极分化，一些成员沦为奴隶。贵族利用手中的权力，把当时作为主要意识形态的宗教垄断了。

传说中的颛顼“绝地天通”，进行了一系列的宗教改革。他将人神、天地分开，剥夺了平民与天神沟通的权利，人的本质力量被神化，从自身中分离出去，成为一种异己的、只有去膜拜和祈求的神秘主宰。平民百姓失去了与神沟通的权利，求神祈福、与天相通成为氏族贵族及为他服务的巫师的专利与特权。于是一些宗教祭礼的仪式也就被这些贵族确定并延续下来。

颛顼做的重要的两件大事就是制礼和作乐。传说中他很重视礼法，规定女子在路上遇见男子，必须赶快让路。否则，就要

周公旦

周公，姓姬名旦（约公元前1100年），周文王姬昌第四子，因封地在周（今陕西岐山北），故称周公。建都洛邑后，周公实行封邦建国方针，制礼作乐，制定了“畿服”制、“爵谥”制、“乐”制等典章制度，使周代的礼制有据可依。

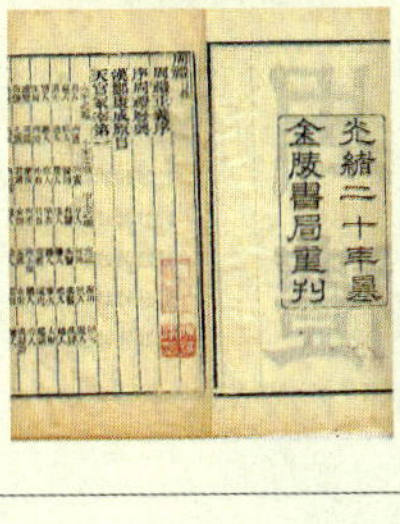

《周礼》书影

周代商统一全国后，沿袭殷人礼乐，造成全国秩序混乱。周公意识到，制礼乐能使天下服，于是对殷商礼乐体制进行改良和创新，形成周朝完善的礼乐制度。周礼系统是从天、德二元基础出发，突出“以德配天”的伦理价值观，使其成为周代社会的重要思想核心。

孔子与礼

孔子是一个奇人，儿时的行为就和一般小孩不同。《史记·孔子世家》："孔子为儿嬉戏，常陈俎豆，设礼容。"俎：外形如几案，上面盛放祭品。豆：外形如灯，可以盛带汁的祭品。这句话的意思是：孔丘即使在孩提时代和小孩们玩游戏，也在练习礼仪。成年以后，常常去参加太庙里的祭祀典礼。每一项礼节、每一件祭物，都虚心地向内行人打听。执著的孔子很快对周礼达到了精通的地步，在他30岁的时候便有人专门向他学习周礼了。

把她拉到十字街头，叫巫师敲钟击磬，作起法事，除去她身上的妖雾。他在盛怒之下，还将一对兄妹结婚作夫妇的男女流放到崆峒山，使他们冻馁而死。颛顼还很有音乐天赋和鉴赏力，他做了帝之后，模仿天风作出八方风的乐曲来，总名为《承云之歌》，并奉献给他的曾祖父黄帝。

颛顼的制礼，表明当时人类开始脱离蒙昧走向文明时代。从颛顼、尧、舜至夏后氏，贵族的权力不断加强，最后禹直接传位给儿子启，这样，中国历史上第一个奴隶制国家——夏王朝诞生了。奴隶主贵族享有了政治、经济、法律、宗教上的特权，而广大奴隶被剥夺了一切权利。贵族利用手中的国家权力进行礼治成为一个新的特色。

夏朝礼制已经不可考。但《论语·八佾》中孔子曾说过："夏礼吾能言之"、"殷礼吾能言之"，只是"文献不足征"，现在就更难找到关于夏朝和商朝的礼的文献资料了。不过孔子还说过："殷因于夏礼"，"周因于殷礼"（《论语·为政》），因而根据周礼也可以反推夏礼和殷礼。三代的礼制有一个因袭的过程。

三代中礼制最完备，达到最高顶点的就是周礼了。孔子说"以国为礼"。全国人民都讲礼治，全国人民都遵守礼的规范。最为后世称道的是"周公制礼"。周公，名姬旦，一称叔旦，西周初期的政治家，因采邑在周，故史书上称之为周公，或周公旦。他是周文王姬昌之子，曾佐其兄武王姬发伐商，并在武王死后代幼侄成王姬诵摄理政事，全面实行封邦建国的方针。为巩固王室的统治，他采取了一系列安定大局的措施，制礼作乐即是其中之一。《礼记·明堂位》称："武王崩，成王幼弱，周公践天子之位，以治天下。六年，朝诸侯于明堂，制礼作乐，颁度量，而天下大服。七年，致政于成王。"据说他在摄政的第三年就想到制礼，但由于政局不稳，下不了决心，一直到他的号召力经受住修筑东都洛邑的考验后，才推出一套建立在宗法制基础上的礼仪制度。有关其制礼的过程，《尚书大传·康诰》

的介绍较为详细，说："周公将作礼乐，优游之三年不能作。君子耻其言而不见从，耻其行而不见随。将大作，恐天下莫我知也；将小作，恐不能扬父祖功业德泽。然后营洛，以观天下之心。于是四方诸侯率其党群，各攻位于庭。周公曰：'示之以力役且犹至，况导之礼乐乎？'然后敢作礼乐"。在周公主持下，对以往的宗法传统习惯进行了补充，整理，制定出一整套以维护宗法等级制为中心的行为规范以及相应的典章制度、礼节仪式。与这套礼制相适应，西周统治者在政治法律思想方面所实行的就是以"亲亲"、"尊尊"为基本原则的礼治。周公所制的"礼"是一种道德和法的统一体。它既有道德规范，又有法律规范，是调整政治、经济、军事、司法、教育、婚姻家庭等方面的规范。其中许多规定以国家强制力来保障执行，即有法律效力。礼是维护宗法等级制的工具。它严格维护着奴隶主贵族所享有的特权，以及奴隶主内部上下等级之间的秩序。所以，礼始终贯穿着这样几个原则，即"亲亲也，尊尊也，长长也，男女有别，此其不可与民变革者也"。在礼的这几个原则中，"亲亲"和"尊尊"是最基本的原则。"亲亲"，就是必须亲爱自己的亲属，特别是以父权为中心的尊亲属（长辈），做到"父慈、子孝、兄友、弟恭"。"尊尊"要求奴隶和平民服从奴隶主贵族，下级服从上级贵族，所有贵族服从周天子，不许犯上，不得僭越。

周礼的发展

这次制礼的内容非常广泛，大到国家的政治制度，小到个人的日常行为都有详细规定。大的方面包括宗法制、分封制和国家重大活动的制度礼仪，小的方面包括人的婚姻、丧事、成人礼仪、祭祀活动等等。通过周公制礼，统治阶层力图使西周的社会制度、国家制度和人们生活以及思想，都要符合礼的要求，做事以礼为准则。此后，中国两千多年的历史中，虽然朝代更替很多，但西周时周公制礼所确定的各种礼制都被继承了下来，特别是婚姻制

《诗经》图卷

《诗经》是我国第一部诗歌总集，收录了自西周初年至春秋中叶大约五百多年的诗歌三百零五篇。它与《周易》、《尚书》、《周礼》、《仪礼》、《礼记》、《春秋左传》、《公羊传》、《穀梁传》、《尔雅》、《孝经》、《论语》、《孟子》等合称古代的"十三经"。诗教是古代礼仪的重要方面，孔子常言，"不学'诗'无以言，不学'礼'无以立"。学诗，可使人温柔敦厚，知书达理。

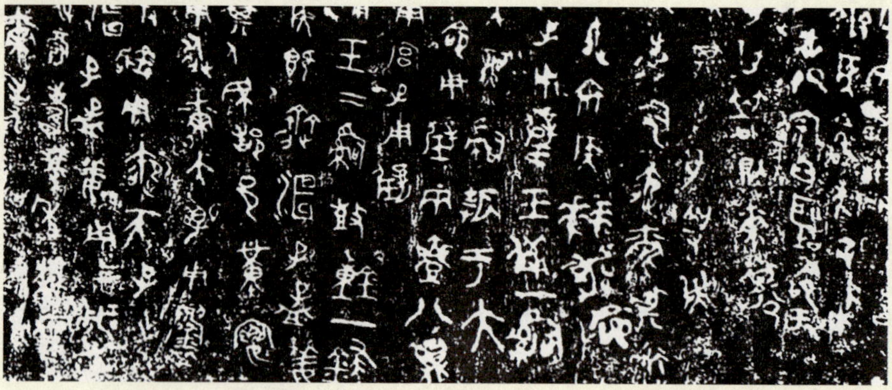

显示春秋礼仪的青铜器铭文

这是春秋后期的一件容酒器皿上所刻的铭文，是古代礼仪的一个记载。铭文大意："齐庄公之女，洹子妻孟姜丧亲属，齐庄公命令太子乘车禀告于礼官，以听命于天子。天子说：'居丧期间，齐庄公可穿丧服，我不命之以王事。'"铭文显示了当时的礼仪规定。

度的影响，一直到现在还可以看到周礼的影响。从周公制礼开始，礼治不断发展，并留下了比较完备的文献资料，我们今天所能见到的资料有号称"三礼"的《周礼》、《仪礼》和《礼记》。

《周礼》，初名《周官》或《周官经》，是周朝官制和战国时代各国制度的汇编，西汉末年改称《周礼》，分天官、地官、春官、夏官、秋官、冬官六大部分。冬官早佚，补以《考工记》。古文经学家认为是周公所作，近人定为战国时代作品。《仪礼》是先秦时代部分礼制的汇编，原名《礼》，因其所讲为士所必习的礼节，汉人称为《士礼》或《礼经》，又因其所讲为具体仪节，不是礼的意义，晋人改称为《仪礼》。全书共17篇，计吉礼3篇、凶礼4篇、宾礼3篇、嘉礼7篇，内容包括冠、婚、丧、祭、射、乡、朝、聘等八方面的基本仪节。一说是周公制作，一说为孔子订定，近人认为书成于战国时代。《礼记》，亦称《小戴礼记》，是解说《仪礼》的资料选编。

汉初刘向编定《礼记》131篇，戴德传出85篇，世称《大戴礼记》，戴圣传49篇，就是今本《礼记》。明朝时，五经中的《礼》已由《礼记》取代了《仪礼》。以上情况说明，《周礼》、《仪礼》未必全出自周公之手，史传的周公制礼，可能颁布了一套维护奴隶主统治的典章制度，构成了《周礼》的原始形态。

从这些文献我们可以看出，周朝的礼治十分完备了，并且对后世产生了极大的影响。

第二章 礼学专著——『三礼』

《周礼》、《仪礼》、《礼记》合称为『三礼』。三礼是中国封建时代礼乐文化的重要的理论形态，它们以礼法、礼仪为主要内容，是官方经学的重要组成部分，历代统治者都非常重视三礼的作用。

治国之纲领——周礼

ZHIGUOZHIGANG LING —— ZHOULI

《周礼》主要记载了建国设官的设想。是一种以王为中心的自上而下层层领导的政治体制。王下设有天、地、春、夏、秋、冬六官，为法天地四时所作，是古代朴素时空观念的体现。此官制体系，现实与理想相结合，体现了古人虚实、阴阳相谐之观念。

双龙首玉璜、三龙蟠环透雕玉佩

春秋战国时，儒家认为玉有六德，其一为礼，王室诸侯竞相以玉自比，认为玉器乃礼之至高之物，"君子比德于玉"。战国时的玉器特点有三：一是玉质优良、通透，二是雕玉技术精湛，三是龙形玉器为神瑞图案玉器之首，虎凤次之。此玉璜、玉佩造型富有动态美，显示出工匠的高超技艺。

古老系统的官制记录

《周礼》最初名为《周官》。《史记·封禅书》和刘歆《七略》均称之为《周官》。到王莽时期，刘歆奏立博士，才始名《周礼》。但在东汉时期，仍有称《周礼》为《周官》者，至郑玄注三礼，才最终确定为《周礼》。

对于周礼的作者及成书时代，前人众说纷纭，莫衷一是。刘歆以为《周礼》是周公致太平之书。郑玄注《周礼》："周公居摄而作六典之职，谓之《周礼》。营邑于土中。七年致政成王，以此礼授之，使居洛邑治天下。"《周礼》的周字，既有指代周朝的含义，因为历史相传是周公所著，另外周字又有无所不包的范围广大之含义。

也有人认为《周礼》作于战国之时，也有人认为是刘歆作的伪书。经过后人的考证，我们可以初步确定：《周礼》并不是周初已经成型的文章，但是其中有周公制礼的一部分内容应该是可以肯定的。《周礼》也不是汉时所作，应该是成书在战国后期。

《周礼》因为原名《周官》，主

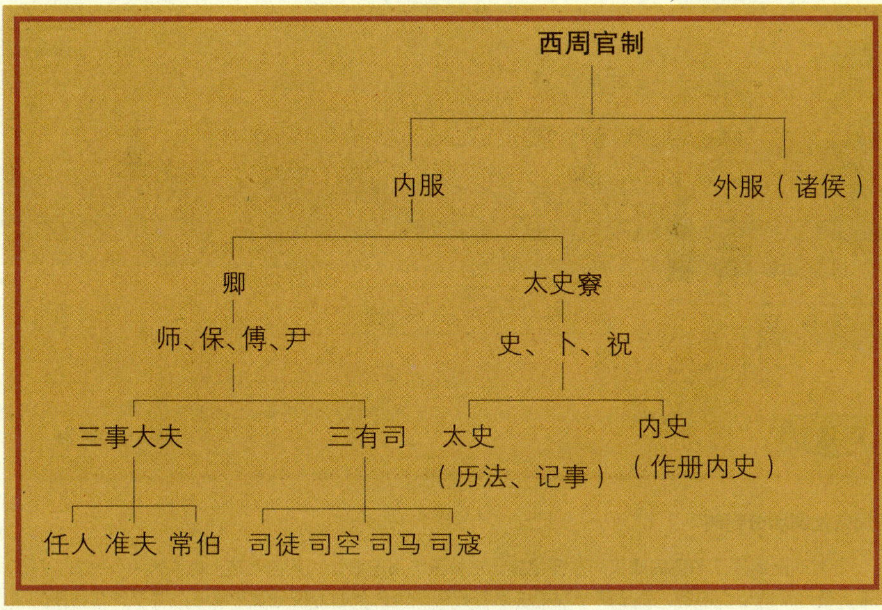

西周官制

西周官制沿袭殷商，又日趋完备，有内服官和外服官之分。所谓“内服”，即指中央政府而言，“百寮”、“庶尹”就是中央政府的官吏。以周天子为首的中央政府，统辖着以诸侯为首的地方政府，即所谓的“外服官”。内服官有卿事寮和太史寮两大官署之分，卿事寮是卿士与下属百官的概括，最重要的官职是师、保、傅和尹。师、保、傅同列三公，对周天子有辅导、监护、指导的作用。三公之下设有“三事大夫”和“三有司”，三事大夫负责政事、司法和民事，三有司主管土地赋税、城建以及军政。太史寮包括史、卜、祝等官，专司历法、记事、占卜和宗庙祭祀等。

要是记载了建国设官的设想。总体上说，并不是某一个时代的真实记载，但是就书中的某些官职，某些事物，则可以在先秦古籍以及考古出土的文物中找到相应的佐证。

《周礼》分天官、地官、春官、夏官、秋官、冬官六个部分，我们今天所能见到的周礼中《冬官》篇已经亡佚了，是用《考工记》补入其中的。《经典释文·叙录》说：“或曰河间献王开献书之路。时有李氏上《周官》五篇，失《事官》一篇。乃购千金，不得，取《考工记》补之。”

周礼各官的开篇都是这样的一种小序格式：“惟王建国，辨方正位，体国经野，设官分职，以为民极。”这就首先提出了天子建立王国的都城，首先通过测定辨别方向，确实位置，然后分划出王城及郊野的疆域，设置各种官级和职位，作为天下百姓的中正准则。《十三经注疏·周礼》“惟王建国”释曰：自此以下至“以为民极”五句，六官之首同此序者，以其建国设官为民不异故也。可见这是一种以王为中心的自上而下的政治体制，各官服从于王，而百姓服从于各官。这样形成了一整套的以王为中心的层层领导的官制。

在这种制度之下，王属下的第一个等级就是六官。六官中最重要的是第一天官冢宰。

西周宗法制和分封制

分封制是西周王朝巩固政权的重要措施，它根据与周王血缘关系的亲疏，功劳的大小分封，授民授疆土是分封的核心内容。宗法制是西周统治者利用血缘关系的亲疏来维护政治上尊卑贵贱秩序的政治制度，它以“立嫡以长不以贤，立子以贵不以长”为原则。宗法制度是由原始社会敬祖崇尚演变而来，在周族中，王的嫡长子为大宗，享有继承王位的权利，其他诸子为小宗，只能分封诸侯。西周宗法和分封制是周公制礼乐的一项重要内容。

周礼上说：“乃立天官司冢宰，使帅其属而掌邦治，以佐王均邦国。”这是说冢宰是天官，命令他率领部属掌理天下的政务，辅佐天子均衡治理天下各邦国。因而，天官冢宰被称为治官，管理朝廷大政及宫中事项，冢宰也称为大宰，他统领六官，总理所有的政务。“大宰之职，掌建邦之六典，以佐王治邦国。一曰治典，以经邦国，以治官府，以纪万民；二曰教典，以安邦国，以教官府，以扰万民；三曰礼典，以和邦国，以统百官，以谐万民；四曰政典，以平地邦国，以正百官，以均万民；五曰刑典，以诘邦国，以刑百官，以纠万民；六曰事典，以富邦国，以任百官，以生万民。”可见，治官大宰所掌理的是治理政务的法典，是治政的总纲。以下分任的各官各掌政务中的一个部分。

自天官司冢宰以下，其余五官，各有所掌，但又都服从于天官。

地官的最高职位是司徒，地官司徒“率其属而掌邦教，以佐王安抚邦国”。大体上说是掌管天下教育，帮助天子安定天下的邦国。地官的最高职位是大司徒，“大司徒之职：掌建邦之土地之图与人民之数，以佐王安抚邦国。”地官司徒掌管全国的土地与人口，主管教化、产殖、赋税等大事。

春官宗伯“帅其属而掌邦礼，以佐王和邦国”。春官的最高职位是大宗伯。他掌管邦国的礼制，辅佐天子协各天下各个邦国。“大宗伯之职：掌建邦之天神、人鬼、地示之礼，以佐王建邦保国。”大宗伯的职责是掌管建立王国和诸侯祭祀天神、人鬼、地神的礼制，以辅助天子建立、安定王国以及诸侯。

夏官司马“帅其属而掌邦政，以佐王平邦国”。司马是政官的最高职位。主要管理邦国的军务，辅助天子平定邦国。“大司马之职：掌建邦之九法，以佐王平邦国：制畿封国，以正邦国；设仪辨位，以等邦国；进贤兴功，以作邦国；建牧立监，以维邦国；制军诘禁，以纠邦国；施贡分职，以任邦国；简稽乡民，以用邦国；均守平则，以安邦国；比小事大，以和邦国。以九伐之法正邦国：冯弱犯寡则眚之，贼贤害民则伐之，暴内凌外则坛之，野荒民散则削之，负固不服则侵之，贼杀其亲则正之，放弑其君则残之，犯令陵政则杜之，外内乱鸟兽行则灭之。”大司马的职责是：掌理建立王邦的九法，辅佐天子平服各诸侯国：第一是在各封国的边界上设立畿疆封树，用以划定各国的分界；第二是制定各诸侯国及其君臣的礼仪和设立他们的朝位，使不同爵位的诸侯国之间有等级差别；第三是推举贤能，任用有功之人，以振起各诸侯国劝善乐业之心；第四是设立州牧和国监，使诸侯国及君臣之间互相有联系；第五是建立军队并规定禁令，使各国相互督察；第六是施行贡税法，使各诸侯国共同负担王邦的财用；第七是简阅和考计六乡之民，以便给各国分派任务；第八是均衡同级诸侯的封地并以土质肥薄确定赋税的标准，使各国安居乐业；第九是号召小国亲小国，小国服事于大国，使各国友好相处。这样就协调了王邦与诸侯邦国之间、各诸侯邦国包括等级相同的以及等级高的与等级低的邦国之间的关系，使各诸侯国服从于中央王国，达到安定团结的局面，使全天下人民安居乐业。另外，还用九伐之法规正各国：欺负弱小诸侯国的，就削减封地；残害贤良及人民的，就讨伐他；对内施行暴政，对外欺压别国的，就囚禁其君；郊野荒芜，人民流散的，就削减封地；凭借险要不服从中央王朝的就讨伐他；杀害亲族的就拘执正法他；杀害国君的就杀害他；违犯政令轻视国法的，就断绝他与

宣文君授经图　陈洪绶　明代

宣文君姓宋，十六国时人，出生于一个儒学世家，幼从父学《周官音义》，是前秦太常韦逞的母亲。某日，前秦苻坚视察太学，博士卢壶推荐太常韦逞的母亲来教授《周官》。苻坚令学生一百二十人至她家受业。赐号宣文君。《周官》礼学得以保存流传。

其他诸侯国的往来，外内通淫，像禽兽一样没有人伦的就灭掉他。可见，夏官主管杀伐武力，有征讨之权。

秋官司寇“帅其属而掌邦禁，以佐王刑邦国”。秋官的最高职位是司寇，他率领部属主管全国的狱讼刑罚等司法事务。“大司寇之职：掌建邦之三典，以佐王刑邦国，诘四方：一曰刑新国用轻典，二曰刑平国用中典，三曰刑乱国用重典。以五刑纠万民：一曰野刑，上功纠力；二曰军刑，上命纠守；三曰乡刑，上德纠孝；四曰官刑，上能纠职；五曰国刑，上愿纠暴。”大司寇的职责是负责制定邦国的三种法典，辅助天子用刑法治理邦国，督察四方诸侯：第一种是施行于新建立的诸侯国的轻典，第二种是施行于承平无事、秩序良好的诸侯国的中典，第三种是施行于有弑君篡位或反叛行为的诸侯国的重典。用五种刑法纠察万民：第一种是治理郊野六乡的刑法，推崇勤劳有功的人，纠举懒惰让人各尽其力；第二种是治理军队的刑法，鼓励将士遵守命令，纠举懒散让人各守其位；第三种是治

等级的僭越——邵阬墓复原图

邵的阬是楚怀王时的大夫，墓葬制为二椁棺，僭用了王侯葬制，证明了战国时期等级制度的破坏。

战国墓葬等级的体现

西周时期，贵族墓葬有公墓和邦墓区之别，天子、诸侯的墓区为公墓，卿大夫和地位较高的士安葬在家族墓中，为邦墓，地位低下的士和庶人采用野葬。战国中期之后，邦墓允许士与庶人埋葬，等级制度动摇。图为战国墓葬等级情况的体现，不同等级的陵墓封冢上种植不同种类的树木，以树木的种类来彰显地位、身份的不同。《春秋纬》中记载，天子墓树松、诸侯墓树柏、大夫墓树杨、士人墓树榆、庶人墓树榆，各等级不得僭越。

等级及墓室形制		墓地	封冢	封冢种树	地面建筑	葬具
王	四墓道 七层台大墓	公墓	2丈4尺	松树	陵寝（仿生前朝政和起居场所） 宗庙（供奉祖先的祖庙）	三椁两棺
诸侯	二墓道 五层台大墓	公墓	1丈2尺	柏树	陵寝	二椁二棺或二椁一棺
卿	单墓道 三层台墓	邦墓（春秋） 公墓（战国）	8尺	杨树	无	一椁二棺或一椁一棺
士	无墓道 二层台墓	邦墓（春秋只有地位高者） 公墓（战国）	4尺	榆树	无	一椁一棺或无椁无棺
庶人	土坑墓	野外（春秋） 邦墓（战国）	4尺	榆树	无	一棺或无棺

贤贤易色

子夏[1]曰：“贤贤易色[2]品；事父母[3]能竭其力；事君，能致其身[4]；与朋友交，言而有信。虽曰未学[5]，吾必谓之学矣。”

【注释】〔1〕子夏：孔子的学生，姓卜，名商，字子夏。〔2〕贤贤：即尊重有才德的贤人。第一个“贤”作动词用，尊重的意思。第二个“贤”作名词用，即“贤人。”易色，轻视的意思，即轻视女色而看重贤德。〔3〕事父母：侍奉父母。〔4〕致其身：把自己生命奉献给君主。〔5〕未学：此处指没有学习过《诗》、《礼》等知识。

【译文】 子夏说：“一个人尊敬贤者，不重女色；侍奉父母，能够竭尽全力；侍奉君主，能够献出自己的生命；交结朋友，言谈恪守信用。这样的人，尽管他自己说没有学习过《诗》《礼》等礼乐知识，我也一定说他已经学习过了。”

《论语·学而》

理六乡的刑法，崇尚品德高尚的人，纠举无德之人恪守孝道；第四种是治理百官的刑法，推举任用有能力的官员，纠举玩忽职守的官员，让百官都能胜任并尽职尽责；第五种是治理国都的刑法，推举诚实谨慎的人，纠举那些暴横无礼之人，让人安分守己。秋官主要是通过司法手段维护王朝统治，维持社会的安定。

至于冬官，因为已经亡佚，我们无法见到完整的记录。但是根据前面的五官我们可以知道这些：冬官的最高职位是司空，他所主管的主要是天下百姓所从事的行业。让人民能够各尽其力，各逞其才。不可终日无所事事，游手好闲。因为最后补入的《考工记》就是述录了“百工”之职。

周礼中的六官是在天官统领下的一个整体。以天官为基础，负责掌管整个王朝的政治、经济、军事、司法、教育、礼仪等国家大事。在这几个部门以下，还有各自的下属。并且规定了各个职位的职责，以及各个职位的负责人数。《周礼·天官冢宰》中说“以官府之六属举邦治：一曰天官，其属六十，掌邦治，大事则从其长，小事则专达。二曰地官，其属六十，掌邦教，大事则从其长，小事则专达。三曰春官，其属六十，掌邦礼，大事则从其长，小事则专达。四曰夏官，其属六十，掌邦政，大事则从其长，小事则专达。五曰秋官，其属六十，掌邦刑，大事则从其长，小事则专达。六曰冬官，其属六十，掌邦事，大事则从其长，小事则专达”。各官的属官基本上都为60，六官共360名属官。这是个理想的数字。也可以说合上了一年360天的数字。但是今天我们所见到的周礼，除冬官亡佚不知其数外，天官冢宰，有属官63职；地官司徒，有属官78；春

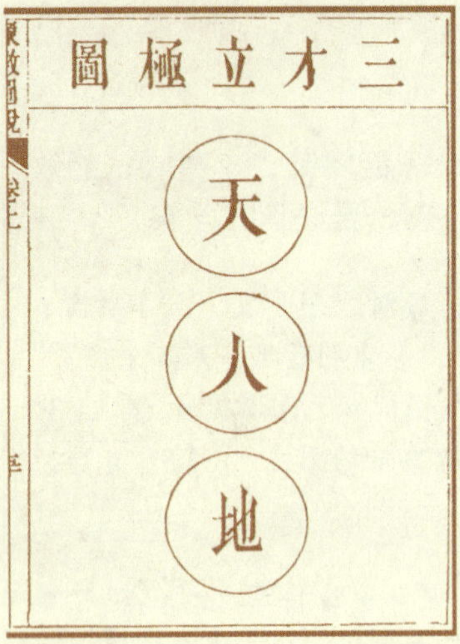

三才立极图

《周易·系辞下》中称天道、地道、人道为三才，后来泛指天、地、人。孟子说："天时地利人和"，把三者紧密联系在一起，来探讨宇宙大和谐的基础。

官宗伯，有属官70；夏官司马，有属官69；秋官司寇，有属官66；冬官司空，《考工记》抵充，有属官30。旧时常约言共有官360，实为376，每一官职有一人到数人甚至数十人担任，这样整个王朝的官员合计起来有数万人了。

例如地官司徒之属。"教官之属：大司徒卿一人，小司徒中大夫二人，乡师下大夫四人，上士八人，中士十有六人，旅下士三十有二人，府六人，史十有二人，胥十有二人，徒百有二十人。"这样整个地官的全部官员，有大司徒、小司徒、乡师、上士、中士、下士、府、史、胥、徒几个级别，各个级别的等级地位由上而下，人数逐渐增多，最多的有120人了。上面的大司徒是卿，即上大夫，小司徒是中大夫，乡师是下大夫。这些官员各司其职，各负其责，各官之间还互相联系，在具体负责的事情之外，遇有大事要相互协调，共同努力，以期达到共同为国家出力的目的。

由此可见，在周礼之中，自王以下，分设六官，各官有分属，又有合作，各官再各有下属，形成一个以王为最高统治者的人数逐渐增多、地位逐渐降低的一个金字塔式的官制系统，这个系统是我国现存典籍中所见到的最古老的最完备的一种官制系统。这个系统为以后各王朝的官制建立奠定了基础，以后各个王朝都是在此基础上有所继承，可见周礼对我国的影响至深。

以人法天之纲领　朴素的时空观念

天施地生　在中国传统的哲学思想上有一个重要概念就是人与天的关系。

我们知道中国远古先民就有敬天的思想，有一种天神崇拜的意识。天是什么？在商代的卜辞中已经有了"天"字。但那时的天字作"大"字解。如"天邑商"，但对上天的称呼却只是称"帝"，没有发现有直接称"天"的。据说在商汤时也早有"天"、"帝"之称，如《商书·汤誓》中的所谓"有夏多罪，天命殛之"，"予畏上帝，不敢不正"。

周朝灭商以后，西周统治者把帝和天开始分开，只称至上神为天，而这样就把"敬天"的思想扩大化了。《周书·诏告》上说："皇天上帝，改厥元子，兹大国殷之命。"这样他们把周代替代商代归结为受命于天。并且周人在尊天命的前提下加入了“德”的内容。《左传·僖公五年》上说：“皇天无亲，唯德是辅。”于是，德以对天，孝以对祖，而礼则是靠“敬天拜祖”来维系。西周统治者的“以德配天”是要人们用自己的德行去和天相参配。也就是在尊天命、并将德从属于天的前提下，提倡敬德，重视德行的作用。

统治者把天的地位提高到至高无上的程度，认为天是最高的神灵，它主宰着整个世界，包括自然界和人类社会。天既然主宰一切，天的命令是不可违抗的，人只能服从于天命。而人间社会上的最高统治者是奉天命来统治人世间的，是天的儿子，是“天子”，这样天子就借着天的力量而成为人间至高无上的权威。人们只要按照天的命令行事，就会形成安定有序的社会，人民也可能过上安居乐业的日子。

“天”在作为宗教上的至高无上的神之外，还指自然的天。天、地、人是“三才”，是并列的关系，但以天为首。周礼在官制的设置上也充分体现了这一点，天官既是和地官等其他五官并列的一官，同时又是其他五官的总官。所以说，这种首列天官和地官的思想，反映了古人重视天地作用的观念。《易经》以乾卦为六十四卦的首卦，就是因为古人认为，乾坤等八卦各有所象，乾象天，坤象地，震象雷，巽象风，坎象水，离象火，艮象山，兑象泽。其余各卦都是这八卦重叠的最终结果。天是生万物的，所以一切以天为最高最大，也是一切自然现象作用的基础。在周礼中，天也是一切的基础。这反映了古人最基本的思想观念——人法天。人要服从于天，效法于天，按照天的命令去做，按照天的规律去做事。统治者是天子，更要法天，所以在官制的设置上采用天地为首的官制也就非常合理合情了。

幽风图·制衣

中国冠服制度初建于夏商，到了周代逐步完善，春秋战国之交被纳入礼制。西周时期，随着社会生产力的发展，等级制度逐渐确立，再加以周公制礼乐，以服制彰显礼仪成为礼治的需要。王室公卿在不同礼仪场合，穿着衣裳在颜色、纹饰、形制上都有差异，祭祀有吉服，朝拜有朝服，丧葬有凶服。图为周人制衣裳场景。

古人思想中的地的地位是仅次于天的，能和天并列成为三才之一。天是一切事物的起源，而人们生活主要是在地上，所以地给予人们生活以基本保

障，天施地生，人得其益。所以列完天官自然就有地官了。

四时合序 周礼的后面四官是春夏秋冬四季官。古人的天地可以说既是神灵观念，也是空间概念。而春夏秋冬的四季概念则是一个时间概念了。《易·序卦传》说："有天地然后有万物。"万物都有一个生长的过程，古人认为万物有灵，而既然有灵，也可以说是有生命。凡是有生命的东西都有一个成长的过程，也就是说事物要经历一个产生发展，不断壮大，衰退老化，最终又归于灭亡的过程。而这个过程在一年中的反映就是四季的更替。而四季的更替并不是只有一轮，它本身又是一个周而复始的过程。所以春夏秋冬四官的设置体现了古人的历史观。当然他们也希望自己的统治像天地春夏秋冬的空间时间一样，永远存在，不断前进，无休无止，统治也会长久。所以他们这六官的设置寄寓了自己的理想。

从六官的分管来看，有治官，有教官，有礼官，有政官，有禁官，有事官。这些官，既有分工又有合作。并且是以治为基础。治官，主管一国的政治统治，只有国家长治久安了，王朝的统治才能长久。只有国家安定了，其他的诸如教育事业，礼仪事业，军事政务，刑律司法，以及各行各业才有可能得以和谐发展，真正成为和谐社会。没有国家的稳定，教育也不可能真正的进行下去，人民也不会去讲究什么礼仪了，祭祀也就无法进行下去，国家的各级官吏也不会安于政事，天子所下属的各诸侯国之间会矛盾重重，政局动荡不安，司法刑法也将不能更好地执行，当然最后老百姓也不能各安其事。所以说，这六官的设置，天官为基础——保持社会的长久安定是治国的首要之事。而地官的地位也是相当高的，这体现了古代对教育的重视。只有办好教育，才能不断地提升人们自身的素质，人才越来越多。如果人们皆能循规蹈矩，知书识礼，文明通达，那么这社会也就可以垂手而治了。所以把教育放在这样高的地位，可以说是我国古代贤人的一种智慧。

人们宜知书达礼，各做各的事，各守各的位，知礼守义，而不去做分外之事，即"非礼勿视，非礼勿听，非礼勿言"，那么，国家便不会混乱。人各居其位，车各行其道，也就会少了一些越轨行为和一些悖逆之徒了。人人知礼，恪守行为规范，即使内心受个人私欲的影响有一些非分之想，但由于受到礼仪的限制，也不会做出弑君放父，刑师害友的禽兽行径了。所以对人们进行礼仪教育是势在必行的。如果人们不知道礼仪，目无师长，言语放荡邪僻，行为乖戾嚣张，那社会也会出现治安混乱，动荡因素增多，人们就不能安居乐业了。所以礼官——春官居四时官之首。

当人们不守礼法的时候，就应该受到限制和约束了。一个小小的个人不守礼法还可以说危害不大，如果一个位高权重的诸侯国国君不知礼法，动辄与相邻的邦国发生冲突，不尊重天子的统治，心中没有家国的观念，那么他所挑起来的动乱会使整个国家不得安宁，甚至国家要兴师动众，起兵征讨。这样一来，便会令许多人流离失所，耗费大量的人力、物

君奭 《钦定书经图说》插图 明代

周公、召公与太公同是西周三公，共同辅佐周王。后周公为成王摄政，引起召公不满，彼此产生隔阂。周公知道后，便对召公敞开胸怀，坦诚表明倚重召公，又征引史实，说明辅政的重要性，希望能和召公一起同心同德地辅佐成王。召公听后，遂冰释前嫌，二人和好如初。

力和财力，并且造成许多不可弥补的损失。对个人、对国家、对社会都是不利的。所以说，国家的武装力量，是保障安定的基础。因此，在国家的礼治尚未达到最完善程度的时候，国家的军事力量起着重要作用，是不可忽视的。

社会的动乱可以动用武力解决，但是一些细小的地方就不必动用军队了，于是国家的司法机关就要行使管理百姓日常行为的功能了。百姓因为不同情况造成的纠纷，甚至在家族之间发生了大的冲突的时候，或出现争财争名，欺人害世的社会蛀虫的时候，必须用国家的刑律来保证社会的安定。一旦社会的机体不健全，司法的医药就会毫不留情地动用。无论是针砭汤药，还是手术切补，只要是有利于整体，就要下手诊治。当然最好的办法，还是预防，加强教育，使人人知礼守法。

冬官为事官，主要负有工程建造、工艺制作等技能的推行之责，培养制造车、船、弓箭、玉器以及建造房屋、桥梁等的工匠，以使其获得一定的生存技能，维持生计，并参与国家和社会建设。同时，事官也起到了促进各业协调发展、均衡百工贫富的作用。只有人人各尽其力、各施所能，社会才能如不断增大的滚动的雪球一样良性发展。

《周礼》记载了建国设官的设想，书中的某些官职，可以求证于先秦的古籍，以及考古出土的文物。在全书记述的官职中，有百余职官与两周金文相同相近。例如，古代六官的最高职位等级是“卿”，即上大夫，再下面有中大夫和下大夫。这些都是封赐的爵位。大夫下面的等级是士，士又有上士、中士、下士三个级别，再往下面还有府史胥徒等。下士人数众多，爵位最低了。自府

虢季列鼎之一

《周礼·春官·典命》记载,"上公九命为伯，其国家公室，车旗衣服，礼仪皆以九为节。"周礼的礼仪制度都是通过器用来体现的，礼祭天子九鼎，诸侯七、大夫五、士三。图为虢季墓出土的列鼎之一，墓中象征身份的礼器均与数字"七"有关系，身为虢国君主，属公侯一级，其墓葬礼器与文献记载礼仪相符。

以下，只有职位，而不能算是有爵位了。

这种大夫和士在先秦古籍中出现的很多。比如在《尚书·商书·伊训》中说："百官总己，以听冢宰。"商朝在中央已经设相位了，称为冢宰，是百官之长，无所不统，为商王的首辅。商朝的名相也很多，如早期的伊尹，后期的傅说。相以下的职位有三公，卿、士之称，大概皆为虚有荣誉的高等职位。商代已经有史、祝、卜、百工等职，武职有师马射等。文献记载，商爵名有侯、甸、男、卫、伯等。甲骨文中也有侯伯子男任等。商纣王"以西伯昌、九侯、鄂侯为三公"。

周王朝的官制也设三公，就是太师、太傅、太保。如早期的姜尚为太师，周公为太傅，召公为太保。公下还有六卿。如司马、司空、司徒、司寇等官名一直延用到秦汉甚至以后。后来的吏户礼兵刑工六部官制都是依据《周礼》的六官而发展形成的。虽然有些职官名称与《周礼》中所言名称相同，但是毕竟《周礼》的职官分述是一种理想的模式，不是真正的哪一朝哪一代的职官制度。这其中含有非常理想化的成分。也可以说，周礼的政治制度是一种建立在现实基础之上的含有较大理想概念的官制系统。《周礼》作者曾搜集了大量的历史记载及当时现实的资料，并不是完全虚构。《周礼》作者的立意，并非要实录某朝某代的典制，而是要为千秋万世立法则。作者希冀透过此书表达自己对社会、对天人关系的哲学思考，全书的谋篇布局，无不受此左右。在《周礼》书中，阴、阳观念也有很清晰的体现。这种理想与现实可以说就是虚与实，也可以说是阴与阳的和谐统一。《周礼》作者将这一本属于思想领域的概念，充分运用到了政治机制的层面。《天官·内小臣》说政令有阳令、阴令；《天官·内宰》说礼仪有阳礼、阴礼；《地官·牧人》说祭祀有阳祀、阴祀等等。南为阳，故天子南面听朝；北为阴，故王后北面治市。左为阳，是人道之所向，故祖庙在左；右为阴，是地道之所尊，故社稷在右。

总之，《周礼》一书，虽然主要阐述的是官制，但涉及的内容极为广泛。大到天下九州、天文历象；小至沟洫道路、草木虫鱼。凡邦国建制，政教文法，礼乐兵刑，赋税度支，膳食衣饰，寝庙车马，农商医卜，工艺制作，各种名物、典章、制度、无所不包，可谓博大精深，称之为中华民族宝贵的精神财富理所当然。

《仪礼》

YILI

《仪礼》以士的礼仪为主要内容，记载了贵族的各种典礼仪式礼节。记录极尽其真实与细致，为后世礼仪提供了典范。

贵族礼仪

在我国的古典礼仪著作中，有一部记载各种典礼仪式、礼节的书，其书名曰《仪礼》。《仪礼》简称《礼》，有时也被称作《礼经》或者《士礼》。因为礼起源于祭礼，所以从远古传流下来的礼节名目繁多，到了夏商周三代时期，尤其是周代，上层统治者所举行的各种典礼名目繁多，仪式礼节也更加复杂。在国家中还设有专门负责礼节的官员。这些官员负责举办仪礼，并记录整个仪式的过程，这样经过不断的排练与补充，成为了一种职业的手册。周时曾有“礼仪三百，威仪三千”的记载。但是这些记载到了汉代只剩下了十七篇，包括冠礼、婚礼、丧祭礼、朝聘礼、乡射礼五项典礼仪节，并由高堂生作为专供士大夫阶层仿行的“士礼”传授，被称作“礼经”，

删述六经　佚名　明代

孔子其时，周室衰微，诸侯纷争，礼崩乐坏，导致“天子失官，学在四夷”的局面出现。三代以及以前文献典籍也散失很多。孔子办私学，发现这个问题，于是在周游列国，政治主张得不到重用之际，转而著书教学，集中精力对古代文献进行了全面地整理，即人们常说的删《诗》、《书》，订《礼》、《乐》，系《周易》，作《春秋》。

是与诗、书、易、春秋并列的“五经”之一。

现存《十三经注疏》本《仪礼》共有十七篇，主要内容为：士冠礼、士昏礼、士相见礼、乡饮酒礼、乡射礼、燕礼、大射仪、聘礼、公食大夫礼、觐礼、丧服、士丧礼、既夕礼、士虞礼、特牲馈食礼、少牢馈食礼、有司彻。

关于《仪礼》的作者，有三种传统说法。一说为周公作，一说为孔子删定，也有人认为是伪书。经过考证，伪书说不能成立。因为汉代《仪礼》的传授自汉初高堂生以下，萧奋、孟卿、后苍、二戴传承清楚，且先秦的典籍如《左传》《论语》《孟子》等对《仪礼》所记的礼仪节次有很多引证。周公作仪礼说也不可据信，因为礼仪的形成有一个长期的过程。邵懿辰《礼经通论》说：“礼本非一时一世而成，积久复习，渐次修整，而后臻于大备。”所以说不可能是周公一人的著作。再有周公在当时位高权重，事务繁多，不可能去承当典礼的礼官，更不可能完整记录这些细致的仪式。所以《仪礼》作为周礼，不可能是周初由周公一人完成。

梁启超认为，“《仪礼》……大抵应为西周末春秋初之作。”（《中国近三百年学术史》第260页），由此我们可以认为孔子删定说比较可信。《史记·孔子世家》说：“书传、礼记自孔氏。”此处“礼记”，即指《仪礼》。孔子生当春秋“礼坏乐崩”之世，对三代之礼，特别是周礼，上下搜讨，力求其重建，此点史有明文，不必重复。《礼记·礼运》记孔子答弟子子游问礼语云：“夫礼，必本于天，殽于地，列于鬼神，达于丧祭射御冠昏朝聘。”“夫礼。其行之以货力、辞让、饮食、冠昏、丧祭、射御、朝聘。”邵懿辰认为射御之“御”为“乡”字之讹。孔子关于礼之所论列，正是《仪礼》十七篇的基本内容。由此，《仪礼》一书的内容，非一时一世而作，大致形成于西周末春秋初，孔子编定为十七篇，使周代礼仪之大体，得以保存流传下来。

一部《仪礼》全书讲的都是贵族礼仪。在全书中，最主要的是士礼。士是商周时期贵族的最低等级。周代诸侯受封国于天子，卿大夫受采邑于诸侯。卿大夫下面就是士。士受禄田于卿大夫。天子有天下，诸侯有国，卿大夫有家。家是卿大夫统治的区域，担任家的官职的通常是士，也被称为家臣。士有武

太庙问礼

孔子生活的时代礼乐崩坏，贵族奢僭失礼。而孔子认为“惟祀与戎，乃国之大事”。据钱穆先生《孔子传》释，孔子在鲁太庙中发现有许多不合礼制之处，便巧用“问”的方式使其自省。同时也反映出孔子以礼治天下的政治思想。

士和文士之分。武士主要是执干戈以卫社稷，文士主要是统治阶级中知识分子的代称了。《周礼》中士还分为上士、中士、下士三个等级。士以下就都是普通的百姓，也就是“庶民”了。士和其他的贵族一样，要接受诗书礼乐的教育。《礼记·王制》说：“乐正崇四术，立四教，顺先王《诗》《书》《礼》《乐》以造士。春秋教以礼乐，冬夏教以诗书。”士的地位也不是固定不变的，少数人可以因有功而地位上升到卿大夫，但也有人因为各种原因最后士也做不成，最终沦为庶人——普通百姓了。《仪礼》中在讲士礼的同时，也有大夫之礼，有诸侯之礼，有天子之礼。全书既描述了各个独立的阶层的礼仪，如士与士之间的礼仪，大夫之间，诸侯之间的礼仪；也讲了不同阶层之间相处的礼仪，如士与大夫，大夫与诸侯，诸侯与天子等之间的礼仪。这些礼仪都是为了强化不同的阶层之间所要遵守的礼节规范，明确不同的等级之间的差别。所以一部《仪礼》就是一部贵族生活的各方面的写照。

大婚图

中和韶乐源于中国古代雅乐，又名郊庙乐，始于明初而又为清代沿用，其乐器丝竹管弦八音俱全，用员达数百人之多，是一种将礼、乐、歌、舞融为一体的典礼音乐，它在清代宫廷礼乐中位居各乐之首，地位最高。此图展示，光绪帝举行大婚典礼时，设乐队于祈年殿外丹陛上，左右分列，武、文之舞列于乐队之后。

《士冠礼》讲述加冠时的陈设仪式和致辞。古代男子二十岁进入成年，冠礼是为之加冠命字的成年礼。加冠后表示已经成年，必须行成人之礼，明确君臣父子等的社会责任。冠礼不仅适用于“士”，而且也适用于包括天子、诸侯在内的一切贵族。

《士昏礼》记述士娶妻成婚的礼节仪式。昏通婚。

《士相见礼》记述士相交接的礼节仪式。有士与士相见，还有士见大夫，大夫相见，士大夫见君等的礼仪。

《仪礼》有四篇言乡射之礼。《乡饮酒礼》记述乡人以时聚会宴饮的礼仪。乡饮酒约分四类：一、三年大比，诸侯之乡大夫向其君献贤能之士，将行，待以宾礼，与之会饮于乡学。二、乡大夫以宾礼宴饮国中贤者。三、州长于春、秋会民习射，射前饮酒。四、党正于季冬蜡祭饮酒。乡饮酒之意义在于“尊贤养老”。《乡射礼》是州长于春秋二季在州学会民习射之礼。《大射礼》是诸侯与群臣习射之礼。《燕礼》是诸侯之射前所举行的宴饮之礼。凡诸侯之射，必先行燕礼；乡射，必先行乡饮酒礼。

《仪礼》有三篇言朝聘之礼。《聘礼》是诸侯国的邦交之礼。属朝礼者二篇。《公食大夫礼》是诸侯飨大夫之礼。《觐礼》是诸侯朝见天子之礼。

《仪礼》中有七篇言丧祭。其中记述丧礼的有四篇：《丧服》、《士丧礼》、《既夕礼》、《士虞礼》。记述祭礼的三篇：《特牲馈食礼》、《少牢馈食礼》、《有司彻》。《特牲馈食礼》记述诸侯之士岁时祭其祖祢之礼。所谓特牲，就是一豕。凡牲一为特，二为牢。所谓馈食，简言之，就是用食。《少牢馈食礼》记述诸侯之卿大夫祭其祖祢于庙之礼。所以以“少牢”名篇，《有司彻》乃言上大夫傧尸及下大夫不傧尸之礼。

从全文看，这些举行典礼仪式的主要成员都是贵族。全篇主要通过对下层贵族礼节的记述，展示了古代贵族阶层生活的各个方面。所以说《仪礼》就是贵族之礼。

细致礼仪

《礼仪》作为一部真实记录当时贵族典礼仪节的书，真正做到了实录，并且可以说达到了非常细致的程度。

在第一篇《士冠礼》中，把贵族男子加冠的情景表现得淋漓尽致。“冠礼”由氏族社会父系氏族家长制时期的“成丁礼”转变而来。按照当时的习惯，男女青年需要在连续几年内受到一定程序的训练和考察，具备必备的知识技能和毅力，成年后，经过氏族的“成丁礼”仪式后，便成为氏族的正式成员，享受氏族成员的权利和履行应尽的义务。这一传统的礼仪一直延续到阶级

射猎图

《礼记·射义》：“射者，仁之道也。”射礼是汉民族传统礼仪。射礼有四种：大射、宾射、燕射和乡射。射礼前后，常有燕饮，乡射礼也常与乡饮酒礼同时举行。后世王公贵族将射礼改为射猎，既是一种健身康体的活动，又是一项必须遵照礼仪进行的活动。

冠和冕

《礼记·曲礼》:“男子二十冠而字”，冠礼，为汉族男子二十岁所举行的成年礼，冠则是成年礼上有名望或辈分极高的尊者给受礼者戴上的一种礼帽。

“冕，王者冠也。”古代帝王、诸侯及卿大夫在举行祭祀等大典时所戴的大礼冠。外黑色，里朱色。冕顶有长方板，称为延，后高前低，略向前倾。延之前端缀有数串小圆玉，谓之旒。冕加在发髻上，要横插一长笄(簪)，以别住冕。笄的两端绕颔下系一小丝带，谓之纮；又各用一条名叫枕的丝绳挂下一个绵丸，谓之纩，纩下端饰玉，谓之瑱。因两瑱正当左右两耳，故又名充耳、塞耳。旒、纮、纩都是冕的部件。

社会。所以在汉代，《仪礼》诸本次序虽不同，但都以《士冠礼》为首篇。

《仪礼》中的《士冠礼》主要记述了男子举行冠礼的过程、陈设、仪式及行礼时的致辞。举行冠礼，要由父亲或兄长主持，且在宗庙中举行。在行冠礼之前，要选定日期和来宾。地点是在宗庙门前。用占筮的方法来确定加冠的日期。主人要非常郑重地举行筮仪来择期，“主人玄冠，朝服，缁带，素韠，即位于门东，西面。”也就是主人要头戴玄冠，身穿朝服，腰束黑色的大带，饰有白色的蔽膝，在庙门的东边就位，脸朝向西方。“有司如主人服，即位于西方，东面，北上。”主人下面的属吏也要穿着和主人相同的衣服，在西方就位，面向东，以北方为上首。经过占筮之后得到一个吉期。有时一次占筮不能得吉，这就要再筮选定以后的吉日。选定日期以后还要通知人们来参加加冠仪式，在来宾之中要确定一位正宾，这位正宾也是通过占筮选出来的。确定了来宾之后，主人要向来宾正式发出邀请，告知举行冠礼的日期。除了正宾之外还要有一位“赞冠者”，即帮助正宾完成加冠任务的来宾。

对于将加冠者的不同的身份，加冠礼也会有所不同。在加冠礼的时候，如冠者是嫡长子必须在阼阶上举行，表示成年后可以作为主人。“若孤子，则父兄戒宿。”如果将冠者是孤儿，则由他的伯父叔父或堂兄代为通知和召请宾客。“若庶子，则冠于房外，南面，遂醮焉。冠者母不在，则使人受脯于西阶下。”如果冠者是庶子，则在房外加冠，面朝南方，然后行醮礼。如果冠者母亲因故不在家，则使人在西阶下代母亲接受冠者所献上的干肉。可见冠礼的细致。

举行冠礼的仪式要由来宾为冠者加冠三次。初加的是缁布冠，再加皮弁，三加爵弁。叫做“三加”。

“三加”之后，经过来宾敬酒，再去见母亲。之后再由来宾为冠者取“字”，接着更换玄冠、玄端，再手执礼品去见国君、乡大夫和乡先生。最后由主人向来宾敬酒，赠送礼品，送出宾客。这样才算礼成。

《士冠礼》中把举行冠礼的致辞都详细地记录了下来。并且形成了一定的程式。如：

温良恭俭让

子禽问于子贡[1]曰：夫子至于是邦[2]也，必闻其政，求之与，抑[3]与之与？”子贡曰：“夫子温、良、恭、俭、让[4]以得之。夫子之求之也，其诸[5]异乎人之求之与？”

《论语·学而》

【注释】〔1〕子禽：姓陈名亢。子贡：姓端木名赐，孔子的学生。〔2〕夫子：古代对男子的尊称，凡是做过大夫的人都可以称为“夫子”。孔子曾担任过鲁国的司寇，所以他的学生们称他为“夫子”。是邦：指当时割据的诸侯国家。〔3〕抑：表示选择，意思是“还是”。〔4〕温、良、恭、俭、让：温和、善良、恭敬、节俭、谦逊。〔5〕其诸：语气词，或者、大概。

【译文】子禽问子贡说：“老师到了一个国家，必然会听到那个国家的政事。这是他自己求来的呢，还是别人主动告诉他的呢？”子贡说：“老师具有温良恭俭让的美德，所以得到别人的尊敬和信任，因而别人主动把政事告诉他。他的这种获得政事的方法，大概不同于别人获得政事的方法吧？”

戒宾曰：“某有子某，将加布于其首。愿吾子之教之也。”宾对曰：“某不敏，恐不能共事，以病吾子，敢辞。”主人曰：“某犹愿吾子之终教之也。”宾对曰：“吾子重有命，某敢不从！”宿曰：“某将加布于某之首，吾子将莅之，敢宿。”宾对曰：“某敢不夙兴！”始加，祝曰：“令月吉日，始加元服。弃尔幼志，顺尔成德，寿考惟祺，介尔景福。”再加曰：“吉月令辰，乃申尔服，敬尔威仪，淑慎尔德，眉寿万年，永受胡福。”三加曰：“以岁之正，以月之令，咸加尔服。兄弟具在，以成厥德。黄耇无疆，受天之庆。”醴辞曰：“甘醴惟厚，嘉荐令芳。拜受祭之，以定尔祥。承天之休，寿考不忘。”醮辞曰：“旨酒既清，嘉荐亶时，始加元服。兄弟具来，孝友时格，永乃保之。”再醮曰：“旨酒既湑，嘉荐伊脯。乃申尔服，礼仪有序。祭此嘉爵，承天之祜。”三醮曰：“旨酒令芳，笾豆有楚，咸加尔服，肴升折俎，承天之庆，受福无疆。”字辞曰：“礼仪既备，令月吉日，昭告尔字。爰字孔嘉，髦士攸宜。宜之于假，永受保之。曰伯某甫、仲、叔、季，唯其所当。”

告宾时致辞说：“某人有儿子名某某，将要为他加缁布冠，希望先生能前往教导。”宾致答辞说：“某人不才，恐怕不能胜任此事，有辱先生，所以冒昧推辞。”主人说：“某人仍然期望先生终能前去指教。”宾回答说：“先生再次吩咐，某人怎敢不遵从！”召请正宾时致辞说：“某人将为某某加缁布冠，先生将光临，冒昧前来恭请。”正宾回答说：“某人不敢不早起前往！”初次加缁布冠，致祝辞说：“选择善月吉日，为你戴上缁布冠，去掉你的童稚之心，慎修你成人的美德，属你高寿吉祥，昊天降予大福。”二加皮弁致辞说：“选择吉月良辰，为你再戴皮弁冠，端正你的容貌威仪，敬慎你内心的德行，愿你长寿万年，天永远降你福祉。”三加爵弁致辞说：“在这吉祥的年月，为你完成加冠的成年礼，亲戚都来祝贺，成就你的美德。愿你长寿无疆，承受上天的赐福。”醴礼的致辞说：“醴酒味美醇厚，干肉肉醢芳香，拜受醴荐祭先祖，诚敬以定吉祥。托庇皇天福佑，永保美名不忘。”醮礼的致辞说：“美酒清洌，芳香的脯醢进献及时。初加缁布冠，亲戚都来赞礼。极尽孝友之道，定可永久安保。”第二次行醮礼致辞说：“美酒清洁，脯醢芳香，再加皮弁冠，礼仪井然有秩序。执此美酒来祭祝，恭承昊天降大福。”第三次行醮礼致辞说：“美酒甘醇芬芳，笾豆陈列馨香，为你完成成年礼，佳肴具陈有折俎。恭承昊天之庆，秉受无疆福禄。”命字致辞说：“礼仪已行齐备，在这善月吉日，宣告你的表字。表字十分美好，正与俊士相配。取字以适宜为大，禀受永远保有它，称呼伯某甫、仲某甫、叔某甫、季某甫，唯其适当为美称。”

另外对于冠与服的搭配也是十分讲究的。鞋子，夏天穿葛制的。穿玄端服，配以黑鞋，青色的鞋头装饰，下边和鞋口镶边，鞋口镶边宽一寸；白色下衣配以白鞋，用大蛤灰涂注增白，缁色的鞋头装饰、下边和鞋口镶边，鞋口的镶边宽一寸；爵弁服，配以浅红色鞋，黑色的鞋头装饰、下边和鞋口镶边，鞋口的镶边宽一寸。冬天穿皮制的鞋即可。不穿线缕细疏的布制鞋子。

总之，《士冠礼》中对于典礼仪式的记载极其详尽。而且这种细致在《仪礼》中通篇都是，所以说《仪礼》真可称一部细致的礼仪全书。它不仅是当时礼仪的记录，也为后世礼仪提供了典范，为我们研究古代礼仪提供了宝贵的资料，是我们中华民族不朽的精神财富。

礼的教化作用

《仪礼》作为一部典礼仪节的记录，不仅仅是一种仪式的说明，更为重要的是通过这种礼节的记述，表达了对士人的一种期

大禹像

大禹治水，三过家门而不入。分九州，铸九鼎，聚人心，为天下造福。后人为纪念大禹作出的贡献，依据汉制为大禹画像，礼其仪表，正其品德，功其成就。

望，达到一种教化作用。

《仪礼》是一部贵族礼仪。它的教育对象也就是一些贵族的子弟。所以在书中贯穿着对礼的重视，对人的教育。

《仪礼》在结构上讲，可以分为经、传、记三部分。《仪礼》十七篇，除《士相见礼》、《大射礼》、《少牢馈食礼》和《有司彻》四篇外，其余十三篇篇末都有《记》。《传》则只《丧服》一篇有。《丧服》不仅经有传，记亦有传。在这些内容当中，我们可以看到很多的教化的痕迹。

《士冠礼》篇后的《记》就把加冠的意义完全表达出来了。这就是最直接的对于接受冠礼的人进行的德化教育。《记》中说："适子冠于阼，以著代也。醮于客位，加有成也。"意思是说嫡子在阼阶上行加冠礼，是要表明子将代父的意义。在客位上行醮礼，则显示是在为有成人之德的人加冠。这种以上代为典范，不辱祖业，不断加强自身修养，以期不逊于上一代并可能超过上一代的思想，是要人们不靠祖业过生活，自强自立，要有自己的知识技能和良好的道德修养。对于已经成人的人，要有一种责任感，要对家庭，对社会担负起自己的责任。真正地能够成家立业，立德立功。所以这里面既有上一代对下一代的期望，也有一种良好的教育作用。"三加弥尊，论其志也。"郑注云："冠服后加益尊。论其志也，欲其德之进也。"这三次加冠从布冠到皮冠再到爵冠，一次比一次尊贵，表明了上一代人希望下一代人的品德更加进步，这样才能配得上这些更加尊贵的冠。

再如《士相见礼》在介绍士君子相

拜 谒

社会教化，礼为基础。礼对人的教化乃是对人最自然的本性的一种不加强制的规范和约束，但因为人的自然差异不可能被抹平，所以教化依据不同的材质予以不同的对待。图中是孔子门徒拜谒老师的场景，中国传统私塾将入学的拜谒行为演变为"入学拜孔子分食红蛋"，持续了两千多年。

交接的礼仪时，首先对士与士初次相见的介绍、礼物、应对，复见等作了详细的说明，然后依次讲述了士见大夫，大夫相见，士大夫见君的礼仪。在这些相见的礼仪中，十分重视“挚”即礼物的重要性。并且强调了不同的阶层相见说的话、带的礼物也不相同。人是一种社会化的动物，这样人与人之间的交往就是必须的。所以在这一篇中强调人际交往的伦理道德意义。“与君言，言使臣；与大人言，言事君；与老者言，言使弟子；与幼者言，言孝弟于父兄；与众言，言忠信慈祥；与居官者言，言忠信。”这样一来，看交往对象的不同而说话的内容也不相同。但是都是以敬上爱下、厚德劝善为宗旨。

夜宴图　佚名　宋代

古代士人、士大夫等级交往，有相关的礼仪，礼仪内容因身份等级而不同。《礼记·曲礼》载，“礼尚往来。往而不来，非礼也；来而不往，亦非礼也。”礼仪关系讲究对等。若一方屈尊先拜访另一方，次日，主方要进行回访。图为文人雅士秉烛夜饮的场面，士人相交注重以诗、酒会友。

在《仪礼》的其他诸节中，都是通过礼节向人们进行教化。礼仪是一种仪式，是一种固定下来的程式。通过这种程式的学习，也就使人能够遵循一定的规范。也可以说《仪礼》是规矩，有了它，人的思想和行为才会中规中矩，不逾礼。

士君子经过礼仪的学习，才能保持住士的地位，才能获得他人的尊敬，才能使得社会的伦常观念得以正确地流传。守礼就是重德。重德就会获得声名。有德才会有官。所以这种守礼的影响也就越来越大。贵族阶层的守礼，也在社会上造成了一定的影响。一些庶人也不自觉地受到了贵族的影响。在以后的社会发展中，礼的教化也在这种固定下来的仪式之中不断得到继承与发扬。礼也就真正实现了它的教化作用。

《礼记》

LIJI

《礼记》，主要记载和论述了先秦的礼制、礼义，解释了《仪礼》，记录了孔子和弟子等的问答，记述了修身做人的准则，补充了许多《仪礼》没有记载的内容。

最早的礼制教科书

在儒家经典，“三礼”之中，地位最高、流传最广的一部是《礼记》。

从周朝以后，经战国到秦汉，一些礼学家们在传习“士礼”(仪礼)的同时，还附带传习一些有关礼制的参考资料——记。这些“记”是附士礼而行的，也可以说是士礼的附录。因为不同礼学家们各自收集汇辑和传习的内容不同，所以这些“记”的内容也不相同。最为著名的是西汉礼学大师戴德和戴圣所汇辑的“记”。因为戴德和戴圣是叔侄关系，并且戴德所选篇数为85篇，戴圣所辑为49篇，一个篇数多，一个篇数少，所以人们又把两人的记称为《大戴礼记》和《小戴礼记》。

大小戴

指西汉今文经学家戴德与其侄戴圣。《汉书·儒林传》：“二人同受《礼》于后苍，德传《礼》八十五篇，称《大戴礼》；圣传《礼》四十九篇，称《小戴礼》。”

东汉后期学者郑玄给收录49篇文字的所谓《小戴礼记》(今《礼记》)作了出色的注释，这就使它摆脱了对“士礼”的附属地位而独立成书，从而逐渐比较广泛的为人所传习。到了唐朝，政府把它升列为“经书”，成了一般士人必读的书籍。而85篇的所谓《大戴礼记》就很少有人传抄和研读了。《大戴礼记》竞争不过《小戴礼记》，所以也就有不少的篇目都佚失了，留存至今的只有39篇了。幸亏北周的学者卢辩给《大戴礼记》作了注解，不然这部古记恐怕早已经全部亡佚了。

《大戴礼记》编定于东汉时期，收录的文章都产生在公元之前，其中有很多篇属于战国时期的作品。如《夏小正》一篇，相传是夏代的遗书。《史记·夏本纪》中说："孔子正夏时，学者多传夏小正。"这是我国现存的一部最古老的月令。这篇文字按十二月的顺序详细记载了大自然包括天上星宿地上生物的相应的变化，形象地反映了上古人民对时令气候的认识。

《大戴礼记》是研究上古社会情况特别是儒家思想的重要资料，对于古代礼制的研究也是相当重要的。

《小戴礼记》就是我们今天所常说的《礼记》，因为有郑玄作注便一直盛行不衰，并且解说经文的著作逐渐成为经典，到唐代被列为"九经"之一，到宋代被列入"十三经"之中，成为士人的必读之书。

观周明堂

孔子家语曰，孔子观周明堂四门之墉，有尧、舜、桀、纣之像，谓从者曰："明镜所以察形，古事所以知今。"一语道明了古代帝王画的功能，乃是出于礼教的宣传目的。

《周礼》

《周礼》是儒家经典十三经之一，亦称《周官》。在三礼之中，它是对周王室官制和战国时代各国制度的汇编，其中添附了儒家政治思想。它是中国最早和最完整的官制记录，对后世的政治制度有很大影响。《周礼》包含着古代宗教、经济政策、哲学与伦理等诸多方面的历史资料，是一部以儒家思想为主，兼收法家和阴阳五行思想的重要文化典籍。

孔子习礼

《礼记》的内容主要论述和记载了先秦的礼制、礼仪，解释《仪礼》，记录孔子和弟子等的问答，以及修身做人的准则等等。这部九万字左右的著作内容广博，门类杂多，涉及到政治、道德、法律、哲学、祭祀、历

汉殿论功　刘俊　绢本设色　明代

汉朝初立，群臣在殿上争功邀赏，以致拔剑争斫殿柱。叔孙通乃说高祖召鲁地诸生，制定朝仪，高祖大喜，始知皇帝之尊。

史、文艺、历法、日常生活、地理等诸多方面，几乎包罗万象，集中体现了先秦儒家的政治、哲学和伦理思想，是研究先秦社会的重要资料。

尽管《大戴礼记》和《小戴礼记》两种书各有侧重和取舍，各有特色，但他们的起初都是依附于《仪礼》而存在，是作为教学的用书而存在的。但最终《礼记》能够从一本教学参考书而成为一部教科书，关键在“三礼”的内容不同。《周礼》是通过记述三百多种职官之职掌，为万世开典范的理想的政治制度。《仪礼》专门记述冠、昏、丧、祭、射、燕、聘、觐的具体仪式，十七篇基本上是一大堆烦琐的礼节单，又多雷同。两书到今天已经没有多大的实用价值。《礼记》则不同，因为《礼记》中大部分篇章为孔子弟子或再传弟子、三传弟子所著，再加礼学名家戴圣的重新编撰，内容更加广泛。书中不仅记载了许多生活中实用性较强的礼仪细节，还包括天地鬼神、社会人事、历史自然、典籍制度等方面知识，最为关键的是详尽地论述了各种典礼的意义和制礼的精神，极其透彻地宣扬了儒家的“礼治”思想，为封建统治者提供了极富弹性的礼治理论，而这种理论正好满足了统治者“安上治民”的需要。《左传·昭公七年》说：“礼，人之干也；无礼，无以立。”点明了礼在社会生活中起着维持社会秩序的作用。历史和现实的经验使封建统治阶级深切地认识到，在强化封建专制的同时，利用“礼治”为中心的儒家思想，吸引广大知识阶层，规范世人的思想和行为，是维护封建统治并获得长治久安的大政方针，故《礼记》受到了历代统治者的一致重视。

《礼记·曲礼》主要介绍了一些细小的礼节规范。万事起于细，所以人们学习礼仪最重要的是从一些小事做起。这里面既有行为的规范还有心里的诚敬。“《曲礼》曰：毋不敬，俨若思，安定辞。安民哉！”这上面就告诉人们，做事情不要不恭敬不谨慎，神态总好像若有所思一样，说话时也要神情安详、语气肯定。这样才能够让人信服，令人心安。也就是说，与人交往，内心一定要重视、要严肃，外在的表现是神态要安详端正，说话的内容要肯定，不要含糊其辞、模棱两可，只有这样做，才会得到他人的信任，别人才会信服你。如何才能做到内心的诚敬呢？“敖不可长，欲不可从，志不可满，乐不可极。”也就是傲慢的态度不可滋长，自己的欲望不可放纵，远大的志向不可满足，安逸享乐也不可过度。这样才能真正的“敬”。

对于礼的重要性，《礼记》上有多处强调。《曲礼》说：“夫礼者，所以定亲疏，决嫌疑，别同异，明是非也。”礼是用来确定人的关系亲疏、判定嫌疑的事物、区别同异、明白是非的标准。又说：“道德仁义，非礼不成；教训正俗，非礼不备；分争辩讼，非礼不决；君臣、上下、父子、兄弟，非礼不下；宦学事师，非礼不亲；班朝治军，莅官行法，非礼威严不行。祷祠祭祀，供给鬼神，非礼不诚不庄。”追求高尚的道德仁义没有礼就不可能有成效；教育人们端正习俗，没有礼就不可能完备；论辩争执没有礼就不可能解决；君臣上下级父子兄弟之间的名分没有礼便不能确定；外出游学拜师，没有礼便不会亲密融洽；排列朝廷等级和整治军队，官员到位执法，没有礼便不能树立威严；日常祈祷和庄严的祭祀，供养鬼神，没有礼就不能体现虔诚和庄重。从这几方面看，从日常小事到军国大事，从家事到朝政，从心理到行为，都需要礼。可见礼的重要真是无处不在。甚至可以说，人是否有礼是区别人与禽兽的标志了。“今人而无礼，虽能言，不亦禽兽之心乎？”人如果不懂得礼仪，即使是会说话，那也可以说是禽兽一样的心理了。

在《礼记》其他的篇目中也有同样的论述。如《礼运》篇：“故礼仪者，人之大端也，所以讲信修睦，而固人之肌肤之会，筋骸之束也；所以养生送死、事鬼神之大端也；所以达天道、顺人情之大窦也。故唯圣人为知礼之不可以已也。故坏国、丧家、亡人，必先去其礼。”意思是说，礼仪是人类最基本的出发点，是用来讲究信用，重视和睦，如同“肌肤之会”和“筋骸之束”一样使人类能团结地生存着，是用来养生送死、

虎座双凤驾悬鼓　春秋

虎、凤在楚国文化中有重要地位，是各式形态的礼器中的至高之品。而木鼓为战国时期楚国的重要乐器。二虎为底，仰首蹲伏，形态简明，但畏缩矮小。二凤昂首立于虎背之上，形体高大纤长。鼓悬于双凤之间，系于凤冠之上。全器造型逼真，彩绘绚丽辉煌。

《礼记》

儒家经典，三礼之一。汉代把孔子定的典籍称为“经”，弟子对“经”的解说是“传”或“记”。《礼记》原本是《仪礼》的“记”，《礼记》因此得名。《礼记》作者为孔门七十弟子及其学生们的作品，其中兼收先秦的其他典籍。《礼记》的内容主要是记载和论述先秦的礼制、礼意，解释仪礼，记录孔子和弟子等的问答，记述修身做人的准则。因其极大的涵盖面，集中体现了先秦儒家的政治、哲学和伦理思想，是研究先秦社会的重要资料。

在陈绝粮

在《三礼》之中，《礼记》最晚取得经的地位，却后来居上成为礼学大宗有其深刻原因。《仪礼》、《周礼》文字古奥，内容繁复，枯燥难读，而《礼记》则被后人认为是读懂《周礼》、《仪礼》的桥梁，其中充满传诵千古的格言，朗朗上口，便于记诵和引用。此外，《礼记》全面系统地宣扬了儒家礼治思想，受到历代封建王朝的重视，其影响远远超过了《周礼》和《仪礼》。

祭礼鬼神的最基本的指导原则；是用来通达天理、顺适人情的重要渠道。因此只有圣人才知道礼是不可以废止的。那些国破家亡、身败名裂的人，肯定是先抛弃礼的。

这种先强调礼的重要性，再从一些细节上不断加以教化，自然使人在无形之中接受了教育。尤其是那些士人，本来已经有知识，再加上这种思想品德和行为规范的教育，自然会学以致用，正己利人，克己复礼。这样才有可能实现儒家的大目标：修身、齐家、治国、平天下。

所以我们可以把《礼记》看成是一部中国最早的封建礼制教科书。

广泛而深刻的哲理之思

《礼记》的主要内容虽然是记载和论述先秦的礼制、礼仪，解释《仪礼》，但他也记述了许多孔子及其与弟子的问答，记述了许多修身做人的准则。这部著作内容博杂，门类繁多，涉及到了政治、法律、文艺、历史、日常生活、天文历法、地理、祭祀等诸多方面的内容，几乎可以说是包罗万象，集中体现了先秦儒家的哲学和伦理思想，内有广泛而深刻的哲理之思，是研究中国古代文化尤其是先秦社会的重要典籍。

张岱年在《中国哲学大纲》中说：“哲学是研究宇宙人生之究竟原理及认识此种原理的方法之学问。”“中国哲学之特点，重要的有三，次要的有三，共为六。分说如下：第一，合知行；第二，一天人，第三，同真善，第四，重人生而不重知论，第五，重了悟而不重论证，第六，既非依附科学亦不依附宗教。在中国来说，哲学就是人学。”而《礼记》的内容就是教人如何做人。

对于典章制度的记录

《礼记》是中国最早的封建礼制教科书，里面自然记载了众多的典章制度。补充了许多《仪礼》没有记载的内容。如《曲礼》、《檀弓》、《玉藻》、《丧服小记》、《大传》、《少仪》、《杂记》、《丧大记》、《奔丧》、《投壶》等。

《曲礼》是《礼记》的第一篇，因篇首引用古书《曲礼》而得名。“曲”指细小的杂事。所以说“曲礼”指的是具体而细小的礼仪规范。这些规范涵盖了社会、生活的方方面面。如有君臣平日相见答拜以及臣子进献国君、侍奉国君之礼以及君臣常岁或凶年应守之礼；有卿大夫和士出入君门、拜迎宾客、侍奉长者等诸多礼仪；有对不同年龄人及天子、诸侯、大夫、士、庶人等配偶的称谓，有对见面礼、嫁送女儿及回答关于天子、国君、大夫、士、百姓之子年龄及其财富的辞令等；有对祭祀及对父、母、妻子死后的称呼及对老年人、天子、诸侯、大夫、士、庶人等死的称呼、对祭祀祖庙所用祭品的称呼等的规定；有春猎禁忌、国君率军出行、兵车与德车的分别等军礼规定；有关于立尸、居丧、吊唁、送葬和处理祭祀用品之礼、避讳之法、卜日之礼、丧葬时的相关禁忌等的规定。

内容之广，在此不必尽说。郑玄对此曾做过概括：“名曰《曲礼》者，以其篇记五礼之事。祭祀之说，吉礼也。丧荒去国之说，凶礼也。致贡朝会之说，宾礼也。

周室三母

《列女传·周室三母》：“周室三母，太姜任姒，文武之兴，盖由斯起。”周武王盛世时期，离不开太姜、太任、太姒这三位德行杰出的母亲。尤其是文母太姒，武王的母亲，因为仁而明道，文王亲自迎之于渭水，以舟造桥，令其通行。经过文母不懈的教导，她的十个儿子个个都成为周朝的著名人物：武王发，周公旦……

兵车旌鸿之说，军礼也。事长敬老、执赞纳女之说，嘉礼也。”也就是说，《曲礼》内容广泛，吉、凶、兵、军、嘉五礼均有涉及。放在《礼记》的篇首，起到了总括全书的作用。

《檀弓》分为上、下两篇，合计10 503字，主要讨论丧葬之礼。檀弓，姓檀，名弓，鲁国人，精通礼。开篇记述了檀弓去公仪仲子家吊丧之事，檀弓对仲子立庶子为丧主，而不立嫡子提出了疑问，可见其对礼的注重。此大概是篇名为《檀弓》之由。《檀弓》记述了服丧期间的言语谈吐、饮食起居、发髻服饰、行走坐卧等各个方面的礼节规范，也记述了哭位、饭含、小殓、大殓、停柩、祖奠等的位置以及棺柩的装饰之法和大功、小功、合葬、谥号等与丧葬相关之礼。

《少仪》是《礼记》第十七篇。郑玄在《三礼目录》中说：“名曰‘少仪’者，以其记相见及荐羞之少威仪，少犹小也。”孔颖达说：“此一篇杂明细小威仪。”也就是说，本篇记载的是其他篇目所未涉及的，与相见、祭祀、侍奉长者等相关的细小礼仪。故名《少仪》。

杏坛弦歌图轴　诚意　明代　绢本设色

“立德正己、礼乐相和”，孔子把礼乐视为一体，教弟子以“六艺”，把礼、乐放在最先，“立于礼，成于乐”，既重视礼貌对人的道德影响，又重视音乐对人的品质的影响。图绘孔门弦歌不辍的盛况。杏林环绕，夫子端坐，门生环立，两弟子各执一琴，众人专心致志。神与琴、礼与乐相和、共鸣。

古人相互交往、处理事务之时，总有一些程式化的辞令。如《士婚礼》，从纳采、纳吉、请期到新郎亲迎的所有仪程中，都有专门的辞令。《少仪》对其他篇目中未涉及到的做了补充，记述了求见君子时通报姓名的辞令，吊丧通报、赠送殓衣及助丧财帛的辞令，赠送他人礼物、为他人送行及待客的方法辞令，还有国君与大夫士回答他人询问其子长幼的辞令等。同时，还记述了与长者和尊者相见、相处的礼节，侍奉君子及国君的礼节，以及祭祀之法、为人处事之道等。

《奔丧》主要记录士的奔丧之礼。郑玄在

《三礼目录》中说：“名曰‘奔丧’者，以其居他国，闻丧奔归之礼。”它记述了闻亲人离世到至家以及入门登堂、下堂哭踊的过程，而且指出了奔丧者因性别不同所行之礼的差异；对于奔丧者到家之时，亲人已经入葬或家人已除丧，奔丧者所应行的礼节也做了具体说明。此外，本篇还记述了“闻丧不得奔”而为哭位的诸般礼节，并说明了因奔丧者与死者亲疏不同而哭位有异以及未能为天子、诸侯、卿、大夫、士奔丧而哭之礼。

徐穉磨镜 任熊 清代

《礼记·曲礼上》：“知生者吊，知死者伤。知生而不知死，吊而不伤；知死而不知生，伤而不吊。”徐穉，字孺子，丰城白土乡隐溪村(一说豫章南昌县北沥徐村)人。早年曾在江夏黄公身边做过事，后黄公去世，徐穉守义，要去吊丧，但家贫，无资，只得随身带着磨镜的器具，途中靠为人磨镜赚取路费。

《礼记》中《问丧》、《三年问》、《丧服小记》、《丧服四制》等九篇，是对《士丧礼》等的不足之处的补记，并阐述了丧葬之礼的意义。《问丧》解释了服丧之时孝子除掉冠饰、赤足、哭踊、反哭、居倚庐、亲人死后三天才装殓入棺、冠者不肉袒、执丧棒等礼节的缘由。《三年问》论述了服丧三年的原因。《间传》记述了不同丧等的服丧者在丧服、言语、饮食、起居等方面所应遵行的礼仪及其原因，同时对受服进行了阐释。《大传》主要从宗法制度、血缘关系方面论述丧服制度的大义，指出了服丧的范围、丧服的原则以及祭祀先祖之法、圣人执掌政权治理天下需要注意的事项、人伦名分的遵从等。《杂记》分为上、下两篇，以丧礼为主要内容，记述了对特殊情况下发生的丧事的处理方法。包括诸侯、大夫或士突然死于路途或馆驿，为其招魂、运尸回家的方法；国君、国君夫人和大夫、士及其家人等死后，向他国和本国国君、大夫或士等报丧的辞令；诸侯、大夫死后的具体处理情况；吊丧并赠助葬物品的情况等等。同时，《杂记》还记载出妻及妇见舅姑之礼、女子笄礼等。《丧服四制》是对《丧服》、《士丧礼》等篇的论说。《丧服》、《士丧礼》主要记录丧服制度和士的丧葬之礼，这些丧服制度和礼制是依据什么制定的，文中并未提及，而《丧服四制》对此做了解说。《丧服小记》记述了为父母服丧的一些礼节，为有血缘关系的亲属服丧的范围、为殇者服丧的和男子为女性亲人服丧、诸侯到他国大臣家中吊丧等的情况，陈列陪葬器物的原则，戴丧冠、女子死后安葬之地及女子执丧棒情况，为父母、兄弟、朋友奔丧的情况等，涉及的内容比较多。《服问》是对《丧服》经文的解释和补充。它

朱 熹

朱熹将"礼"发展为"德礼政刑"。其目的同样是为了实现大同社会。

阐述了从服的原则、居丧者又遇新丧之时的丧服更换之礼、国君为卿大夫以及各级职官之间的服丧情况。

《投壶》介绍了古代投壶之礼的仪程。本书在《射礼》一节有详细记述。

《礼运篇》阐述了儒家的政治理想——建立一个小康的大同世界。即"大道之行也，天下为公。选贤与能，讲信修睦。故人不独 亲其亲，不独子其子。使老有所终，壮有所用，幼有所长，矜寡孤独废疾者，皆有所养。男有分，女有归。货恶其弃于地也，不必藏于己。力恶其不出于身也，不必为己。是故谋闭而不兴，盗窃乱贼而不作，故外户而不闭，是谓大同。今大道既隐，天下为家。各亲其亲，各子其子，货力为己。大人世及以为礼，城郭沟池以为固，礼仪以为纪。以正君臣，以笃父子，以睦兄弟，以和夫妇，以设制度，以立田里，以贤智勇，以功为己。故谋用是作，而兵由此起。禹、汤、文、武、成王、周公，由此其选也。此六君子者，未有不谨于礼者也。以著其义，以考其信。著有过，刑仁讲让，示民有常。如有不由此者，在势者去，众以为殃。是谓小康。"

《大学》，郑玄在《三礼目录》中解释说："名曰'大学'者，以其记博学可以为政矣。"孔颖达在《五经正义》又说："此《大学》之篇，论学成之事，能治其国，章明其德于天下，却本明德所由，先从诚意为始。"这两句话深刻地阐明了《大学》的要义。即博学以修身，之后将美德彰明天下，以美好的德行来参与治国之事。《大学》提出了儒家政治、道德教育纲领，即求得天下太平的八大步骤：格物、致知、诚意、正心、修身、齐家、治国、平天下。这一思想至今影响着有志之人。

《学记》主要阐释了教育的作用和目的、教育和教学的制度、原则和方法、教师的地位和作用、师生关系以及同学关系等。文中有很多至今仍起指导作用的言论、思想，有些话甚至成了教育领域的至理名言。如，"玉不琢，不成器。人不学，不知道"，指出了学习的重要性；"……使人不由其诚，教人不尽其材。其施之也悖，其求之也佛"，提出了"因材施教"的教育教学方法；还提出了防患于未然、循序渐进、启发诱导、长善救失等先进的教育教学思想。此外，文中还阐述了"教"与"学"的辩证关系。认为只有通过"学"的实践，才会看到自己学业方面的欠缺，只有通过"教"的实践，才会看到自己知识和经验方面的贫乏。学生了解了自身的欠缺，才能力求上进；老师看到自身的贫乏，才能鞭策自己，这便是"教学相长"的教学理论。同时，《学记》还赋予了教师以崇高的地位。提出严师和尊师的思想。《学记》是研究中国古代教育思想和实践的宝贵资料。书中提出的教育教学原理、教学原则与方法以及尊师重道的思想，对我国历代教育的发展，都产生了重大影响，是不可多得的教育遗产。

《中庸》主要体现了古人“乐而不淫，哀而不伤”的指折中、适当、不走极端的中庸思想。南宋理学家朱熹将《大学》和《中庸》与《论语》、《孟子》合在一起，称为“四书”，做为统治者选拔人才的教材，成为欲走仕途之路者的必读书。《中庸》载孔子语云：“博学之，审问之，慎思之，明辨之，笃行之。”这是科学的治学之法，也是为人处事的中庸之道。

《内则》记载了家庭规制和敬老制度，这对于研究我国古代家庭结构、政治结构和社会结构具有一定的参考价值。

《王制》主要记述了古代的君主治理天下的规章制度，内容涉及封国、职官、爵禄、祭祀、丧葬、刑罚、建立城邑、选拔官吏以及学校教育等许多方面的制度。

由于《礼记》记载了多项的典章制度，可以说在“三礼”中，比《周礼》和《仪礼》记载的更加详细，更加丰富。可以说是一部古代典章的大集合。

大学之道，修身为本

在《礼记》中有一篇讲述做学问的文章，这就是《大学》。这一篇后来被单独取出，独立成篇，成为了《四书》之一。

在《大学》中提出了儒家最高的求学理念——大学。也就是广博的、至高无上的学问。反映了儒家对“学”的认识。儒家思想认为，学不仅指的是学习某种知识和技能，最重要的是学习如何做一个品德高尚且拥有良好知识技能的人。因此主张以德为先，以才辅之。即儒家

孔子讲学图　佚名　明代

《大学》阐述了个人道德修养与社会治乱的关系，以“明明德”、“亲民”、“止于至善”为修养目标，提出了实现天下大治的八个步骤，即格物、致知、诚意、正心、修身、齐家、治国、平天下。朱熹尊崇其为“穷理正心，修己治人之道”。图为孔子授学图，《大学》即是孔子与其弟子曾子思想的记录。

要培养的目标就是德才兼备的能为社会作出贡献的有用之才。所以学也非常重要。而学又是一个发自求学者个人主观的活动。所以学问的修成要有一个过程。这些在大学之中得到了充分的体现。

《论语》第一篇的第一章就说："学而时习之，不亦说乎？有朋自远方来，不亦乐乎？人不知而不愠，不亦君子乎？"把学习当成了非常快乐的一件事，当成了人生之中的一种大事，不仅要自己修学，还要与朋友探讨交流学习，当别人不认识不理解自己的时候更不能怨恨恼怒。这样才够得上是君子。可见，做君子必须是内养和外用都达到相当高的层次了。

在《大学》开篇即说："大学之道，在明明德，在亲民，在止于至善。"这简简单单的几句话就道出了千古的至理，指出了人们追求的最高境界。大学是什么？当然不是小学，也不是中学了。这个"大学"肯定不是对现在的高等学府的称呼，而是古代的大人所追求的广博而至高的学问。也就是说，是君子之学。即有志于学习内养功夫和外用知识技能的人所追求的至高学问。"大"本为"太"之意，亦即"极高"之意。大学要追求的是什么呢？有几种境界。第一是明明德。也就是要使本身光明的一面展示出来，发扬自己优良的本性。或者说是使本来光明后来受到社会的不良熏染的本性经过修学达到去污涤垢返璞归真的境界，使自己的品德更加高尚。第二种境界是亲民。也可以说是在第一种境界，或者叫第一个层次自我修养已经达到极高层次的基础上之后做为，也就是要自利利他，亲近百姓。到人民中间去感染感化其他人。让人感觉到自己做人非常的平易，容易亲近，这样才能方便别人接受。这样，在百姓接受了自己的基础之上，才有可能来学习。也可以说是有了修养、知识和技能，不能独善其身，应该用于大众，让更多的人受益，也就是"利益众生"，这样的人才不

学琴师襄

"大学"是针对"小学"而言，它不是"详训诂，明句读"的小学，是大人之学，讲究修身、格物致志。而修身是《大学》中提出的最根本的一条原则，"自天子以至于庶人，壹是皆以修身为本"。上图讲述的是圣人孔子修身的故事，孔子学琴师襄，通晓礼乐规范。

和为贵

有子曰：“礼之用，和[1]为贵。先王之道斯为美[2]。小大由之，有所不行。知和而和，不以礼节之[3]，亦不可行也。”

《论语·学而》

【注释】〔1〕和：调和、和谐、协调。〔2〕先王之道：指尧、舜、禹、汤、文、武，周公等古代帝王的治世之道。斯：这。斯为美：这方面做得好。〔3〕不以礼节之：节，节制、制约。

【译文】有子说：“礼的应用，以和谐为贵。以前的君主治理国家，在这一点上做得很好，但不论大事小事都按和谐的办法去做，有的时候就行不通。如果为和谐而和谐，不以礼来节制，也是行不通的。”

会自私自利。第三是止于至善。也就是说要尽自己所有的能力努力追求达到极其圆满的至善效果。也就是最高的善。当然这个“亲民”经朱熹解释成了“新民”，虽然可以讲得通，但不如亲民更好。也可以说这三个层次是从自立、自利境界上升到了利他、利国、利天下的境界。这也就是《大学》所追求的道，也就是最高的修学标准。虽然对这三个层次的表达不是多么复杂，但“大道至简”，这几个字就表述出儒家所追求的最高人生境界。这个境界就是人生修学的极高境界。

要达到这个标准，要有几个求证大道的程序。也就是知、止、定、静、安、虑、得。这是大学学问的纲要所在。大学上是这样说的：“知止而后有定，定而后能静，静而后能安，安而后能虑，虑而后能得。物有本末，事有终始，知所先后，则近道矣。”这些程序的各个环节，是有所先后，不能随意更改的。这可以说是一个人的修学的层次，是不断提高自身素质的方式。由知到得，然后就是《大学》学问的纲要所在。这些纲要是格物、致知、诚意、正心、修身、齐家、治国、平天下。这八个纲要，在中国古代被称作“八目”。这八目才是亲民的实际的学问和修养。《大学》中是这样讲的：“致知在格物，物格而后知至，知至而后意诚，意诚而后心正，心正而后身修，身修而后家齐，家齐而后国治，国治而后天下平。”

这里面的家不是指的个别的家庭，而主要指的是家族，而国指的是天子分封的诸侯国，而天下就是指的天子统治下的所有地域了。《大学》强调，“自天子以至于庶人，一是皆以修身为本”，强调自身要有好的道德品质，才能够教育别人，才能齐家治国平天下。这样把个人的道德观念与政治上的和平安定联系在一起了。从自立自利到利益他人，完成自己修养的升华，达到最高、最圆满的境界。可见，个人是否修身，事关家国天下，所以要人人重视自身修养。虽然这样夸大了道德的作用，但是这种把个人看做是社会的具体个体，个体素质决定集体兴衰的观念是相当先进了。

极高明而道中庸

《礼记》中还有一篇《中庸》也和《大学》一样被单列出来，后来成为“四书”之一。可见儒家非常重视中庸之道。

“中庸”这个范畴，最早是由孔子提出来的。《论语·雍也》中写道：“中庸之为德也，其至矣乎，民鲜久矣。”孔子把中庸看做是一种人的美德，是衡量人的道德行为的价值准则。为什么会这样看呢？《中庸》篇中有很好的解释：“中也者，天下之大本也；和也者，天下之达道也。至中和，天地位焉，万物育焉。”中庸是天地万物的本性和共同的规律；而且人性人道又是本于天命的，“天命之谓性，率性之谓道。”所以，中庸就是天命所赋予人的本性，人的行为符合中庸之道，才是至善的美德。

什么是中庸之道呢？《中庸》说：“喜怒哀乐之未发，谓之中；发而皆中节，谓之和。”这就是说，人的道德行为不带有喜怒哀乐的情感，不被情感所左右；或者带有喜怒哀乐的情感，但发而中节，不偏不倚，无过又无不及，恰到好处，符合天道。又由于喜怒哀乐是人所共有的，其所涉及的是君臣、父子、兄弟、夫妇和朋友五伦的关系，每个人在社会生活实践中都会接触到，这是极为平常的事，所以称为中庸之道。

这个中庸之道是本于天命而贯通于人道的。而这种道是靠人来实行的。在人性未发的状态下，它只是一种人人所固有的潜能。只有在人性萌发之后，能够严格遵守社会的道德规范，使人的行为与客观外在的准则相符合，才会成为现实的美德。在这种状态之下，人能够安分守己，恬然自得，体验到一种“与天地相参”的高明境界，从而把主观与客观的界限消失，物我两忘，天人合一，这就是所谓的极高明而道中庸了。

要达到这个极高明的境界，最需要的是人的诚。“诚者，天之道也。诚之者，人之道也。诚者不勉而中，不思而得，从容中道，圣人也。诚之者，择善而固执之者也。”这就是说，“诚”是人在道德实践中一种高度自觉的心理状态。人只有真正发自内心的诚，才会实实在在的保持高度自觉，从而履行道德规范——礼了。

不对田赋

孔子对冉有说：“君子之行也，度于礼。施取其厚，事举其中，敛从其薄。如是则丘亦足矣。若不度于礼，而贪冒无厌，则虽以田赋，将又不足。”万事若皆能顺其礼合其度，则可成。

《中庸》也十分重视个人修身的作用，即十分重视慎独。《中庸》说：“君子戒惧乎其所不睹，惧乎其所不闻，莫见乎隐，莫显乎微，故君子慎其独也。”这就是说，在别人看不到，听不到的时候，在个人独处的情况下，更要警惕小心，使行为符合于礼。《易经·乾》上说，“君子终日乾乾，夕惕若，厉无咎。”也就是说，人要从早到晚时刻警醒自己，做到思想行为刚健笃实，这样才不会有什么过错。

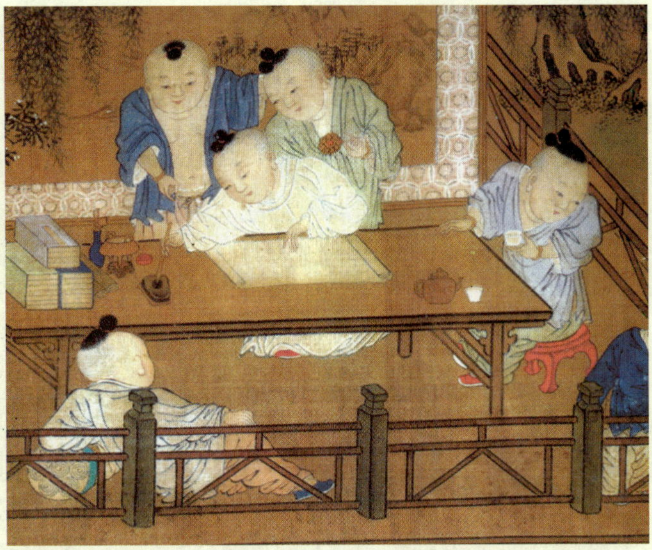

群婴戏书图　南宋　佚名

礼仪是古代童蒙的必修之课。古代对童蒙的教育有家礼，如父母呼，应勿缓；父母命，应勿懒等；有敬长礼，尊长前，声要低，问起对，视勿移等；有自身仪容方面的规定，如晨必盥，兼漱口。便溺回，辄净手。冠必正，纽必结等。图为古代绘画中童蒙习书学礼的场面。

中庸之道讲求要做到不偏不倚，无过不及，诚明自己的内心，并且尤其要注意的是慎独，最终也会达到齐家治国平天下的最终目标。

化民成俗必由学

《礼记》非常重视对于民众的教化，有一篇专门的文章讨论教化与学习的问题，这就是《学记》。

《学记》不只是讲学，它的中心是要说明教化的重要性及具体的方法。《学记》的开篇就指出了学习的重要作用：“发虑宪，求善良，足以谀闻，不足以动众。就贤体远，足以动众，未足以化民。君子如欲化民成俗，其必由学乎！玉不琢，不成器；人不学，不知道。是故古之王者建国君民，教学为先。”《兑命》曰：“念终始典于学。其此之谓乎！”这里面说到了个人只要做到思虑合乎法则，求得优秀贤能，足以做到小有声誉，但不足以感动大众。求教于贤良，亲近才艺卓越的人，足以感动大众，但不能教化百姓。君子如果想教化百姓，形成良好的风俗，必须从教育入手。玉不经过雕琢就不能成为玉器，人不经过学习就不会明白道理。因此古代王者建立邦国，君临百姓，以立教立学为先务。《尚书·兑命》上说“自始至终都要想着学习”，说的就是这个意思。

父母存，不许友以死

为人子者，居不主奥[1]，坐不中席，行不中道，立不中门，食飨不为概[2]，祭祀不为尸[3]，听于无声，视于无形，不登高，不临深，不苟訾[4]，不苟笑。孝子不服[5]闇，不登危，惧辱亲[6]也。父母存，不许友以死，不有私财。

《礼记·曲礼上第一》

【注释】〔1〕奥：室中的西南隅，是室中最尊的位置。〔2〕食飨：食礼、飨礼。概：这里指“……为主”。〔3〕尸：古人祭祀先祖时装扮成尸跳舞，一般由有地位的人充当“尸。”西周时，周王就曾在祭祀祖先时扮尸。《诗经》等典籍多有记载。“不为尸”，不敢扮尸。意思是说自己没有那么高的地位。〔4〕不苟訾：訾（zǐ），诋毁，说人坏话。〔5〕“服”通“伏”，指潜伏在暗处。〔6〕惧辱亲：上句“孝子不服”与“登危”都有可能无意义地丧生，这些都是“辱亲”的行为，故说“惧辱亲”。

【译文】做儿子的，生活起居不敢占据家中西南隅这个尊贵的位置，饮食不敢坐在席的中位，不敢在道路的中间行走，不敢在门中央站立。在举行食礼和飨礼中不敢做主人，祭祀时不敢充当尸。没有听见父母的声音，但能猜想父母该召唤自己了，没见父母的身影但能猜想父母要指使自己了。不登高处，不临深渊，不随便诋毁人，不随便嬉笑。孝子不潜伏在暗处，不登临危险之境，怕因此而使双亲伤心受辱。父母在世，不可对朋友以死相许，不私自存钱财。

《学记》里面的“学”指的不只是“学”，还有“教”的含义。其实也就是说的教化作用。它看到了个人的求善之学远不能满足化民成俗的作用，所以必须把学习放在最低的层次上，让所有的人都能接受教育，都能“学”，这样才会使统治巩固。

教育界所熟知的“教学相长”就是出自《学记》。“虽有嘉肴，弗食，不知其旨也；虽有至道，弗学，不知其善也。故学然后知不足，教然后知困。知不足，然后能自反也；知困，然后能自强也，故曰：教学相长也。”佳肴不吃不知味美，至理不学不知其善。学习然后知道自己的不足，教人才知道自己对知识还有困惑。知不足才能反省自己，知困才能不断加强自己。所以说，教和学是互相促进增长的。

在《学记》中还对学习的步骤及所学层次的高低有精妙的论述。强调了学习重在人格的修养，并批评了一些错误的学习方法，详细地阐述了正确的学习方法，指出了什么该做什么不该做。《学记》还非常重视教师的作用，强调尊师。总之，《学记》的思想，对于当今教育教学仍然有许多值得借鉴的地方。

第三章

礼乐相和寓教于美

中国古代的礼仪制度，规范着人们的行为举止，影响着人们的思想，为统治者安民、定天下起到了无可替代的作用。这些礼仪制度在各种活动中具体实施时，必须按规定陈设相应的礼器、着相适的礼服、奏相合的礼乐。其目的在于通过器物、服饰、音乐营造氛围、渲染气氛，传达更多的礼仪信息，加强人们对礼仪规范的理解与重视，从而达到礼治天下的目的。三者结合，很大程度上体现了寓教于美的特点。

器以藏礼——礼器

QIYICANGLI——LIQI

古人行礼之时，常常借助于一些器物来表达礼仪，即礼器。礼器包括食器、酒器、乐器、玉器等。

礼器，是中国古代贵族用于祭祀、朝聘、宴飨、丧葬、征伐等礼仪活动中的器物，又称彝器。在活动中，借助器物的种类、组合、用途等传达礼仪。可以说，礼器的存在及其种类、数量与组合等方面的差异是礼制的物化表现手段之一，即所谓“器以藏礼”（《左传·成公二年》）。

①彩陶双连壶

原始社会的彩陶图案展现了当时人类丰富的精神世界，常见的三角形、菱形、涡旋纹等，都是古人对自然现象的高度浓缩和感悟，其纹饰也有一定的神秘寓意。图中双连壶可能是用于某种仪式的酒器，供两方面人使用，表示互相信任、友好之意。

②石器时代对龙的崇拜

这是河姆渡文化遗址出土的一种骨制龙纹碗，说明了我们祖先对龙崇拜历史的悠远。

③春秋时期洁具：单盘

①

②

③

礼器的产生

《礼记·礼运》曰：“夫礼之初，始于饮食。”可见，上古时期，我们的祖先在饮食中就已注重礼仪。“其燔黍捭豚，污尊而抔饮，蒉桴而土鼓，犹若可以致其敬于鬼神”，燔黍捭豚，烹饪用具出现以前，对食物做简单的加工。捭，撕裂。污尊抔饮，谓掘地为坑当酒樽，以手捧酒而饮。这里，我们可以看出，为致敬于鬼神而成礼，行敬意之礼必以饮食之物——“神嗜饮食”（《诗经·小雅·楚茨》）、“鬼尤求食”（《左传·宣公四年》），盛饮食之器物便是礼器。《左传·宣公十六年》曰：“王享有体荐，宴有折俎”，古代祭祀、宴享时，要将牲的半体置于大俎之

侍奉君子之礼

凡侍坐于君子，君子欠伸[1]。问日之早晏[2]，以食具告。改居[3]，则请退可也。夜侍坐，问夜、膳荤[4]，请退可也。

《仪礼·士相见礼第三》

【注释】〔1〕君子欠伸：神疲打哈欠，伸懒腰。〔2〕早晏：晏，迟。此处指时间已晚。〔3〕改居：改变坐的姿势。指有倦意。〔4〕膳荤：荤：指葱、藠头之类食物，可止倦意。

【译文】凡是在君子身边侍坐，如果君子神疲而打哈欠、伸懒腰，并问时间是否已晚了，就告之他，晚餐已经做好了。如果君子改变坐的姿势，说明他已经很疲倦了，这时就可以请求退下。如果夜晚在君子身边侍坐，君子问现在是晚间什么时候了，并且吃荤辛食物以止倦意，也可以请求退下了。

注：古代的“君子”所指颇广。此处指朝中的卿大夫及国中贤者。以上是《仪礼·士相见礼第三》记载的晚辈侍奉君子时的注意事项。

上来进献。俎，古代祭祀时放祭品的器物。可见，礼器是伴随礼仪的出现而产生的。

净手的器皿

铜匜是与盘配合使用的青铜器，主要用于宴会或祭祀前净手。图中这件铜匜出土于河南罗山高店，器形略呈椭圆，一侧有流，另一侧器口与下腹之间有兽头状鋬。

最初的礼器，不过是人类日常生活中所用极其简陋的器物。随着社会的发展，发生了变化，形成了比较完备的礼器规制。

社会发展过程中，统治者积累了大量的财富，于是向先王、天地、鬼神乞灵保佑，以巩固统治地位。《左传·成公十三年》有记：“国之大事，在祀与戎。”戎与祀是统治者稳定政权、保有财富的工具。戎是暴力，是征服，是强力的体现；而祀则是祈求、请示、寻求支持与庇佑，是统治者为自己筑起的一道堡垒。因此，祭祀乞灵之时，统治者必怀虔诚、恭敬之心，礼器在形制与使用上便也因之日益完备起来。

礼器最初是用陶土烧制而成，上面有刻画或彩绘的图案，形、色简单，种类单一。后来出现了玉质的礼器，形大工精，种类也日益丰富起来，玉璧、玉琮、玉斧、玉铲、玉刀等形制皆进入礼仪活动之中。

进入西周，青铜器成为重要的行礼器物，类型繁多、数量巨大、造型庄重华丽、纹饰优美精湛、铭文内容丰富。有食器、酒器、乐器等类别，每一器类又都包含多种形制。可分为十几种或二十几种器名。每一种器物

燕侯盂

方形铜簋

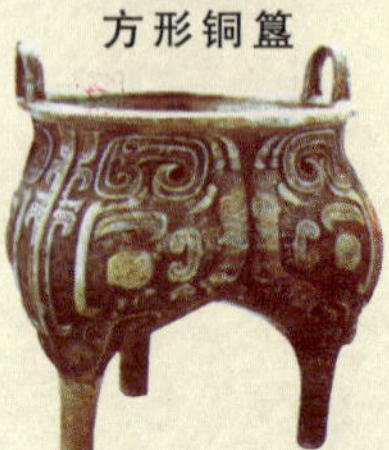
鲁侯熙鬲

镶嵌兽纹方豆

庚父己甗

各种饮食礼器

礼器是古代贵族在举行祭祀、宴飨、征伐及丧葬等礼仪活动中使用的器物，它是在原始社会晚期，伴随氏族贵族的出现而产生。古代的礼器主要有陶器、玉器、青铜器等，作为与天地沟通的礼器与身份等级地位的象征，礼器进入商周有很大发展，各种功能青铜器皿增多，进入秦汉社会后，青铜礼器逐渐衰落。

由于王朝的更替，典礼制度的变化、习俗的相互影响，乃至生产技术的进步，又会演变成很多种形式。仅酒器和食器两大类中的器物，粗略统计，就有近四十种不同的名称。每种基本器形，又有许多变化繁衍的式样，这些式样大的有几百种之多。同时，各种礼器物的配用，也明显地礼制化了。典籍载有天子九鼎、诸侯七鼎、大夫五鼎、元士三鼎的用鼎制度。

从西周起，鼎不仅是用于祭祀的器物，同时也成了国家政权的代表。传说夏禹曾收九牧之金于荆山之下铸造九鼎，以象征九州，镌刻魑魅魍魉的图形于其上，并让人们警惕，防止被其伤害。自从有了禹铸九鼎的传说，鼎就不仅仅是一般的祭器，而同时拥有传国重器的地位。《左传》有云："桀有昏德，鼎迁于商；商纣暴虐，鼎迁于周。"鼎是宫廷重宝，是政权、财富、贵族的象征，是祖宗和社稷的化身。天子列九鼎，以九鼎代表九州，以示对天下的驾驭。楚庄王"问鼎中原"便表明其称霸的野心，而王孙满的"周德虽衰，天命未改，鼎之轻重，未可问也"之语又是对衰微的周王室的极力维护。

另外，各级鼎的盛放物品也各有规定。如天子的第一鼎盛牛，以下盛羊、猪、鱼、肉脯、肠胃、肤、鲜鱼、鲜腊。诸侯的鼎内则去后二味。卿大夫的第一鼎盛羊，以下盛猪、鱼、腊、肠胃等。《孟子·梁惠王下》记载：孟子做士的时候，丧父，以三鼎祭奠。后晋升为大夫，丧母，则以五鼎祭奠。这就是所谓"名位不同，礼亦异数"。也就是说，礼器又和使用者的身份地位相关联，亦含有等差的特征。即如《左传·隐公五年》所云:以器来"名贵贱，辨等列"。

到了春秋时期，周王室衰败，出现礼崩乐坏僭越现象，一些诸侯也用九鼎。当时为子爵之国的郑国，本是周王室卿大夫一级的官员，竟然也用九鼎。这导致青铜礼器使用的规制被打破，加之青铜器形制的不断改变，奴隶主阶级礼器的属性渐渐消失，青铜器物逐渐日用化。战国时期连平民都使用青铜器物作为生活用器。随着封建社会的形成，作为奴隶制礼治附庸的礼器也趋于衰败了。

礼器的种类

礼器的范围很广，主要有食器、酒器、乐器、玉器等器类。

食器 这里所说的食器包括烹煮食器、设食器等。主要有鼎、鬲、甗、甑、簋、簠、盨、敦、豆、铺、盂、俎、匕等器物。

烹煮食器包括鼎、鬲、甗、甑等器物。鼎最为重要。

鼎是进入奴隶社会后最重要的礼器。何为鼎？许慎在《说文解字》里说："鼎，三足两耳，和五味之宝器也。"鼎，由鼎耳、鼎足、鼎身三部分组成，有三足圆鼎，也有四足方鼎。从用途上又分镬鼎、设食鼎、羞鼎三类，属于烹煮食器。镬鼎，用来煮牛、羊、豕、鱼等牲肉。设食鼎，又称正鼎、升鼎。镬鼎内煮熟的肉食用匕（一种头部尖锐的取食器，用棘木、桑木或者青铜制作，长三尺或者五尺）取出来，放入设食鼎，并对它们进行再次加工。羞鼎，又叫陪鼎。郑玄曰："备品物曰荐，致滋味乃为羞。""羞"即"馐"，指美味的食品。在羞鼎内放有配以作料的滋味鲜美的肉羹。牲肉被放入羞鼎之前是没有滋味的，所以食用前须用羞鼎内的羹汤入味裹汁。在食用之前，仍用匕将牲肉从羞鼎中取出，放在俎上，然后陈设于食案之上。行礼时，鼎与俎配套使用，数量相等。

鼎

鼎最初是古代的一种烹饪用器，其后被视为传国重器，国家、权力的象征，更是一种礼制的体现。周礼规定：天子九鼎，诸侯七鼎，大夫五鼎，士三鼎或一鼎，不得僭越。古代还有禹铸九鼎、国灭则鼎迁之说，因此历商至周，都把定都或建立王朝称为"定鼎"。

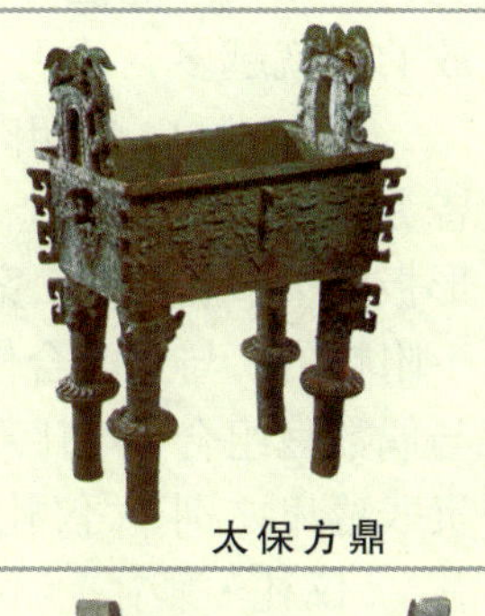
太保方鼎

司母戊方鼎

大克鼎

刖刑奴隶守门鼎

三种鼎作用不同，不同地位的贵族在鼎的使用上，又有不同的组合，体现了"名贵贱，辨等列"的特点。天子的九鼎，配镬鼎七，曾侯乙用天子九鼎制，但其配镬鼎仅为二。

鬲（gé），煮粥器，大圆口，口沿外倾。有三个中空的足，便于炊煮加热。青铜鬲最早出现在商代早期。西周中期以后鬲很盛行，常成

莲鹤方壶

组出土，到战国后期自然消失。甗，蒸饭器，分上下两部分，上体用以盛米，称为甑，下为鬲，用以煮水，中间的箅通气以蒸于甑。

设食器包括簋、簠、盨、敦、豆、铺、俎等，是盛装食物的器物。

簋(guǐ)，是盛放煮熟的黍、稷、稻、粱等饭食的器具。簋是商周时重要的礼器。宴享和祭祀时，以偶数与列鼎配合使用。史书记载，天子用九鼎八簋，诸侯用七鼎六簋，上大夫用五鼎四簋，元士用三鼎二簋，只有一鼎时则不配簋。

涡纹罍

簠(fǔ)，与簋同为盛放煮熟饭食以奉神的器物，为表虔敬而须整洁。所以，古人用“簠簋不饬”来斥责为官却少廉洁的人。豆，是盛放腌菜、肉酱等和味品的器皿。使用时，按尊卑长幼，亦有数量多少之分。《仪礼·公食大夫礼》中明确规定“上大夫八豆、八簋、六铏、九俎,鱼腊皆二俎”。《周礼注疏》中有诸侯六豆、七俎，天子八豆、九俎的记载。《礼记·乡饮酒义》中曰“六十者三豆，七十者四豆，八十者五豆，九十者六豆，所以明养老也”。可见，年龄越高，面前摆放的豆就越多，体现了对老人的尊重与关爱。

何 尊

俎(zǔ)，是切肉、盛肉的案子。目前所见皆为商末、周初之俎，形似小凳，上面横一长方形板面，中部微凹，案下两端有壁形足，也有案下附铃的。与豆配合使用，如前所述，以奇数俎与偶数豆组合，俎比豆多一。俎上所载的牲肉有贵贱尊卑之别，《仪礼·乡射礼》《仪礼·乡饮酒礼》《仪礼·燕礼》《仪礼·大射礼》中皆有一条规定，即“宾俎脊胁肩肺，主人俎脊胁臂肺”。其注曰：“宾者用肩，主人用臂，尊宾也。”因为周人贵肩，所以肩献给宾，而主人用臂，以明“尊者俎尊骨，卑者俎卑骨”之意。正因为割牲分俎之事直接体现尊卑有序的等级制度，人们非常重视，所以《周礼·天官》中明确规定设官专职负责祭祀和宴客时的割牲、陈俎之事。《礼记》的

折 觥

嬴季卣

注疏中强调说："人君不可不知分俎之事也。"

酒器 中国古代祭祀、朝聘、宴飨、丧葬、征伐等礼仪活动都离不开酒，因此，酒器成为各种礼仪活动中不可或缺的器物。酒器可分为盛酒器和饮酒器两大类。

盛酒器主要包括尊、壶、卣（yǒu）、方彝、觥、罍等形制。饮酒器主要有角、觚（gū）、觯（zhì）、斝等形制。尊，是较大的盛酒器，在礼仪中地位仅次于鼎。卣，中等盛酒器，统治者常用卣盛酒赏赐有功之臣。觥，主要用来盛酒，有时也用以饮酒。作为饮酒器，其容量最大，所以常用来作罚酒的器物。《礼记正义·礼器》云："凡觞一升曰爵，二升曰觚，三升曰觯，四升曰角，五升曰散。"可见，这些酒器不但形制不同，其容量也有差异。另外，在使用时有以小为尊贵之说："宗庙之祭，贵者献以爵，贱者献以散，尊者举觯，卑者举角。五献之尊，门外缶，门内壶，君尊瓦甒。此以小为贵也。"

汉代马王堆墓中彩绘乐俑

这是长沙马王堆一号墓中出土的彩绘吹竽鼓瑟俑。俑共计5件，皆坐姿，其中吹竽俑2件，鼓瑟俑3件。吹竽者拇指分开，四指合拢，手掌向上，鼓瑟者手掌向下，五指微曲，生动逼真。

在礼器用具上，常常有兽面、龙（水的象征）、凤（风的象征）、蝉、蚕、火、"饕餮"等纹饰，这体现了古人崇拜自然之宗教心理。以其来渲染气氛，增加威势。

乐器 中国古代，乐器的社会功能已经远远超出音乐演奏本身，自商周起，它就已经集奏乐、施法、行礼于一身，即兼备乐器、法器和礼器之功能。在各种礼仪活动中，以其使用种类、数量的

伯牙抚琴图 王振鹏 元代

古代乐与礼是密切相关的，两者共同构成儒家文化的重要内容。帝王皆以兴礼乐为手段，维护尊卑远近的统治秩序，乐文化逐渐超越其本质意义，与政事相通。图为春秋名士俞伯牙抚琴场面，伯牙长髯拂胸，双手抚琴，气派高雅；子期对面而坐，俯首品音。人物神情生动，线条流畅，颇具古意。

君子敏于事而慎于言

子曰："君子食无求饱，居无求安[1]，敏于事而慎于言，就有道而正[2]焉，可谓好学而已。"

《论语·学而》

【注释】〔1〕安：安逸。〔2〕就：接近；正：改正。

【译文】孔子说："君子不追求吃得好，住得安逸舒适。一个人做事敏捷，言谈谨慎，善于向道德修养深厚的人学习并改正自己的错误，这就可以称为好学的人了。"

十弦琴
彩绘竹排箫

西周时期，礼制与音乐是紧密联系的，合称"礼乐"，在整个周代法天地人伦、治社会情感，规矩仪礼等政治制度上扮演重要角色。随着"礼崩乐坏"局面的到来，众诸侯国民间悄然兴起一种新乐，以郑国和卫国的新乐最有代表，合称"郑卫之音"。与西周雅乐相比，新乐不仅仅显示威严，随着演奏需要，以金、木、石、革、丝、木、竹等为材质的各式乐器大量出现，打破了雅乐单一的敲击模式，逐渐转变成敲击、吹奏、挑拨等三种乐器的合奏。

不同来表达不同的礼仪。

作为礼器的乐器主要有铙、钲、钟、铎、铃、钩、镎于、鼓、瑟、笙等形制。它们用于行军、宴飨、祭祀等多种礼仪典礼之中。铃是一种似钟却小于钟的乐器。《周礼·春官·巾车》曰："大祭祀，鸣铃以应鸡人。"可见，铃用于祭祀之礼。《礼记·乐记》曰："钟磬竽瑟以和之，干戚旄狄以舞之，此所以祭先王之庙也，所以献酬酳酢也，所以官序贵贱各得其宜也，所以示后世有尊卑长幼之序也。"显然，在祭祀中，钟、磬、竽、瑟等乐器按一定的规制配合使用，可起到"序贵贱"，明尊卑长幼之序的作用。另外，不同乐器所演奏出来的音乐又有不同的作用。"君子听钟声则思武臣""君子听磬声则思死封疆之臣""君子听琴瑟之声则思志义之臣""众君子听竽笙箫管之声则思畜聚之臣"。

玉器 古代礼仪中常用的玉器有圭、璧、璋、璜、琮、琥形制。

古代礼制佩玉

《礼记·玉藻》载，“古之君子必佩玉”，“凡带，必有佩玉，唯丧否”。古代君子以玉比德，佩玉在身，可以鸣玉之声规范自己的言谈举动，因此君子无故，玉不离身。古代佩玉有全佩、组佩以及礼制以外的装饰性玉佩几种戴法。

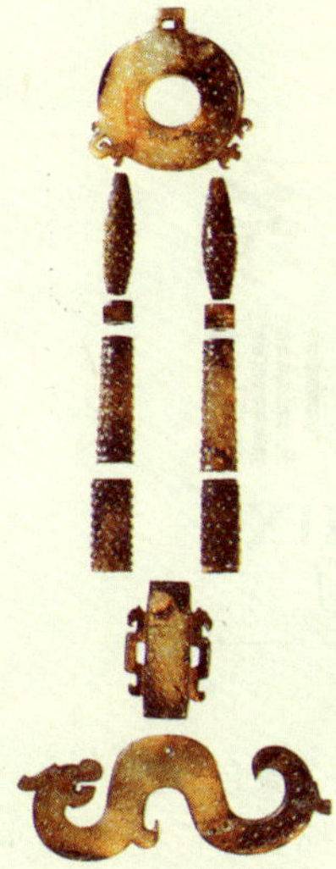
谷纹玉组佩

玉璧

双龙玉佩

金链舞女玉组配

双龙玉佩

许慎在《说文解字》中对玉有这样的解释：“玉，石之美者。”接下来他就提出了玉的五种美德：仁、义、智、勇、洁。这应该就是玉美之所在。可见，玉蕴涵着丰富的儒教思想。许慎对“玉”字本身又解释说：“象三玉之连，其贯也。”即“玉”为象形字，其本义是三块美玉用一根丝绳从中间穿起来，“三玉之连”寓意天地人相融通。

正因为玉被人们赋予了如此丰富的内涵，所以玉器在中国古代礼仪中被广泛使用，寓有多种礼仪。

古人在着礼服的同时需按一定规制佩玉，以表明身份地位。《礼记·玉藻》中有天子佩白玉、公侯佩山玄玉、大夫佩水苍玉、世子佩瑜玉、士佩瓀玟的记载。这说明，玉的颜色、质地成为了古代贵族明尊卑的凭借。另外，《周礼》云：“以玉作六瑞，以等邦国。王执镇圭，公执桓圭，侯执信圭，伯执躬圭，子执谷璧，男执蒲璧。”这说明，玉的形制也是辨等级的凭借。“以玉作六器，以礼天地四方。以苍璧礼天，以黄琮礼地，以青圭礼东方，以赤璋礼南方，以白琥礼西方，以玄璜礼北方”这一记载，又表明玉是古人祭祀中的重要礼器。此外，玉又是聘礼中的重要礼物。聘国君以圭，享国君以璧；聘国君夫人以璋，享国君夫人以琮。

典制之系——礼服

DIANZHIZHIXI——LIFU

古人所着礼服的制式、颜色、配饰及冠冕鞋履等的规格，都要和行礼者的身份、所行之礼相符合，否则就是失礼。

郑玄在《尚书·正义》注中曰："冕服华章曰华，大国曰夏。"《左传·定公十年》疏云："中国有礼仪之大，故称夏；有章服之美，谓之华。"很显然，中国历来便为"衣冠上国""礼仪之邦"，这礼仪便是通过华美的独具中华精神特质的服饰所体现的。同时又可以看出，中国服饰的两大特点：一是华美，一是蕴涵了精深的礼仪。

中国古代服饰多在宽袍大袖、长裙丝履和短衣缚裤、窄裙革靴两方面摇摆。但总体上以宽袍大袖的汉服为主，洒脱出尘，具有宽博大气的直观感、飘逸的流线美。比如，汉服的袖子，一般都比手臂长，最常见的深衣规定要回挽至肘，袖径最宽的竟达四尺，垂下几乎及地。这种设计宽大飘逸、流畅脱俗。

同时，经过历代的发展演变，吸

仁君尧帝

中国自古以来便是礼仪之邦、衣冠古国。《左传·定公十年》载："中国有礼仪之大，故称夏，有章服之美，谓之华。"古代的礼仪制度与服装是紧密相关的。《易经》中载，"垂衣裳而天下治"始自黄帝、尧、舜时期，可见从黄帝之时，人们才开始制作衣裳，服饰典制由此规范。图中尧冠服赤，服色上玄下黄，模仿天玄地黄。

礼的作用

夫礼者，所以定亲疏、决嫌疑、别同异、明是非也。礼不妄说[1]人，不辞费[2]。礼不踰节，不侵侮，不好狎。修身践言，谓之善行，行修言道。礼之质[3]也。

《礼记·曲礼上第一》

【注释】〔1〕说：通“悦”。〔2〕不辞费：辞，言辞。〔3〕质：本质。

【译文】礼，是用来确定亲疏，决断嫌疑，区别同异，明辨是非的。遵循礼仪，不随意讨好他人，不说多余的话。遵循礼仪，不超越节度，不侵辱他人，与人相交不轻佻。自修其身，言行统一就是善行。行为有修养，言谈符合礼仪，这就是礼的本质。

收了夷族服饰的优点，并附以各种章纹佩饰，加之头饰、足履的和谐搭配，形成了独具特色的华夏美服。宽衣博带，魏晋之风；华丽开放，盛唐之象；简朴自然，宋服之致。明太祖，为复礼仪，重拾汉唐；清兵入关，满汉交融，虽庞杂却精致。回望历史，中国古代服饰从形、色、饰诸方面给世人展现了它独到的美质。

中国古代服饰历经辉煌，不仅因为其华美，更在于它的社会功用。“服饰之事虽微，然而属历代礼仪典制之所系。”台湾学者王关仕在《仪礼服饰考辨》中精到地点出了服饰制度与礼仪典制的关系：中国历来礼仪制度发达，各种礼仪规定的存在和发展通过同样发达的服装文化得以集中体现。《周易·系辞下》中有“黄帝尧舜垂衣裳而天下治，盖取诸乾坤”的记载。“衣取象乾，居上覆物；裳取象坤，在下含物也”。古时“衣”指上衣，“裳”指下裙。“上衣下裳”法天尊地卑之观念，体现了君尊臣卑的等级关系。《左传》曰：“衣，身之章也。”其注云“章贵贱”。也就是说，服饰是用以彰明身份高低贵贱的。《孝经注疏·卿大夫章》曰：“先王制五服，各有等差。”《尚书·皋陶篇》曰：“天命有德，五服五章哉。”孔安国注云：“五服：天子、诸侯、卿、大夫、士之服也。”显然，身份等级不同，所着衣物定有差异。正因如此，随着时代的发展，服饰成了历代标志和维护等级制度的重要手段之一，使贵贱之别，望而知之。

古代服饰不仅为了体现各阶层的尊卑贵贱之别，同时还为了适应内容不同的各种活动或仪式。自夏商礼制初成开始，便明确出现了与各种礼仪活动相应的冠服制度。祭祀天地、宗庙，临朝参政，从军服役，婚丧嫁娶等，都有与之相适应的服饰规定。到了周代，冠服制度随着周礼的成熟逐步完善，并被纳入了“礼治”的范畴，成为礼仪的一种表现形式，人们的服饰行为必须合乎各阶层共同遵循的行为规范，男女服饰不可通穿，丧服

楚国袍服女装

不得外出，劳作或酷暑不能袒胸露肌等等，这些不同的仪礼限定，目的只有一个，辅助“劝善别尊卑”的典章程式，使之在具体实施过程中达到理想的目的。

那么，古代服饰又是如何与“礼仪典制”相系的呢？这主要体现在服装款式、服色、配饰等几个方面。

服 式

自“黄帝尧舜垂衣裳而天下治”开始，人们便结束了原始的围披状态而进入衣裳时代，与此同时，也注定了服饰的发展、变化与礼仪典制的千丝万缕的关系。

中国古代服饰看似纷繁复杂，而实际上万变不离其宗，基本上可分为上衣下裳、衣裳相连两大类别。

上衣下裳这种服饰，最初是法天尊地卑的观念而创制，是社会走入文明的一个标志。但这只是服饰礼制的初期，还不完善。到了西周，由于奴隶主与奴隶之间的根本对立，奴隶主阶级不仅垄断了服饰资料，而且为了稳定奴隶主阶级内部的秩序，规定了等级制度和相应的章服制度。从西周起，几乎每个朝代都设置“司服”一职，“掌王之吉凶衣服，辨其名物与其用事”，根据礼仪活动的内容向皇帝、后妃提供相应的服饰。当时，如果有“触易君命，革舆服制度”者，便会受到割掉鼻子的严厉惩罚。可见当时服饰礼仪制度之严格。

最初裙裳装的穿着没有性别限制，即男女都可以穿。但是后来男子逐渐以着长衫袍褂为主。裙裳逐渐由日常生活中隐退于祭祀礼仪活动之中，成为古代礼服中重要的一种，形成了以天子的冕服制度为中心的章服制度。

《论语》中孔子曾曰：“禹，吾无间然矣，恶衣服而致美黼冕。”这表明，夏禹平时生活节俭，但在祭祀时，则穿华美的礼服——黼冕，以表示对神的崇敬。

冕服由冠冕和玄衣、纁裳等组成。古代在举行祭祀活动时，根据祭祀对象的不同，天子及诸侯、卿大夫着不同形制的冕服。共有六种，总称六冕，即大裘冕、衮冕、鷩冕、毳冕、絺冕、玄冕。

《周礼·春官》中记载：“祀昊天上帝，则服大裘而冕，祀五帝亦如之；享先王则衮冕；享先公飨射，则鷩冕；祀四望山川，则毳冕；祭社稷五祀，则絺冕；祭群小祀，则玄冕。”此六种冕服皆为玄衣、纁裳的形制，其区别

周代帝王鷩冕服饰

周代帝王毳冕服饰

周代帝王絺冕服饰

周代帝王玄冕服饰

周代韦弁服饰

周代皮弁服饰

周代冠弁服饰

周代士爵弁服饰

周代侯、伯皮弁服饰

周代皇后袆衣

周代皇后阙翟服饰

周代皇后鞠衣

周代帝后礼服

周代祭祀活动众多，祭祀服饰也日趋完备。周宫内还特设“司服”一职,专管君王穿着，王后之服则归“内司服”管，针对不同的祭祀对象，帝王祭服也不相同。史书载，周代君王祭服形制有六种，大裘冕、衮冕、鷩冕、毳冕、絺冕、玄冕。合称“六服”。

大裘冕是祭天之服；衮冕用于祭祀先王；鷩冕是祭祀先公，行飨射典礼时所着；“絺冕”，专用于祭祀社稷；玄冕专用于一般的小祀。礼服中的弁服，也是用于视朝、四夷朝贡、祭祀等场合穿用。帝后的祭服有袆衣 、揄翟，阙翟三种，从王祭先王服袆衣，祭先公服揄翟,祭小祀服阙翟。

在于衣、裳上面所绣章纹的不同。章纹多，则表明服饰等级的高贵，少则表明等级低。而祭祀对象的等级决定参加活动时所着章服的等级。如，人们向来崇拜上天，把上天视为一切的主宰。当天子及诸侯、卿大夫祭祀上天时，便着最多章纹——十二章纹的大裘冕，其他祭祀活动中则相应递减章纹。

汉代男女的曲裾深衣

深衣是上衣下裳连为一体的一种服饰，因“被体深邃”而得名。汉代深衣有曲裾和直裾两种，外观区别在于下身是否有围绕的线条。深衣在汉代影响很大，不论男女、身份贵贱、文武职别都能穿着。领口制作上延续了汉服交领右衽的特点。曲裾深衣是深衣的一种款式，通身紧窄，长可曳地，下摆一般呈喇叭状，行不露足。

西周时期，还有一种仅次于冕服的礼服——弁服，它是最早的朝服。弁服因其所配套的冠而得名。弁，冠的一种，分爵弁、皮弁、韦弁、冠弁等几种，戴不同的弁，便要配穿不同色彩、绣有不同章纹的衣、裳，以体现着装的和谐及等级的尊卑。

另外，古代还有“三翟”之说。翟，长尾雉鸡，衣裳之上因绣饰“翟”而得名“翟衣”。“三翟”即袆衣、揄翟、阙翟三种服饰的合称，是中国古代后妃命妇的最高级别的礼服，与男子礼服的“六冕”相对应。但其特点是衣裳相连，表女子应崇尚专一之义。袆衣、揄翟分别是皇后、皇太子妃受册、祭奠和参加朝会等大型事务时的礼服，阙翟为皇后参加普通祭典和祭宗庙的祭服。三者区别在于衣、裳颜色及其上面所绣纹饰的不同。

当时还有鞠衣、展衣、缘衣等款式，与袆衣、揄翟、阙翟合称六服。鞠衣为王后于养蚕季节到来之时，祭蚕神告桑事的礼服，亦为诸侯之妻从夫助君祭宗庙的祭服。展衣，又称襢衣，为王后礼见王及宴宾客的礼服，亦是卿大夫之妻从夫助君祭宗庙的祭服。禄衣为王后燕居时的常服，亦为士之妻从夫助祭的祭服。

上衣下裳的形制发展到后来逐渐成为女性的常用着装。后来的襦裙可以说就是上衣下裳形制的变式，只不过是作了上衣稍短，下裳稍长

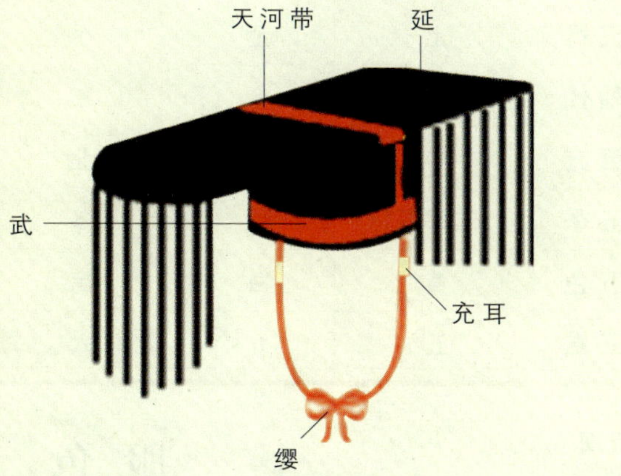

汉代冕冠

汉代冕服

的变化罢了。南朝服饰便以这种短袄长裙为主。妇女如果不穿裙而露裤，便会被看做是不符合礼仪的行为。

春秋战国之交，发生了服饰上的一次大的变革，产生了一种新的服装款式——上衣与下裳相连的深衣。这是衣裳相连式样的代表。

郑玄在《礼记·深衣》注中云："深衣，连衣裳而纯之以采者。"孔氏正义曰："所以称深衣者，以余服则上衣下裳不相连，此深衣衣裳相连，被体深邃，故谓之深衣。"这就是说，把上衣与下裳连在一起，并用不同色彩的布料作为衣缘（即"纯"）的衣着款式即为深衣，其特点是将身体包裹起来，使体肤深藏不露，含蓄典雅。

深衣的剪裁要求严格，蕴涵丰富的文化内涵。衣裳相连，融天人合一、包容万物之懿德；下裳必裁12幅，以应12个月，符合古人对天时的崇敬；衣袖宽大呈圆弧状，表天道圆融；交领成矩形应地道之方正；衣背的中缝贯通上下，象征人道正直；下襟长约至足踝，与地平齐，应权衡之义，象征志向安定而心地公平。怀抱方正，背负正直，行动处权衡得体公正，这就是深衣之精义。了解这些，也就明白了如何做人。

当时深衣不分男女，不论尊卑皆可穿着。《礼记·深衣》上说："可以为文，可以为武，可以摈相，可以治军旅"，既被用作礼服，又可日常穿着，是一种非常实用的服饰，备受人们喜爱。

五行	土	金	水	木	火
朝代	黄帝	商	秦	夏	周
五方	中	西	北	东	南
五季	季夏	秋	冬	春	夏
五色	黄	白	黑	青	赤
五数	五	九	六	八	七

五行图

阴阳五行家的学说认为，各个相袭的朝代，以木、土、金、火、水五德的顺序进行统治，周而复始。五行在不同的领域有不同的表现形式，如五方、五季、五色、五数等。如秦朝属水，水德尚黑，秦朝的礼服旌旗都用黑色。

服色

服饰色彩也是中国古代“服饰治世”的一大特色。中国历史上每一次改朝换代几乎都有“易服色”的举措，以此来表示与前代划清界限，从而加强自己的统治。因此，从夏商的尚黑尚白到唐代黄色成为帝王的专宠无不说明服色在统治中的重要地位。同时，在古代，服饰的色彩又是区分等级、贵贱的重要标志之一，并寓华夏文化精神于其中。

古人认为，天地间某种力量主宰一切，于是产生对天地的崇拜，并把这种文化渗透于服饰之中。玄衣纁裳，最能体现此特点。

玄衣与纁裳是古代服饰中最高贵、端庄的搭配。玄、纁二色分别象征天地，被视为神圣的天地之色。玄，黑中扬赤，较之统治者所推崇的青、赤、黄、白、黑等五正色尤为尊贵而独居其上，代表天的颜色；纁，黄里并赤，其意表征大地。这二色将天地间的和谐映照于服章之上。

玄衣纁裳，突出的代表是天子等参加各种祭祀时所着的冕服。冕服都是上玄衣、下纁裳的形制，以花纹种类、数量区别等级。另外，周礼婚制中的礼服崇尚端正庄重，与后世婚制中有所不同，昏服的色彩同样遵循“玄纁制度”。

魏晋时期规定宫中朝服为红色，常服为紫色，平民百姓则服白色。南朝的朝服仍是玄衣。同时规定，三品以下的官员不可着以杂色绮为材料制作的衣服，六品以下的官员只能着七彩绮，不可使用罗绡。北朝的服式，官宦正式场合着朱色单衣。穿红色袍就佩戴金带，穿小袖长身袍则用金玉带。平民妇女以襦袄为常服，这与南朝并无两样。

战国时有“五德始终”之说，认为五德相克，导致朝代更迭。虞、夏、商、周各占土、木、金、火之德，都是历史上的正统朝代。秦始皇推论五德始终说，以为周占火德，水克火，秦代周，所以秦朝应占水德。水具黑暗、冷酷、无情的特征，于是秦朝崇尚黑色，衣服旗帜皆为黑色，明确秦朝得占水德，也就肯定了秦朝的合理性。

西汉建立时基本上沿用秦朝的服制。东汉时期穿黑色衣服必配紫色丝织的装饰物。

唐代认为赤黄近似太阳的颜色，太阳是皇帝尊位的象征，“天无二日”“国无二主”，所以把赤黄色定为皇帝常服专用的色彩，臣民禁用。唐高宗以后，以紫色为三品官员的服色；四品官员着深红色，五品官员着浅绯色，深绿色、浅绿色分别为六品、七品官员的服色，深青色、浅青色分别为八品、九品官员的服色。此后，紫、绯、绿三色成为官服的基本色调。

从周代开始，服装色彩就成为了“明贵贱、别尊卑”的人为标志，成为帝王加强统治的工具。

配 饰

古代服饰的配饰包括两类，一类是绣饰，一类是着服时佩戴的饰物。它们除了装饰作用外，还有相同的政治作用：区分等级，表明身份，维护社会等级秩序。

绣饰 绣饰中最有代表性的是十二章纹，它是严格的等级符号。它从西周开始便被历代帝王所采用。到隋唐成为定制，一直沿袭至清代。

十二章纹包括日、月、星辰、山、龙、华虫、宗彝、藻、火、粉米、黼、黻这一系列图纹，其蕴涵的文化思想如下：

日、月、星辰——取“照临于下”，表普照天下、赐人间以光明、哺育万物生长之意。

山——取其稳重、高大的性格。同时因其可左右气候，取其“兴云致雨”，表泽治下人之意。

龙—— 取其神意和应变，象征人君的应机布教。

华虫——是一种雉鸟，取其纹丽多彩，性耿介，表“文才昭著”。

唐朝品官服饰表

冠服制度是古代政治仪礼制度的一项重要内容，不同的等级，服饰在形制、服色、佩件上都有差别。唐朝时，服装以黄色为尊，黄色成为帝王的专用色，亲王大臣和百官以紫、绯、绿、青四色定品位高低。百姓服装不许染色，以白色为主。不同等级的官员还要配戴不同的冠、鱼袋等。

唐朝品官服饰表

官品	服色	带	鱼袋	冠	笏
一、二、三品	紫	金玉带十三銙	金饰	三梁冠	象牙
四品	深绯	金带十一銙	银饰	两梁冠	象牙
五品	浅绯	金带十銙	银饰	两梁冠	象牙
六、七品	深绿、浅绿	银带九銙	--	一梁冠	竹木
八品	深青	石八銙	--	一梁冠	竹木
九品	浅青	石八銙	--	一梁冠	竹木
流外官	黄	铜铁带七銙	--	--	竹木

宗彝——一种宗庙祭祀用的酒器，上绘有一虎一猴，取虎之勇猛，猴之机智，以表示智勇兼得之意。

水藻——以水草有文，逐水上下，象征圣王随代而应。

火——取“炎上以助其德”，象征圣王之德日新月异。

粉米——取其滋养，象征有济养之功德。

黼——取其断割，表示权威、决断，象征圣王临事能予以决断。

黻——表明辨是非、能向善背恶之意。

从象征意义可看出，各种纹饰无不渗透着儒家治世思想及统治阶级的意愿，起到了标榜君德至高无上、规劝人君大臣向善备德之作用。

更重要的是，绣饰章纹的礼服——章服，因其上所绣章纹类别、数目的不同而形成不同的等级。最高等级的章服为绣有十二章纹的大裘冕，在“祀昊天上帝”之时穿着。其余，衮冕九章，鷩冕七章，毳冕五章，絺冕三章。玄冕，“衣不加章饰”，只“裳绣黻一章花纹”。这种服饰，在“祭群小祀”时穿着。

古人云：“命有贵贱之伦，位有上下之异，不得不立名，以此等之象物以彰之。”《尚书·皋陶谟》曰：“天命有德，五服五章哉。”孔安国注曰：“五服，天子、诸侯、卿、大夫、士之服也，尊卑彩章各异，所以命有德”，这也就是说，人之贵贱，早已天定，所以国家应以服饰这具体的外物的差异来表明之。孔安国又说：“天子服日、月而下，诸侯自龙衮而下，至黼、黻，士服藻、火，大夫加粉、米。上得兼下，下不得僭上。”十二种纹样都有的章服只能天子穿用，“以日、月、星辰及山、龙、华虫六章画于衣。衣法于天，画之为阳也。以藻、火、粉、米、黼、黻六章绣之于裳。裳法于地，绣之为阴也。”诸侯只能使用龙以下八种纹样，大夫用可藻、火、粉米纹样，士用藻、火，而平民服饰不得绘绣纹饰，成为“白衣”。此种服制必须严格遵守，如有违背，便视为对礼法、对等级秩序的不尊。

明朝时，帝王服装上增加了团龙的纹饰，从此，龙纹成了帝王的专用徽记。

明清时代，官员公服的前胸后背各缀有用彩丝绣成的标志官员等级的图纹徽识，称为补子，这种服装称为补服。根据文武官员品位的高低，分别绣饰不同的飞禽走兽。文官绣

何为孝

孟武伯[1]问孝，子曰：“父母唯其疾之忧[2]。”

《论语·为政篇第二》

【注释】〔1〕孟武伯：孟懿子的儿子，名彘。武是他的谥号。〔2〕其：代词，指父母。疾：病。

【译文】孟武伯问孔子什么是孝，孔子说：“对父母，儿女要特别为他们的疾病操心。”

日

月

星辰

山

龙

华虫

宗彝

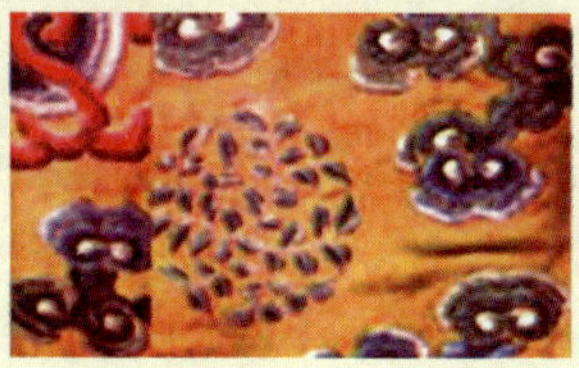
藻

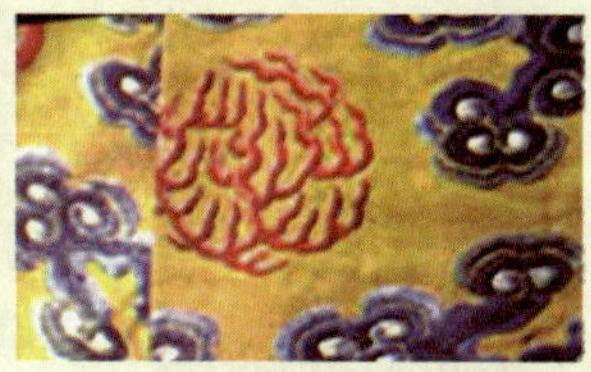
火

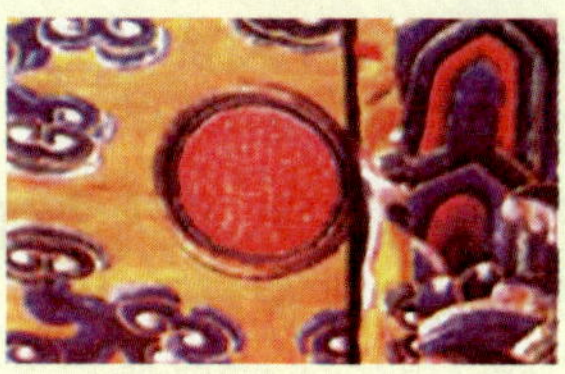
粉米

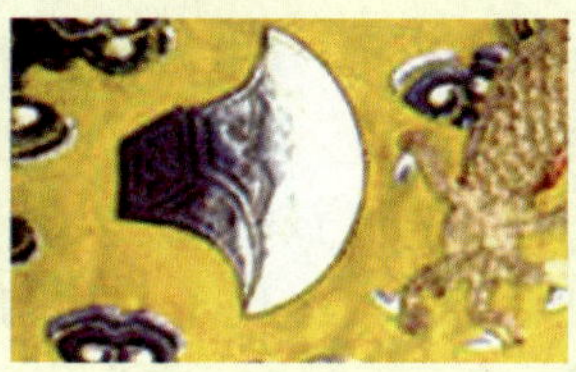
黼

黻

穿十二章纹龙袍、戴乌纱折上巾的熹宗

十二章纹，指中国古代帝王及高级官员礼服上绘绣的十二种纹饰，依次是：日、月、星辰、群山、龙、华虫、宗彝、藻、火、粉米、黼、黻等，通称“十二章”，绘绣有章纹的礼服称为“章服”。十二章纹由来已久，据推测大约在周代已形成，周代设有掌管服饰的官职“司服”，掌帝王吉凶服饰，周天子祭祀礼服采用“玄衣缥裳”，并绘绣有十二章纹；公爵用九章，侯、伯用七章、五章。图为“十二章图案”，象征帝王处事英明果断，文武兼备，泽施四方。

禽，以表文雅；武官绣兽，以表勇猛、威武。一至九品所用禽兽尊卑不一，借以辨别官品。明朝，文官：一品为仙鹤，二品为锦鸡，三品为孔雀，四品为云雁，五品为白鹇，六品为鹭鸶，七品为鸂鶒，八品为黄鹂，九品为鹌鹑；杂职为练鹊；风宪官为獬豸。武官：一品、二品为狮子，三品、四品为虎豹，五品为熊罴，六品、七品为彪，八品为犀牛，九品为海马。到了清代，沿袭补服制度，只是个别纹饰有所改动。除此之外，还有皇帝作为赐服专门赐给特定人物的赐补，有斗牛和飞鱼两种。

当时，受过诰封的命妇也备有补服，于庆典朝会之上穿着。她们所用的补子纹样以其丈夫或儿子的官品为准。只是尺寸小于男补。而且她们都

清绯丝团龙

清代皇帝服饰有朝服、吉服、常服、行服等。皇帝的龙袍属于吉服范畴，比朝服、衮服等礼服略次一等，平时较多穿着。古时龙袍一般采用龙居圆形中间的团龙纹样。图中这件清绯丝团龙以圆金线绯织团龙，周围用五彩丝线织流云海水点缀，下摆织寿山福海及杂宝纹样。

武一品官员补子
文一品官员补子

补服是明清官服之一，明代称补子，清代称补褂，因其前胸、后背缀有金丝、彩线绣成的“补子”得名。补子是官品的标志，文官用飞禽，武官用猛兽。

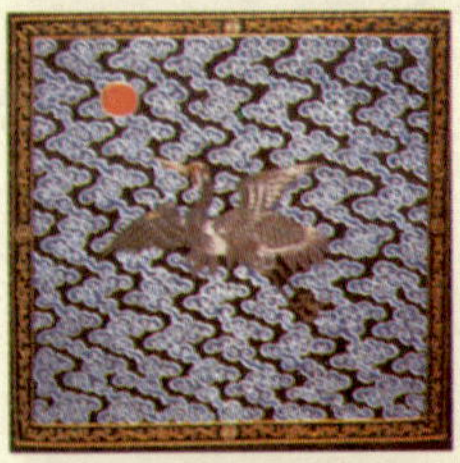

不用兽纹补，也和文官家属一样，用禽纹补，取女子以娴雅为美，不必尚武之意。

服饰图纹强调的是威严庄重，是权力级差的象征，几千年来，在等级森严的帝王统治中发挥了巨大的作用。

冠服制度被纳入“礼治”的范围以后，作为装饰物的佩挂品也出现了严格的等级差别。佩绶、蔽膝、绅绶、容刀等配饰，成为华夏衣冠里等级尊卑的显著特征之一。

佩绶　佩，身上的玉饰。佩玉，早在商代就已成为时尚，到了周代，更是赋予玉器以更多的内涵，常常与君子美德相关连，孔子就有“君子比德于玉”之说。《诗经·秦风·小戎》中亦有“言念君子，温其如玉”之语。玉因其色泽、质地、敲击它所发出的声音等方面独具的特点，被认为具有君子修身所要追求的仁、义、礼、智、乐、忠、信、天、地、道、德等多种美好品质，因而为人所钟爱。佩玉，以彰显自身的德行之美。

绶，是用彩丝织成的长条形饰物，用来悬挂印佩。平时官员在袍服外要佩挂组绶，并随身携带官印。《礼记·玉藻》中记有：“天子佩白玉而玄组绶，公侯佩山玄玉而朱组绶，大夫佩水苍玉而纯组绶，世子佩瑜玉而綦组绶，士佩瓀玟而缊组绶。”另外，《后汉书·舆服志》云：“古者君臣佩玉，尊卑有度；上有韨，贵贱有殊。佩，所以章德，服之衷也。韨，所以执事，礼之共也……韨佩既废，秦乃以采组连结于璲，光明章表，转相结受，故谓之绶。”“组”是官印上的绦带，所以有“印绶”之称。由此可见，古代服制中有以玉的色泽、绶的颜色表明官员的身份、区分地位尊卑的礼法，天子、诸侯王、公侯将军、九卿之佩绶各不相同。

蔽膝 顾名思义，用于遮蔽膝盖的饰物。“下广二尺，上广一尺，长三尺，其颈五寸，肩革带，博二寸。”（《礼记·玉藻》）上窄下宽，呈斧形。系在革带上面，垂在膝前，象征古代遮羞布，表示不忘本之意。郑玄对它的注释为：“他服谓之韠，祭服谓之韨。”也就是说，蔽膝要与礼服配合使用，在不同的礼服类别中，其称谓有差别。祭祀时着冕服所佩戴的蔽膝，叫做韨，与其他服饰相配合的敝屣则称做韠。另外，不同礼服类别中，敝屣的形制、质料、颜色、章纹也不同，以之来体现服饰的等级差别，就如荀子所提倡的：“冠弁衣裳，黼黻文章，雕琢刻镂，皆有等差。”《礼记·玉藻》中曰：“韠：君朱，大夫素，士爵韦。圜韠杀直，天子直。公侯前后方，大夫前方后挫角，士前后正。”也就是说，一般情况下，国君用朱红色的敝屣，大夫用素色的敝屣，士用赤而微黑的敝屣。韠的外形在圆、杀、直三方面也因官阶的不同而各有区别：天子的韠四角都是直的，没有圆、杀；公、侯的韠上下是方的；大夫的韠下端是方的，上端是圆角；士的韠与国君相同，上下都是方的。韨的佩戴上也有等级差别：“一命缊韨幽衡，再命赤韨幽衡，三命赤韨葱衡。”（《礼记·玉藻》）即一命之士用赤黄色的韨，黑色的玉衡。二命的大夫用赤色的韨，黑色的玉衡；三命的卿用赤色的韨，赤色的玉衡。

蔽膝复原图

蔽膝，是腹前悬挂的一种长方形织物，与芾、袆、韠、韨是同物异名，按照古代礼制，大夫以上才佩蔽膝。用在衣裳制礼服上要求与帷裳下缘齐平。不直接系到腰上，而是拴到大带上作装饰。据考证，商周乃至秦汉的蔽膝，长条形最下方一般为圆铲形。

古代朝服垂绶图

容刀与佩剑 容刀，刀身通体雕错花纹，刀环铸成各种形态的鸟兽图案，外形精致美观。《释名》曰：“佩刀，在佩旁之刀也。或曰容刀，有刀形而无刃，备仪容而已。”《古今衣服令》曰：“容刀者，为容之刀，具刀形而无利刃，如若今肩舆旁插之剑，以为容观而不适于用。”也就是说，容刀是一种佩饰。在所佩戴的玉饰旁边，增加佩戴者的仪容之美。古人佩戴玉饰，主要是用以象征品德，即如《礼记·玉藻》中所说：“君子无故，玉不去身，君子于玉比德焉。”但是，由于玉并不能够充分表现统治者的威严及震慑力量，而玉、刀兼佩，则刚柔相济，美德与威仪兼表，所以，统治者非常推崇这样的佩戴方式，并在刀的形体、装饰等方面下工夫，来体现身份等级差异。据记载，乾隆十三年后，刀制基本定为皇帝佩刀、皇室宗亲佩刀、职官佩刀、兵丁佩刀和各军种佩刀等，不同级别、种类之间的刀区别明显、制式分明，其规格、形态、外装、佩饰、颜色乃至用料均有严格的规定，不得僭越。

佩剑的风尚，在春秋战国时就比较盛行，汉代也多有佩剑。《晋书·舆服志》载：“汉制，自天子至于百官，无不佩剑。其后惟朝带剑。”《后汉书·舆服志》注云：“自天子至于庶人，咸皆带剑。”《说文》上也记有“古者天子二十而冠带剑，诸侯三十而冠带剑，大夫四十而冠带剑”。这些都说明当时佩剑之盛行。

因佩戴者爵位高低的不同，佩剑在长度和重量上，都有差别。“身长五其茎长，重九锊，谓之上制，上士服之；身长四其茎长，重七锊，谓之中制，中士服之；身长三其茎长，重五锊，谓之下制，下士服之。”(《考工记》)剑不仅在长度、重量方面有等级之分，而且在制造、加工和装饰等方面的选材用料，工艺精细的程度上差距也很大。作为佩饰的剑通常精雕细琢，镶金嵌玉。

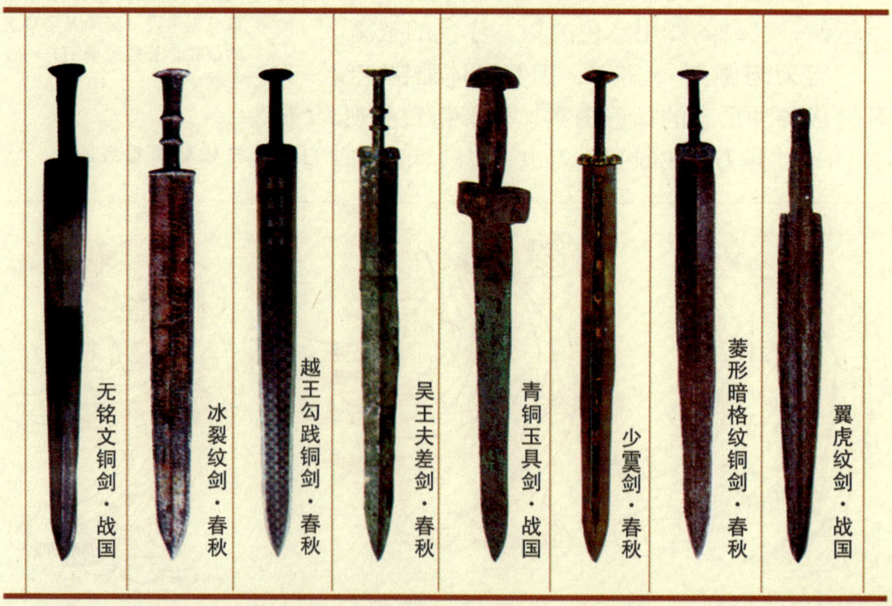

古代青铜剑

佩剑是我国古代服饰礼仪中标志身份、地位、等级的一部分，《晋书·舆服制》上载：“汉制，自天子至于百官，无不佩剑，其后惟朝带剑”。佩剑在长度、重量上，也因佩戴者的爵位高低有所不同。

佩鱼 佩鱼，出现在唐朝的一种佩戴制度。鱼，指“鱼符”，是一种鱼形装饰物。起初是官员出入宫城的凭证。鱼符分左右两片，一片留在宫城之中，一片由官员随身携带。左符进，右符出。盛装鱼符的袋子上有官员的官品、姓名。在唐代鱼符的佩戴有严格的规定，从鱼符的质料到鱼袋的装饰都有定制。太子用玉质鱼符，亲王佩金鱼，百官佩铜鱼。鱼袋上的装饰也有严格的等级区别，规定三品以上饰金，四品、五品饰以银。官员着朝礼服时必须佩戴鱼袋。经过逐渐演进，至宋代，鱼符已经失去了作为出入凭证的作用，而成为一种官员等级的象征。宋代官吏以受赐金紫（金鱼符、紫色服）、银绯（银鱼符、绯色服）为殊荣。

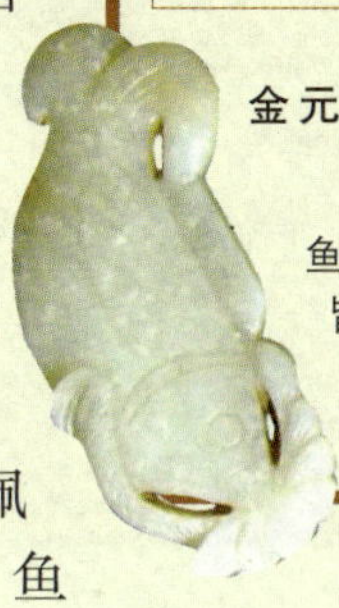

金元玉质鱼佩

鱼袋是唐、宋时官员出入宫门身份的标志，内装鱼符，出入宫庭时须经检查。唐初，内外官五品以上，皆佩鱼符、鱼袋，以“明贵贱，应召命”。鱼符以不同材质表不同等级，“亲王以金，庶官以铜，皆题其位、姓名。”武后一朝，曾改鱼符为龟符。

冠冕及鞋履 古代的礼服，不仅指衣服的主体，同时还包括与之相搭配的同时穿着、佩戴的冠冕、鞋履，以及各种配饰，按照礼法，这些服饰的组件只有依礼仪规定进行搭配，才是合礼，否则为失礼的表现。因此，谈到礼服，富含礼仪的冠冕与鞋履是必须谈及的。

古人认为，“衣与冠同色，屦与裳同色，天地有异不可混”，衣冠同色应天，裳履同色应地，天地有别，不可错位与僭越。上身与下身阴阳相合，使天地、人体合于一身。“皮弁素积服”，为白色系，鞋履便要求白色。着纁裳之礼服，鞋履便一定为红色的舄。这种和谐的搭配在服饰礼仪中必须遵循。

同样，冠冕与足履又都具有“明贵贱、别尊卑”的礼制作用。

冠冕中，最能体现尊卑等级的是冕冠。冕冠，是古代帝王诸侯及卿大夫参加祭祀典礼时所戴礼冠。冕冠顶部是一块长方形冕板，前圆后

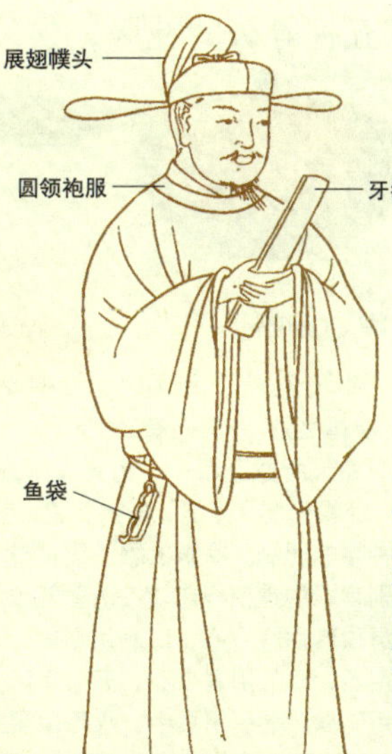

佩鱼袋的唐代官员

来而不往非礼也

礼尚[1]往来：往而不来，非礼也；来而不往，亦非礼也。人有礼则安，无礼则危，故曰：礼者不可不学也。夫礼者。自卑而尊人。虽负[2]贩者。必有尊也。而况富贵乎。富贵而知好礼。则不骄不淫。贫贱而知好礼。则志不慑[3]。

《礼记·曲礼上第一》

【注释】〔1〕尚：崇尚，推崇，引申为“提倡”。〔2〕负：背。〔3〕慑：恐惧，害怕。

【译文】礼提倡人与人之间相互往来。我前往施惠于人而受惠者不来报答，这是不符合礼的；人施惠于我而我不前往报答，也是不符合礼的。人类社会有礼仪就安全，无礼则危险，因此说“礼，是不可不学习的。”具备了礼仪的人，自我谦卑而尊重他人，即使是一个背负担子的商贩，也一定有值得尊敬的地方，而何况一个富贵的人呢？富贵而知道喜好礼，就会不骄不奢；贫贱而知道喜好礼，就不会志怯。

方，以喻天地；前低后高，表俯伏谦逊、关怀百姓之义。冕板前后垂有“冕旒”。冕旒数依典礼轻重和服用者身份的不同而有区别。按典礼轻重来分，天子祀上帝的大裘冕和“享先王”的衮冕用12旒；天子享先公的鷩冕用9旒，每旒贯玉9颗；毳冕、絺冕、玄冕，逐级减少。按服用者的身份地位分，只有天子的衮冕用12旒，每旒贯玉12颗。“公之服，自衮冕以下如王之服；侯伯之服，自鷩冕之下，如公之服；子男之服，自毳冕而下如侯伯之服……”这里规定的是贵族在礼服上的等级，公爵与天子都拥有五种等级的礼服，侯爵、伯爵只能拥有衮冕以下的四种礼服，其他递减。同时，为区分贵贱尊卑，虽然天子与其他的贵族着同等级的冕冠参加祭祀活动，但冕旒的数目、所缀玉石的颜色、数量又有分别。

暖帽、凉帽

清代官帽，有礼帽、便帽之别。礼其制有二式：一为冬天所戴暖帽；一为夏天所戴凉帽。凉帽形制，无檐，形如圆锥。图为两种帽的形制。凉帽上缀红缨顶珠，是区别官职的重要标志。按清朝礼仪，一品官员顶珠用红宝石，二品用珊瑚，三品用蓝宝石，四品用青金石，五品用水晶，六品用砗磲，七品用素金，八品用阴文镂花金，九品阳文镂花金。无顶珠者，无品级。

按规定，凡戴冕冠者，都要穿绘有章纹的冕服。此外还由蔽膝、佩绶、赤舄等组成一套完整的服饰。这种服制始于周代，历经汉、唐、宋、元诸代，一直延续到清代，绵延两千多年。

汉代，官员一年到头都着黑色袍服，所以，只能靠冠冕来区分官职的不同。不同官员所戴之冠各不相同。汉代主要以冕冠、长冠、委貌冠、武冠、法冠、进贤冠等几种冠冕来区别等级身份。同时，汉代严格执行着自周代开始的官员佩戴绶带的官绶制度。虽官服相同，但等级身份的区分却更加严格。

清代官员的礼冠上饰有顶子，中央装有以宝石、珊瑚、金、银等制作的顶珠。顶珠是区分官品高下的重要标志。皇帝及九品官员顶珠各有不同，珍珠只用做皇帝和一品官员的顶珠，但数量上有差别。二品官员以下，均不以珍珠为饰。

顶子上还饰有翎枝，分花翎和蓝翎两种。花翎为孔雀羽所做。花翎分一眼、二眼、三眼，三眼最尊贵。所谓“眼”，指的是孔雀翎上的眼状圆纹，一个圆纹为一眼。花翎的作用是昭明等级、赏赐军功。清代各帝都三令五申，既不得僭越本分妄戴，又不可随意不戴，如有违反则严加参处；一般降职或革职留任的官员，仍可按其本任品级穿朝服，而被罚拔去花翎则是非同一般的严重处罚。蓝翎由染成蓝色的鹖鸟羽毛所做，无眼。六品以下、在皇宫和王府当差的侍卫官员享戴，也可以赏赐建有军功的低级军官。

明定陵冕冠原件

穿冕服、冕冠的蜀主刘备

冕服与冕冠、赤舄、佩绶等是皇帝在参加祭祀大典时穿用。冕服玄衣纁裳，象征天地的颜色。上刻有十二章纹，是一种王权的标志。冕冠由延、天河带、武、缨、玉笄、旒几部分组成。延戴上时前低后高，有倾斜前俯之势，象征帝王关怀百姓。

在中国古代，履是鞋的总称。大体说来祭服穿舄，朝服穿靴，燕服穿屦，出门则穿屐。舄是鞋履之至尊，有赤舄、白舄、黑舄等，舄履各随裳之色，以颜色别等差。郑玄云：“赤舄，为上冕服之舄也。”

古代礼服，华美，并以其形制、色彩、配饰等来区别等差。另外，其质料也是辨别贵贱尊卑的凭借。元代的“质孙服”便以质地粗细的不同区别等级。仅天子就有十五个等级。每级所用的原料和选色完全统一，衣服和帽子一致，整体效果十分出色。比如衣服若是金锦剪茸，其帽也必然是金锦暖帽；若衣服用白色粉皮，其帽必定是白金答子暖帽。

德音之谓——礼乐

DEYINZHIWEI——LIYUE

古人在祭祀、宴饮、出师等大型礼仪活动中，皆要以先王所制音乐为辅助手段，来传达礼仪，从而加强礼仪对人的教化作用。

礼乐场面

西周的礼乐制度是以乐从属礼的一种思想政治制度。礼用以辨异，区别宗法远近等级秩序，分别贵贱；“乐”用来和同求同，缓和上下关系，两者相辅相成。图为古时礼乐场面。

《礼记·乐记》中说，人生来内心是平静的，这是人的自然本性。可是由于外物的触动而有所感，便产生欲望。《荀子·正名》曰：“性者，天之就也。情者，性之质也。欲者，情之应也。以所欲为得而求之，情之所必不免也……欲虽不可去，求可节也。”人的欲望天生而来，不可免，为使其得以满足便要去寻求。寻求便会产生好、恶、喜、怒、哀、乐等各种情感。这些欲望、情感不加以节制，便会泛滥，因此就需要“节”。既要满足情欲，又要节制，怎么办？《汉书·礼乐志》有记：“天禀其性而不能节也，圣人能为之节而不能绝也，故象天、地而制礼、乐，所以通神明，立人伦，正情性，节万事者也。”“兴于诗，立于礼，成于乐。”“礼乐皆得，谓之有德”。先王制礼作乐，目的不是为了尽量满足人们口腹耳目的欲望，而是用礼乐来教导民众，遵从人伦等级，端正品性，使好恶之情得到节制，从而回归到人生的征途上来。所以，礼乐，自古以来为统治者的治世之道。

乐舞图

原始社会人们崇尚“万物有灵”，产生众多图腾及众多宗教崇拜的形象，相应出现了以祭祀、祈祷等以沟通为目的的巫舞。从商周到春秋，随着政权的下移，一些宫廷神职人员流落民间，完善和丰富了民间的祭祀舞乐。图为春秋战国时期，贵族宴乐场面，奏乐人数以及场面都有一定的礼制要求。

德音之谓：声、音、乐三者之辩

《礼记·乐记》中说：“知声而不知音者，禽兽是也。”可见，在古代音乐理论中，声、音为两个不同层级的概念。声、音分别相当于现代汉语中的噪音、乐音。声，无节奏感，杂乱无章。音，声按照一定的规律、方法变化，有节奏，入耳和谐。人类比之于动物，在于人懂得声、音之别，并能对声加以文饰而成为音。“凡音者，生人心者也。情动于中，故形于声。声成文，谓之音。”“文”，节奏。“声成文”是说，把声音加以修饰，使之有规律地进行高低、清浊、长短等的变化，从而形成一定的结构和组织。这样的发自内心而又有节奏变化的声便为音。

《礼记·乐记》又云：“乐者，音之所由生也，其本在人心感于物也。”就是说，乐是由音产生的，而其根本是人心有感于物形成的。“凡音者，生于人心者也。乐者，通伦理者也”“知音而不知乐者，众庶也。唯君子为能知乐。”可见，乐与音又为不同的概念。只懂得音的人为普通人，只有君子才是乐的真正理解者。乐是音的最高表现形式，两者的根本区别在于，乐具有了与事物伦理相通的积极的社会意义。正如《礼记正义·乐记》所云“‘夫乐者，与音相近而不同’者，古乐有音声律吕，今乐亦有音声律吕，是乐与音相近也。乐则德正声和，音则心邪声乱，是‘不同’也”。从乐中，人们感受到的是品性的正直，声音的和悦；而从音中，人们只能感受到淫邪悖乱。

《史记·乐书》曰：“夫乐之起，其事有二：一是人心感乐，乐声从心而生；一是乐感人心，心随乐声而变也。”音乐发诸心，反过来又对人的思想、情感甚至行为起到很大的影响，使之随其产生变化。“乐者，音之所由生也，其本在人心感于物也。是故其哀心感者，其声纵以杀；其乐心感者，其声啴以缓；其喜心感者，其声发以散；其怒心感者，其声粗以厉；

礼之重器：西周铜编钟

周代以礼治国，用编钟悬挂的面数和使用鼎的数量多少来区分贵族的等次。图中是三门峡虢国墓地中虢季墓出土的一套编钟，共计八件，上有铭文："用义其家，用与其邦"，是最高等级礼制的体现。

其敬心感者，其声直以廉；其爱心感者，其声和以柔。六者非性也，感于物而后动，是故先王慎所以感之。"这里，对"乐生于心"作出了全面而精到的论说。

反之，不同的音乐，对听者产生的作用也不相同。即如《荀子·乐论》中说，郑卫之音，使人心生淫荡；而韶乐则让人内心产生庄严庄重之感。唐朝史学家杜佑在《通典·乐一》中也曾经说过："夫音生于人心，心惨则音哀，心舒则音和。然人心复因音之哀和亦感舒惨。"人的内心又会因为音乐的悲伤哀怨或和悦而产生悲戚或舒畅的感受。荀子又说："先王创制《雅》《颂》之声以道（'引导'的意思）之，使其声足以乐而不流，使其文足以辨而不諰，使其曲直、繁省、廉肉、节奏，足以感动人之善心，使夫邪污之气无由得接焉。"（《荀子·乐论》）用《雅》《颂》之声来引导，就使音乐之声让人喜乐又不会淫滥放荡，音乐的文辞，清晰明了而不会有邪义；音乐的声音有放直也有回曲，有简单也有复杂，且清浊分明，并交替出现有规律的强弱和长短的节奏。而这些是"足以感动人之善心"，让"邪之气"无法承接、侵扰，进而达到"声乐入人也深，其化人也速"的效果。相反，卫国之音则是闻之"使人懈慢而有邪僻之心"。

从前面的论述中，我们也可以看出，音与乐社会作用不同，是两者之大异。能对人们起积极教化作用的便为乐，正如子夏所说，"德音之谓乐"。而导致人沉迷、心生淫荡、伦理失常的音乐则不能称之为乐，只能是音。

完备的古代音乐制度

前面我们只是从听觉的角度来讨论声、音、乐的概念，而除此外，古代的音乐与我们现代所说的音乐又有不同。古代的音乐可以说是集音乐、舞蹈、诗歌于一体的艺术形式。《礼记·乐记》云："比音而乐之，及干戚羽旄，谓之乐也。"用乐器将音的节奏和谐地表现出来，再加上手执干（盾牌）、戚（斧）、羽（雄性山鸡尾）、旄（旄牛尾）来随节奏翩翩起舞，就叫做乐了。《通典·乐一》中曰"咏歌不足，故手舞之，足蹈之，动其容，象其事，而谓之为乐"。奏乐、和歌、舞蹈，三者相辅相成，并与礼相和，让人在美的熏陶中更容易接受教育，使之思想得以纯正。这一特点在古代重大的典礼仪式中表现最为突出。如"奏黄钟，歌大吕，舞云门，以祀天神”“奏太蔟，歌应钟，舞咸池，以祭地祇”“奏姑洗，歌南吕，舞大韶，以祀四望”等。同样，祭山川，享先妣、享先祖，都有不同的歌舞乐组合。即使在朝会、宴饮之时，也要歌舞相随，以烘托或庄严、或欢乐的气氛。

因为几乎朝廷所有的重大活动都离不开音乐，所以在周代就形成了比较完备的礼乐制度。

乐官，以中大夫大司乐为首，由乐师、大胥、小胥、籥师、大师、小师、瞽矇、眡瞭、磬师、笙师等职官构成。每个乐官职位的担任者和人数都有规定，且各不相同，其职责亦有区分。如大师：掌六律六同，以合阴阳之声，文之以五声，播之以八音。以六诗教瞽矇。凡国之瞽矇正焉。下大夫2人；笙师：掌教眡瞭吹竽、笙、埙、籥、箫、篪、篴、管，舂牍、应、雅，以教祴乐。中士、下士、府、史、胥、徒共21人。掌管音乐、乐器，培养乐人，在各种祭祀、宴享、朝会等活动中组织乐人表演是他们的基本职责。

活动中，乐队和歌舞队的编制，也有严格规定。不同职官使用的乐队形式可以从钟磬悬挂的位置了解：“正乐县（通‘悬’，悬挂）之位，王宫县，诸侯轩县，卿大夫判县，士特县。”（《周礼·春官·大司乐》）郑玄云：“宫县，四面县。轩县，去其一面。判县，又去一面。特县，又去一面。四面象宫室，四面有墙，故谓之宫县。轩县三面，其形曲，故《春秋传》曰‘请曲县、繁缨以朝’，诸侯之礼也。”“乐县，谓钟磬之属县于筍虡者（竹制悬挂钟或磬的架子）。轩县，去南面，辟王也。判县，左右之合，又空北面。特县，县于东方，或于阶间而已。”据此，我们可以明晓乐队在活动中的排列形式。也就是说，王使用乐队时，乐队要排列成东西南北四面，诸侯使用时，乐队要排列于东西北三面，大夫排列两面，士只排列一面。

歌舞队的规定是：天子用六十四人，列成八行，称为“八佾”；诸侯用三十六人，列成六行，称为“六佾”；卿大夫用十六人，列成四行，称为“四佾”；士用四人，列成二行，称为“二佾”。春秋时鲁国正卿季孙氏

有事弟子服其劳

子夏问孝，子曰：“色难[1]。有事，弟子服其劳；有酒食，先生馔[2]，曾是以为孝乎？”

《论语·为政篇第二》

【注释】〔1〕色难：色，脸色。难，不容易。意思是保持和颜悦色的脸色很难。〔2〕先生：指长者或父母。馔（zhuàn）：吃喝。

【译文】子夏问什么是孝，孔子说：“难得的是做子女的要对父母和颜悦色。有了事情，儿女要替父母代劳，有了酒食和饭菜，让父母去吃喝，这难道就算是孝了吗？”

季子平于其家庙之庭作八佾之舞，是以大夫而僭用天子之礼。所以孔子说："八佾舞于庭，是可忍也，孰不可忍也？"可见，规定之严格。同时这也体现了尊卑贵贱的等级差别，与礼相和，共同维护阶级秩序。

雅乐与郑卫之音

雅乐亦称为正乐，亦即所谓的古乐。朱熹在《诗经集传·国风一》中说："雅者，正也，正乐之歌也……正小雅，燕飨之乐也。正大雅，会朝之乐……或欢欣和悦，以尽群下之情，或恭敬齐庄以发先王之德。"在《诗经集传·颂四》中又云："颂者，宗庙之乐歌。大序所谓美盛德之形容，以其成功，高于神明者也。"《雅》《颂》之歌，即为儒家所说的雅乐，是朝会、燕飨、祭祀时之礼乐。

当然，雅乐并不仅指《雅》和《颂》，它有更广博的范围指向。凡是黄帝、尧舜以来，圣贤相传之乐皆为雅乐。如黄帝时所作的《咸池》，少皞时所作的《大渊》，舜时所作的《大韶》，周武王时所作的《大武》等。

那么古代的圣贤天子缘何作乐呢？《吕氏春秋·古乐篇》载："帝舜乃命质修《九韶》《六列》《六英》，以明帝德。"韶，继也。言舜能继尧之德。由此可知，舜作《韶》主要是用以歌颂帝尧的圣德，并示忠心继承。

曾侯乙墓室乐队示意图

西周雅乐，根据乐器的音色、音量等性能，已形成合理的乐队编制和位置安排。古代在举行大射之礼时，弹瑟乐工和唱歌者要靠近贵族席位位置，笙、箫、钟、磬等音量较大乐器，在堂下按位置依次展开。图为战国时期曾国"乙"姓诸侯墓室乐队排列，这些乐器组合在一起，形成一支需二十二人演奏的乐队，可一窥"礼崩乐坏"时代，诸侯对礼制的僭越。

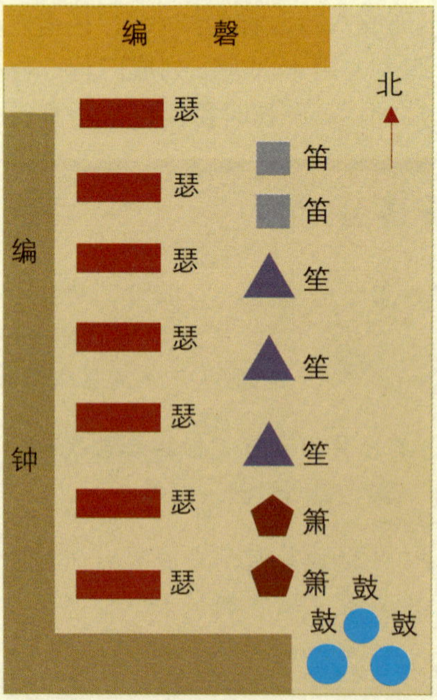

前面已经提到，人的欲望不可免，要靠音乐来表现出来，使其得以满足，同时又不能让这些情欲无所制约，影响社会风气，于是"先王制《雅》《颂》之声以道之"。也就是说，先王创制《雅》《颂》之乐来作为引导，以使世人所爱之乐皆为"善人心"者。

《礼记·乐记》中说："昔者舜作五弦之琴以歌南风，夔始制乐，以赏诸侯。""故天子之为乐也，以赏诸侯之有德者也。德盛而教尊，五谷时孰，然后赏之以乐。"这又表明，古代圣贤天子作乐，还有赐赏诸侯的目的，其作用是彰显圣德之人的功绩、德行，教化世人。《礼记·乐记》中有这样的记载："宽而静，柔而正者，宜歌《颂》。广大而静，疏达而信者，宜歌《大雅》。恭俭而好礼者，宜歌《小雅》。"如果被赏

曾侯乙编磬

与曾侯乙编钟同出土于湖北随县曾侯乙墓，是战国早期著名青铜乐器。此编磬采用青铜错金磬架，由一对圆雕怪兽及其头上插附的立柱为虡，两根圆杆作横梁，呈单面双层结构。兽顶插附的立柱从腰、顶两处与横梁榫接。横梁底等距焊铸铜环，以串钩挂磬。磬架施线条流畅的错金云纹。编磬常与编钟相配，合奏“金石之声”。

赐者德量宽大，性情安静、和柔、正直，则应该用《颂》。如果被赏赐者志意宏大、安静、疏朗通达而诚信的话，则应该用《大雅》，如果被赏赐者以礼自持，恭俭而不越法的话，则应该赏赐《小雅》。

可以说，雅颂之乐，在古代等级社会，为统治者治世发挥了“入人也深，化人也速”的作用，一定程度上达到了听雅乐之声，志意得广、容貌得庄、行列得正、进退得齐的效果。

与雅乐相对的是所谓“郑卫之音”。

在《诗经·国风》中，除了周南、召南被视为正风外，其余的十三篇，或是大胆而直露地表达民间青年男女质朴自然的情感，或是对时世予以讽喻，这些，无疑是不符合儒教的正统思想的，所以被儒家认为是有失礼仪之音，靡靡之音，是导致人走向淫邪之路的淫声，因而被称为变风。其中，时人所作的郑风、卫风便是突出的代表，郑卫之音也历来被儒家视为伤风败俗之声音，不称其为乐。《礼记·乐记》中记载了子夏与魏文侯有关古乐和新乐的讨论，子夏的观点非常有代表性，为后世之人所推崇。

魏文侯问子夏，我穿着礼服，恭恭敬敬地来听古乐，总是担心自己睡着；而听郑、卫之音，却不知道疲倦。那么，古乐和新乐各有什么特点呢？这里的古乐，即是儒家所说的雅乐，新乐是当时新兴的音乐，相当于我们现代的流行歌曲。因以郑风、卫风为代表，所以称其为郑卫之音。子夏如何回答的呢？子夏认为古乐起舞之时队伍进退整齐，无奸邪之声，弦匏笙簧所奏之乐，是国家纪纲已定之后，“正六律，和五声，弦歌诗颂”、彰显功德而成的德音，且演奏时起止合宜、有序。君子听后，能明晓乐所含礼仪，会考虑修身齐家平天下的人生理想。而新乐起舞之时，队伍进退杂乱不齐，乐声奸邪淫妙，滥窃不正，常使听者沉溺其中而不能自止。同时，舞者如猴，间杂男子妇人，不顾及父子尊卑之礼。君子听之，不知所云。不能说出乐的义理。正因如此，子夏说魏文侯：“今君所问者乐也，所好者音也。”亦即子夏所说“德音之谓乐”，而“淫于色而害于德”者则只能称之为音了。如“郑音好滥淫志，宋音燕女溺志，卫音趋数烦志，齐音敖辟乔志。此四者，皆淫于色而害于德，是以祭祀弗用也。”（《礼记·乐记》）这些音乐，或奸邪淫溺，好滥相偷窃，淫邪人的意志；或安和女子，消磨人的意志，或节奏急促，烦劳人的意志；或敖很辟越，使人意志骄逸。这

《幽风图》　马和之　宋代

风、雅、颂，是《诗经》中划分音乐的三个类别。“风”，指国风，即西周时期各国的民间歌谣。“雅”，是周王京畿的乐歌，有大雅、小雅之分。“颂”，是形容、赞颂的意思，是当时统治者进行祭祀时的乐歌。《诗经·幽风·七月》是一首全景式反映周朝农人全年劳动情景的农事诗歌，具有很高的史学价值。此图是宋代马和之为该诗配写的诗意画，表现了农人聚在一起欢饮的情景。下为该图局部。

四种音乐都会对人的品性造成损害，从而危害社会的安定与发展，可谓“乱世之音”，所以，君王祭祀是万万不能用的。

《论语·卫灵公》中有关于颜渊向孔子询问如何治理国家这一问题的记载，孔子当时就把对音乐的选择作为一项政治内容提了出来。孔子说：“郑声淫”，要“放郑声”。“淫”，即过度、过分。放，放弃。也就是说，在音乐所表达的情感上，孔子很在意“度”的把握，他主张中庸之道，故而才对《郑风》不看好，主张“放郑声”。那也就是说：他认为，《郑风》在情感表达的度上把握得不够，有过分之处。虽然此处的“淫”不为淫荡之意，但是也可以看出因其情感宣泄过分而不被儒家看好。相反，据记载，孔子在齐闻《韶》，则“三月不知肉味”，大赞其“尽美矣，又尽善也”(《论语·述而》)，可见圣王之乐教化作用之大。

后世的儒家又扩而言之，把一些淫荡的文学作品也叫做郑卫之音。总之，在儒家词典里，郑卫之音，成了淫荡的音乐和文学作品的代名词。南北朝时期，北齐颜之推《颜氏家训·文章篇》说：“吾家世文章，甚为典正，不从流俗……无郑卫之音故也。”郑卫之音代表流俗，与高雅的典正相对。《南齐书·萧惠基传》载：“自宋大明以来，声伎所尚，多郑、卫淫俗，雅乐正声，鲜有好者。”这里也是把民间俗乐称为郑卫之音，与雅乐正声相对。

乐与政通

乐善民心 音乐的产生源于人的情感需要，是情感得以发泄，欲望得以满足的途径之一。可是在儒教社会里，这一作用仅处于非常次要的地位，调民气，善民心，从而达到礼乐治天下才是制乐之根本。也就是说，儒家把音乐当成了治理国家的工具。音乐与国家政治相关联。“礼以导其志，乐以和其声，政以一其行，刑以防其奸。礼乐刑政，其极一也，所以同民心而出治道也。”（《礼记·乐记》）礼仪用以诱导人的意志，音乐用以调和人的声音，政治用来统一人的行动，刑罚用来防止奸乱。礼、乐、刑、政，其终极目的是相同的，都是为了齐同民心而使出现天下大治的世道。而此四者只有互相配合、协调，相辅相成，这一终极目标才能达到。

荀子在《乐论》中指出：“乐者，圣王所乐也，而可以善民心，其感人深，其移风易俗，故先王导之以礼乐而民和睦。”荀子认为音乐是可用来改造社会的，可以引导人心向善，改善民间的风俗，修正、规范人们的行为，从而实现“民和睦”、社会长治久安的愿望。音乐何以会有如此之功效呢？对于音乐，乃至文学，人们会有三个层次的感受：喜爱、感动、共鸣。这就是古人以乐善人心的缘由。不同的音乐，可使人产生“心悲”“心伤”“心淫”“心庄”等不同的心理反应。久而久之，便会对人的思想、行为产生深刻影响，即如荀子所说“乐中平则民和而不流，乐肃庄则民齐而不乱”。因此，古代天子制雅乐，以引导人心和同、向善。在古代的很多仪礼活动中都会演奏雅乐，以求在乐的辅助下使活动中所要体现的礼仪得以充分深入人心，达到教化的作用。如在乡饮酒礼中，要按一定的顺序演奏《诗经》中的《鹿鸣》《四牡》《白华》等多个篇章，以表达平和忠信、尊老养贤等礼仪。借助乐感人心的审美作用，在和谐的乐曲、优美的舞蹈中不知不觉地便把礼仪渗透于人的思想之中了，使人们能够“和乐而不流”，思想向儒家所提倡的和谐、同一的方向发展。《礼记·乐记》中说：“乐在宗庙之中，君臣上下同听之则莫不和敬，在族长乡里之中，长幼同听之则莫不和顺；在闺门之内，父子兄弟同听之则

在齐闻韶　佚名　清代

《韶乐》又名“九韶”、“九歌”，是上古舜帝之乐。早在3000年前的周代初期，就被定为“六乐”之一，为王室专用，春秋时期在齐国非常盛行。清代时议定，中和韶乐为宫廷雅乐，清代雅乐，为祭天地、太庙、社稷等重大典礼时所奏。图为孔子在齐与齐太师语乐情景，《史记·孔子世家》载，孔子在齐“闻《韶》音，学之，三月不知肉味”。

莫不和亲。”这便是对“乐善民心”的最有力的说明。音乐可美化生活，同时更可以维护“亲亲、尊尊、长长、男女之有别”的等级尊卑宗法秩序，协调人与人之间的关系，团结人心，促进社会的和谐发展，从而促进政治昌明。

欲观至乐，必于至治　《吕氏春秋·制乐》中说：“欲观至乐，必于至治。其治厚者其乐治厚，其治薄者其乐治薄，乱世则慢以乐矣。”想要欣赏最好的音乐，一定要在政治昌平、国力隆盛之世。如果一个国家国力隆盛，百姓富足安和，那么它的音乐必定发达，音乐制度必定完备，否则相反。

西周前期，是我国远古社会的鼎盛时期。周公东征之后，为维护奴隶主贵族的阶级统治，通过分封制、宗法制和乐礼制度，加强了王权，完善了政治制度，形成了“普天之下，莫非王土。率土之滨，莫非王臣”的隆盛局面。在礼乐上，形成了“礼乐征伐自天子出”、君臣按等级使用礼乐而不得僭越的制度。“周公制乐”传为圣行。同时，在礼乐制度基础上建立了我国历史上第一个较明确的宫廷雅乐体系，出现了儒家所推崇的和平、中正、庄重、肃穆的雅颂“至乐”。而平王东迁后，周天子的地位一落千丈，丧失了对诸侯的控制能力，周王室风雨飘摇，出现了“礼崩乐坏”的局面。在各诸侯国都不同程度地出现了礼乐被僭越使用和废弛的现象。随着历史的推进，在奴隶社会逐渐瓦解的过程中，雅颂之乐失去了原有的地位，各个诸侯国的音乐逐渐繁荣，儒家所不齿的乱世之音——郑卫之音成为流行音乐，周代的礼乐典章制度更被冲击得七零八落。

政治制度的极度兴盛与衰败，社会的安宁与动乱，必然影响礼乐制度的实行；政治制度的转变，社会局面的变化，与之适应的礼乐制度也会随之转变，这是必然的。所以，乐与政通。

观乐而知政　《礼记·乐记》中又说：“治世之音安以乐，其正和；

侍奉父母之礼

凡为人子之礼，冬温而夏清〔1〕，昏定而晨省〔2〕，在丑夷不〔3〕争。

《礼记·曲礼上第一》

【注释】〔1〕“清”：读qìng，“凉”的意思。〔2〕定：指为父母安放枕席。“省”：读xǐng，“看望”“问候”的意思。如“省亲”。〔3〕丑：众。夷：侪。孔疏“皆某类之名”，又疏：“朋侪等辈，喜争胜负，亡身及亲，故宣诫之以不争。”

【译文】做儿子之礼，就是要使父母冬天感到温暖，夏天感到清凉，傍晚要为父母铺上枕席，早晨要向父母请安，在同辈中不要与众人争斗。

鸳鸯漆盒上的击鼓图

商周时期，舞蹈与音乐、祭祀是融为一体的，舞蹈专业化趋势不明显。随着春秋战国时代的到来，“礼崩乐坏”的政治局面，将大量健康、淳朴自然的民间舞乐因素带入宫廷礼乐制度，宫廷舞乐开始充满活跃风格，活力大盛。图为楚国漆器上的舞乐场面，楚舞在表现上具有巫术感，艺术气息浓重。

乱世之音怨以怒，其正乖；亡国之音哀以思，其民困。声音之道，与政通矣。”音乐是百姓的心声，从音乐中可以听出百姓对国家政治的态度，可以了解社会状貌。在百姓安居乐业、政治平和的太平盛世，发自他们内心的音乐一定是和谐而充满安适、欢乐的；如果政局动荡，统治者倒行逆施，那么发自百姓内心的声音一定是怨怒交加的；如果国家濒于灭亡或已经灭亡，百姓处于颠沛流离之中，困苦无望，那么发自百姓内心的声音一定充满哀怨与愁思。所以，声音的道理，是与政治相通的。《左传》襄公十九年季札在鲁国观乐时发表过一些评论：在乐工演奏《周南》《召南》时，季札说，“美哉！始基之矣。犹未也，然勤而不怨矣”；演奏郑风时说，“美哉！其细已甚，民弗堪也，是其先亡乎”；演奏《小雅》时说，“美哉！思而不贰，怨而不言，其周德之衰乎？犹有先王之遗民焉。”从不同的音乐效果中，季札听出了政治的好坏不同。可见，观其乐便可知其政矣。

所以，作为统治者，如果能详细地审察民间音乐以了解政治情况，那么治理天下的方法也就完备了。即《礼记·乐记》中所言“审乐以知政，而治道备矣”。

礼乐之异同

在古代，统治者认为，整个国家政治的运行，社会的发展，统治的巩固，除了治礼之外，还要重视治乐，以乐和礼，互相制衡，礼乐交相为用，相辅相成。

《礼记·乐记》曰：“乐者为同，礼者为异。同则相亲，异则相敬。乐胜则流，礼胜则离。合情饰貌者，礼乐之事也。礼仪立，则贵贱等矣；乐文同，则上下和矣。”郑玄曰：“同谓协好恶也，异谓别贵贱。”音乐，其根本是求得人好恶情感的同一，以协调各种等级类别人的关系，而礼的特征是要区别、维护等级贵贱的差异。好恶同一的情感取向使人们互相亲爱，尊卑级差有序的言谈举止则使人们互相尊敬。同时一个国家乐事太过而不加节制，则会使人之间的尊卑界限混淆、流移不定；礼事太过而不加节制，则使人们之间离心离德。和合人情，使相亲爱，整饬行为、外貌，使尊卑有序，这就是礼乐的功用。礼的精义得以实现，就贵贱有等；乐

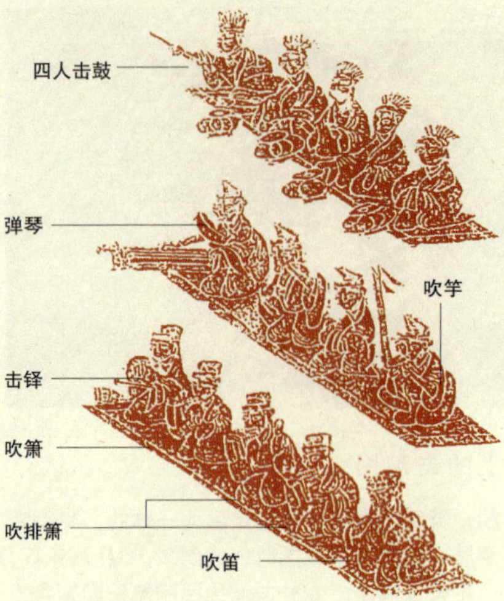

俗乐演奏场面

汉承秦制，设立了掌管宫廷乐舞的最高官署乐府。汉初，朝廷内每逢举行重大典礼都演奏以周礼为核心的雅乐。到汉武帝时，随着汉朝盛世的到来，原来周礼雅乐与盛世的朝气形象不符，武帝开始推行乐府改革，要求乐府从民间各地采集流行的诗歌民谣，以及西域的胡歌，将其编入乐府宫廷乐内，加以加工，便形成了雅俗共赏的宫廷乐。

事得以统一，则上下和合。礼乐齐备，则天下大治。可见，礼乐二者互相补充，互相制约，但又有共同之处：都是治理国家的手段，都服务于统治阶级，以求社会的和谐、安定、有序。

如何理解礼乐的这些特性与关系呢？古人的解释是，乐是模仿天地的和谐产生的，礼是模仿天地的有序性产生的。和谐，才能使百物都化育生长；有序，才使群物相区别。所制乐过分了就会由于贵贱不分而生祸乱，所作礼过分则会因上下不和而生强暴。明白了这些，然后才可制礼作乐。即所谓的法天地制礼乐。

法天地制礼乐，是说“乐法天地之气，故云天地之和；礼法天地之形，故云天地之序”（《史记·乐书正义》）。也就是说，天地之间的气息，流动不止，合同氤氲，才孕育万物生长，使其和谐共存于宇宙之间。于是，圣明的君王便仿照这样的特性，以中和、庄肃等情感为主旋律来制乐，从而把不同等级人群的情感合同起来，协调其关系，以促进社会的和谐。这里，乐求的就是一种中和之功用，即如《中庸》所讲：“喜怒哀乐之未发谓之中，发而皆中节谓之和。中也者，天下之大本也；和也者，天下之达道也。致中和，天地位焉，万物育焉。”人的修养能达到中和境界，人们就会各得其位，和谐共处了。

“礼法天地之形”是说，天地之间除了流动的气息外，还有山川丘陵等高低大小之形，礼便是仿照这种情形而制。它把人分成尊卑贵贱、高低不同的若干等级，用各种级差礼节来节制人的欲望、行为，使其能够按照统治者的意愿来规范自己，使人与人互相尊敬、热爱，从而形成有序、安定、和谐的社会。祭祀天地的不同仪式便是统治者教导万民相亲相敬、恪守礼法的重要方式。

礼，是要求在各种场合下都做到互相尊敬、尊卑有等；乐，则是不论采用何种形式都要体现同一的情感取向：中和、庄肃，使人与人能够包容、接纳、相爱。礼乐这种合敬合爱之情相辅相成，因此被古代贤明帝王代代因袭下来。

所以说：“先王之制礼乐也，非特以欢耳目、极口腹之欲也，将以教民平好恶、行理义也。”

第四章 古代礼仪的形成与发展

中国的古代礼仪从上古产生到周制的完备，并不是一成不变的。即使周朝也没有使礼完全地固定下来，后来的社会也是『礼崩乐坏』，但是毕竟礼的影响仍然巨大，作为中国礼的重要传承的儒家思想在不同的时期有着不同的表现。

春秋战国时的儒家思想

CHUNQIUZHANGUO SHIDERUJIASIXIANG

春秋战国时期，新的思想不断涌现，出现了“百家争鸣”的现象。其中儒家思想比较突出。于是形成了以儒家提倡的“仁”为思想核心、以其“义”为准绳、以其“礼”为行为规范的治世之道。

西周时期是礼的完备时期，而后来到了春秋战国时期，社会已经是“礼崩乐坏”了。社会上各种不同的思想和主张开始在互相批评中不断地融合，形成了一种“百家争鸣”的兴盛局面。在百家争鸣中，儒家占据了非常重要的地位。

铭金人图

孔子是春秋时期主张“克己复礼”的第一人，他的思想核心是“仁”，而仁的客观标准则是礼，他提出“克己复礼为仁”，要求自觉约束自己，依仁成礼，以礼成仁。图为孔子过太庙，以铭金人教育弟子慎言慎行，遵守礼数修身的场面。

儒家的由来，一般认为和“儒”这个阶层有关。据《周礼》记载，儒的主要任务是“以道得民”，这里的道可以理解为传统王官之学领域内的主要知识和学术，其核心是以德为基础的礼乐制度。儒家虽然是在儒的基础上发展起来，但和儒又有所不同。儒家是一个有独特思想和系统主张的民间学术派别。孔子是儒家学派的创始人。孔子是春秋末期鲁国人，名丘，字仲尼。孔子早年的好学使他成为当时最博学的人，这为形成他独立系统的思想提供了必备的知识基础。儒家的学说和主张有很多，但最重要的一点是儒家关心政治和社会秩序。

堕三都

春秋末年，周王朝岌岌可危，诸侯争霸，社会处于大变革时期，出现了“礼崩乐坏”的局面。由此，孔子决心恢复西周盛世礼制，使君臣父子按周礼及贵族等级，各复其位、各守其职，用仁政德治治理国家以求社会安定。图为孔子在鲁国任大司寇时，令人拆除不合礼制池城的场面。这一计划终落失败，孔子决心“道不行，乘桴桴于海”，弃鲁，周游列国。

处刑图

礼源于原始社会的祭祀，到春秋时期，经过儒家思想的渲染，礼不再单纯是拜神、祭祖之礼，西周的礼治要求逐渐以“尊尊”“亲亲”原则来立法，主张“明德慎罚”，法则以强制性的辅助手段，寓于礼中，共同构成了古代的礼法制度，维护了君主统治和社会秩序。正如《礼记・哀公问》所载，“为政先礼，礼其政之本与”。图为元朝时期处刑场面，元朝法律多种成分混合，对蒙古人实行蒙古法，对回回人实行回回法，而对汉人实行《泰和律》，处刑场面显示了统治者的绝对尊严。

在“礼崩乐坏”的春秋时期，孔子对当时的社会秩序的问题有着深刻的感受，并成为他哲学思考的出发点。他认为，要治理好国家，应该实行德治。而德的表现就是礼乐制度。因为礼乐制度本来在西周时期是非常完善的，只不过到春秋时期遭到了破坏，所以要实行德治最重要的一点就是“复礼”。

在强调礼的同时，儒家还宣扬“仁”“义”的思想。

以“仁”为思想核心

“仁”的概念，古已有之。如《诗经》中有“洵美且仁”“其人美且仁”之类的诗句。这时的“仁”与美相联系，意义较简单。到春秋时代，“仁”的含义才复杂起来。《左传》中多次出现“仁”的概念，这时“仁”的概念涉及到政治、道德、事功等多方面，孔子正是凭借这些思想资料，创立了“仁”学体系，并以此作为儒家学派的思想核心。

夹谷会齐

这是春秋时期诸侯国会盟的一次礼仪外交活动。齐鲁两国盟会，齐国人在起草盟约中单方面提出，齐国出征鲁国必派三百辆兵马相从，否则视为毁约。显然，齐国以强欺弱，想挟鲁国承认是齐国的附属国。孔子看出齐国阴谋后，深知拒绝不利，于是建议在盟约中添加了鲁国出征，齐国也必须派出三百兵的条款，维护了鲁国尊严。齐君无奈，两国国君相互施礼，登上盟台。

在一部《论语》之中，“仁”字就出现了百次之多。什么是“仁”呢？孔子说：仁者“爱人”。也就是说仁就是爱一切的人，不单是个体的人，也爱整个的人类，这才是真正的仁。而仁的根本就是做好家庭的事，即“孝悌”。“君子务本，本立而道生。孝弟也者，其为仁之本与？”意思是说，君子修身要抓住根本，只有确立了根本才会产生不同的方法或者策略。而“孝”是教敬父母长辈，“悌”是尊重兄弟。所以这一切都是在“齐家”的基础上得到的。所以儒家的治国思想，还是以家庭为基础，以个人的修身为前提。孟子说：“亲亲，仁也。”“仁之实，事亲是也。”先把家里的父母长辈孝顺好，这是最基本的“仁”的体现。

孟母教子　宋人绘

孟子（约前372—前289），名轲，字子舆，战国时期的思想家、教育家、政治家。他发展了孔子的“礼治”和“德政”思想，提倡“王道”，主张“仁政”，并到齐、梁、鲁、邹、宋、滕等国游说诸侯，不过，他的治国学说被忙于战争的统治阶级认为是“迂远而阔于事情”，不被采纳，后退而讲学著书。图为孟母教子场面，孟母“迁地教子”“三断机杼”，一直传为美谈。

孔子把“仁”作为最高的道德原则、道德标准和道德境界。认为“仁”是人的美好善良本性、德行的最高体现。因此，《论语·卫灵公》中说：“志士仁人，无求生以害仁，有杀身以成仁。”“仁”应该成为人生的伟大目标，人性追求的最高境界。

此外，“仁”还有丰富的含义，包括了孝、悌、忠、恕、礼、知、勇、恭、宽、信、敏、惠等内容。其中"孝悌"是"仁"的基础，是仁学思想体系的基本支柱之一。在《论语》中，很多篇章皆有论及。如"克己复礼为仁。一日克己复礼，天下归仁焉""刚毅木讷近仁""仁者必有勇，能者不必有仁。""士不可以不弘毅，任重而道远。仁以为己任，不亦重乎？死而后已，不亦远乎？""仁者安仁""仁者乐山""仁者静""仁者寿""仁者不忧"等等。

先秦儒家学说的精妙之处，在于把外在的统治制度、文化传统内化为人的道德伦理意识，从构成国家的稳定的具有凝聚力的单位——家庭入手，灌输父慈、夫义、妇顺、兄友、弟恭、子孝等观念，并将其推而广之，形成"父子有亲、君臣有义、夫妇有别、长幼有序、朋友有信"的信条，以其来维护统治阶级的等级制度。这种思路对后世的儒者产生了深刻的启发，从而创造出名为治国、实为治人的理论。

以"义"为准绳

儒家学说除了以"仁"为核心思想之外，还有一个价值准绳，那就是"义"。

人的内心要重视德，要爱人，但是如何来确定人的行为是否符合"仁"的精神呢？"义"理所当然地成为了它的标准。

孔子在《论语》中多次提到了"义"。如"君子喻于义，小人喻于利。""君子以义为上"。

"非其鬼而祭之，谄也。见义不为，无勇也。"孔子曾对子产说："有君子之道四焉：其行己也恭，其事上也敬，其养民也惠，其使民也义。"子路问成人。子曰："若臧武仲之知，公绰之不欲，卞庄子之勇，冉求之艺，文之以礼乐，亦可以为成人矣。"曰："今之成人者何必然？见利思义，见危授命，久要不忘平生之言，亦可以为成人矣。"孔子曰："君子有九思：视思明，听思聪，色思温，貌思恭，言思忠，事思敬，疑思问，忿思难，见得思义。"子路曰："君子尚勇乎？"子曰："君子义以为上。君

成帝妃子班婕妤

儒家思想将仁义道德作为个人修养的至德之要，强调一切举止合乎礼仪，要求正容体，齐颜色，顺辞令。只有容体正，颜色齐，辞令顺，礼仪才会齐备。此图据西晋张华文学作品《女史箴图》所绘，旨在教育宫廷妇女遵守封建道德规范，画面中为"班姬辞辇"，表现汉成帝女官班婕妤为君主不致贪恋女色而忘朝政，辞谢与皇帝同车的故事。

子有勇而无义为乱，小人有勇而无义为盗。”可见，“义”在孔子的思想中成为了衡量人德行的准绳。但《论语》中只有十几篇中提到了义，远不及“仁”提得多。

到了孟子，他着重宣扬人的善性，不仅崇仁，而且尚义。孟子名轲，战国时邹人，鲁国贵族孟孙氏的后裔。孟子受业于孔子的孙子子思。他也曾学孔子周游列国，用仁政的学说游说各国诸侯，受到许多国君的优礼。到了晚年，他不再出游，而是和学生一起专心著书立说。编成了《孟子》一书。孟子被儒家称为“亚圣”，地位仅次于孔子，主要是因为他的思想和学说，对后世的影响较大。《孟子》一书也被列为“四书”之一。

《孟子·滕文公》在孔子论述的基础上，第一次把封建社会人与人之间的关系概括为五种，即“五伦”：父子、君臣、夫妇、长幼、朋友，并提出了处理这五种关系的准则：“父子有亲，君臣有义，夫妇有别，长幼有序，朋友有信。”

孔子是重义轻利的，他做事，一向不问有利无利，只问其合义不合义。孟子尚义反利，比孔子更厉害。他在《孟子·离娄》中说：“大人者，言不必信，行不必果，惟义所在。”强调了言行都要以义为基本的价值标准。在《孟子·梁惠王》中有这样一段：孟子见梁惠王，王曰：“叟，不远千里而来，亦将有以利吾国乎？”

孔丘像页　马远　南宋

孔子生在鲁国。鲁国为周公旦之子伯禽封地，对周代文物典籍保存完好，素有“礼乐之邦”之称，为孔子习礼准备了很好的环境。春秋末期，鲁国僭越礼制之事多有发生，鲁国大夫季孙氏，却“八佾舞于庭”（天子八佾、诸侯六佾、大夫四佾、士二佾），孔子愤慨，“是可忍也，孰不可忍也”，决心克己复礼，重建周礼规范。图中孔子高挽发髻，额方圆凸出，身着广袖长袍，拱手而立，再现了自谦的礼者形象。

人而无信

子曰：“人而无信[1]，不知其可也。大车无輗[2]，小车无軏[3]，其何以行之哉？”

《论语·为政篇第二》

【注释】〔1〕无信：没有信用。〔2〕輗（ní）：古代大车车辕前面与横木相接的木销。牛拉的载重车为大车。〔3〕軏（yuè）：古代小车车辕前面横木上的木销。马拉的载人车为小车。

【译文】孔子说：“一个人不讲信用，那怎么可以呢？就好像大车没有輗，小车没有軏一样，那怎么行走呢？”

儒者的言谈举止

礼是古代儒者修身正性的一个标准。孔子认为，诚敬不合礼叫粗野，恭顺不合礼叫谄媚，勇敢不合礼叫逆乱，因此儒者以礼修身还要重视度的把握。

孟子对曰："王！何必曰利？亦有仁义而已矣！王曰何以利吾国，大夫曰何以利吾家，士庶人曰何以利吾身，上下交征利，而国危矣。"可见，孟子认为如果专讲利，是必然会引起危乱，因为利本身是矛盾的。而义则是和谐的。如果把利看做是最重要的话，那么，人与人之间就会因为利而发生冲突。如果人人讲义，那么彼此关系和谐融洽，国家也会安定繁荣。

孟子更重义的表现在他提出了"舍生取义"的观点。在孟子看来，坚持道义原则甚至比保存生命更重要。《孟子·告子上》中说："鱼，我所欲也；熊掌，亦我所欲也；二者不可得兼，舍鱼而取熊掌者也。生，亦我所欲也；义，亦我所欲也；二者不可得兼，舍生而取义者也。"为了维护个人的道德原则和道德理想，可以牺牲自己的一切甚至生命，这种精神和孔子的"杀身成仁"一样，成为激励中华民族永远奋斗的民族精神和不绝的动力。

以"礼"为行为规范

儒家思想重视德政，重视自省，而表现在行为上就是讲求"礼"。

孔子在《论语·为政》中说："道之以政，齐之以刑，民免而无耻；道之以德，齐之以礼，有耻且格。"这就是说，如果只靠政令和刑罚来治理国家，虽然能使人避免犯罪，但不能使人懂得犯罪的可耻；只有以道德去教化人，去引导人们，并把"礼"作为人们的行为规范，才能使人既有廉耻之心，又能安分守己，心悦诚服地做统治者的"顺民"。

人们的行为要符合"礼"的规范，不只是要求普通的百姓，对统治者也提出了要求。《论语·子路》中说"上好礼，则民莫敢不敬；上好义，则民莫敢不服；上好信，则民莫敢不用情"。统治者如果能够以身作则，那么天下没有谁不去敬服他，也都会用心用情地去遵守礼仪诚信了。

在儒家早期的代表人物中，还有一个非常隆礼重义的人物，那就是

贾宝玉王府贺寿　清代

古代跪拜礼的形成与人们的起居方式有关。汉魏之前，古人席地而坐，坐时要两膝着地，然后将臀部坐于后脚跟之上，脚掌向后向外，为“坐”着向宾客表致谢尊敬，往往需伸直上半身、引身而起，变坐为跪，俯身向下，就形成了日常生活中的跪拜礼。不同等级、身份的人在不同场合，要使用不同的跪拜礼。跪拜礼也由最初的致意发展成等级差别的一种标志，广泛应用在官场，如臣拜君、小官拜大官等。图为宝玉进王爷府跪拜祝寿的场面。

——荀子。荀子，名况，字卿，战国末期赵国人。他曾到过齐国的稷下学宫讲学，三做学宫的“祭酒”（也就是领袖），是著名的“稷下先生”之一。晚年与弟子从事著述。荀子的著作是《荀子》一书。

荀子继承和发展了孔子关于“礼”的思想，把礼作为道德生活和社会生活中的最高的准则。荀子强调礼的重要性，认为它是“道德之极”“人道之极”，是个人修身和治理国家的根本。他在《劝学》篇中说：“礼者，法之大分，类之纲纪也，故学至乎礼而止矣。夫是之谓道德之极。”他在《礼论》中说：“故绳者，直之至；衡者，平之至；规矩者，方圆之至；礼者，人道之极也。”在这里他把礼看成是最高的行为准则了。

礼是最高的行为准则，那么人一定要按礼的标准去规范自己的行为，即“以礼修身”，久而久之才会成为君子。他在《王制》中说：“天地者，生之始也；礼义者，治之始也；君子者，礼之始也。为之，贯之，积重之，致好之者，君子之始也。”荀子还认为“人之命在天，国之命在礼”（《强国》），也就是说国家的兴亡取决于如何对待礼。他进一步在《议兵》中指出：“隆礼贵义者，其国治；简礼贱义者，其国乱。”“礼者，治辨之极也，强国之本也，威行之道也，功名之总也。”就是说，礼是治理国家的最高准则，是使国家强盛的根本，是威行天下的途径，是建立功名的纲要。

总之，“人无礼则不生，事无礼则不成，国家无礼则不宁。”（《修身》）足见礼的重要作用。

秦汉：以儒家学说为主导的封建礼教

QINHAN:YIRUJIA XUESHUOWEIZHUDAO DEFENGJIANLIJIAO

秦统一后，秦始皇采纳法家建议，进行“焚书坑儒”，对中华文化造成了不可弥补的损失。汉建立后，儒学获得了比较宽松的环境，得到了发展，到了西汉武帝时，通过“罢黜百家，独尊儒术”的政令，确立了儒学在封建意识形态中的独尊地位。

焚书罹患 坑儒坏本

秦统一六国之后，围绕着分封制和郡县制，师古与崇今等问题，在儒家与法家之间展开了激烈的斗争，公元前213年秦始皇为了加强专制统治，采纳了李斯的建议，颁布了“收天下书不中用者尽去之”(《史记·秦始皇本纪》)的焚书令和挟书律。进行了一次大规模焚毁中华历史文化典籍的活动。当时，除了医药、种树、卜筮之书和秦国的史书外，其他各种文化典籍“皆烧之”。“天下敢有藏诗书、百家语者，悉诣守尉杂

商山四皓图　黄慎　清代

刘邦立国初，自己以及手下部将文化不高，故群臣常在宫殿之上，喧哗争功。于是，儒臣叔孙通建议礼仪法度，以明体统。建议被采纳后，叔孙通参考古礼、秦仪，制定了汉初朝仪，恢复了儒家礼制，满足了初定天下秩序稳定的需要，为汉代儒学复兴打下基础。图中是秦末汉初隐居商山的四老弈棋场面。汉定天下后，刘邦欲废吕后之子刘盈，改立戚夫人之子如意为太子，四皓出山以刘盈为人仁孝，恭敬爱士，劝说刘邦莫废长立幼。

烧之；有敢偶言诗书者，弃市；以古非今者，族；吏见知不举者，与同罪；令下三十日不烧，黥为城旦。”在“焚书”事件第二年，秦始皇又向知识分子开刀，在学者“四百六十余人，皆坑之咸阳”。这就是历史上有名的“坑儒”事件。坑儒事件并不止这一次，在此后又接连发生了第二次、第三次屠杀。《文献通考·学校考》云：始皇“又令冬种瓜丽山，实生，命博士诸生就视，为伏机，杀七百余人。秦二世时，又以陈胜起，召博士计生议，坐以非所宜言者，各数十人。然此秦之于博士弟子，非惟不能考察试用之，惟恐其不澌尽泯没矣”。

焚书坑儒是对中华文化的极大的破坏。秦始皇的一道政令，使许多的中华典籍遭到销亡。我们可以想象，在两千多年前，没有纸张，没有印刷术的情况之下，那一部部精心写刻在竹木简上的书籍该是多么珍贵，就这么一把火就什么都没有了。这样的焚书，会造成中国先秦文化典籍多少卷的失传呢？更重要的是，焚书坑儒这种极端专制的措施，对于学术研究，对于文化发展所造成的历史影响该是多么深远，它给我们中华民族的发展进步造成了不可弥补的损失。

焚书坑儒

秦灭六国后，六国贵族想借助儒家“克己复礼”恢复周朝分封制，顺势取得失去的权势。对此，丞相李斯进言，说诸子百家“入则心非，出则巷议，夸主以为名，异取以为高，率群下以造谤”，为统一思想，利于政令实施，公元前213年，秦始皇接受李斯建议，下令焚书。焚书之举，引起士人诸多不满，随之演变成坑儒事件。焚书坑儒致使典籍大量毁失，周礼也多已失落。

焚书坑儒事件对中国的文化人更是一种沉重的打击。在春秋战国时期，儒家学说的发展远盛于其他学说。秦始皇建立秦朝主要是靠法家的思想学说。焚书坑儒就不仅是一个秦始皇个人的事情了，也涉及到了儒家和法家之争。秦统一天下，先焚书后坑儒，彻底改变了当时中国文人学者的历史命运。在当时经济欠发达的情况之下，有文化的人本来就少，一下子坑杀这么多人，是社会的一大损失。另外这种影响更为可怕。儒生因为言论自由而被坑杀，那以后谁还敢坦言国事，勇于提出治国之谏呢？他们不再敢讲真话，求真理了，生怕一不小心说错什么话就会触怒了统治者，而给自己招来灾祸，甚至殃及家人。如此一来，众多的文人学者要么不再公开发言，不发表任何见解，要么就是完全做统治者的代言人，按统治者的利益说话，完全失去了文人的自尊。

在秦朝的这种极端统治之下，言论不再有自由，研究不再有自由，思想不再有自由。于是，一种政治独裁、思想禁锢和文化专制取代了春秋战国时期的“百家争鸣”。中国历史上的第一次文化大革命并没有完成秦始皇的预期目标，秦朝的统治也没有到万世，只经历了两世，就被轰轰烈烈的农民起义推翻了。

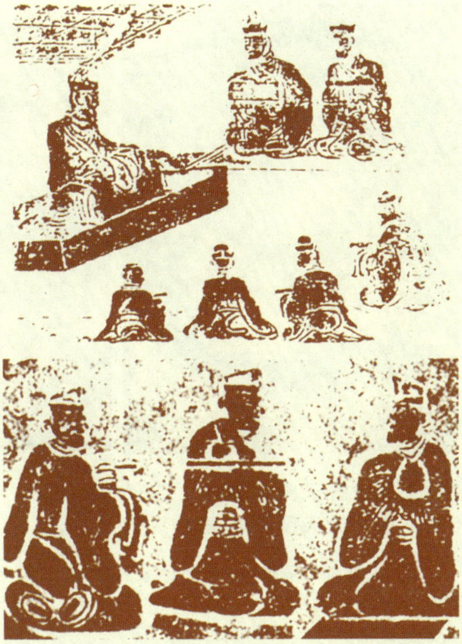

讲经图

西汉的经学有“古文”和“今文”之分，今文是由经师们代代相传，以当时文字记载下来的经典，古文则是用秦以前的文字写成。公元前136年，武帝采用董仲舒建议，设立了五经博士，专门研究《诗》《书》《礼》《易》和《公羊传》，此时今文经学占据上风。图为汉代画像砖、画像石中的讲经、传经场面。

罢黜百家，独尊儒术

汉朝建立以后，汉初统治者在吸取了秦朝灭亡的教训后，对于确定什么样的统治思想及其理论基础，仍然处在摸索之中。汉高祖初定天下，任用的大多是武将功臣，轻视儒家。文帝、景帝、惠帝等崇尚“黄老之学”，采取无为而治的统治政策。在这种思想指导下，汉初统治者采取了“顺民之情与之休息”的休养生息政策，以适应恢复生产，稳定统治秩序的需要。

儒学在汉初几十年虽然没有成为汉初的正统学说，但毕竟获得了比秦代宽松的生存环境。特别是惠帝以后，先后废除了《挟书律》和《妖言令》，儒生们开始传授经典，为复兴儒学做出了大量努力，并且创造性地发展了儒家学说。在这方面，陆贾、贾谊、董仲舒都有重要贡献。

陆贾是汉初重要的政治家和思想家，著有《新语》一书。汉高祖刘邦命陆贾总结秦亡汉兴的原因和自古以来国家成败的经验教训，于是陆贾“粗述存亡之征，凡著二十篇。每奏一篇，高帝未尝不称善，左右呼万岁，号其书曰《新语》”。陆贾认为，人都有礼仪之性，但由于情欲的干扰，不能自觉地遵守礼仪。因此统治者必须对人们的“情欲”加以约束和规范，同时通过道德教化去启发和强化人们固有的“礼仪之性”。为了启发人们的“礼仪之性”，应该尚德不尚刑，尚俭不尚奢。他提出的政治主张符合汉初社会和统治集团的普遍心理，所以得到了刘邦的赞许，从而迈出了从先秦儒学向汉代儒学转变的第一步。

贾谊是汉文帝时人，著有《新书》。贾谊受荀子思想影响很大，他提

（左）驭龙升天图　帛画　汉代
（右）驭凤升天图　帛画　汉代

“天人感应”是董仲舒神学体系的核心，他认为天和人同类相通，相互感应，天能干预人事，人亦能感应上天，即“世治而民和，志平而气正，则天地之化精而万物之美起；世乱而民乖，志癖而气逆，则天地之化伤，气生灾害起”，若天子违背天意，不行仁义，天就出现灾异，进行谴责。他的思想体系中，将天神格化，既限制无限的君权，又为君父尊位找到理论依据。图中是这一时期的帛画，表达了人们欲与天沟通的思想。

西汉大哲董仲舒

董仲舒（前179—前104），广川（今河北景县）人，西汉儒学大师。在仕期间，建议汉武帝“罢黜百家，独尊儒术”，提出三纲五常的封建伦理观念，确定社会等级秩序，以礼约束人们的行为，还提出“好色而无礼则流，饮食而无礼则争，流争则乱，夫礼，体情而防乱者也”等观点来规谏人们以礼行事。

倡德教，主张“以礼为治”。他说：“以礼义治之者积礼义，以刑罚治之者积刑罚。刑罚积而民怨背，礼义积而民和亲。”礼仪和法令都有禁邪恶的作用，但礼仪优于法令。更重要的是礼仪还有劝善扶正的作用。人们在礼仪所提供的外在行为规范和内在价值取向的约束和引导之下，必将“日迁善远罪而不自知”。礼仪的这一优势更是法令所望尘莫及的。

董仲舒是西汉景帝武帝时期最重要的儒家学者，是《春秋》公羊学大师。他以阐释《公羊传》的形式提出一套系统的政治学说，有《春秋繁露》一书传世。

董仲舒主张德教，即“以德化民”。他认为，“天生民性有善质而未能善”，必须经过后天的教化，“后能为善”王者则是“承天意以成民之性为任者也”，其终极使命是“教化以成民性”。在此基础上，他主张应先用“先王礼乐”对百姓进行深入教化，但重点不是定制度兴礼乐，而是“显德以示民”，即为人民做榜样。只有“王者有明著之德行于世，则四方莫不响应，风化善于彼矣”。等到教化成功，天下太平之后，方可制礼作乐，将教化成果固定下来。董仲舒学说的最大特点是强调制礼作乐前的教化过程，制礼作乐则是该过程的终点，“教化已明，习俗已成，子孙循之，行五六百岁尚未败也”说的就是制礼作乐后的情形。

董仲舒还提出了一套复杂的关于王道和天道的理论，将阴阳五行学说同儒家学说结合起来，极力鼓吹天人感应论，一方面论证君权神授，提高王权，另一方面也用天力警告统治者勿施暴政，以免引起人民的反抗，从而缓和与人民之间的矛盾，以达到社会的长治久安。这些学说表现出更大的创造性，是儒学发展史上的重要里程碑。

董仲舒根据他的神学人性论提出了一整套以“三纲”“五常”为核心的封建礼学规范。他在先秦儒家“五伦”的基础之上，进一步概括出作为封建等级关系和伦常秩序的主干的“三纲”，即“君为臣纲，父为子纲，夫为妻纲”，并在“三纲”之上，又增加了天神的最高权威。他利用神权论证了它的绝对统治和服从的关系，并把仁、义、礼、智、信“五常”作为调整这种关系的基本原则。“三纲五常”的确立，不仅使统治者有了精神支柱，也为以后封建礼教的形成提供了理论依据。

景帝武帝时，儒学复兴已经是不可阻挡的历史潮流。公元前140年初，汉武帝命群臣举贤良方正直言极谏之士。丞相卫绾上奏：“所举贤良，或治申、商、韩非、苏秦、张仪之言，乱国政，请皆罢。”汉武帝同意采纳，这是罢黜百家之始。同年，在举贤良的对策中，董仲舒提出：“诸不在六艺之科、孔子之术者，皆绝其道，勿使并进。”公元前136年，汉武帝罢黜秦朝所立之各家博士，专立儒学五经博士。第二年，武帝起用好儒术的田蚡为相。田蚡把不治五经的太常博士一律罢黜，排斥黄老刑名百家之言于官学之外。武帝下诏“罢黜百家，表彰六经”，正式确立了儒学在封建意识形态中的独尊地位。

同车次乘图

孔子居卫，卫灵公与夫人同车，孔子次乘随行，招摇过市。孔子认为卫灵公之举有失礼数，留下“吾未见好德如好色者也”的愤慨，怒而去卫。

老子问礼

史书上，孔子与老子的渊源在于问礼。老聃做过周王室的守藏室史，博古通今，知礼乐之源，明道德之要。孔子得知后，与弟子南宫敬叔不辞辛劳，赴周问礼，老聃引孔丘探访了大夫苌弘，研习了乐理、乐律，又引观祭神之典，察庙会礼仪，这些都使孔子受益匪浅。图为孔子端坐问礼场面。

宋朝：儒学的复兴

SONGCHAO：RUXUEDEFUXING

晋南北朝至隋唐时期，儒、玄、道、佛各种宗派纷呈，儒学地位削弱；唐代后期，儒学稍有抬头；到了北宋后期，出现了以“三纲五常”“三从四德”为准绳的伦理道德思想体系——理学。理学思想被制度化后形成的封建礼教在社会上被普遍认同并传播，儒家思想得以复兴。

程颢、程颐兄弟

“程朱理学”中的“程”即程颢、程颐兄弟，两人都师事于周敦颐。两人开创了“洛学”，奠定了理学基础。在教育上，他们认为必以儒家经典为教材，以儒家伦理为教育内容，读书以期“讲明义理”，提出“格物”“致知”学说。

理学体系形成

汉代以后，儒学的发展陷入了深刻的危机，经学受到前所未有的冷落，儒学独尊的局面在东汉以后开始崩溃瓦解。魏晋玄学思想开始发展。这种玄学思想上承先秦两汉的道家思想，而且克服了汉代经学注经烦琐的弊病，开创了糅合儒道学说的一代清新学风。

佛教传入中国以后，更是冲击了中国本土传统的思想和文化。于是魏晋南北朝时期，儒、玄、道、佛相互冲突、相互排斥、相互吸收、相互融合的文化整合运动，使中国的传统思想文化得到了多角度的发展与深化。

隋唐时期是中国宗教发展的重要时期。中国佛教宗派创造性地发展了印度的佛教，并成为中国传统思想文化中不可或缺的有机组成部分。由于李唐王朝的攀附，道教也获得了极有利的发展，宗派纷呈。另外唐代还新传入了一些外来的宗教。而儒学在唐代中后期则

北宋理学的派别

周敦颐	濂派	“太极”是万物的本源，太极衍生出阴阳，阴阳再衍生五行、万物。圣人就是仿照“太极”，到达道德最高的境界“诚”。
程颢 程颐	洛派	他们认识“理”是宇宙本源。 程颢认为“心即是理”，只要求诸“本心”，就能明白“理”。 程颐主张“涵养须用敬，进学在致知”，意思是使自己的意志诚敬集中，然后观察万物的规律，便能领悟“理”。
张载	关派	提出“气”是充塞宇宙的实体，“气”的聚散，形成万物的生灭变化。

南宋理学的派别

朱熹	闽派	朱熹是理学的集大成者。他认为万物由“理”“气”形成，而“理”比“气”更为本源。 要成为圣人，就应“存天理，灭人欲”，即顺应“理”运行的法则，除去自己的私欲。 参透“理”的方法，就是“穷理以致其知”，即通过观察万物的运行规律，来认识“理”。
陆九渊	象山学派	陆九渊的见解与朱熹相反，他提出“宇宙便是吾心，吾心即是‘宇宙’，认为“心”才是万物的本源。 一切真理都在人的心中，只要内心反省，就能领悟成为圣人的方法，不必向外界寻求。

北宋理学派别

汉代独尊儒术后，儒学一直在思想界占统治地位。魏晋以来，随着玄学、佛教的兴盛，传统的儒学思想受到挑战，到宋代儒学家大胆吸收佛、道两家思想，对儒学进行革新，创造了理学，使它成为传统儒学的哲学形式，南宋时期的正统思想，所倡导的忠义、贞节等道德观念深深影响了当时社会。北宋理学主要有周敦颐、二程、张载三派，南宋时，又增加了朱熹、陆九渊两派。

周敦颐“太极图”

周敦颐，北宋著名的哲学家，宋朝理学的开山祖师。他吸收道家思想，提出了宇宙生成模式论，根据道教的“无极图”创造了太极图说，并将其哲学观引入儒学，提出“中正”“仁义”为立人之道。他的学说对后世理学影响很大。

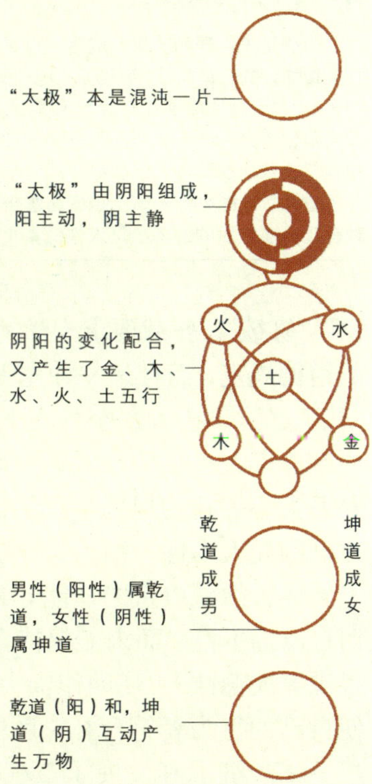

开始酝酿复兴。韩愈柳宗元倡导的古文运动也推动了儒学的发展。于是唐代呈现出一种三教融合的强大的潮流。

到了北宋初期，阶级矛盾日益尖锐。北方的辽和西夏也威胁着北宋的统治，民族矛盾也相当严重。为了适应加强封建统治的需要，儒学在批判吸收佛道某些思想的基础上，以理学的形式得到了复兴，并且逐步取得了学术的统治地位。

理学又称道学，是北宋后期出现的特殊形态的儒家哲学。由于它继承和发挥了先秦孔孟学派的“性命义理”之学，以理、欲、心、性为论学对象，所以被称为理学。

柳荫高士图　宋代

朱熹是宋代理学的集大成者，也是继孔孟之后古代社会最伟大的思想家。“存天理，灭人欲”是他道学观念的代表，“天理”表现在政治、伦理上，即君臣、父子、夫妻及仁、义、礼、智、信等三纲五常，这种观念将人的喜怒哀乐、饮食等人欲革尽，成为禁锢人们思想的一种沉重礼教。图中绘一高士袒胸露腹坐于柳荫下，人物颇有几分痛饮后的醉态，是人性的真正体现。

理学自周敦颐开山后，又有张载、邵雍的推动发挥，到程颢、程颐兄弟最终实际完成。理学主要讲究天道、人性和修养目标及修养方法。南宋以后理学因朱熹而使其得到极大发展，最终建立了一个比较完备的客观唯心主义体系。朱熹认定“理”先天地而存在，把抽象的“理”升华到永恒的至高无上的地位。而以陆九渊为代表的主观唯心主义与程朱学说分庭抗礼。创立心学，主张心即是理。

张载是北宋时期理学的创始人之一，他继承和发展了中国古代气一元论学说，认为气是万物的本源，整个世界都是由气构成的。气是最高实体，道是气化的过程。即“气本论”。他强调人们应该通过修养功夫，克制自己的“耳目口腹之欲”，就可以变化气质，保存天地之性，恢复先天的善性。

张载还指出了变化气质的具体方法，就是要“学礼”“克己”“寡欲”。张载要求人学礼，但他更进一步认为礼不仅是一种外在后天的道德规范，而且是一种先天的天地之德。他在《经学礼窟·礼乐》中说：“礼不必皆出于人，至如无人，天地之礼自然而有，何假于人？天之生物便有尊卑大小之象，人顺之而已，此所以为礼也。”在这里，他为世俗的尊卑大小等礼的规范找到了最后的本体依据。人们学礼、守礼就是保持了自己的先天本性。因为，“礼所以持性，盖出于本性，持性，反本也。凡未成性，须礼以持之，能守礼已不畔道矣。”这说明，学礼就能守性，返回自己的本性。而未能保持自己本性的，必须通过学礼而持之。因为“礼者滋养人德性”“使动作皆中礼，则气质自然会好。”所以只要人们学礼，使自己的行为者符合礼，就能变化气质。

朱熹继承和发展了二程的伦理思想，集封建伦理思想之大成，建立了以“三纲五常”为天理的伦理道德思想体系，成为继孔子之后对我国封建社会影响深远的思想家。

歌乐图（局部） 南宋

两宋时期，受儒教礼教“克己”、“寡欲”思想的影响，封建礼教对女子的约束较唐代更严格，在绘画这种艺术形式上有明显表现。唐代女子刻画丰腴，衣衫薄透，而宋代女子的刻画更瘦削，着衣规矩，人物形象较唐代刻板。图为宋代宫廷乐女的形象，女子梳宝髻，穿对襟窄袖长褂。

伦理观念：三纲五常

“存天理，灭人欲”是程朱伦理思想的核心，也是封建礼教的道德准则。对于天理和人欲，朱熹在《朱文公文集》卷五十九中说：“仁义礼智信岂不是天理？君臣、父子、兄弟、夫妇、朋友岂不是天理？”“天理只是仁义礼智之总称，仁义礼智便是天理的件数。”（《朱文公文集》卷四十）这里的天理就是“三纲五常”；他还说“或好饮酒，或好财货，或好声色，或好便安，如此之类，皆物欲也。”（《朱文公文集》卷十二）这里的物欲就是人欲。在程朱看来，天理和人欲是绝对对立的，私欲灭则天理明。“天理存则人欲亡，人欲胜则天理灭，未有天理人欲夹杂者。”（《朱子语类》卷十三）为此，程朱提出存天理灭人欲的主张，认为只有革尽人欲，方能复尽天理。

为了论证存天理灭人欲的合理性，朱熹把“三纲五常”进行了不切实际的张扬，将其抬高到吓人的程度。他把“三纲五常”说成是充斥于天地之间的最高法则。《朱文公文集》中说：“宇宙间一理而已……其张之为三纲，其纪之为五常。盖皆此理之流行，无所适而不在。”这样一来，三纲五常不仅成为人类社会，而且也成了自然界即成了天地万物的最高主

礼之本

林放〔1〕问礼之本。子曰：“大哉问礼〔2〕，与其奢也，宁俭；丧，与其易〔3〕也，宁戚〔4〕。”

《论语·八佾篇第三》

【注释】〔1〕林放：字子上，鲁国人。〔2〕大哉问礼：意思是这个问题很重大。〔3〕易：隆重办理治理丧葬。〔4〕戚：心中悲哀。

【译文】 林放问礼的根本是什么。孔子回答说：“你问的问题意义重大，礼节仪式与其奢侈，不如节俭；丧事仪式，与其隆重周备，不如内心真诚悲哀地悼念死者。”

女孝经图　佚名　宋代

《女孝经》，是唐代郑氏所撰女性教育经典。书中模拟东汉班昭与诸女的问答，以告诫体形式讲述了孝道的内涵以及各种女性应该遵守的礼仪等。画卷采用一文一图形式绘制，先以楷书抄录一章经文，再以图像呈现内容。历述了不同阶层妇女应该遵守的妇道，以及善事舅姑、亲族、以夫为天、勤于劳作等内容，以跪拜或敬谨侍立的妇女，与端坐的尊长者相对出现，阐明彼此相处的伦常秩序。

宰。朱熹还把三纲五常看做是一个无所谓存亡加减的永恒定理，也就成了一个万古长存的宇宙精神。他说“三纲五常，礼之大体，三代相继，皆因之而不能变”（《四书集注》）。这样一来，三纲五常既约束着人的思想，又规范着人的行为，成了封建礼教的教条。在这种约束之下，人们必然取消对物质生活的种种追求和欲望，安分守己，不敢犯上作乱。也就维护了封建统治者的利益，被统治阶级所利用，于是成为统治中国几百年的礼教。

女性观念：三从四德

中国商周时期就有男尊女卑的观念，强调“男女有别”“天尊地卑”。

《易传》上说：“天尊地卑，贵贱位矣”“乾为天，坤为地，乾为男坤为女”。到了汉代又强调“夫为妻纲”。唐代还制定了《女孝经》《女论语》，提倡妇女守节。到了宋代，经过程朱理学的发展，封建礼教更给女性套上了精神的枷锁。“三从四德”的观念使广大妇女的社会地位降到了最低的程度。

“三从”指的是女子“在家从父，既嫁从夫，夫死从子”。“四德”指的是妇女要谨守“妇德、妇容、妇言、妇工”。在这种礼教之下，妇女没有社会地位，男女之间极度地不平等。这种不平等主要表现在婚姻上的不平等。具体体现在两个方面。一方面是未嫁的女子必须听从“父母之命，媒妁之言”，不得私定终身。否则，就是败坏家风，有损祖德，要受到严厉的处罚的。有的要受到“家法”的鞭笞责罚，有的甚至被残害致死。另一方面是已婚的妇女要“从一而终”“嫁鸡随鸡，嫁狗随狗，嫁个扁担抱着走”。在丈夫活着的时候要做贤妻良母，好好地相夫教子，丈夫死后要独守贞操，终生不得改嫁。即使是家境贫困，无依无靠也应该守节至死。要知道“饿死事小，失节事大”。可见对妇女的要求是极其严酷的。到了宋朝的末期，妇女“节守贞操”渐成风气。为此，统治者又对那些以牺牲

《列女图卷》 顾恺之 晋代

西汉成帝时，宠幸赵飞燕姐妹，朝政大权落于外戚手中，危及刘氏政权。光禄大夫刘向采摘古史书上所载贤妃、贞妇、宠姬等资料，编撰成《列女传》，赠献成帝，希望其从中吸取教训。全书按妇女道德行为给政治带来的治乱效果，分为母仪、贤明、仁智、贞顺、节义、辩通、孽嬖七卷，广泛推行妇女道德教育，借以维护封建秩序。图中列女衣纹、飘带夸张，画面高古，颇得顾画精髓。

自己的人生权力为代价而独守贞操的青年妇女或立志守节不甘受辱而殒身的女子大加表彰，为她们树立“贞节牌坊”或者“烈女碑”并记入史册，以使全社会学习这种精神和行为。

在这种封建礼教的束缚下，广大女性思想被禁锢，行为被约束，理想被埋没，才智被压抑，爱情被摧残，生命被戕害。甚至到今天，在一些农村或者边远地区，封建礼教的这种流毒都没有肃清，许多拐卖妇女，家庭暴力残害妇女的事情还时有发生。

礼的机械化——礼教

宋代的理学家认为，由于上古宗法制度的破坏，造成了社会秩序的混乱和道德的失衡，因而需要重建宗法制度。于是理学思想逐步表现在社会的制度上。这些制度化的理学思想就形成了封建的礼教。这种礼教得到统治者的支持，于是以国家法律法令的形式被固定下来的礼教在社会上被普遍认同并传播，中国社会的礼治变成了礼的教条。礼教开始影响中国社会长达近千年的时间。

明清：家庭礼制的完善

MINGQING: JIATING LIZHIDEWANSHAN

近代早期，西方文化渐入我国，极大地冲击了我国的儒学。至清朝晚期，封建的礼教开始衰微，出现了多种文化交流融通的局面。但由于全面实行以儒学为考试内容的科举制度，士人死读书，只学到了礼的制度化、形式化的东西，导致礼的凝固化；同时，各种儒教思想渗透于家庭教育中，又形成了束缚人们行为的家庭礼制。

西学东渐，中学成熟

近代早期西方文化输入我国，是伴随着海上贸易和耶稣传教士的传教活动而开始的。15世纪末，随着新航路的开辟，欧洲商人、传教士大量东来，他们不仅给中国人带来了欧洲的宗教神学，同时也将近代的世界观念和西方的自然科学知识传播到中国，打开了部分中国士人的眼界。这就是西学东渐。在西学东渐中，来华传教士利玛窦占据着核心地位。

利玛窦之所以重要，主要有以下原因：一、他通过摸索，制定了一套颇具示范性的适应中国文化的传教策略，并因此使得西学在中国传播成为可能；二、他留下了大量颇有价值的中西文著述，对西学东

利玛窦　游文辉　明代

利玛窦，意大利马切拉塔人，罗马耶稣教会传教士。1582年来华传教，他的到来给中国带来了西方世界的知识体系。作为传教士，他对中国文化产生极大的敬意，对孔子哲学思想尤为钦佩，将孔子及《四书》《五经》介绍到西方，甚至评价甚高。将儒家思想与基督教义结合起来，也许就是其传教的成功之处。图为他的学生游文辉为其绘制的画像，被确认是中国境外收藏的，由中国人绘制的第一幅油画。

利玛窦绘制的《堪舆万国全图》

渐作出了重要贡献。

利玛窦在传播西方文化的时候，对礼仪制度进行了调和和变革。他认为祭祖、敬孔是中国社会非常重要而且沿袭已久的传统礼仪，而不是宗教礼仪。他认为中国的祭祖是维系孝道的一种习俗，而且从基督教的立场来看，这不是偶像崇拜，不是非排斥不可的宗教仪式。对于敬孔，他认为中国的读书人“为了感谢他在书中传下来的崇高学说，使这些人能得到功名和官职。他们并不念什么祈祷文，也不向孔子求什么”。于是他尊重中国人的祭祀习俗。同时他还以儒家经典中的天、上帝来称呼天主教的天主，认为二者是名异实同。

利玛窦在中国传教近三十年，并最终死在中国。他勤于著述，中文著作竟有二十多种。其中有关于宗教、神学、哲学伦理等类的著作如《交友论》《二十五言》《斋旨》《四元行论》等，他还与四明坚编撰过一部《葡汉字典》，并撰有以拉丁文为汉字注音的《西字奇迹》，此为中国最早的汉语拼音方案。他的科学著作有在明末一刻再刻的《山海舆地全图》，更有中外学者交相称赞的《几何原本》（与徐光启合译）。可以说，利玛窦传授给中国士大夫的既有天文学宇宙观，如地球中心说、天有十重等；也有精妙的数学科学，如《同文算指》《几何

汤若望

汤若望，1592年出生于德国科隆，1619年入澳门传教，1623年，入京，其时明神宗在位。经过几次皇位的更迭和变迁，明崇祯帝在位时，曾受委托从事撰写过《崇祯历书》。明亡，携浑天星球、地平等入清，毛遂自荐投效清朝，为中西文化交流作出重大贡献。

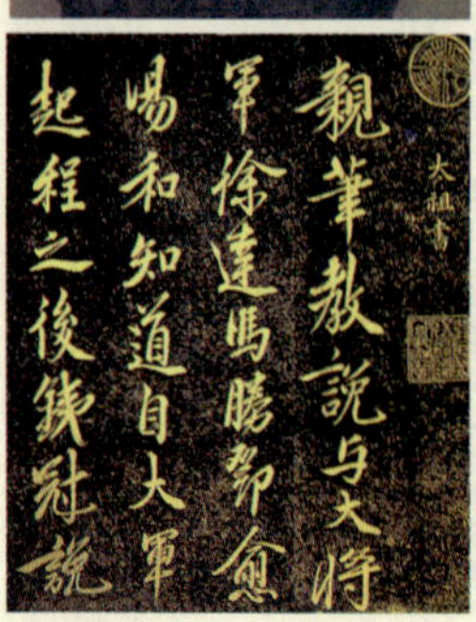

明太祖手迹《教说大将军》拓本

这是朱元璋写给他的大将徐达等人的亲笔书札。太祖即位初，为使公侯将相忠心不二，曾先后编制过《铁榜文》《臣诫录》《志诫录》等，反复教诲文武功臣切莫效仿西汉韩信、彭越，还专让儒臣在武将闲暇之余讲解古代忠贤良士事迹，加以劝勉。

原本》等；也有地理学著作《堪舆万国全国》；也有从根本上改变了中国传统的近代天文学成果的著作，等等。

当时来华的传教士中比较有影响的还有艾儒略、熊三拔、汤若望等人。借助于这些传教士而得以传播的西学，涉及的范围也相当广泛，其中包括天主教哲学、古希腊哲学、伦理学、语言学、逻辑学、地理学、美术、音乐、西洋火器、历算、数学、水利、建筑、医学、生物学等。因此可以说这是一次全方位的和平平等的西学东渐。

清初，由于传教士延续了利玛窦的学术传教策略，再加上康熙皇帝对西学热情很高，一些士大夫上行下效，虽然有清初的禁教，但西学东渐仍然达到了前所未有的高潮。由于皇帝推崇西学，朝廷上下研究、传播、运用西学成为一时的风尚，西学对于中国学术思想的发展起到了不可忽视的推动作用。

西学热如火如荼的情况，使中国的儒学受到了极大的冲击，封建的礼教开始衰微，中国出现了一种多种文化交流融通、异彩纷呈的局面。到了清朝晚期，随着洋务运动的开展，西学东渐成为不可阻挡的潮流，进入了中国的各个领域。

礼的凝固化

中国的传统文化是一个兼容性极强的文化体系，经过了几千年的发展其核心内涵没有改变。而进入中国的其他学说在中国的传承过程中必然也受到儒家学说的影响，受到同化，形成具有中国特色的一种思想。历史上佛教的传入，并没有保持其原有的印度特有的形式，在其发展的过程中逐渐演化，形成禅宗、天台宗、净土宗、华严宗、律宗、唯识宗等一些具有中国特色的宗派。中国佛教的最大创举是一部《六祖法宝坛经》改变了只有佛语才可称做“经”的历史。基督教的传入也自然是融入了中国儒家的思想。形成了适合中国社会的新的宗教形式。可以说中国传统文化中的核心理念即仁、义、理、智、信的精髓并没有发生异变。但是礼在经过几千年的发展之后却逐渐地凝固化了。因为作为一种制度化的礼教在社会的教育功能上没有被全面地理解，好像一只被不同的人摸着的大象，成了种种不同的面目。

明清男性服饰形象

清朝满汉入关，推行“薙发令”，强迫汉人剔发易服。图中是明清时期男性发式服饰的对比，汉族男性束发梳髻，满族男性前面头发剃光，后留长辫。

明清时期，由于全面实行科

八股文程式	
格式	内容要求
破题	用两句话说破题目要求
承接	承接破题意义加以阐述
起讲	议论的开始
入手	起讲后的入手法
起股、中股、后股、束股	正式的议论

举考试，人们必读“四书”“五经”，一些士人不能把经典与生活真正地结合起来，却把经读死了。古人治典本为经世致用，但是当经典成为死经的时候，中国的传统文化中的礼也就凝固了。

在对女性的教育问题上，自从汉代班昭作《女诫》，女性教育就围绕着“妇德”“妇容”“妇言”“妇工”所谓的“四德”进行。希望女性成为相夫教子的“贤内助”。这样就束缚了女性的发展，使女性地位大大降低。在明代的时候，“女子无才便是德”的思想最流行，使许多女子不能读书识字，受不到良好的教育。

雍正帝临雍讲学

辟雍也叫璧雍，是国子监的中心建筑，本为西周天子所设大学，历代皆有，也是举行祭祀的场所。皇帝来此讲学称之“辟雍”，康熙在位时，曾多次前往讲学。他还曾谕告礼部，将奏章中“幸学”改为“诣学”，以示谦恭。

另外一些迷信思想也是借着礼教的名义得以传播的。历史上曾有许多的“善书”流传。这些书虽然都为劝人行善积德，但所举的事例有的充满因果思想，有的事例让人感觉荒唐可笑。比如历史上被称为第一经典善书的《太上感应篇》，充满道教色彩。还有明代《了凡四训》劝人相信因果，并积德行善。

此外还有一些所谓的“家训”“乡约”的流行，使得家庭教育受到了礼的约束。人们只学到了礼的表面的制度化的形式化的东西，而没有领悟到真正礼的精髓，所以这种礼的凝固化到了清朝末年就更受到了外来文化的冲击，到了近代则更是成为新文化运动的首要攻击目标。

第五章 古代礼仪的特点

古代礼仪是儒家治国思想的载体，体现谦卑恭让、敬顺有等、言行举止适宜合礼的特点，因此，成为统治者治国之有力手段。

尊老敬贤

ZUNLAOJINGXIAN

尊老、敬贤常常被古人相提并论，成为古礼的重要特征之一。尊老、敬老、养老以及敬贤、优贤，其最大的特点就是尚德、向善，以形成良好的社会风气，利于统治。同时，敬贤，又是一个国家兴盛、长久的关键。所以说，二者是古人实行仁政、实现政治理想的手段。

“入其疆，土地辟，田野治，养老尊贤，俊杰在位，则有庆，庆以地。入其疆，土地荒芜，遗老失贤，掊克在位，则有让。”（《孟子·告子下》）“庆”就是赏赐。作为国君，敬老慈幼，尊贤育才，才会得到赞颂、赏赐，否则，老人不得敬养，贤才流失，那么，其得到的便只有责罚。可见古人对尊老敬贤的重视。

“大道之行也，天下为公，选贤与能，讲信修睦。故人不独亲其亲，不独子其子，使老有所终，壮有所用，幼有所长，矜、寡、孤、独、废疾者，皆有所养。男有分，女有归。货恶其弃于地也，不必藏于己；力恶其不出于身也，不必为己。是故，谋闭而不兴，盗窃乱贼而不作，故外户而不闭，是谓大同。”（《礼记·礼运》）这是古人所描绘的理想中的大同社会图景。实现这一理想的途径便包括尊老、敬贤两方面。也就是说，尊老、敬贤可以形成良好的社会风气，从而巩固国家的统治，使昌明的政治得以实现。

孝感动天

“二十四孝”故事中有一则“孝感动天”，讲的是大圣舜善事父母，躬耕历山，象为之耕，鸟为之耘，帝尧将位禅让给他的故事。此处图为清人所绘《水灾》，讲述的是一对夫妻在发生水灾时，为救自己老母，毅然置幼小儿女不顾。他们的孝行感动了上天，天上派吉神把他们的儿女也保护了下来。图中着红衣、官帽者为吉神。

从前面两段话中，我们可以看出，尊老敬贤常常被古人相提并论，是古代实行仁政、实现政治理想的手段。

尊老尚齿

尊老是指对老者或长者的尊敬与敬重。尚齿是指对年长者要尊崇，以礼相待。

在古代，尊老尚齿所指向的人群可以包括以下三个方面。

一是依照家族谱系上的行辈划分的本家族中的长辈。“周人贵亲而尚齿”说的就是家族中依靠亲缘的关系来决定尊卑等级，施以不同的尊崇之礼。亲缘关系的远近是家族体系中尊卑有别的重要依据。父系氏族社会，族亲的关系是从男性的角度来划分的，而且这种划分一直沿用至今。因父亲、自己和儿子的血缘关系最近，所以，古人将父、己、子作为家族的中心，以此为基点，向纵横两个方向扩展，形成庞大的家族体系。纵向

赦父子讼

“孝”的本意是祭祀，《论语》中有“菲饮食而致孝乎鬼神”，其后引申为孝顺，成为整个社会的最高道德规范和道德准则。赦父子讼，讲的是孔子在鲁任大司寇时，接管了一宗父子间的诉讼案，两人在堂上争执三个月之久，最后父亲请求中止了案件，孔子赦免了此二人罪行。季孙氏闻听后，责备孔子说，治国以孝为先，你这样做是不对的。冉有却说，上面的官员不教百姓孝道，却追究刑事责任，这就是枉杀无辜，此图据这个故事绘成。

孝经传曾

曾子陪孔子坐，孔子说：“先王有最高的道德方法治理天下，人民和睦相处，上下没有怨恨，你知道吗？”曾子站起来说：“我很愚笨，怎能知道呢？”于是，孔子告诉他天子、诸侯、大夫以及庶人孝的道理，还说：“自天子到庶人，孝无始无终，因而担心不能孝的人从来没有。”

孝感动天

亲尝汤药

啮指痛心

百里负米

芦衣顺母

鹿乳奉亲

戏彩娱亲

卖身葬父

刻木事亲

行佣供母

二十四孝图　陈少梅　近代

孝道思想是中国古代儒家伦理道德规范的核心内容，也是人们立身处世的依据。早在汉魏时期，就已出现大量以孝子事迹为题材的人物杂传，书写通俗，内容浅显，很好地对儒家的孝道思想进行了通俗化的宣传。《二十四孝》由元代郭居敬辑录古代 24 个孝子的故事编撰而成，讲述人物上自帝王，下到平民百姓，且绝大部分在历史上确有其人，增加了孝行可信性。上图选取了近代画家陈少梅所绘《二十四孝图》若干幅，画面设色清丽，笔墨工雅，显现了高超的艺术水平。

来说，古代一般扩展到九族。按照“以三为五”“以五为九”的原则来扩展。即，父、己、子为三代，向上下扩展成祖、父、己、子、孙五代，再由这五代扩展为高祖、曾祖、祖、父、己、子、孙、曾孙、玄孙九代。横向来说，除高祖和玄孙外，每一个层次的辈分又可以有同辈并列，如自己这一辈分还包括堂兄、从堂兄、再从堂兄等。在这个家族体系中，尊卑有序，生活中的言谈举止一定要尊礼而行，处处体现出对长辈的尊重。就父子关系来说，古礼中便有许多具体而微的规定。如《礼记·曲礼》曰：“为人子者，居不主奥，坐不中席，行不中道，立不中门，食飨不为概，祭祀

周旋慎齐

在父母、舅姑之所，有命[1]之，应“唯。”敬对[2]。进、退、周旋[3]慎齐；升、降、出、入揖游[4]。不敢哕噫、嚏咳、欠伸、跛倚、睇视；不敢唾洟[5]。寒不敢袭[6]，痒不敢搔。

《礼记·曲礼上第一》

【注释】〔1〕命：上对下的嘱咐，吩咐。〔2〕敬对：敬，恭敬；对，回答。〔3〕周旋：转身。〔4〕升、降、出、入揖游：升，上堂；降，下堂；揖，揖礼；游，从容。〔5〕哕噫：打饱嗝；嚏咳：打喷嚏，咳嗽；欠伸：伸懒腰；跛倚：独脚站立或斜靠身子；睇（dì）视：眼睛斜视；唾洟：吐唾沫，流鼻涕。〔6〕袭：衣裳。

【译文】在父母、公婆面前，如果他们有什么吩咐，应该答应“是”，并恭敬地回答他们的问话。进前，后退，转身动作，都要谨慎庄重；上堂、下堂、出去、进来，都要先行揖礼并从容不迫。在父母、公婆面前，不敢打饱嗝，不敢打喷嚏咳嗽，不敢伸懒腰，不敢独脚站立或斜靠着身子；眼睛不敢斜视，不敢吐唾沫或流鼻涕；天冷了，不敢在父母面前加衣服，身上痒不敢在父母面前抓挠。

不为尸，听于无声，视于无形，不登高，不临深……”作为儿子，平时不坐在室内的西南角；坐席时，不坐在中央的位置；行路时不走在道路的中央；站立时，不站在门的中央。宴客祭祀的规格、数量，不自定限制。在祭祀时不作尸。不待父母说话、行动，就揣摩出父母的意思。不攀爬高处，不临近深渊。可见，敬父之行处处体现。

同时，在家族体系中，由于生息繁衍的快慢不一，同一祖先的几支繁衍情况会有差异，常常会出现叔伯甚至祖辈年龄低于小辈的情况，那么辈分起决定作用。辈分高者，无论其年龄多小，仍为尊，小辈必须以长辈礼来对待。这种情况在当今社会仍沿用。

二是以年龄来划分的年长于己者。这包括家族体系中年长于己的同辈，也包括家族关系以外比自己年长者。对于这类人，同样要给予尊重。《礼记·曲礼》曰：“年长以倍则父事之，十年以长则兄事之，五年以长则肩随之。群居五人，则长者必异席。”就是说，比自己年龄大一倍的人，就以对待父亲的礼节来对待他；比自己大十岁的人，就以对待兄长的礼节来对待他；比自己大五岁的人，走路时要与之并排而己稍后。五个人聚坐在一起，推尊年长的单独坐在另一条席子上面。如果是同辈，哪怕长自己几个月，几天，甚至几个小时，也都要对其尊崇，处处礼让。在朝廷、军队中都有规定，官阶相同的人，以年长者为上。即《礼记·祭义》中所说的“同爵则尚齿”。可见，年长者为尊。

三是专指老年人。《礼记·王制》中曰："五十始衰"，即周代把五十岁作为年老的开端，并对这个年龄以上的人开始予以关爱、照顾、尊崇。五十岁开始，就要在饮食上给予特殊的安排，吃一些细粮，九十岁的人即使出游，也要有人把美食送到身边。即《礼记·王制》所云："五十异粻，六十宿肉，七十贰膳，八十常珍，九十饮食不离寝，膳饮从于游可也。"古代礼仪不仅在饮食上，在生活的方方面面都体现了对老人的尊重与关爱：不可以让头发斑白的人提着东西在路上走；即使国君乘车，遇到老人都要行轼礼等等。可见尊老尚齿之风的盛行。

那么，古人为什么如此重视尊老尚齿之行呢？应该有几方面的原因：一方面，从客观的角度来说，人到了一定年龄，身体逐渐衰弱，需要社会给予关爱，这是必然。《礼记·王制》曰："五十始衰，六十非肉不饱，七十非帛不暖，八十非人不暖，九十虽得人不暖矣。"人到了九十岁，即使是由他人陪睡，身体也难以感觉到温暖了。从体质上来说，老年人已经是社会的弱势群体了，各个方面都需要给予特殊的照顾。《礼记·曲礼》中说："五十不致毁，六十不毁，七十唯衰麻在身，饮酒食肉处于内"，也就是说，即便在服丧之时，对老年人也有照顾：五十岁的人要节哀，不能让身体过分消瘦；六十岁的人便不能使身体消瘦了；七十岁的人只需穿丧服，而且可以照常饮酒食肉，仍旧住在室内。另外，从对不同年龄阶段的老年人的称呼上，我们也可以看出社会对老年人的理解、关心与尊重。《礼记·曲礼上》曰："五十曰艾，服官政；六十曰耆，指使；七十曰老，而传；八十九十曰耄，七年曰悼，悼与耄虽有罪，不加刑焉。百年曰期颐。"元人陈澔注：艾，"发之苍白、老如艾之色也"说明接近老的边缘了。服官政，即是可以从政、参与邦国大事情。耆，"稽久之称，不自用力，惟以指意令人"。到了这个年龄，很多事情已不用躬亲力行，只要指令别人去做就可以了。而传，"传家事于子也。"耄，"昏忘也"。大脑记忆衰退，遇事易忘。期颐，"人寿以百年为期，故曰期；饮食起居动人无不待于养，故曰颐"。朱熹说，期是"周匝之义"，即转过一圈了，"谓百年已周"。颐是"谓当养而已"。即生活起居需要人来养护。意思是人至百岁，饮食起

设色人物图　咸丰帝　清代

中国传统观念认为"百善孝为先"，而做到孝道的重要内容之一，就是尊老养老。这体现在与父母居的方方面面，要做到《弟子规》中所言，"父母呼，应勿缓，父母命，行勿懒，父母教，须敬听，父母责，须顺承"，这样才算尊亲。孟子也说过，"孝子之至，莫大乎尊亲"。图为童子拱手立于长者身旁，安静恭顺地听两人对话。

居都需要子孙奉养照顾了。随着年龄的增长，身体开始走下坡路，白发苍苍，行动、记忆、饮食等都大不如从前，所以更需要关照了。

另一方面，老者，他们一生操劳，为家庭、社会奉献出了自己的才智，老有所养，老有所终，是应得的回报。而且，年龄标志着一个人的人生经验与智慧，也标志着人的思想道德水平的高度。对其尊崇，可以让其在安度晚年的同时，老有所用，为社会发挥余热。孔子云："三十而立，四十不惑，五十知天命"，所说虽全非老者，却可以看出年龄的价值。而且如前所说，人至五十，便可以"服官政"——参与邦国政事；六十，便可以不必躬亲力行，只要出谋划策，指挥别人去做就可以了；到了七十，便可以将自己一生的经验传授给下一代。《礼记·曲礼》中便规定，如果有邻国来请教，国君要先询问老臣，老臣就讲述本国的典章制度。即"越国而问焉，必告之以其制"。历史上，老有所用的典例很多，伊尹老了，而商汤用之；吕尚老了，而周文、周武用之；周公、召公老了，而成王用之；管仲老了，而齐桓公用之；百里奚老了，而秦缪公用之，诸如此类等等，皆以敬老用老而称王称霸。古人云："仁者寿"，反过来，我们也可以说：寿者仁。老年人一生受到儒教思想的教化，统治者所崇尚的品德已与他们的思想行为融为一体，在其言谈举止中会自然表现出来，说话做事可以"从心所欲而不逾矩"，因此在人们的心目中德高望重。对其尊崇，树其为德行典范，很容易对后来人起到教化的作用。这也是乡饮酒礼中以德行、才能高下从老年人中来选择宾之人选的缘由。《礼记·内则》曰："凡养老，五帝宪，三王有乞言。五帝宪，养气体而不乞言，有善则记之为惇史。三王亦宪，既养老而后乞言，亦微其礼，皆有惇史。"是说，凡是养老礼，五帝时期都是效法老人的德行。它为了保养老人的生息和身体而不劳驾老人来陈说善道，只把老人中好的德行记录下来，作为敦厚人的典范。三王时期，请老人陈说善道用来立教，其实也是效法老人的德行。

目连救母

每年农历七月十五为"盂兰盆节"，道教称"中元节"，俗称"鬼节"，是佛徒举行"盂兰盆会"的日子。盂兰盆，为天竺语，意为"解救倒悬"。传说释迦牟尼弟子目连见母亲在地狱倒悬，求佛超度，释迦要他在七月十五备百味果，供养四方众僧，"盂兰盆会"由此形成，成为人们每年超荐历代祖先的佛事。

养正图册 冷枚 清代

《养正图》又叫《圣功图》，明清两代多有绘制，主要描绘了历代贤君爱护百姓的故事，带有明显的启蒙教育目的。此套图册共有10开，每开对题都有书写相应故事情节的文字，图文并茂，更好起到了以史为鉴、以图育人的教育目的。该图画面是开仓济民的场面，村落中百姓及鳏寡孤独老人结伴而来，欣喜万分。

只不过是在不妨碍老人保养生息和身体的情况下，请他们来亲自陈说善道。同时也记载敦厚人的典范，用来垂训后世。可见，养老、敬老重在尚德。

最重要的是，统治者用礼制来规定尊老尚齿，其根本目的是为政治服务。《礼记·祭义》中曰："立敬自长始，教民顺也。"统治者期望的是万民顺从，天下大治。而顺由敬生，有了敬意、恭敬、尊敬，才会有顺从。百姓由敬顺父母进而敬顺天下父母尊长，最后达到对统治者的敬顺，形成一个恭顺有序的天下。孟子曰："道在迩而求诸远，事在易而求诸难。人人亲其亲、长其长而天下平。"(《孟子·离娄章句上》)尊老尚齿，便可天下太平，讲的是同样的道理。《礼记·乡饮酒义》中又云："乡饮酒之礼，六十者坐，五十者立侍，以听政役，所以明尊长也。六十者三豆，七十者四豆，八十者五豆，九十者六豆，所以明养老也。民知尊长养老，而后乃能入孝弟。民入孝弟，出尊长养老，而后成教，成教而后国可安也。君子之所谓孝者，非家至而日见之也，合诸乡射，教之乡饮酒之礼，而孝弟之行立矣。"很显然，进行尊长养老的仪礼，目的是使"民"受到教化，使其在日常生活中能以礼行事，在家孝顺父母，善事兄长，在外尊敬奉养老人，就能形成良好的社会风气。有了良好的社会风气，国家才能得到安定。《礼记·内则》中曰："有虞氏养国老于上庠，养庶老于下庠。夏后氏养国老于东序，养庶老于西序。殷人养国老于右学，养庶老于左学。周人养国

簪花曳杖　陈洪绶　清代

"高年赐杖"是古代养老制度的一项重要内容。不同年龄的老人，赐的杖式样也有差别。从出土的汉简看，汉代的养老制度存在等级性，等级越低，养老年龄越高。而史书所载的"七十赐杖"是针对大夫及大夫爵位以上的人而讲，普通的公卒、士伍则要到七十五岁才能享受到赐杖的待遇。

老于东胶，养庶老于虞庠，虞庠在国之西郊。"对于养老的地点，《辞源》云：庠序，古代地方所设的学校，与帝王的辟雍、诸侯的泮宫相对而言，后泛指学校。《孟子·滕文公上》解释说："设为庠序学校以教之，庠者养也，校者教也，序者射也。夏曰校，殷曰序，周曰庠，学则三代共之，皆所以明人伦也。人伦明于上，小民亲于下。"朱熹又为此段作注："庠以养老为义，校以教民为义，序以习射为义，皆乡学也。学，国学也，共之无异名也；伦，序也，父子有等，君臣有义，夫妇有别，长幼有序，朋友有信，此人之大伦也。庠、序、学、校皆以明此而已。"也就是说，这里的上庠、下庠、东序、西序、右学、左学、东胶、虞庠都是古代对学校的不同称谓。不言而喻，之所以选择这些地方，就是因为这些地方是对人实行教化的最好场所。即如陈澔在《礼记集说》中所云："行养老之礼必于学，以其为讲明孝弟礼义之所也。"

古人尊老尚齿，从礼仪规定中可以看出，具体而微。身体上，国家有慰问之举。"八十月告存，九十日有秩。"八十岁以后，天子每天派人问候安康，九十岁以后，天子每天派人送膳食到家里。《管子》中说"凡国都皆有掌病，士人有病者，掌病以上令问之，九十以上，一日一问；八十以上，二日一问；七十以上，三日一问；众庶五日一问；疾甚者以告上，身问之。"国家设掌病一官，根据年龄，对患病者给予次数不等的问候。对于病危者，国君还要前往探视慰问。饮食上，注意调理。五十岁就开始增加精细的粮食，六十岁就要常有预备的肉食，七十岁以上可以有两份膳食，八十岁以上可以常吃时鲜的珍馐，九十岁以上可以在寝室之内就餐，出游时也可以让人随带食物。年龄越高，饮食上受到的照顾越精细。服饰上，也有一些规定。七十非帛不暖，也就是说，七十岁的人一定要让他穿帛制的衣服才能让其感到温暖快乐，才是对他的关爱。《礼记·王制》中规定："有虞氏皇而祭，深衣而养老。夏后氏收而祭，燕衣而养老。殷人冔（xǔ）而祭，缟衣而养老。周人冕而祭，玄衣而养老。"有虞氏时代，祭祀时戴"皇"，养老时穿深衣；夏代祭祀时戴"收"，养老时穿燕衣；殷代祭祀时戴“冔”，养老时穿纯白的深衣；周代祭祀时戴“冕”，养老时穿玄衣白裳。四种服装，都是各个朝代群臣的朝服。有虞氏时期，以深衣为朝服。夏代做了更改，因其崇尚黑色，所以以黑色衣裳为朝服。殷代崇尚白色，所以以纯白的衣裳为朝服；周代则兼而用之，穿玄衣白裳。这几个朝代，皆以朝服作为养老宴会上的服装，可见其对老年人的尊崇。言行上，也时时处处给予老人以照顾与尊崇。天子到了一国，要先会见百岁老人，八九十岁的老人在大路上行走，即使在路的另一侧的行人，也不敢超越而行。“谋与长者，必操几杖而从之”，年轻人向长者请教，一定要携带长者所需的几杖前去，以服侍长者。在应长者要求表达观点时，一定要先辞让说自己懂得少；与年长者坐在席上，自己的席要移到稍后的位置，如果不能移动，自己就要稍微向后坐。长者与后辈握手，后辈一定要用双手捧握。政治地位上，年龄更是受尊崇的条件。老人要发表政见，君主应亲自登门就教。（欲言政者，君就之可也。《礼记·祭义》）七十岁以上的人没有大事就不用上朝；如果有大事，君主应该先对他揖拜谦让，然后才顾及爵位高的人。另外，国家还赋予老年人一定特权，授给老年人标志特权的王杖。《周礼·秋官·司寇》中说，国家设有以天子名义颁发给老年人王杖的官吏——伊耆

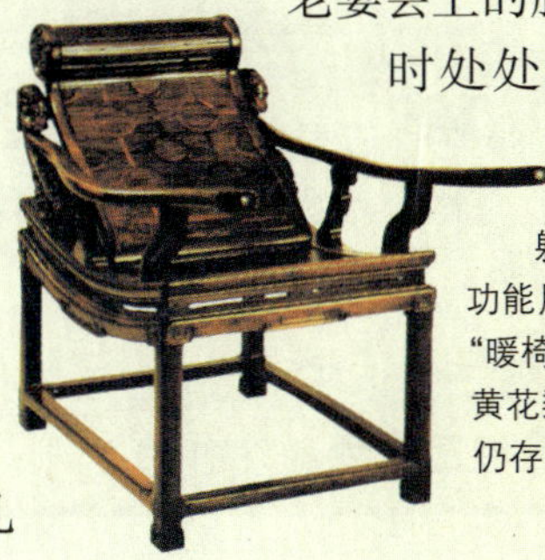

黄花梨躺椅　清代

躺椅为清代出现的具有新样式与功能用途的家具之一，有“睡前椅”“暖椅”“逍遥椅”等别称。此躺椅以黄花梨木制，整体造型古朴、简练，仍存明式家具遗风。

瞎子说唱　金延标　清代

敬老、养老自古以来是中华民族的传统美德，受到历代统治者重视。不少朝代都曾以国家的名义制定一系列养老的礼仪、礼遇措施，我国最早养老场所的雏形出现在奴隶社会，《礼记·王制》中有载，“夏后氏养国老于东序,养庶老于西序;殷人养国老于右学,养庶老于左学”，可见序、学是殷商时期养老的最初机构。图中一瞎子先生敲钵唱街，老妪在儿子、媳妇搀扶下姗姗来迟。

君子无所争

子曰：“君子无所争，必也射[1]乎！揖让而升[2]，下而饮[3]，其争也君子。”

《论语·八佾篇第三》

【注释】〔1〕射：指古代的射礼。〔2〕揖让而升：射箭比赛前拱手行礼。让，谦让。升，登阶入堂。〔3〕饮：饮酒。

【译文】孔子说：“君子没有什么可与别人争的事情。如果有所争的话，那就是射箭比赛了。比赛时，先相互作揖谦让，然后登堂比赛。比赛完后，又退下堂相互饮酒。这样的争斗是君子之争。”

舐犊之情

长辈对幼辈的呵护称为“舐犊之情”，这种感情并不是凭空臆造出来的。俗语常言“养儿方知父母恩”，这种情感以润物细无声的方式，浸染着每个孩子的心田。图为东汉时期的带犊陶卧牛，将此种感情表现得如此纯真。

氏，职责是“供王之齿杖”和“授有爵者杖”，将王杖分别颁给平民和贵族中的老年人。有了这种象征特权的王杖，老年人可以“五十杖于家，七十杖于国，八十杖于朝，九十者，天子欲有问焉，则就其室，以珍从”。(《礼记·王制》)九十岁以上，可以不上朝，如果天子想要请教国事，就要亲临拜访，并须带去一些美食。

另外古人尊老尚齿的人群，范围极其广泛，由天子到百姓，无所不及，可以说达于天下。

《礼记·祭义》中谈论了社会各个方面尊老尚齿的具体行为，之后说，“孝弟发诸朝廷，行乎道路，至乎州巷，放乎蒐狩，修乎军旅，众以义死之，而弗敢犯也。”尊老尚齿出于孝悌之心。全国上下，由天子倡导，人人尊老敬长，形成良好的社会风气，才会达到全民敬顺、和谐有序的政局。

敬老恭让

北宋范祖禹说：“经礼三百，曲礼三千，亦可一言以蔽之，曰‘毋不敬’。”足见，敬在古代礼仪中的重要地位。恭让，含有谦谨、恭敬、礼让之意，其实质体现了一个“敬”字，即通过恭恭敬敬地“让”这一行为，来表现对他人的“敬”。以恭让之行来敬老，是中国几千年的传统美德。上自天子，下到草民，对于老者、长者，无不恭谨礼让。

《礼记·祭义》曰：“食三老五更于大学，天子袒而割牲，执酱而馈，执爵而酳，冕而揔干。”在太学奉养三老五更时，天子竟然袒开衣襟，亲自切割牲肉，捧着酱请三老五更食肉，又捧着酒爵请三老五更漱口，头戴冠冕、手执盾牌，亲自舞蹈，使他们能欢乐快活。《晋书·王详传》记载：“天子幸太学，命详为三老，详南面几杖，以师道自居，天子北面而乞言，详陈明王圣帝君臣改化之要，以训之。闻者莫不砥砺。”天子这样做，是给臣民做出了对老者敬养、谦恭、礼让的表率，以此教化诸侯，使其尊长敬老，懂孝悌之道，即所谓的“所以教诸侯之弟也”。(《礼记·祭义》)另外，在生活中的一些细节上，也体现了天子恭让敬老的美德。天子在巡游的路上遇到老者，会停下车向老者行轼礼；天子巡狩，到了一国，要先会见百岁老人等。

《礼记·祭义》：“一命齿于乡里，再命齿于族，三命不齿。族有七十者弗敢先。七十者，不有大故不入朝。若有大故而入，君必与之揖让，而后及爵者。”就是说，乡饮酒时排列座次，有一命官爵的人，仍然要和乡里人一道按年龄排次序。二命的人，在自己的族人中还须按年龄排次序。三命的人，虽然不必按年龄排序，但是遇到自己族中七十岁以上的人，还是不敢越前。七十岁以上的人如果有大事上朝，君主应该先拜揖谦让一番，然后才顾及爵位高的人。显然，老者为尊，他人要处处谦让，以表恭敬。

而这种谦恭敬让，日常生活中表现更为突出。《礼记·祭义》：“行肩而不并，不错则随。见老者则车徒辟。”行于路，不同年龄的人不能并肩而行，不是按长幼次序斜错雁行，就是跟随在后。见到老人，无论车辆、行人都要让路。《弟子规》：“进必趋，退必迟，问起对，视勿移。”长者有事呼叫，须快步而行；所办事宜结束，则须缓步退出。回答长者的问话，一定要起身站立，目光不可游移不定。《战国策·触龙说赵太后》中记载，腿脚不灵便

孝行图一　冯氏石棺　明嘉靖
孝行图二　冯氏石棺　明嘉靖

孝道是儒家文化的基石，渗透到社会生活的方方面面。其形式主要有两种，一为养体，二为养志。养体是使父母在衣食住行上丰足，无忧虑；养志多指竭心尽力让父母在精神上安心、愉悦。图为明代墓室刻画的汉代孝子故事，上为老莱子戏彩悦亲，下图中刻画了黄香温席，闵子骞单衣顺母等几个故事。

的触龙见赵太后时尽量做出“趋”的样子给赵太后看，就是为了表示恭敬。

另外，这种恭让、谦敬，又常以礼仪示范的形式在一些礼仪活动中得以体现。在乡饮酒礼中，首先要从老者中选出贤能且德高望重的人做为主宾，其他老人为众宾。仪式从邀请主宾开始，到行饮酒之礼结束，恭敬、谦让、拜谢的礼节时时体现。仪式开始时，主人要迎于庠门之外，“三揖至于阶，三让以宾升”。《礼记·乡饮酒义》说：“六十者坐，五十者立侍，以听政役，所以明尊长也。”五十岁以上的人虽已被纳入老年人的行列，但是为了明示尊敬长者的礼仪，在乡饮酒礼上，仍要站着来聆听教诲，以与六十岁以上的人形成对照。《论语·乡党》篇说：“乡人饮酒，杖者出，斯出矣。”这是说，在这个礼节仪式上，手有王杖的老人离开，别人才能离开。否则就为失礼。

养老之礼

此处提到的养老之礼有两重含义：一是指一种养老的礼仪活动，这种活动由国家各级行政机构为老者定期举行。天子所行的养老礼和以尊老尚齿为宗旨的乡饮酒礼皆属于此类。一是指具体的养老礼节，即在日常生活中，给老者提供一些衣、食、住、行及政治活动等方面的照顾和优待的礼节。

养老的礼仪活动　中国古代所说的养老礼大多指养老的礼仪活动。这种礼仪活动至少从舜帝就已经开始，虞、夏、商、周四代相传承，至周代已逐渐形成了一套比较完备的养老礼制。这体现在各级行政机构对被敬养的对象、养老礼仪采用的形式、养老礼举行的时间、地点等方

请 安

“孝”是古代家庭的家训之一，中国古代的孝道教育充满各种礼数，提倡晨昏问安，事必躬问等。在事亲上，《孝行·纪孝行章》有所载，强调“居则致其敬，养则致其乐，病则致其忧，丧则致其哀，祭则致其严”，这样才算做到真正的孝道。图为《红楼梦》插画中的请安场面，众夫人、妯娌，井然有序，或坐或立，正在给老太君问安。

面所做的具体规定上。

形式 在这类养老的礼仪活动中，常常以饮食之礼来体现养老之义。如《礼记·内则》记载：“凡养老，有虞氏以燕礼，夏后氏以飨礼，殷人以食礼，周人修而兼用之。”虞、夏、殷、周四代在举行敬养老人的礼仪活动时分别采用了燕礼、飨礼、食礼。燕礼是以饮酒为主，礼数较轻的宴会，设宴于寝室。飨礼是礼数最为隆重的宴会，菜肴极其丰盛，设宴于朝。食礼是只吃饭不饮酒的宴会。可见，三者皆为饮食之礼。另外，每年在州和党中举行的以尊老尚齿为宗旨的乡饮酒礼也体现了这一特点。

被宴请敬养的对象 孔颖达云：“人君养老有四种：一是养三老五更；二是子孙为国死难，而王养死者父祖；三是养致仕之老；四是引户校年养庶人之老。”虞、夏、殷、周四代的养老礼上宴请的都是这四类人。“更”，为“叟”义，指阅世久深之老人。三老应是三人，五更应是五人，三与五，据说取象于三辰、五星，象征德高望重之人。也有人认为三老、五更各为一人的，说法不一。“致仕之老”指离官退位的老人。《礼记·内则》曰：“凡三王养老皆引年”，夏、殷、周三代天子，都是根据户籍核定年龄，确定参加敬老宴会的老者。此处的“引户校年”就是这个意思。同时，从地位尊卑上，上述

曹娥负尸

曹娥，东汉会稽上虞人，父亲是一位男巫，在举行迎接婆娑神时溺死，曹娥沿江寻找父亲尸体，因未找到投江而死。孝女曹娥的事迹，在史书中多有提到，虽二十四孝故事中不见记载，但其影响要远远超过黄香等孝子。东汉书法家蔡邕、晋代王羲之都曾书过曹娥碑，表彰赞扬其孝行。中国民间一些地区端午节也有祭曹娥的风俗。

刻木事亲 清刻本

丁兰刻木事亲的故事在汉代《孝子传》、干宝《搜神记》中都有记载。丁兰幼丧双亲，无法进奉养之举，思念劬劳之恩，于是刻父母雕像，日夜祭拜，事之如生。时间日久，丁兰妻子对雕像不再尊敬，产生怠慢之情，竟用针戏刺雕像手指，雕像手指竟流出血，丁兰得知，将妻子逐出家门。二十四孝故事经民间流传多带有神话和迷信色彩，丁兰刻木便是其中一例。

妇人启门

园林梳妆　元代

“七出”是古代法律、礼法、习俗所规定的夫休妻的标准。“七出”即无子、淫逸、不事姑舅、口舌、盗窃、妒忌、恶疾，其中“无子”和“不事姑舅”都是从孝道方面来说的，俗语常言“不孝有三，无后为大”，就指的“无子”。对于事姑舅，《礼记·昏义》也有说明，“妇顺者，顺于姑舅，和于室人，而后当于夫”，要求女子与姑舅的亲密度要大于丈夫。图为古代妇女晨起启门、梳妆场面，梳妆毕，则要备早餐，前往父母居所问安。

养老对象又被国家分为国老和庶老两类。云:“国老，谓卿大夫致仕者；庶老，谓士也。”《魏书·高祖纪下》:“（二月）丙午，诏畿内七十以上暮春赴京师，将行养老之礼……三月丙寅，宴群臣及国老、庶老于华林园。”此处庶老兼指士人告老退休者与庶人之老者。

地点　在参加养老礼仪活动之时，因老人年龄和身份的不同，被宴请敬养的地点亦不相同。《礼记·内则》曰:“五十养于乡，六十养于国，七十养于学，达于诸侯。”“有虞氏养国老于上庠，养庶老于下庠；夏后氏养国老于东序，养庶老于西序；殷人养国老于右学，养庶老于左学；周人养国老于东胶，养庶老于虞庠，虞庠在国之西郊。”这里体现了养老礼尊老尚齿的宗旨，同时亦体现出古代礼仪“明尊卑”“辨等差”的特点。

时间次数　对行养老礼的时间次数，古代也有规定。下面就天子行养老礼和举行乡饮酒礼时行的养老礼来作一介绍。

《礼记正义》中孔颖达引熊安生的话说:“天子视学之年养老，一岁有七。”并注释说:“凡饮养阳气，凡食养阴气，阳用春夏，阴用秋冬”，即天子四季都举行养老礼，有四次。另外，《礼记·文王世子》中说:“凡大合乐，必遂养老”，郑玄注释说:“大合乐，谓春入学，舍菜合舞。秋颁学合声。”在“春入学”“秋颁学”之时各一次，与前四次合起来便是六次；《礼记·月令》中又说，季春之末“择吉日大合乐”，天子“亲往视之”。结合“凡大合乐，必遂养老”这话可知，天子此时亦必行养老礼。几次加在一起，正好是一年行养老礼七次。

《周礼》记载，天子都城之外的行政单位分为乡、州、党、族、闾、比等六级。各级行政单位的长官分别为乡大夫、州长、党正、族师、闾胥、比长。诸侯的行政单位设立与此相同，但天子之下有六乡，而诸侯只有三乡。乡中每隔三年要举行一次以选拔贤能为目的的“大比”，这时就要先举行乡饮酒礼。另外，州长在每年春、秋两季举行的射礼之前也要举行饮酒礼，党正在每年十二月大蜡祭时在党中也要举行饮酒礼。这两类饮酒礼因州、党皆为乡的属地，所以也称为乡饮酒礼。但它们的主旨是尚齿尊老，倡导养老、敬老之风气，与乡大夫所举行的饮酒礼不同。因此可以看出，民间的养老礼也有时间和次数的规定。

日常生活中具体的养老礼节

主要是对老人的照顾和优待，从心理上予以安慰 人到老年，不仅身体逐渐衰弱，力不从心，饮食等方面需要照顾，同时更需要心理上的安慰，物质与精神两方面都需要考虑。所以曾子说：“孝子之养老也，乐其心，不违其志。乐其耳目，安其寝处，以其饮食忠养之，孝子之身终。”赡养老人，不仅在饮食方面要发自内心地照料，并使其起居安适，更要愉悦其耳目，令其内心快乐。这样做才是真正的孝子。《弟子规》曰：“亲有过，谏使更，怡吾色，柔吾声。谏不入，悦复谏。”是说，如果父母有过错，劝导其改过向善

萨满神案

古代的论孝语录认为，祭祀祖先，祭之以诚，祭之以严，都是孝道体现的重要方面。图为萨满教神案，萨满教是一种原始多神教，起源于渔猎时代，神职人员称为“萨满”。他们经常将祖先的英雄造型制成木偶，作为祭祀的对象，萨满教还赋予神偶一切灵性，也有喜怒哀乐，也要吃喝，因此要定期向神灵供奉各种祭祀品，并跳各种古老舞蹈，愉悦神灵保佑活着的人。

酿酒画像砖　汉代

汉代古辞《蚕丛国诗》曰：“川产惟平，其稼多黍，旨酒嘉谷，可以养父。野惟阜丘，彼稷多有，嘉谷旨酒，可以养母。”生动描绘了成都平原先民辛勤劳作，收获黍麦，酿酒敬老的美德。图为汉代画像砖中的酿酒场面，汉代时，酿酒技术已比较成熟，但由于当时粮食紧张，朝廷曾为了保障养老政策的实施一度发布过禁酒令。

大过新年　年画　清代

春节是中国民间最隆重最富有特色的传统节日，它标志农历旧的一年结束。春节中有一些祭神祭祖等礼仪性活动。比如年终祭祖、送迎灶神、贴春联、放烟花爆竹、吃团圆饭等活动。图为清代年画，描绘的是当时过年的情景，长辈正在祭祖，女子儿媳在包饺子，小孩在门口放鞭炮，其乐融融。

时，态度一定要诚恳，声音必须柔和，并且和颜悦色。如果父母不听规劝，要耐心等待，一有适当时机，例如父母情绪好转或是高兴的时候，再继续劝导。可见，避免让老人生气，是敬养老人所必须考虑的。《礼记·内则》中还记载，八十岁以后，天子每月派人问候安康，九十岁以后，天子每天派人送膳食到家中。《汉书·元帝纪》记载，初元元年，"遣使者存问耆老"，存问高年时，有必要的物质赏赐。如汉文帝时，"年八十以上，赐米月一石、肉二十斤、酒五斗。其九十以上，又赐帛人二匹、絮三斤"。这些明敬重义的举动，对老人的心理都是一种安慰。

在生活细节方面悉心照料，主要表现在衣食住行等方面的规定上。

《礼记·王制》中规定："五十异粻，六十宿肉，七十贰膳，八十常珍，九十饮食不离寝，膳饮从于游可也。"又曰："是月（中秋八月）也，养衰老，授几杖，行糜粥饮食。"也就是说，在中秋八月，天气转冷，要加强对年老体衰之人的护养，给他们提供凭几和扶杖，赐粥供其饮食。《礼记·内则》中

贾政夫妇亲侍汤药

"亲有疾，药先尝，昼夜侍，不离床"，父母生病时，要不离不弃，衣不解带地侍奉在床边。侍奉父母服用汤药，则要亲口尝过，确定汤药不冷不热，才放心让父母尝过。民间俗语常言"久病床前无孝子"，面对长年生病的父母，一些人是很难做到持之以恒，毫不懈怠的。图为《红楼梦》插画，贾政夫妇亲自侍奉贾母吃药的场景。

顺治帝孝陵石牌坊

牌坊，一种门洞式纪念性建筑物，是封建社会为表彰功勋、科第、德政以及忠孝节义所立，用以宣扬封建礼教，标榜功德。牌坊多立于郊坛、孔庙，以及宫殿、庙宇、陵墓、祠堂、衙署和园林前和主要街道路口的交叉点，景观性很强，既点题，又框景。图为清世祖爱新觉罗福临（顺治帝）孝陵前石牌坊，孝陵是清朝统治者在关内修建的第一座陵墓，位于昌瑞山主峰南麓，背后靠昌瑞山，前朝金星山，位居陵区主轴线上。后世四座帝陵依次分列左右，深刻体现了“居中为尊”“长幼有序”“尊卑有别”的传统观念。

也有相关的规定：“庶人耆老六十不徒食（无肉的素食）”“大夫七十而有阁（放置美食的橱阁）”。这些规定都是在物质生活上给予老人的关爱。另外因老人行动不便，所以说“老者不以筋力为礼”，到了老年，就可以不必费力行那些繁文缛节了。所以规定，五十岁以上可以拄手杖行路，九十岁以后，已经可以不用上朝，如果天子有事询问，是要派人到家里请教的；八十岁以后，拜受君命时，只要跪下去磕头两次就可以了，九十岁以后就可以让别人代受君命了。即《礼记·内则》所说“八十拜君命，一坐再至”“九十者使人受”。七十岁以上遇到丧事，只服丧服，不必参加丧葬仪式；在路上，如果遇到老人，无论车辆还是行人，都要让路；头发斑白的人不可以让其背负重物在路上行走，即所谓的“见老者则车徒辟，斑白者不以其任行乎道路”。

政治上得以优待 《礼记·祭义》曰：“古之道，五十不为甸徒，颁禽隆诸长者，而弟达乎蒐狩矣。”是说，在田猎时，五十岁以上的人，就不再充当差役。而分配猎物时，年长者则应多分。

《礼记·内则》曰：“五十不从力政，六十不与服戎，七十不与宾客之事，八十齐丧之事弗及也。”五十岁以后不服劳役，六十岁以后不参加征战，七十岁以后不参与会见宾客，八十岁以后不服齐衰以下的丧服。孔子也说“任力以夫，而议其老幼”。另外，为了使老人能够在家中得到更好的敬养，政府对其家庭也给予了一些优惠政策：“八十者一子不从征，九十者其家不从征。”（《礼记·王制》）

在法律规定上，对老人也很宽容。《礼记·曲礼》也有“悼与耄，虽有罪，不加刑焉。”的说法。就是说，八九十岁以上的老人，即使犯下了罪行，以其与年幼体弱的七岁以下之孩童同等对待，不施加刑罚。西汉惠帝时，明确规定："民年七十以上，若不满十岁，有罪当刑者，皆完之。"（《汉书·惠帝纪》）是说，七十岁以上十岁以下的人如果犯罪，政府不对其加肉刑，亦不剃掉头发。这些规定，充分考虑了老人身心的特殊性，是统治者仁政思想的体现。

古代养老之礼，从生活上、政治法规上对老人给予了许多实实在在的照顾，确实能让老人得到很大益处；而那些养老的礼仪活动很大程度上是为了明尊卑、扬懿德、树典范，是予世人以教化的一种形式，具有政治色彩。

敬贤重才

所谓贤才，应该是人们所说的德才并美之人。也就是说，既能够在德行上为人称道，同时又能够辅佐君王安定天下、治理国家的人才能称之为贤才，德行和才智并举。《仪礼》所记的很多礼仪中，都有对贤德贤能之人予以推崇之处。如在大比之前举行的乡饮酒礼中，担当宾这一角色的学士，是要根据其德行、才能的高下来确定的：正宾为德行、才能最优秀者，介宾次之，众宾之长再次之。李世民在《帝范·求贤》中说："夫国之匡辅，必待忠良。任使得人，天下自治。"能匡辅国政之人，应该是具有忠良德行者。"贤声远达"一词，便指好的名声远扬四方。可见德行是成为贤才的重要因素。曹操以广纳贤才闻名于世，曾言："为国失贤则亡""吾任天下之智力，以道御之，无所不可。"这又见，才智亦是贤才所必备之条件。

君臣之礼　明代

历代帝王主张"仁孝治国"，"选贤任能"则是其第一步。汉代时，推行举孝廉，这是当时官员察举制度中的一项重要科目，即由当地地方官员向中央推举至孝至廉之人，不过这种制度有时也存在弊端，被世族大家垄断，对此，当时就有"举秀才，不知书；举孝廉，父别居"的童谣讽刺诗广为流传。

自上古起，历朝历代皆敬重贤才，这样的典例数不胜数。《史记·鲁周公世家》所载的"周公吐哺"便是一个代表。周公爱敬贤才，广泛招募，因担心怠慢前来拜访的贤才，经常是"一沐三握发，一饭三吐

谏鼓谤木

《周易》中云，“上下交而其志同”，也就是说居上位的人要与居下位的人相互沟通，这样才能志趣相投，更好地处理好事情。上为明代《帝鉴图说》中的插图，讲述帝尧为了解民情，上下沟通，在朝廷门外立了“谤木”和“谏鼓”，若有人对国家政策有意见，可在“谤木”上写意见，敲“谏鼓”劝谏。帝尧也成为古代历史上以“舆论监督”治国的第一人。

哺”，于是“天下之士争归之”。那么古人如此敬重贤才又是为何呢？

首先，贤人良士，对于一个国家的治理极其重要，他们往往决定国家的兴衰成败。《韩诗外传》曰：“无常安之国，无恒治之民。得贤者昌，失贤者亡，自古及今，未有不然者也。”《资治通鉴·唐纪》也说：“与其多得数百万缗，何如得一贤才。”“黄金累千，岂如多士之隆，一贤之重。此乃求贤之贵也。”（李世民著《帝范·求贤》）对于治理国家，贤才一人的价值重于千金，得则昌盛，失则亡国，可见其作用之大。作为一个国家，如果能拥有各类贤才的同时，并重用贤才，那么，它的政权就会坚实而稳固，得以长治久安；否则，就会变得薄弱而动荡。《墨子·亲士》曰：“入国而不存其士，则亡国矣。见贤而不急，则缓其君矣。非贤无急，非士无与虑国。缓贤忘士，而能以其国存者，未曾有也。”治理一个国家，如果不能重用贤士，那么国家就会灭亡。发现贤士却不急于任用，那么国家到了紧急关头，贤士便不会献计献策，为国君分忧解难。怠慢贤才、忘记良士，而能使其国家保存的事，从未有过。

其次，敬贤重才，又可以教化人们崇德向善、重才重智，以影响社会风气。《礼记·王制》曰“上贤以崇德”。尊重贤德之人，以提倡对美好德行的崇尚。看到贤才的所作所为，便会受其影响，而自觉或不自觉地把其作为自己学习的榜样，以提高自身修养及才能，正如《论语·里仁》中所说：“见贤思齐”。《礼记·王制》又载，对于不听教化之人国家要用崇德敬能之举来给予感化。司徒会命令乡官诚邀德高望重的老人聚集到学校，选好日子进行乡射礼的演习和养老礼的学习。同时大司徒带领国家的俊士（从乡里根据才学、德行高下选拔出来举荐到大学学习之人）也还乡来参加。乡射礼中以成绩为重，乡饮酒礼中以年长者为尊。其目的皆为通过推崇贤德、贤能之人，宣扬懿德，来感化那些为人邪恶而不听教化者，从而使其崇德向善，提高才智，并最终形成良好的社会风气。

柔声以谏

父母有过，下气怡色[1]，柔声以谏。谏若不入，起[2]敬起孝，说则复谏[3]；不说，与其得罪于乡党州闾[4]，宁孰谏[5]。父母怒，不说而挞之流血，不敢疾怨，起敬起孝。

《礼记·内则》

【注释】〔1〕下气怡色：下气，说话低声；怡色，和悦的神态。〔2〕起：更加。〔3〕说则复谏：说通“悦”。〔4〕乡党：同一乡中人称“乡党”；州闾：基础行政组织。〔5〕孰谏：殷勤劝阻。

【译文】父母有过错，要低声而面色和悦地用柔和的声调进行劝谏。劝谏不听，要更加恭敬，更加孝顺，等到父母心情愉快时再进行劝谏；父母不高兴，与其让父母得罪地方上的人，毋宁犯颜殷勤劝谏。父母大怒不高兴，鞭打自己，以至流血，也不敢怨恨父母，要对父母更加恭敬、更加孝顺。

贤臣太仆正伯冏

纳贤士、开言路，是历代帝王创业之初急于达成的愿望。周穆王在位期间，任命伯冏为太仆正，领导群仆、侍御的臣子，并作《冏命》勉励伯冏要慎选贤良，增进自己的德行，可见穆王求贤若渴的心情。此图选自清孙家鼐编撰的《钦定书经图说》，清光绪年间印行。

通过考察、举荐，选贤任能 “凡治国有三常，一曰君以举贤为常，二曰官以任贤为常，三曰士以敬贤为常。夫然，虽百代可知也。”（《初学记》十七，又《御览》四百二十引《周书阴符》）意思是说，要治国兴邦，必须以贤为本，重视发掘人才、使用人才。

《礼记·王制》中记载了上古选用贤才的过程。首先由各个乡官考察乡里德才出众的人，推荐给司徒，被举荐的人叫选士；接着，司徒再考察选士中的优秀人才，推荐到国学那里，这类人称之为俊士；凡是由乡里举荐给司徒的人，就不再承担乡里的劳役；举荐入国学的人，就不再承担由司徒分派的劳役。这类人称之为造士。大乐政考察造士中优秀的人才，汇报给天子，并把他们推荐给司马，这类人叫进士。司马再辨察审定进士的德行与才能，把特别优秀的报给天子，由天子对这些人的德才做最后的评判。定夺后授予官职，胜任后再授予爵位，爵位确定后再发给俸禄。东汉末年，曹操在掌握朝政大权后，曾三次下令求贤，以巩固霸业。隋朝时兴起至清光绪年间结束的科举制度也是中国古代很有代表性的人才选拔的考试。它是历代封建王朝选拔官吏的重要手段。以上事例，足以说明古人对贤才的重视。而能使人尽其才，令才学之士的价值得以体现，亦可理解为对人才的敬重。

下心礼人，广纳贤才 孔子在《论语·子路》中谈论为政时说："先有司，赦小过，举贤才。""举尔所知。尔所不知，人其舍诸。"只要虚心礼人，真心求贤，唯贤是举，贤人哪有不得之理呢？即使是你所不知，他人也会向你推荐的。可见求贤心诚，方可打动贤才，使其诚心为己所用。战国时期盛行养士之风，各国国君或贵族招揽天下有才学的人，供养起来，以备需用。被后人称为"战国四公子"的齐国孟尝君、赵国平原君、魏国信陵君、楚国春申君等是最著名的养士者，他们都广招贤能之士，致门客达数千人，极力扩大自己的政治影响。《冯谖客孟尝君》中记载的故事便是孟尝君重贤敬士的典例：门客冯谖三次弹长铗高歌"食无鱼""出无车""无以为家"，孟尝君三次满足他的要求，以礼待之。后来，冯谖知恩图报，为孟尝君出谋划策、奔走效劳，使其既获美名，又得实益。曹操在《短歌行》中反复咏叹渴望招纳贤才的急切心情，宁愿效法"周公吐哺"，以求天下归心，强烈地表达了他为建立功业希望得到贤才的诚心。东汉灵帝末年，刘备不以诸葛亮身份低微，"猥自枉屈"，三顾诸葛亮之草庐的故事更是妇孺皆知。也正是刘备的虔敬打动了诸葛亮，才能令其出山；同时，也正是诸葛亮的辅佐，刘备

政清民悦

《礼记·礼运》上有载，"谋闭而不兴，盗窃乱贼而不作，故外户而不闭，是谓大同"，这也是典故"夜不闭户"的由来。古代形容政绩清明的成语还有"路不拾遗"，这都是贤吏治县、民风至淳至朴的一种象征。图为明版画《瑞世良英》中贤吏办公场景，画面中有犯人肩扛刑具的情形。

肃宗慕贤——烧梨联句

古语云，"贤良之士众，则国家之治厚；贤良之士寡，则国家之治薄"，因此历代帝王非常重视任用贤良。汉武帝时曾下过"招贤诏"，诏文强调"盖有非常之功，必待非常之人"，曹操也颁过"招贤令"，广纳四海贤才。图中是唐肃宗招贤慕才的故事。肃宗与李泌及诸王围炉而坐，肃宗亲手为李泌烧了两个梨子，颖王要吃，肃宗不答应，说："先生辟谷绝食，不吃烟火食，你何必要争。"后肃宗即位，拜李泌为相，泌竭心尽力，为唐王朝立下汗马功劳。

才得以建立蜀汉皇权。

不拘一格选人才 德才兼备者才可以称其为贤才。然而能二者兼备者并不多。所以，古人在选贤任能时，标准并不唯一、恒定。

《礼记·曲礼》曰：“贤者狎而敬之，畏而爱之，爱而知其恶，憎而知其善”，对于贤能的人，要亲近而敬重，敬畏而爱戴；对于自己喜爱的人，要了解他的短处；对于自己憎恶的人，要知道他好的一面。这里可以看出，人无完人，贤能的人未必处处贤能，未必是自己喜爱的人，而自己喜爱的人其言行未必各个方面都能称其为贤。所以，敬重贤能之人，是取其长，为己所用，同时要避其短。此重贤敬能之作为。汉刘向《说苑·尊贤》曰：“泰山不辞壤石，江海不逆细流，所以成大也。”曹操的《举贤无拘品行令》中，直截了当地提出，即使“不仁不孝而有治国用兵之术”，也要大胆地选拔使用。唐太宗李世民在《帝范·求贤》中说：“不以卑而不用，不以辱而不尊。”魏征敢于直言相谏，多次触犯其龙颜，然而唐太宗却未因此对魏征有责罚，相反，却能十几年重用他，甚至在魏征病逝后，唐太宗含悲称颂道：“以人为鉴，可以明得失”，并传下诏书，令群臣以魏征为榜样，要对治国之事直言不讳。也正是由于唐太宗的不计较个人感受，量才不求全，只求取贤才长处的重贤敬能之举，才得以使唐代出现“贞观之治”的隆盛局面。然而，并不是所有的用人者都能做到不拘一格选人才的，唯志向高远、胸怀宽广之人方能为之。

学士府

学士一词最早出现在周代，指那些在学读书的贵族子弟。《周礼·春官》载，“诏及彻，帅学士而歌彻。”唐代学者孔颖达对此注：“此学（士）谓乡庠、序及国之大学、小学之学士。”后来逐渐演变为官名和文人学者的泛称。魏晋之时，学士是以文学技艺供奉朝廷的官吏，他们无定员，无品序，无定名。唐代时，设置了学士院，学士可以参政，地位大大提高。图为宋代学士府的形象。

猛虎渡河图　朱瑞　明代

为政清廉关系到一个朝代的存亡，政治是否清廉，与一个官吏本身素质有很大关系。因此，历代统治者选拔人才注重唯贤是任，在选拔官吏上还制定了一系列措施。秦简《为吏之道》中，反对官吏“居官善取”，两汉时规定“宗室不宜典三河”“王舅不宜备九卿”“中官子弟不得为牧人职”，一定程度上保证了选官的公正。图为东汉名吏刘昆感化老虎的故事，刘昆上任江陵县，推行仁政，平日伤人为害的老虎被其感化，背人渡河不再伤人。

给予政策上的特殊优待与宽容　在如何对待贤能之士上，墨子以获得善射御之士为例，提出了他的观点，即“富之，贵之，敬之，誉之”。富之，就是要给予优厚的物质待遇，使其富裕；贵之，就是要提高贤能之士的地位，使其尊贵；敬之，就是要使贤能之士得到尊重；誉之，就是要使贤能之士受到一定的称誉。这是从物质与精神两方面对贤才给予优待，给贤才创造了一个优越的舒适的生活环境，既起到吸引贤才的作用，也对贤才能安心尽力地辅佐君王提供了保障。《礼记·王制》中“升于司徒者不征于乡，升于学者不征于司徒”的记载，同样体现了对贤才之士的优待。

对贤才的优待，还体现在法律的宽容上　古代尊老敬贤常常相提并论，而且在法律上和对待老人一样，对贤能之士亦有宽容的规定。周制规定八种人的犯罪须经特别审议，并可减免刑罚，称为“八辟”。《周礼·秋官·小司寇》曰：“以八辟丽邦法，附刑罚：一曰议亲之辟，二曰议故之辟，三曰议贤之辟，四曰议能之辟，五曰议功之辟，六曰议贵之辟，七曰议勤之辟，八曰议宾之辟。”是说，国家用八种议刑的条例赋予刑法和刑罚，以宽免王亲贵族。这八类人为天子的亲属、天子的故旧好友、依封建道德标准言行可为法则者的贤人君子、才能出众者、对国家有大功勋者、上层贵族官僚、为国家服务勤劳有大贡献者、前朝的贵族及其后代。这些人如果犯罪，轻则免之，重则轻惩。其中，我们可以看出，贤、能两类人被列入王亲贵族之中，享有一定的宽容，这亦可见对贤才的重视。这种制度一直被历代沿用，汉代改名“八议”，三国魏正式写入法典，沿至清代。

仪尚适宜

YISHANGSHIYI

中庸思想在儒教中占主导地位，它要求人们行礼、做事都要适度，既不得过于奢侈，亦不可过于俭省。对于先祖神灵及其他尊长的态度上，既要做到谦恭、虔敬，又要谨慎、得当，同时，对长者，顺从也要适当，做到敬而无失。

古人崇尚中和、中庸，以之为至善。认为凡事必有节制，适度，不得过，亦不得亏。孔子评价《关雎》："乐而不淫、哀而不伤。"(《论语·八佾》)《左传》云："君子曰：'酒以成礼，不继以淫，义也。'"且"饮惟祀，德将无醉"。"淫"，过度、过分之意。可见，言行时时处在适中的位置上，才可称其为君子，这也是合于礼的。然而，常常是"贤者过矣，不肖者不及"。(《礼记·中庸》)。那么，如何做才适宜合度呢？

奢俭适度

在行事或举行礼仪活动时，可以有必要的纹饰。但纹饰太过，就是奢，纹饰不足，便为俭。真正合于礼的做法是奢俭适度。《礼记·礼

《法驾卤簿图》局部

法驾卤簿，用于朝会和太庙祭祖。卤簿的御车总称"辂车"，辂车之中又分大辂、玉辂、金辂、象辂、革辂、木辂。这种御用车，周代已形成定制，后代形制上有一些变化，一直沿用到明清。图中太和门前是玉辇、金辇、礼舆、步舆，下面午门外为五辂、宝象以及乐队用的鼓。

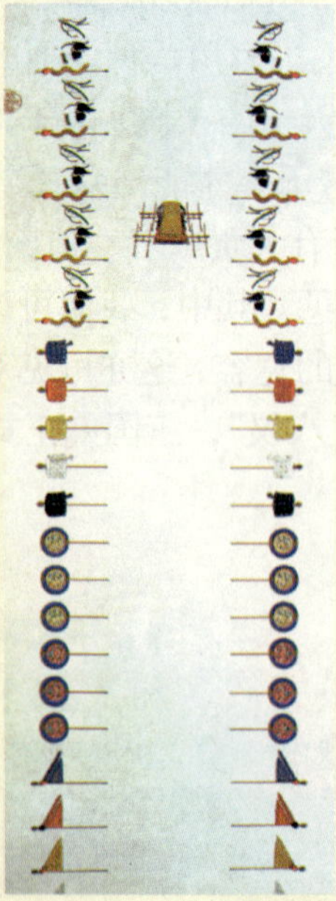

皇帝巡幸用的《骑驾卤簿图》局部

骑驾卤簿，是皇帝用于行幸所用。图为皇帝巡幸时用的卤簿，两旁从上到下侍卫刀、弓箭、豹尾枪为一组，共有十组；再下为各种华盖、执扇、伞和旗帜，中间为皇帝乘坐的轻步舆。

大驾卤簿图　元代

卤簿是封建社会帝王制度的重要组成部分，是专门为帝王祭祀、朝会、外出和行幸等重大活动服务的。早在汉代就有记载，蔡邕《独断》述，“天子出，车驾次第，谓之卤簿”。卤簿制度也是古代礼仪规范的一个重要体现，帝王登基都要设卤簿，来祭告天地、宗庙和社稷，而后在宫内即位。清初，卤簿仪制有所变动，仪物的品种、数量更加丰富，渐趋繁缛，有大驾卤簿、行驾仪仗、行幸仪仗之别，大驾卤簿用于朝祭，行驾仪仗用于行幸皇城内部，行幸仪仗用于巡行四方。图为元代帝王郊祀祭天的卤簿图。

器》曰：“不乐葆大，不善嘉事，牲不及肥大，荐不美多品。”祭祀的仪式规模不可求大，不可特别偏爱喜庆的礼仪。牲的规格并非越肥大越好，供品的种类也不是越多越好。如果士祭祀的时候使用卿大夫才可用的太牢，就等于盗窃，且被视为僭越的行为。相反，像齐景公的宰相晏平仲那样祭祀时只用一只小得盖不上碗的猪腿，着洗过多次的旧衣帽去上朝，便难以体现其诚与敬，也是不合于礼的。因此，凡行事要在内心有一个标准。那么这个标准是什么呢？“礼也者，物之致也。”（《礼记·礼器》）也就是说，儒家之礼是一切行为的准则，内心如果没有礼的标准，那么观察事物就不明了，做事不按照礼便为不敬，说话不符合礼便不可信。

那么礼为何可以成为行事的准则呢？这是因为，先王制礼的初衷就是用礼来节制人们的行为。使礼以忠信为根本，以文采为义理，“合于天时，设于地财，顺于鬼神，合于人心”“不可多也，不可寡也，唯其称也。”（《礼记·礼器》）从而达到使万物各明其理的目的。这样的礼，可去除邪恶，增加人的美质。用之于身，可以使其正直，用之于事，则无所不达。因此，古人说，如果行事以礼为准则，求其相称，则可称其为君子了。

如何做才为相称呢？“经礼三百，曲礼三千，其致一也。未有入室而不由户者。”（《礼记·礼器》）也就是说，虽然礼的纲要与细目极其繁多，可是最终都要归结到一个“诚”字上。这就像人要进屋子，不可不经过门一样。作为君子，行礼时一定是竭尽情感和诚心的，表达内心的敬意是出于诚，完成外在的美好纹饰也是出于诚。因此，所用礼仪应按照礼的规定严格执行，即“大者不可损，小者不可益，显者不可揜，微者不可大也”。该大的不得缩小，该小的亦不可扩大；礼仪上，明显的不必掩盖，微妙的不必张扬。只有这样，才是诚敬的体现。要做到这一点，首先要了解具体

祭祀祖先

祭如在[1]，祭神如神在。子曰："吾不与祭[2]，如不祭。"

《论语·八佾篇第三》

【注释】〔1〕如在：如祖先在那里。〔2〕与祭：参与祭祀。

【译文】祭祀祖先就如同祖先真在那里，祭神就如同神真在那里。孔子说："我如不亲自参加祭祀（让人代祭），那就和不祭祀是一样的。"

的礼仪形式及相关的礼仪。

《礼记·礼器》对礼仪与事物如何相适进行了具体的记述。礼仪有以多来代表尊贵的：天子有七所祖庙，而"诸侯五，大夫三，士一"；也有以少来体现尊贵的：圭璋是玉中最贵重的，因而可以单独进献，而琥璜则需要与爵相配，一同进献。有以大为尊贵者：宫室的规模，器皿的规格，棺椁的厚薄等的尊贵都体现大上；也有以小为尊贵者：祭祀祖庙，尊贵者用很小的爵来献尸，而地位卑微者则用很大的散。有以高为贵者：天子的堂阶高九尺，而"诸侯七尺，大夫五尺，士三尺"；也有以低为尊贵者：郊祀祭天燔柴是至敬之礼，但祭祀者并不登到坛上，只在坛下扫地而祭。有以纹饰为尊贵者：天子的冕，有朱、绿二色花纹，装饰的旒为十二条，而"诸侯九，上大夫七，下大夫五，士三"；也有以朴素为尊贵者：在父亲面前不必讲繁文缛节，上等的圭玉不加雕琢。这些规定，细致而烦琐，但是孔子却说："礼不可不省也。礼不同，不丰，不杀。"对于礼必须加以审查，行礼时，要因尊卑贵贱的等差而有所不同，该俭约的不能增添，该繁缛的亦不可减损。这样才可以既维持情理，又调和矛盾。

同样是表达诚与敬，为何所用之礼在奢俭上有如此多的不同呢？这就要考虑礼仪之所在了。

一方面，礼以显德，不同的礼，所彰明的德行不同。王者德行发扬于外，普施于万物，广治天下，使万物兴盛。因其广博，所以用礼定当以多为贵。而发于内心的德，其产生极其精微，普天之下没有什么可与其相比。正因其罕有，所以要用礼来表达，定当以少为贵。礼为显德，可因德的明显与含蓄而有不同的表达。由此可见，古代圣人，既尊重内心的诚敬，又喜爱外在的纹饰表现；既珍视少的真诚，又赞美多的展示。即《礼记·礼器》所云："内之为尊，外之为乐，少之为贵，多之为美。"

另一方面，从治礼的指导思想上，我们也可以找到答案。前面提到礼仪要适应时代，但同时，治礼者又认为君子对于礼不能只为表达情感的需要就随意创造，而是要对古代礼仪有所继承，要坚守古礼的要义。《礼记·礼器》曰："礼也者，反其所自生。""礼也者，反本修古，不忘其初者也。"

治礼要追溯其产生的本源。礼是要使人返回人的本心，追念远古，不忘祖先。同时也给后人提供了对祖先进行追溯、学习的依托。“万物本乎天，人本乎祖。”（《礼记·郊特牲》）郊祭天就是来报答天而追忆自己的始祖的，所以天子要披龙衮，戴垂有十二玉旒的冕冠来，用的旗子，下沿悬垂着起装饰作用的十二旒，旗上刺有龙纹、日月的图案，这些都是用来效法天的。其贵多、贵华彩纹饰，以此来彰显天道。而《礼记·郊特牲》中又有这样的记载：“酒醴之美，玄酒明水之尚，贵五味之本也。黼黻文绣之美，疏布之尚，反女功之始也。莞簟之安，而蒲越、槁鞂之尚，明之也。大羹不和，贵其质也。大圭不琢，美其质也。丹漆雕几之美，素车之乘，尊其朴也，贵其质而已矣。”醴酒甘美，但祭祀时却要把洁净的水放在上面，这是体现五味以本源为贵；黼黻的纹绣华美，祭祀时却以粗布为上，这是对原始女工的追思；世人用的细蒲席与竹席虽舒适，但祭祀时却要用古人祭祀时用的草垫子，这是彰明神人的不同。大羹不加调和味道的作料，这是以质朴为贵；大圭不加雕琢，所乘车辆不予以装饰，这体现了以朴素为尊，俭质为贵。以上这些用于祭祀的器物，皆不尚华美，不追求感官上的享受，而以素朴为尊贵，这是因为它们是用以交接神明祖先的，崇尚质朴，是对祖先的追念，是不忘本之思想的体现，亦可说是一种孝道。

了解了具体的礼仪，把握了相关的礼仪，之后行礼才不至于出现过奢过俭的情形。但还要遵循“时为大，顺次之，体次之，宜次之，称次之”的原则，即首先要适应时代，其次要顺乎伦常，再次要适合对象，再次要合于事宜，再次要合于身份。如在乡射礼等礼仪中，因为周人贵肩，所以要把牲礼中的肩献给宾，而主人则用臂，以明尊敬。夏代崇尚黑色，所以以黑为贵；商代崇尚白色，所以以白为贵；周代崇尚红色，所以以红为贵。黑白颠倒定为失礼。这是礼适应时代的体现。《春秋·谷梁传注疏》中载，“诸侯不立两观，周衰，诸侯僭而置之，是臣无有事君之礼也。天子之舞始设朱干，

汉代车马仪仗队

图中绘官吏、兵卒、骑士数人，马匹、车辆若干，队伍整齐，场面宏大，是汉代官吏车马出行的缩影。车马出行，是汉代官吏等级身份的象征，也是礼仪制度的重要体现。汉代最高等级车辆为帝王所乘“辂车”和“金银车”，高级官吏乘轩车，一般官吏乘轺车（有伞盖，四面敞露的车）。

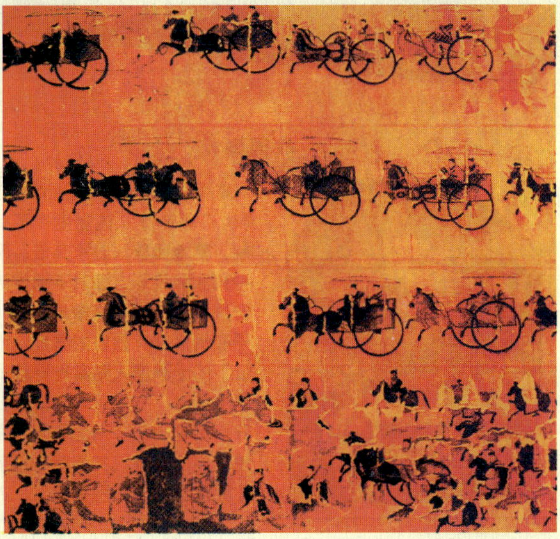

诸侯今亦用之，是君之权丧失也。”以臣陵君是僭上，国君失权是逼下，僭上逼下的情况到了极点，则“王道尽矣。”这里表达的是礼仪失去君臣尊卑之义，就违背了伦理纲常，破坏了礼。《周礼·春官》曰：“祀昊天上帝，则服大裘而冕，祀五帝亦如之；享先王则衮冕；享先公飨射，则鷩冕；祀四望山川，则毳冕；祭社稷五祀，则絺冕；祭群小祀，则玄冕。”这是说，祭祀对象不同，所着衣冠亦不同。《孝经注疏·丧亲》曰：“孝子之丧亲也，哭不偯，礼无容，言不文，服美不安，闻乐不乐，食旨不甘：此哀戚之情也。”失去亲人，悲痛至极，因此完全放弃了平日所要遵守的仪容、行止等方面的礼法，而应放声痛哭，以头触地，不再文绉绉地讲话，穿华美的服装便会感到不安，而改服缞麻。听到音乐也不会表现出快乐，美味在口也不觉得香甜，而只可蔬食水饮。这样做，才是真正体现了孝道。可见，行事必与事宜相称才合于礼。古代还规定：一命之士用赤黄色的韨，黑色的玉衡。二命的大夫用赤色的韨，黑色的玉衡；三命的卿用赤色的韨，赤色的玉衡。这是以不同身份者所配敝屣相异来体现等差尊卑的礼仪。唯有如此才合于礼。

通过以上的阐述，可以明晓，古人凡行事都要心怀真诚，以礼为准则，不得奢，亦不得过俭。繁缛与俭约皆要与事物相称。这样才不会失礼。《二程集》曰：“奢自文生，文过则为奢，不足则为俭。”礼仪活动需要一定的纹饰，以表达诚敬之情，烘托气氛，彰显美德，从而增强感染教化的作用。但这种纹饰在于得当，如果其过于铺排，过于夸张，不但不能达到教化的作用，还会因其奢侈而产生负面影响；而过于简省，过于吝啬，又会令礼仪有失体面，其诚与敬的要义亦难以显现。所以，凡行礼当奢俭适度才好。

战国漆棺

商周时，建立了以礼为核心的身份丧葬制度。该制度在墓室形制、墓地面积、封冢高低、冢前种树和葬具等方面对不同等级身份进行规定并不许僭越。当时天子和贵胄都有独自的墓地，地位低下的士和庶人则实行野葬。春秋战国时，礼崩乐坏，诸侯公卿开始僭越周礼。图为楚国大夫邵牤墓中的漆棺，其墓葬采用了王才能使用的三棺两椁。

敬而无失

《孝经·广要道》也说，“礼者，敬而已矣”。故天子“敬其父则子悦，敬其兄则弟悦，敬其君则臣悦，敬一人而千万人悦：所敬者寡而悦者众。此之谓要道也”。可见，古人治礼以敬为要义，并在礼仪运用过程中使之得以体现。国君祭祀时要行再拜礼，俯首至地，要脱掉左臂衣袖来宰割牲体，以表示对神灵极端的尊敬、彻底的服从。君臣共进饮食，君若以爵赐臣，臣要离开席位，对君行再拜礼。儿子如与父母不在同一宅院居住，就要在天微明之时动身向父母请安，把美味甘甜的食物孝敬给父母。诸侯相见，三请三让后才得入府。凡此种种，皆体现出恭敬之情，可以说，古礼中，无论是对天地的祭祀、先祖的追念，还是对父子之间的道德、君臣之间的大义的表现，皆以敬为要义。即如《礼记·经解》所云"恭俭庄敬，《礼》教也"。

如履薄冰

"如履薄冰""如临深渊"都是形容人们举事小心谨慎样子的词汇。图中木板屏风画出土于山西司马金龙墓，人物弯腰屈膝，双手缩于袖中，眼睛紧闭不敢睁望，生动刻画出了人物如履薄冰的紧张心情。

然而，从古代礼仪中，我们又可看出，想成为君子，行礼时，只有谦恭之态、虔敬之心是不够的，同时还要谨慎、得当，才可避免过失。

这首先体现在度的把握上。为表诚敬，行礼时便有可能在言语、行动等方面有过度之嫌。如果能注意身份、场合、事件等因素的不同，既不过于谦恭，亦不过于张扬，进退有度，便不会失礼。《仪礼》中记载，士与士相见，主人可以接受客人的礼物——挚。而且接受者事后须到对方家中回拜，并送还挚。如果是臣子拜访国君，国君可以接受臣下的挚，且不必答见和送还。如果士拜见大夫，致送礼物，大夫则要推辞两次，而最终不得接受。这样做符合尊卑有等的礼仪。因为士与士地位平等，接受礼物并回访，是礼尚往来的传统美德之体现；而国君是百姓之主，天下父母，得到臣子的孝敬是天经地义之事，所以，接受礼物而不答见、不回访被看做是理所当然；而大夫如果收下挚，不答还，则有僭越国君的嫌疑；而收下后答还，又有降低身份的嫌疑。士拜访大夫，到达大夫家时，大夫不到门外迎接，只是在他们进门后以一拜之礼感谢他的来访；宾客离开时，大夫行再拜之礼送别，但不送到大门口。这同样是为了避免产生降低身份而逼下的嫌疑。与父亲说话，不要为表尊崇就使目光高于其面部，那样会显得傲慢；也不要为表谦恭，而使目光低于其腰带，那样会显得忧愁；给亲人服丧，"哀毁过情，灭性而死"，就会被看做是有亏孝道。鲁国大夫季桓子，在举行庙祭时，极度虔敬。天未亮就开始，忙了一天还未完事，又点

锁谏图（局部） 阎立本 唐代

此图描绘了十六国汉的廷尉陈元达向皇帝刘聪冒死进谏的情景。刘聪是个荒淫奢侈而且残暴的匈奴君主，他要为其宠妃建华丽的凤仪殿，陈元达为此事将自己锁在大树上冒死进谏，表达他对国家、对君主的一片忠心。

起蜡烛继续干，导致那些身体强壮、虔诚恭敬的人都疲惫不堪了，管事的人都拖着腿歪歪斜斜地执掌祭事。所以孔子认为是大不敬。因此说，凡事应适度，否则可能会出现过犹不及、事与愿违的结果。

其次，顺从要适当。古礼求诚敬，而诚敬的最终目的，对统治者来说，是使臣民顺从，使天下和谐、和顺，以求长治久安。天子顺从神灵先祖，臣子顺从天子、子女顺从父母，女子“未嫁从父，既嫁从夫，夫死从子”（《礼记·丧服·子夏传》），等等礼规，无不表一顺字。“礼之用，和为贵”所体现的也是这种思想。

但是，顺却也要有个度的问题，并不是所有一切皆要顺从。唯唯诺诺，卑躬屈膝并不是好的表现，孔子所言“可与言而不与之言，失人”，《论语·卫灵公》讲的就是这个道理。对于朋友，该直言相劝的时候，却因担心其生气而沉默寡言，或顺从恭维，这是失诚之举，最终会导致真心朋友的离开。同样，对于父母长辈，对于国家君王，如果他们有过错，一定要予以劝谏，以使其认识并改正错误，从而避免其陷于不义。《礼记·檀弓》曰：“事亲有隐而无犯”“事君有犯而无隐”。子女服侍父母，如果父母有过失，应该委婉、真诚地劝谏，不可声色俱厉地犯颜指责；侍奉国君，如果国君有过失，就应该犯颜直谏，而不应该替他掩饰。从臣子的角度来说，唐代魏征可以说是唐太宗李世民的“正衣冠”之“铜镜”了，他以忠敬之心为国，直言劝谏堪称典范，被人们千古传颂。战国时期楚国的三闾大夫屈原，主张授贤任能，彰明法度，改良内政，联齐抗秦，即使在小人的陷害下，遭到楚怀王的疏远、罢黜甚至流放时，仍然坚持进谏，不改初衷。屈原对楚怀王非不恭敬，而是屈原明晓，作为一国之君，对国家的治理以及外交上的失策，将给国家带来灭顶之灾。作为臣子，如果不竭忠尽力地劝谏，而一味地顺从国君的错误行为，则上有负先祖，下有负天下百姓，中间对不起国君，是对国家失忠之举，那才是大不敬。《礼记·内则》又曰：“父母有过，下气怡色，柔声以谏。谏若不入，起敬起孝。说则复谏，不说，与其得罪于乡党州闾，宁孰谏。父母怒，不说，而挞之流血，不敢疾怨，起敬起孝。”《弟子规·入则孝》亦云：“亲有过，谏使更，怡吾色，柔吾声。谏不入，悦复谏。号泣随，挞无怨。”两段话阐述了大致相同的思想：父母有过错，要和颜悦色、轻声细语地想尽办法去劝说，以使其改正；如果父母不听规劝，要更加恭敬、孝顺，耐心等待，一旦时机适当，例如父母高兴的时候，就再行劝导；如果父母仍然不接受，那么与其让他们得罪乡党州闾，再继续劝谏。这时，做子女就可以号啕痛哭，跟随父母，恳求其改过，纵使他们是怒气冲天，甚至责打自己以至流血，也无怨无悔，而且要更加孝顺、恭敬。显然，这样做是为避免父母陷于不义，且一错再错，而最终铸成大错。这样做才是真正的行孝。如果做子女的只一味地顺从、恭敬，即使对父母错误的言行也不敢有些许微词，那么从礼上讲，就是敬而有失，是有失孝道之举。可见，古人提倡敬顺，更崇尚正义道德。违背后者，就无法谈及前者了。当两者冲突时，只得以后者为重。而这样做，又能反过来更好地维护前者。春秋时期的一个叫孙元觉的小孩儿就给人们做出了敬而无失的表率。他十分孝顺长辈，可他的父亲对祖父极其不孝。有一天，父亲竟然要把病弱的祖父扔到深山里去。孙元觉哭着跪倒在父亲面前，恳求他不要这样做。可是父亲却哄骗他：“爷爷年老了，年老不死会变成妖怪的。”来到了山里，父亲把爷爷放下就要离开。孙元觉一声不吭地背起装爷爷的竹筐，父亲不明白他的意思，孙元觉说：“等到你老了，就能用上它了。”父亲一听，大吃一惊，最终改变了主意，又把爷爷接回了家。孙元觉没有顺从父亲，但却使祖父免去了余生的悲惨，使父

奇丑无双钟离春

“貌似无盐”是人们常用来形容丑女的一句话。这“无盐”指的便是战国时齐国无盐县丑女钟离春。史书上载，她“四十未嫁”“极丑无双”“凹头深目，长肚大节，昂鼻结喉，肥顶少发”，离春虽貌丑，却足智多谋，终于以独到的治国方略赢得了齐宣王的爱情。对于容貌，孔子有“形状，末也”的文字，荀子亦有“故形相虽恶而心术善，无害为君子”的文字，可一窥传统儒家的审美观念。该画像石中以吐露牙齿表现了钟离春的丑陋。

为父母隐

事亲有隐而无犯[1]，左右就养无方[2]，服勤至死，致丧三年。

《礼记·檀弓上第三》

【注释】〔1〕事：侍奉。隐：隐讳。犯：犯颜。〔2〕方：犹常、固。

【译文】侍奉父母，父母有过失要为父母隐讳，不可对父母犯颜直谏。或在左，或在右，服侍父母没有固定的位置。勤忌服侍父母到死，极尽哀伤服丧三年。

亲免去了弃父荒野而遭世人唾骂的不义之举，这虽是不顺，却是大孝大敬。

另外，孙元觉能使父亲改变主意，在于他对长辈的孝顺，又在于他的聪明机智。因此，在行事之时，敬与顺是主旨，灵活变通亦不失为实现主旨的好的方式。《礼记·内则》中记载，儿媳得到亲友及他人的馈赠后，要把馈赠之物呈献给公婆。如果公婆又把它赐还给儿媳，儿媳就要推辞谦让，如果实在无法推却，就要像再次接受赏赐一样，把它收藏起来，以备资财缺乏时拿出急用。把别人的馈赠进献给公婆，是对老人的孝敬。而公婆不收，便不勉强，留待以后适当的机会再行孝心，这更加体现了孝敬之情。暂时顺从，但不等于完全顺从。视具体情况灵活处事，才可避免触逆嫌疑。

古人又云："君子敬而无失，与人恭而有礼。"（《论语·颜渊》）待人谦恭有礼，而且虔敬、谨慎才不会有过失，这样才可称之为君子。

容仪有整

RONGYIYOUZHENG

"礼义之始，在于正容体、齐颜色、顺辞令"，仪容、仪态、言谈举止的整洁、端庄、从容、恭敬、谨慎、合宜也是古礼的重要特点。古人认为，一个人的外在修养，是一切礼的开始，也是一个人内在修养的外化。自身修养好了，才可以立足于社会，才可成就大的事业。

孔子说："不学礼，无以立。"一个人缺少礼的修养，便无可立足之处，更不用提在社会上有所成就了。正所谓"凡人之所以为人者，礼仪也"。而学礼，应从何处着手呢？"礼仪之始，在于正容体、齐颜色、顺辞令。容体正、颜色齐、辞令顺而后礼仪备，以正君臣、亲父子、和长幼，君臣正、父子亲、长幼和而后礼仪立。"(《礼记·冠义》)学礼，首先要对自身的仪容、仪态、言谈举止做严格的要求。只有仪容端正，表情庄肃，说话和顺，君臣的名分才得以确立、父子才会更相亲相爱、长辈晚辈亦能和睦相处。惟其如此，礼仪才获得成立。获得礼仪，自身得到修养，然后才可以立足，才可以齐家、治国、平天下。因此，古人重冠礼，在冠礼中，要三次加冠，每次都端正其容仪，并换上与冠相配套的服饰。目的就是通过这样的仪式，使冠者"容体正、颜色齐、辞令顺"，从而重视其自身角色的变化，慎记成人的社会责任，慎养成人之德，并能令其与日俱增。另外，

醉儒图　清代

古文化词句中，人们常用"狂态""傲态""俗态""醉态""丑态"等词语来描述人物形神中某一心理变化，而这些在儒家的封建礼教中多被认为是不雅之态。图为袒胸醉卧的儒生形象，魏晋时期，礼教约束渐趋松弛，在士人诗化的生存中，到处充满着这种醉态的玄意和激情。

古人把容仪言行是否符合礼仪作为考察一个人修养好坏、能否拥有某些社会权力的一个条件。《汉书·儒林传》云：“鲁徐生善为容，以容为礼，官大夫。”在射礼中，亦有类似的规定。射礼严格规定射者前进、后退、转身等仪态动作，只有仪态合于礼仪，发射的快慢合于音乐的节拍，射中的次数又多的人，才有参加祭祀的资格。可见，仪容、仪态、言语辞令的表现对一个人的重要性。

清代帝后服装

在等级制度严明的封建社会，每个等级之间有着严格的界限。服装即是等级差异的体现之一。不同等级的官吏，服装颜色和花纹不同；帝后的服装有专门的花纹和颜色，黄色是皇帝专用的颜色，官吏和民间都不得使用。图为清代帝后的常服和朝服。

首先，它是一个人自身修养的体现。修养品性藏于内心，然而衣冠端正、表情庄肃、进退有度、言语得体却是其外在的体现，是德辉之外化。即所谓“行为心表，言为心声”。因此古人认为观察一个人的外在表现便可推知其品性德行之大体。诗曰：“温温恭人，惟德之基。”何胤云：“在貌为恭，在心为敬。”（《礼记·曲礼上》疏）就是说，举止端庄、温文尔雅、待人谦恭有礼，是一个人良好品性之基本表现。《礼记正义·表记》开篇便引用郑玄的话说：“以其记君子之德，见于仪表者也。”《礼记·表记》中孔子亦云：“君子不失足于人，不失色于人，不失口于人。是故君子貌足畏也，色足惮也，言足信也。”德行高尚的君子，与人交往，其一举一动、一颦一笑、一言一语没有不恰到好处而合于礼的。因此，望其仪表可生敬畏，观其神情可生惧怕，闻其言语可生信任。

所以，古人便常常以仪表、仪态、言谈来判定人之修养。《慎言集训》曰：“轻言轻动之人不可与深计。”“德弥盛者，文弥缛，德弥彰者，文弥明。”（《论杨·书解》）人的道德水平越高，其文采仪表、服饰装扮就越是焕然严整。《礼记·射义》曰：“故射者，进退周还必中礼，内志正，外体直，然后持弓矢审固。持弓矢审固，然后可以言中。此可以观德行矣。”就是说，在射箭的过程中，可以观察到人的道德品性。射者在参加射礼之前必须认真学习礼乐，使自己的一招一式都符合礼仪的规定，并能够与音乐的节拍相合。在射箭时，只有修养到位、思想纯正的人，才能身体挺直，目光专注于箭靶，射中率才会高。正所谓，唯有“诚于中”，方可“行于外”也。相反，鲁国有人在早上刚行过大祥祭（守丧二十五个月，除丧服，叫大祥），脱掉丧服，到了晚上就唱起歌来，于是引来别人的嘲笑，引来孔子的叹惋。这同样可看出一个人的修养。仪表仪态的修饰不但体现其修养的好坏，又能提高其自身的道德水准。古人为年满二十岁的人行冠礼，就是以衣冠来约束其言行，时刻提醒其成人的社会角色，令其铭记该承担的社会责任，从而能够“检其邪心，守其正意也”。因此说：“故君子成人，必冠带以行事，弃幼少嬉戏惰慢之心，而衎衎于进德修业之志。”（刘向《说苑·修文》）

皇帝使用的袜子　清代

古代帝王所用之物，无不代表尊贵和权力。图为清代皇帝使用的袜子，采用金黄色的绸布制作，上面绣有龙纹，做工细致，十分精美。

其次，容仪亦是自尊、尊人的表现。作为心理健康的社会个体，必然有自我尊重、自我爱护的心理，同时亦必然希望得到他人、集体、社会的尊重。与人交往时，衣着整洁、得体，语言温婉得当，举止有度，就是自尊心理的外在表现，诚然也是对他人的一种尊重。《弟子规》曰：“饮酒醉，最为丑。”宴饮之时，各种身份年龄之人皆有，而自己却贪欢嗜饮，酩酊大醉，丑态百出，还谈何自尊呢。相反，《弟子规》又云：“或饮食，或坐走，长者先，幼者后；长呼人，即代叫，人不在，己即到；称尊长，勿呼名，对尊长，勿见能；路遇长，疾趋揖，长无言，退恭立……”这是对一个人言行仪表最起码的要求。以这样恭谨有礼的姿态示人，又怎会不赢得他人的尊重呢。孔子云，君子“恭以远耻”，说的就是这个道理。

在《礼记·曲礼》中也有许多自尊且尊人的规定。例如，到他处做客，将入主人堂屋之前，提高说话的声音，而不是冒冒失失就跑进去。这是为了引起屋内人的注意，让其知道有人来，以便有所准备。如果发现门外有两双鞋子，听到里面谈话声，就可以进去；听不到，就不能进。将进门时，眼睛一定要往下看。这些皆为避免睹他人私情，而引起主客双方的尴尬。换句话说，就是尊人与自尊。

生活中如此，对于官场亦然。《礼记·表记》曰：“上不渎于民，下不亵于上。”处于高位之人对百姓有威仪尊严，于低位者亦必不敢对其有所亵慢。而相反，处高位者，如果轻狎侮慢，失去庄重之态、恭敬之心，那么即使以“死”来威胁百姓，百姓亦不会畏惧。可见，自我不注重容仪言语辞令的修养，是对他人的不尊，同时也得不到他人的尊重。

更重要的是，一个人的容仪言语辞令又会给社会带来一定的影响，尤其是居高位者。容仪端正，行事合于礼者，不但得人敬畏、称道，其言行

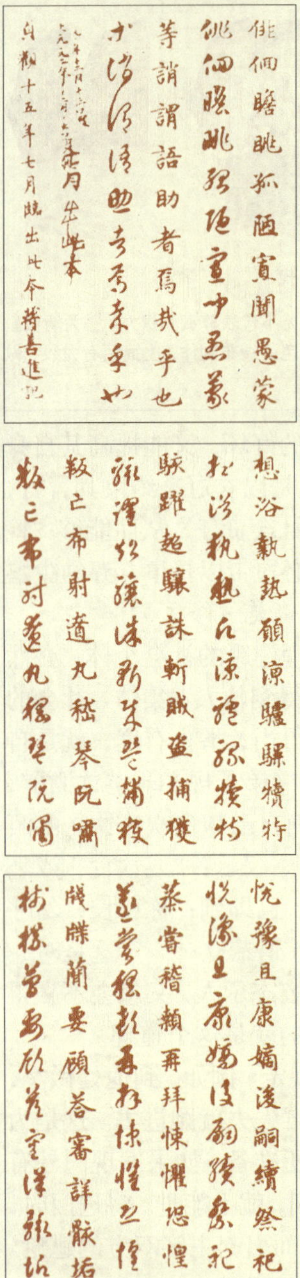

千字文习字簿局部

南朝梁武帝萧衍在位时，为教诸王书法，令散骑侍郎周兴嗣从王羲之作品中拓出一千个不同的字，编成有内容的韵文，即《千字文》。周兴嗣一夜编完，累得须发皆白。对此，《梁史》这样记载，“上以王羲之书千字，使兴嗣韵为文”。《千字文》中部分文字讲述了修身立世的标准，以及言谈举止、交友、保真等修身功夫，是古代童蒙必习之书。图为唐朝流行的临摹智永的习字本。

又常为人所效法，为官者或可得到“其身正，不令而行”（《论语》）的效果。三国的徐干在《中论·德象》中说：“夫容貌者，人之符表也。符表正，故情性治；情性治，故仁义存；仁义存，故盛德著；盛德著，故可以为法象，斯之谓君子矣。”君子是个人修身的目标、准则，而欲达君子之境界，除学习外,端正容貌、敬慎威仪亦极其重要。因为心正所以仪正，正仪所以正心。由表及里地严格要求自己，而后才可令盛德昭著，为他人所效法，最终成为君子。《孝经·圣治》曰：“容止可观，进退可度。以临其民，是以其民畏而爱之，则而象之。故能成其德教，而行其政令。”位为天子，威仪合规中矩，言谈举止不越礼法，而后治理天下，安抚百姓，则治下之人必畏其威仪，爱其仁德，并效法之。“上正身以率下，下顺上而法之”，那么，德政教化、政令施行还会有什么阻碍呢？ 可见，无声的影响，往往胜过千军万马的威力。

下面就古礼中对仪表、仪态、言谈辞令等方面的要求，做一归纳。

仪 表

仪表是人的静态外观，它包括人在服饰、容貌等方面的表现。符合礼的仪表，应该是严整洁净、端庄恭敬而得体规范。

严整、洁净 主要就衣冠鞋袜而言。这是最起码的为人礼仪。在古礼中这方面的要求多而细致。《弟子规》曰：“冠必正，纽必结，袜与履，俱紧切。置冠服，有定位，勿乱顿，致污秽。”帽子要戴端正，衣服扣子要扣好，袜子要穿平整，鞋带应系紧，一切穿着以严整、端庄为宜。回家后，衣、帽、鞋袜都要放置定位，保持整洁，避免脏乱。即使是独居，亦不可脱巾裸体，坐立偏跛。其燕居及盛暑之时，尤宜矜持，不得袒衣露体。男子行事必着冠，否则为失礼。清代陈弘谋所辑《养正遗规·朱子童蒙须知》曰：“大抵为人，先要身体端整，自冠巾、衣服、鞋袜，皆须收拾爱护，常令洁净整齐。我先人常训子弟云，男子有三紧，谓头紧、腰紧、脚紧。头，谓头巾，未冠者，总髻。腰，谓以绦或带束腰。脚，谓鞋袜。此三者要紧束，不可宽慢，宽慢，则身体放肆，不端严，为人所轻贱矣。

“凡着衣服，必先提整衿领，结两衽，纽带，不可令有阙落。饮食，照管，勿令污坏，行路，看顾，勿令泥渍。

“凡脱衣服，必齐整折叠箱箧中，勿散乱顿放，则不为尘埃杂秽所污，仍易于寻取，不致散失。着衣既久，则不免垢腻，须要勤勤洗浣……

“凡盥面，必以巾帨遮护衣领，卷束两袖，勿令有所湿。

“凡就劳役，必去上笼衣服，只着短便，爱护，勿使损污。

“凡日中所着衣服，夜卧必更，则不藏蚤虱，不即敝坏。苟能如此，则不但威仪可法，又可不费衣服。”

毋庸赘言，以上几段话，对服饰的穿着、放置、爱护的要求，可谓面面俱到，细致入微，严整与洁净是其要义。

端庄恭敬 这既体现在服饰穿着之上，亦体现在神情神态之中。以这样的仪容与人交往，可观，可尊，而且无声地传达着对他人的尊重。如臣子要去朝见国君，必须前一天就斋戒沐浴。朝服穿戴必整齐端庄，而后还要练习仪容神态举止，使佩玉之声与行步举止的节拍相合，达到恭敬严肃、端庄整齐的效果。

《刘向·说苑》云：“书曰五事：一曰貌。貌者男子之所以恭敬，妇人之所以姣好也。”

《礼记·曲礼》曰：“坐必安，执尔颜”“正尔容，听必恭”。与先生谈话，一定要坐姿安稳，仪容端正，保持恭敬专注的倾听姿态。这样既可更好地获得学问，又表达了对先生的尊重。《仪礼·士相见礼》曰：“凡执币者，不趋，容弥蹙。”蹙，恭敬，

西厢记·窥简

仪态是指人在行为中表现出来的姿势和风度、站姿、坐姿、步态等等。“站如松，坐如钟，行如风，卧如弓”，是古代传统礼仪的要求，在当今社会仍具有丰富的内涵和意义。图为西厢记中崔莺莺在屏风背后偷看张生来信的场面，画面安排有趣，通过崔莺莺偷看信，红娘偷看崔，观画者通过镜子“偷看”崔，三个“偷”字暗示了画面的“藏”与“露”，使人物的紧张心理，容貌刻画恰到好处。

朝妆缓步图　王树谷　清代

图中绘一仕女身裹披风，一手支颐，一手执扇，婷婷娜娜，缓步而行，回头观望，似被什么所吸引。画幅中上面题字，背景不置一物，通过人物装束和动态，体现出早晨清露未退、凉风微动之感。此画为工笔淡彩，线条简劲流畅，接近于宋代马和之的兰叶描。

局促不安。也就是说，越是走近国君，越要表现出恭敬之态。孔子曰：“正其衣冠，尊其瞻视，严然人望而畏之，不亦威而不猛乎？”可见，容仪端庄也是古代男子应当具备的。衣冠端正，仪容可观，才可敬畏。《礼记·祭义》曰：“外貌斯须不庄不敬则而慢易之心入之矣。”仪容端庄、恭敬，又可令庄重之心得以维持、加强。

荀子曾经对男子的容貌表情作过细致的描述，他说：“俨然、壮然、祺然、蕼（通“肆”，宽舒）然、恢恢然、广广然，昭昭然、荡荡然，是父兄之容也；俭然、熔然、辅然、端然、訾（紫，毁谤）然、洞然、缀缀然、瞀瞀（冒，垂目下视）然，是弟子之容也”。（《荀子·非十二子》）还指出了君子所不应有的丑容：傲慢、淡漠、惊慌、沮丧、呆滞、凶恶、迷乱和轻薄。总的来说，他所推崇的容貌表情是端庄安详、恭敬谦和的。

另外，古代对女子仪容仪态的要求更是严格。这在“三从四德”之“妇容”上得以充分体现。郑玄注：“妇容谓婉娩。”婉娩，仪容柔顺 。班昭认为：“盥浣尘秽，服饰鲜洁，沐浴以时，身不垢辱，是谓妇容。”这主要强调的是女子的清洁。清代贺瑞磷《女儿经》则说：“修女容，要正经”“持体端庄有重”。蓝鼎元《女学》更是繁苛杂琐：“妇

我爱其礼

子贡欲去告朔之饩羊[1]。子曰：“赐也！尔爱[2]其羊，我爱其礼。”

《论语·八佾篇第三》

【注释】〔1〕告朔之饩（xī）羊：告朔，周代制度，天子每年秋冬时把第二年的历书颁发给诸侯，告知每个月的初一日。诸侯每月初一要到祖庙杀一只活羊祭祀，然后回朝听政。饩羊，祭祀用的活羊。〔2〕爱：爱惜。

【译文】子贡想把每月初一祭祀祖庙用的那只活羊省去不用。孔子说：“子贡呵，你爱惜的是那只羊，我却爱惜那种礼。”

勘书图　局部　王齐翰　五代

此图描绘了文士勘书之暇挑耳自娱的情景。画中文士白衣长髯，袒胸赤足，一手扶椅，一手挑耳，微闭左目，复翘脚趾，状甚惬意。此图虽题名“勘书”，并没有把人物定格在伏案校书状，而挑取了闲暇挑耳这一瞬间，构思极为新颖。魏晋以来，文人受玄学思想影响，追求心境和行为返归自然，崇尚放纵和旷达。图中这位勘书人的形神，正是魏晋风度追求胸中萧然无物的写照。

容，贵端庄敬一，婉娩因时，则有若事亲之容，敬夫之容，起居、妊子、居表、避乱之容。”要求妇女在不同情况下和不同环境中要有不同的仪容。综述而言，妇女端庄、柔顺、恭敬为儒家所倡导之仪容。

得体规范　这主要表现在衣着、情态要适合身份、地位、场合，符合礼的规定。

《弟子规》对合于礼的穿着打扮做了概说，极其精当：“衣贵洁，不贵华；上循分，下称家。”《程董二先生学则》亦规定：“勿为诡异华靡，致垢弊简陋。”

首先，所着服饰，洁净、素朴、雅致为宜，不可盲目追求华美，亦不可另类。《图训千字文》有相关论说：“心怀深厚，面露平和，裙衫洁净，何必绸绫。”深厚的美德，端庄平和的神情，洁净的衣着胜过华美的修饰。但这并不表明服饰越俭素越好。《礼记·玉藻》中就说：“非列采不入公门。”上衣与下裳颜色相同是不可以去见国君的。古代有一种加在裘外面的无袖衣——裼，是给裘做文饰的，目的就是表现华美。因为“君子于事，以见美为敬”。“裼衣上虽加他服，犹开露裼衣，见裼衣之美以为敬也。”（《礼记正义·玉藻》）相反，着洗得褪色的衣冠上朝，则被视为不敬之举。《礼记·曲礼》便规定“祭服敝则焚之”。这同样表明俭至陋则不敬。这是度的问题，适中得体、合于礼为上。

另外，服饰尚规范，戒诡异。刘向在《说苑·修文》中说：“衣必荷规而承矩，负绳而准下。故君子衣服中而容貌得，接其服而象其德，故望玉貌而行能，有所定矣。”《礼记·玉藻》又云：“衣正色，裳间色。”上衣应以青、黄、赤、白、黑五色为宜，下裳以绿、红、碧、紫、缕黄为当。同时，国家还发布禁令，不得着奇装异服。甚至设官吏于关卡稽查，如有违者，将被怀疑为奸伪或为非作歹之人。

更重要的是，衣着服饰的穿用，还要根据性别、身份、所处的场合等情况而有所不同。

以性别定服饰，不得有所差池。孩子刚开始学说话时，要给男孩佩戴皮制小囊，女孩则佩戴丝织的囊。“男女不通衣裳”（《礼记·内则》）这些

人物画　任颐　清代

中国自古注重礼仪，人们对自己的仪容装饰十分重视。穿着整齐，举止得体，谈吐有涵养，都是古代男女仪容修养的必修课。图为任颐所绘古代士大夫形象，画面简单，除人物外没有其他背景，更好地突出了人物的神情和仪容仪态。

李清照像

古代对女子的行为规范十分严格，日常行走、坐卧、饮食、仪表等方面都有相应的规定，如“行莫回头，语莫掀唇，坐莫动膝，立莫摇裙，喜莫大笑，怒莫高声”。图为清人描绘的李清照像，为了塑造出李清照坚毅的品格和卓尔不群的才华，故将她描绘成侧坐于假山石之上。

体现了男尊女卑，男主外、女主内等思想。

以身份定服饰。《孝经·卿大夫》曰：“非先王之法服不敢服。”其疏云，卿大夫“立朝则接对宾客，出聘则将命他邦。服饰、言、行，须遵礼典”。可见，官员的服饰及言行，如同一个国家的门面，是国家形象的代表，因而必须规范得体。为此先王制定了五种服饰制度，各有尊卑等差之别。这五种服制为天子、诸侯、卿、大夫、士等。各级职官着服一定要与自己的官职相符，不得僭上逼下。《礼记·玉藻》又说：“士不衣织，无君者不贰采。”士不可用先染过色而后织制的衣料做衣服。已离位的士大夫宜服同色衣裳，即玄端玄裳。《礼记·曲礼》又规定：“大夫士去国逾竟，为坛位乡国而哭。素衣、素裳、素冠，彻缘、鞮屦、素幂，乘髦马，不蚤鬋，不祭食”，三个月后才可恢复正常。其注云：“臣无君，犹无天也。”因此，应以丧礼自处。《礼记·曲礼》还规定：“为人子者，父母存，冠衣不纯素，孤子当室，冠衣不纯采。”为人之子，父母尚在，则衣帽的镶边不得用白色；失去父亲，衣帽镶边不得用浓艳之色。“父母有疾，冠者不栉”“疾止复故。”（《礼记·曲礼》）“袒，括发，变也；愠，哀之变也。”（《礼记·王制》）亲人去世，孝子在形貌情态上就要有所变化：解开上衣露出左臂，去笄，改用麻束发；忧郁愠恚之情溢于言表。“童子之节也，缁布衣，锦缘，锦绅并纽，锦束发，皆朱锦也。童子不裘不帛，不屦絇，无缌服，听事不麻。”

(《礼记·玉藻》)童子的礼节：穿缁布深衣，用锦滚边，绅及大带围腰交结处也用锦滚边，束法用锦带。以上皆为朱色的锦。童子不穿裘衣，不穿丝帛，鞋头没有絇。如果有缌亲之丧，不用穿丧服，到有丧事的人家帮忙，也不必着麻。为官、去职、为人子，所着衣饰皆有区分，即使小孩子亦不例外。

士大夫在私朝及其家，则“朝玄端，夕深衣”。(《礼记·玉藻》)“诸侯玄端以祭，裨冕以朝，皮弁以听朔于大庙，朝服以日视朝于内朝。”“若使人于君所，则必朝服而命之。”(《礼记·曲礼》)“振絺绤不入公门，表裘不入公门，袭裘不入公门。”(《礼记·玉藻》)外面着絺、绤等夏服，因其薄且袒露而不可去见国君；外面着裘衣不可去见国君；用礼服遮住了裘衣外面的裼衣，也不能去见国君。《礼记·曲礼》又规定：“龟筴、几杖、席盖、重素、袗絺绤，不入公门。苞屦、扱衽、厌冠，不入公门。书方、衰、凶器，不以告，不入公门。”龟筴，用以卜问吉凶；几杖，年长者用之；席盖，用于丧车；重素，丧服；袗絺绤，夏服；苞屦、扱衽、厌冠皆为凶服；书方、衰、凶器也都与丧事有关。所以这些东西都令人忌讳，所以不得入公宫之门。

除穿着外，神情神态也需要得体。也就是说，要与身份、所处境况相合。这方面，《礼记》做了具体入微且有些苛刻的规定。

《礼记·曲礼》曰：“天子穆穆，诸侯皇皇，大夫济济，士跄跄，庶人僬僬。”此所言天子至庶人行容之貌：天子威仪多貌，诸侯端庄显赫，大夫徐行有节，整齐严肃，士容仪舒扬，洒脱飘逸，庶人卑贱，行路时不论容仪。《礼记·玉藻》记载了君子的礼容：“君子之容舒迟，见所尊者齐遬，足容重，手容恭，目容端，口容止，声容静，头容直，气容肃，立容德，色容庄，坐如尸。燕居告温温。”君子神态应闲雅从容，但在自己尊重的人面前要显得谦卑恭敬。站立时俨然有德的气象，面容庄重矜持，坐

树下人物图　唐代

唐代时，南北统一，疆域辽阔，经济发达，中外交流频繁，服装服饰上也达到空前繁盛。随着社会风气的开放，礼制约束的影响较之之后的宋代有所放松。妇女着男装便是其中的一种体现。图为唐代女子形象，人物刻画圆润丰腴，显现了盛唐“以肥为美”的审美风尚。右边女子戴帽笠，遮蔽容貌，出行时可防止路人窥视，是唐代封建礼数的体现。

的时候像尸一样端正敬慎。闲居时，如果教育人或支使人，态度要温和。《玉藻》又记载了祭祀、丧纪、军旅之容："凡祭，容貌颜色如见所祭者。丧容累累，色容颠颠，视容瞿瞿梅梅，言容茧茧。戎容暨暨，言容诰诰，色容厉肃，视容清明，立容辨卑。毋谄，头颈必中，山立，时行，盛气颠实扬休，玉色。"祭祀时，祭者容貌神情要恭敬温和，就像见到所祭的神鬼一般。居丧者的身体形态要显得瘦弱疲惫，脸色忧伤，眼神惊惧和茫然，说话声音低微无力。身着戎装时，要显得刚毅果敢，教令严明。表情威严，眼神明察。站立的姿态应有谦卑的样子，但不能近于谄媚。站立时头颈一定保持正直。站在那里要像一座山，毫不动摇，该移动时才移动。全身内气充盛，因而内美表现于外，脸色温润如玉。《礼记·祭义》关于祭祀之容仪又有类似的规定："孝子将祭祀，必有齐庄之心以虑事，以具服物，以修宫室，以治百事。及祭之日，颜色必温，行必恐，如惧不及爱然。其奠之也，容貌必温，身必诎，如语焉而未之然。宿者皆出，其立卑静以正，如将弗见然。及祭之后，陶陶遂遂，如将复入然。是故悫善不违身，耳目不违心，思虑不违亲，结诸心形诸色而术省之，孝子之志也。"此外，在父母生病之时，对子女的容仪亦有规定。《礼记·曲礼》曰："父母有疾，笑不至矧，怒不至詈。疾止复故。"

古代士人的言行举止

古代士人注重内在心性的修养，强调坐姿、立姿，这是一个人品行和定力的最直接反映。儒家强调的言行礼仪，不表现在客观容貌的丑恶，而强调一走一停，一言一语的缓急和顿挫上，这些细微礼仪是儒家对个人姿态审美的品评。画面中长者执杖远眺，很好体现了古人端庄、肃穆、宁静的仪态。

仪 态

仪态主要指人的动态外观，即人在行、走、坐、卧与视听等一切行为举止方面的具体表现。"非礼勿视，非礼勿听，非礼勿言，非礼勿动"便是它的原则。(《论语·颜渊》)因此，轻浮、狎亵为其禁忌。从其特点看，概括地说，符合礼的仪态，应该是从容端庄、谨慎恭敬、有度合宜。

从容端庄　"坐如钟，站如松，行如风，卧如弓"为古人所提倡的正确行止之仪态。这与《韩诗外传》中所说的"立则磬折，拱则抱鼓，行步中规，折旋

梁高行故事画像

梁高行典故在汉代刘向《列女传·梁寡高行》中有记载，高行是梁朝的一个寡妇，颇有容色，夫早死，梁朝贵族争相提亲，都被拒绝，梁王听说后，派遣宰相前往提亲，高行以“妇人之义，一往而不改，以全贞信之节”之语拒绝，体现了古代妇人“夫死不嫁，从一而终”的守节美德。图为东汉武梁祠高行故事画像，体现了儒家价值观对外表美的否定。

中矩”大意相同，皆强调行走坐卧之合规中矩的端正之态。此外，《礼记·曲礼》中对仪态的端庄做了更细致严格的规定：“坐如尸，立如齐”“立必正方，不倾听”“毋侧听，毋嗷应，毋淫视，毋怠荒，游毋倨，立毋跛，坐毋箕，寝毋伏，敛发毋髢，冠毋免，劳毋袒，暑毋褰裳。”坐立应该像祭祀时一样端庄、敬慎。不要侧耳偷听，不要高声大叫，不要东张西望，不要散漫。行走时，不要摆出傲慢的样子，站立时，不要一脚落地，一脚抬起，坐时，双脚放置不要呈个畚箕状，寝卧时，不要俯伏。头发要束起，不要披散，不要随便脱帽，劳作时不要袒胸露体，暑天炎热也不要撩起下裳。《弟子规》也有相似的规定，而且更强调了行止的从容：“步从容，立端正，揖深圆，拜恭敬。勿践阈，勿跛倚，勿箕踞，勿摇髀。缓揭帘，勿有声，宽转弯，勿触棱。执虚器，如执盈，入虚室，如有人。”在《养正遗规》中，此类规定更是比比皆是。综述而言，端正、庄肃、从容有礼是行为举止的基本规范，古人从幼儿起便开始受训习成。

谨慎恭敬 古礼以恭敬顺从为核心，这在行为举止中亦得以处处体现。《弟子规》曰：“或饮食，或坐走，长者先，幼者后。长呼人，即代叫，人不在，己即到。称尊长，勿呼名，对尊长，勿见能。路遇长，疾趋揖，长无言，退恭立。骑下马，乘下车，过犹待，百步余。长者立，幼勿坐，长者坐，命乃坐。尊长前，声要低，低不闻，却非宜。进必趋，退必迟，问起对，视勿移。”这段话是从坐立

清帝朝服像

朝服像是古代帝王的一种标准画像，多出自宫廷画家之手。帝王多以端坐宝座、神情严肃的姿态入画，形象年轻、尊贵、睿智、大度、安详。皇帝去世后，这些画像被悬挂于景山寿皇殿、圆明园安佑宫及宫内有关处所，供礼拜瞻仰之用。

医不三世

君有疾饮药，臣先尝之。亲有疾饮药，子先尝之。医不三世[1]，不服其药。拟人必于其伦[2]。

《礼记·曲礼下第二》

【注释】〔1〕三世：三代。〔2〕拟人必于其伦：郑注："拟犹比也。伦犹类也"。

【译文】国君有病服药，臣子要先尝。父亲有病服药，儿子要先尝。行医相传不到三代，不服用他的药。比人一定要和他的同类人相比。

行走称呼答对等多个方面对人加以规范，突出体现谨慎恭敬之仪态。另外，在《礼记·曲礼》中此类规定也很多：非饮食之闲坐，便要尽量靠席子的后边沿坐，饮食时，要尽量靠席子的前边沿坐。平时走路，"须是端正，不可疾走跳踯。若父母长上有所唤召，却当疾走而前，不可舒缓。""为人子者，居不主奥（屋的西南角，平时为尊者所坐之处），坐不中席，行不中道，立不中门。""出必告，反必面。"古礼中对人举止行动的规定可谓细致繁杂，却无一不体现恭敬谨慎之态。

有度合宜　行为举止于端庄中体现人的诚敬，而诚敬不当——过与不及皆为失礼。唯有以礼为标准，有礼有节才合宜。《孝经注疏》中说，孝子丧亲，"三日而食，教民无以死伤生，毁不灭性：此圣人之政也。"如果守丧者为表明孝心，三日之后仍不食不饮，便可能导致哀毁过情，灭性而死，这样便无从谈及孝道，更无从谈及礼仪了。《礼记·玉藻》中说，站立时要有谦卑之态，但不要表现得近于谄媚，这也是行礼宜适度的体现。《养正遗规·幼仪杂箴》曰："古拜有九。今存其一。数之多寡。尊卑以秩。宜多而寡。俱以取祸。宜寡而多。为谄为阿。以礼制事。不爽其宜。"礼数多少应以地位尊卑为依据。向地位尊者行礼而礼数不足，就会显得傲慢，易得祸患。向地位下者行尊者之礼数，就会被认为是谄媚阿谀。凡事，只要依礼而行，便不为过。《养正遗规·朱子治家格言》亦云："见富贵而生谄容者，最可耻。见贫穷而作骄态者，贱莫甚。居家戒争讼。讼则终凶。处世戒多言，言多必失。"以平常心态为人处世，遵循礼法，才是君子的品性德行。仪态有度合宜，在对于笑的规定中亦得以体现：父母病时，笑不露齿龈。为人子，不随意嬉笑。丧礼上，不可笑。手执引棺的大绳时不能笑。

《礼记·曲礼》又曰："礼从宜，使从俗。"礼应当顺应当前的实际情况，出使他国，就要依从该国的风俗习惯来行事。也就是说，行事唯有与具体情况、环境相适宜，才合于礼。如古代行走以从容端庄为上，而见到尊者或者行朝拜礼表达敬意时却要疾行，即"趋"。如《礼记·曲礼》所记："先生与之言则对，不与之言则趋而退。"先生与自己讲话，则上前，讲话完毕则要疾步退到旁边。但是《礼记·曲礼》又说："帷薄之外不趋，堂上不趋，执玉不趋。堂上接武，堂下布武，室中不翔。"在帷幕帘子外、在堂上、手拿玉时，都不要疾行。在堂上要细步，堂下要大步。在室内不要甩开胳膊走路。《诗经·尔雅》记载了不同环境下行走仪态的不同称谓："室中谓之时，堂上谓之行，堂下谓之步，门外谓之趋，中庭谓之走，大路谓之奔。"同是行走，却因环境有异而快慢有别。

前面的内容主要谈及了举手投足之仪态的礼规，而古人对于视听之仪态也非常重视。《礼记·曲礼》有"不倾听""毋侧听，毋噭应，毋淫视"等规定，《幼仪杂箴》也记载了作揖时的目光仪态："视瞻必定。勿游以傲。勿佻以轻。"可见，不偷听、目光专注、沉稳、不斜视、不偷看才是君子之举。另外，对视线的高低也非常讲究。《礼记·曲礼》规定，看天子时，视线不要高于衣服交领处，也不要低于腰部。看国君时，视线要稍微低于面部。看大夫，可以面对面平视，看士人，视线可游移五步以内的地方。凡看人，视线超过人的面部就显得很傲慢，低于腰部就显得心事重重，如斜眼看人，则显得心术不正。《仪记·士相见礼》也规定，如果是与父亲说话，则目光可以游移，但上不得高于其面部，那样显得傲慢；下不得低于

明成祖像

古时君子士大夫十分重视自身道德礼仪的修养，所以即使平时闲暇之余，也要做到约束自己的言行，如东晋的陶侃便是"职事之暇，终日敛膝危坐"；宋朝的司马光平时"燕居，正色危坐"；清圣祖康熙皇帝"凡饮食，动履，言语，皆有矩度。虽平居独处，亦教以罔敢越轨"，平日上朝时，俨然端坐龙椅。图为正襟危坐的明成祖。

王原祁艺菊图
禹之鼎　绢本设色　清代

中国古人对坐姿很有讲究，因为它也是礼仪的一个方面。古代人们的坐姿主要有三种："趺坐"，即双足交叠，盘腿而坐，类似佛教中修禅者，所以又称"跏趺坐"；"箕踞"，即两腿前伸，全身像簸箕形状；"跽"，即跪坐，臀部压在后曲的小腿和脚上。在没有宾客时，坐姿可以稍微随便一些。

其腰带，那样显得忧愁。如果对方不再说话，那么视线要落在他行走时最先动作的部位：站立则视其足部，坐则视其膝部。不仅这些，罢朝、做客他处、陪侍长者登高望远的视线也有规定：辍朝而顾，君子称之为粗鲁鄙陋之人。因为罢朝而回头看，不是有不正常的事，就是有不当的念头。去他处做客时，"将入户，视必下。入室奉扃，视瞻勿回。"（《礼记·曲礼》）将入房间时，一定要低垂眼帘；入室时，双手像捧着扃（扛鼎所用的横杠或门栓）一样，眼睛不要四下探视。跟随长者登上丘陵高处，目光要与长者所看方向一致。

言语辞令

语言是人与人相沟通的重要工具，是人际交往的桥梁。而同时，言语辞令又常常是一个人内心修养、为人处世态度的外化。言辞符合礼法便会赢得他人的尊重、亲近，以至信任。甚至有助于安身立命。但同时，言辞又如刀箭，"出言不当，反自伤也"。因此言辞宜慎重、得体，不可轻言妄语。

首先，言语辞令宜悦耳怡心。"衣服容貌者，所以悦目也；声音应对者，所以悦耳也。"（刘向《说苑·修文》）说话时，宜既讲求声音之美，更注重言谈的仪态之美。"凡道字，重且舒，勿急疾，勿模糊"，对公婆"下气怡声，问衣暖寒""尊长前，声要低，低不闻，却非宜"都是对发音吐字之声美的要求。"言语之美，穆穆皇皇"（《少仪》），《尔雅注疏》曰："皇皇、穆穆者，皆言语容止之美盛也。"言谈仪态之美在于谦和、端庄、文雅。《养正遗规》便说："凡为人子弟，须是常低声下气，语言详缓，不可高言喧哄，浮言戏笑。父兄长上有所教督，但当低首听受，不可妄大议论。长上检责，或有过误，不可便自分解，姑且隐默。久，却徐徐细意条陈云，此事恐是如此，向者当是偶尔遗忘。或曰，当是偶尔思省未至，若尔，则无伤忤，事理自明。至于朋友分上，亦当如此。""肃声气。毋轻。毋诞。毋戏谑。喧哗。"同时，文明的言辞内容，也是其文雅的体现。"毋论及乡里人物长短，及市井鄙俚无益之谈。"（引《养正遗规》）"奸巧语，秽污词，市井气，切戒之。"（引《弟子规》）满口污言秽语、说长道短之人，谈何文雅。必定庸俗鄙陋，难得他人称誉。

其次，言语辞令宜道人善，勿揭

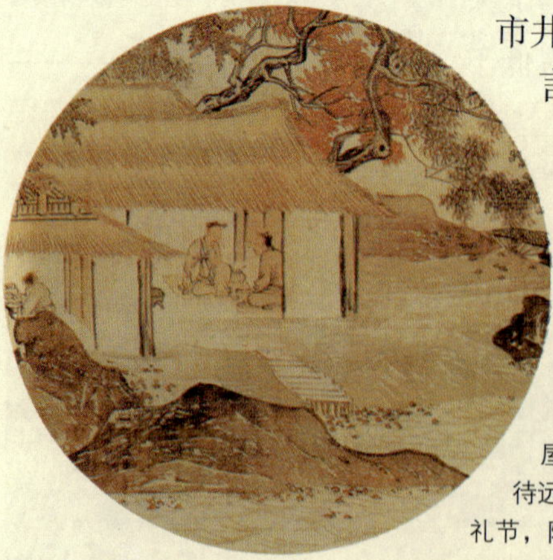

溪山渔隐图（局部）
唐寅　纸本设色　明代

在唐寅的这张描绘隐士宴客场景的画上，溪边的平坡上，茅屋数间，自成院落，槐榆等杂树，绕屋杂生。主客堂上相坐对饮，童子于厨下正整盘勺，以待远客。因是挚友，主客二人席地随坐，不拘于烦琐的礼节，随意大方。

屏 风

屏风是古代陈设于室内的器具，用以挡风或遮蔽，最早出现在西周时期。随着古代建筑结构的不断完善，屏风的功能也逐渐发生变化，明清时期，屏风逐渐由实用性转向装饰性。屏风的出现与古代庭院照壁的出现应有异曲同工之处，应该是适应礼仪需求，使直观的空间产生曲折，不至于使外人一眼望到室内。

短。人无完人，孰能无过。每个人都有所长，亦有所短。因此，以包容、仁爱之心来对待他人，既可促进他人进取，给他人改过、提升的机会，又可为自身赢得好的称誉。而相反，声色俱厉的批评，冷言冷语的嘲讽很可能会给对方带来打击与伤害。《弟子规》曰："人有短，切莫揭，人有私，切莫说。道人善，即是善，人知之，愈思勉。"况且，说他人的坏话，又容易招致祸患，正如孟子所言："言人之不善，当如后患何？"但是，不揭人短，并不是对他人的短处视而不见，做一个唯唯诺诺的老好人。而是要根据具体情况，寻找适当时机，以妥帖的言辞与态度，委婉地指出，劝说。"凡闻人所为不善，下至婢仆违过，宜且包藏，不应便尔声言，当相告语，使其知"（引自《养正遗规·朱子童蒙须知》）说的就是这个道理。

第三，言语辞令宜谨慎。这点古人极其重视。其原因，一方面言行谨慎是人的稳重端庄使然，是人德辉的外化；另一方面体现了古人明哲保身的思想。"开口讥诮人，是轻薄第一件，不惟丧德，亦足丧身。"（《修身进德嘉言录》）再者，话说出之后，便无法收回，纵有奔骥，亦难追片言之失，言失则易招致祸患。可见言辞谨慎之重要。

谨慎的言辞应该是"择辞而说，不道恶语，时然后言，不厌于人"。这虽然是对妇女言辞的要求，但也具有普遍意义。它从两个方面概括了言辞谨慎有礼的内容。一是注意说话内容，一是注意说话的场合、对象。与人交流，宜选择文雅的言辞、恰当的内容，不说恶俗的话，不讥讽嘲笑，不背后说人长短，不探人隐私。并且在该说时才说，不该说话时一定要保持沉默，这样他人才不会厌烦。分寸适度、能审时度势也是一种良好的社交能力。《论语·季氏》曰："侍于君子有三愆：言未及之而言，谓之躁；言及之而不言，谓之隐；未见颜色而言，谓之瞽。"与人交流，宜避免犯三

女孝经图　佚名　绢本设色　宋代

《女孝经》为唐代侯莫陈邈(三字复姓)妻郑氏撰，她因侄女被册封为永王妃，作此书以戒之。历述了不同阶层的妇女应该遵守的妇道，以及侍奉公婆、丈夫等人的原则。全书共为十八章，内容多宣扬男尊女卑的封建礼教。《女孝经图》画前九章内容，依次为：一、开宗明义章，二、后妃章，三、三才章，四、贤明章，五、事舅姑章，六、邦君章，七、夫人章，八、孝治章，九、庶人章。

种错误：一是急躁。还没有到自己发言，就抢过话题，这是对他人的不尊，也会令自己失去倾听他人观点、获得更多思想、建议的机会。二是隐讳。应该讲话的时候，抱着事不关己、闲事莫管逃避责任的态度保持沉默，或发言也只是轻描淡写、当说不说而不解决问题。三是讲话时，就像盲人一样，不看场合，不懂察言观色，不计深浅，只按照自己的方式去表达，而不顾及他人的处境与反应。这样定然无法达到交流的目的，甚至带来坏的结果。因此，言谈话语的时机、内容是否适宜是非常重要的。《礼记·曲礼》曰："在官言官，在府言府，在库言库，在朝言朝。朝言不及犬马"，《仪礼·士相见礼》亦有规定："与君言，言使臣。与大人言，言事君。与老者言，言使弟子。与幼者言，言孝弟于父兄。与众言，言忠信慈祥。与居官者言，言忠信。"此所言谈话的场合与对象不同，谈话的内容定当不同。《仪记·士相见礼》中对于察言观色也有论说："凡与大人言，始视面，中视抱，卒视面，毋改。众皆若是。"这在与卿大夫谈话时视线位置的规定中表现得最为具体：谈话开始时视线要落在对方脸部，观察其气色，看能否开口说话，如果"人不安"，则"勿话扰"；说话完毕，视线应移至对方的胸部，以示尊敬，并给对方以思考的时间；最后，再将视线移至对方脸部，观察他是否已采纳自己的意见；整个过程，体态容颜不要随便变动。另外，古礼还规定，他处做客，主人不发言，自己一定不要先说话；向国君进言，而不是回答国君的问话时，一定要等国君坐下。这些礼规，皆是告诫人们言辞不宜急躁。

第四，言辞诚信也是古人所推崇的有礼之举。《弟子规》提出："凡出言，信为先，诈与妄，奚可焉。话说多，不如少，惟其是，勿佞巧。""见未真，勿轻言，知未的，勿轻传。事非宜，勿轻诺，苟轻诺，进退错。"孔子亦曾言："道听而途说，德之弃也。"（《论语·阳货》）凡说话，一要有根据，眼见为实，耳听为虚。事不亲见亲历则不可妄加评说，亦不可向他人传播，道听途说最不可取。在陈述事实时，宜用平和语调、朴实言辞，万不得妄加揣度、渲染夸张。二不要巧言令色。孔子说："巧言令色。鲜仁矣。"为博得他人好感，达到某种目的而谄媚奉承，是缺少诚与信的少德鲜仁之举。三是不要轻易承诺。古人重承诺，以一诺千金为君子美德。许诺之前，定要思及能否践行，若事不可行而有所承诺，则会陷自己于进退维谷的境地，而失去他人的信任。因此古之君子轻易不对人许诺。《论语·里仁》曰："古者言之不出，恐躬之不逮也。"《国语·楚语》所载武丁三年不言的理由与之完全一样："恐德之不类，兹故不言。"

称谓的谦敬与避讳

人际交往中，有了称谓，彼此沟通才方便。但称谓又不可随便，它要传达出自身的谦卑谨慎及对他人尊重的礼仪。这样便有谦称与敬称之分。另外，在称谓的使用中还要注意避讳，这既是对对方的尊重，亦可避免给自身带来麻烦。

谦称　谦称，一般用于称呼自己及与自己有关的人与事物，常常以含有微小卑下低贱之意的言辞来表达谦逊、尊重之情。概括起来大致有以下几种情况。

自称己名以示谦卑。古人有名、字、号。名是幼时由父亲所取，供长辈、尊者呼唤。字是成人时（男子二十岁行冠礼时，女子十五岁行笄礼时）由尊长所取，供同辈或晚辈称呼。交往中，通常自称己名，表示谦卑及对他人的尊敬。《礼记·曲礼》中所谓"父前子名，君前臣名"即此道理。《鸿门宴》中项羽对刘邦说："不然籍何以至此？"其中的"籍"就是项羽自呼己名，表示对刘邦的尊敬。但也有例外，郑玄云："对父，则弟可以名兄；对君，则子可以名父，非此则不可也。"

用地位低下者的称谓来自称，表达谦卑。臣、仆、小人等为男子自称；妇女往往用妾、婢、奴、奴婢等自称以表

贤母图　康涛　清代

贤妻良母是古代已婚妇女所推崇的标准，因此历史上有大量关于贤母的文章和绘画，如孟郊的《游子吟》，描写了一位勤劳贤德的母亲为临行的儿子制衣，并叮嘱其早日归来。此为清人描绘的《贤母图》，贤母严肃训诫却又暗含离别伤感之态、儿媳恭顺侍立而又对丈夫依恋不舍、儿子恭敬聆听却踌躇难离。

谦卑。《礼记·曲礼》曰："自世妇以下，自称曰'婢子'。"

用含有贬损之义的词语来自称或称呼和自己相关的人与事。君主常用寡人（寡德之人）、不穀（不善之人）、孤（孤独之人）表示谦卑。常将愚、小、敝、贫、贱、卑、微等词放在所指称的人或事之前，表示自身无知无能、低微卑贱，以抬高对方。如愚兄、愚见、敝邑、贫僧、贱息、小女、微臣等。《礼记·曲礼》曰"夫人（诸侯的配偶）自称于天子，曰'老妇'；自称于诸侯，曰'寡小君'；自称于其君，曰'小童'。"

乾隆像

古人对称谓非常讲究，有谦称、尊称、避讳等。其中谦称多针对自己和自己有关的；尊称则称呼对方；避讳是避开不祥或禁忌的字，如皇帝的名字等。另外对不同人的死有不同的称谓，皇帝和皇室之死谓之崩，大臣之死谓之薨。图为乾隆皇帝像，其死后尊谥为"高宗法天隆运至诚先觉体元立极敷文奋武钦明孝慈神圣纯皇帝"。

可以说，谦称就是用贬低自身的方式来抬高对方身份、地位，以表尊重。同时，这样做又可令对方得到心理上的满足，为交流的顺利进行打开一扇门。

敬称　敬称，也叫尊称。用来称呼对方的敬辞，多用于社交场合或书信之中。

称他人的字以示尊重。交往中，称平辈或受尊重之人的字是尊重的行为，而称其名则失礼。《礼记·曲礼》中就规定，国君对上卿或世妇、大夫对世臣或侄娣、士对管家和有孩子的妾皆不可直呼其名。有时为表尊重，名与字都不称呼，而称其别号。如称陶潜为五柳先生，称苏轼为苏东坡。此外，有人认为称呼别人的字、号还不够尊敬，于是就以其官职、籍贯来称呼，如杜甫被称为杜工部，称韩愈为昌黎先生。

用与对方相关的事物来称呼对方表尊重。陛下、殿下、阁下、麾下、足下、台端、台从、台下、台座、台驭、尊台等称呼都是尊称。唐代段成式在《酉阳杂俎》中总结说："秦汉以来，于天子言陛下，于皇太子言殿下，将军言麾下，使者言节下、毂下，二千石长史言阁下，父母言膝下，通类相与言足下。"那么，为什么要如此称呼呢？以陛下为例，做简单理解。"陛下"的"陛"，是指帝王宫殿的台阶。蔡邕《独断》卷上："谓之陛下者，

董其昌书信　明代

古代长幼尊卑分明。在书信中，有很多尊称和谦称。图为明代著名书法家董其昌写给友人杨宝的信。因杨长于董，故起首尊为"杨宝兄"，后落款"弟其昌顿首"，"顿首"即叩头，通常用于下对上及平辈间的敬礼。

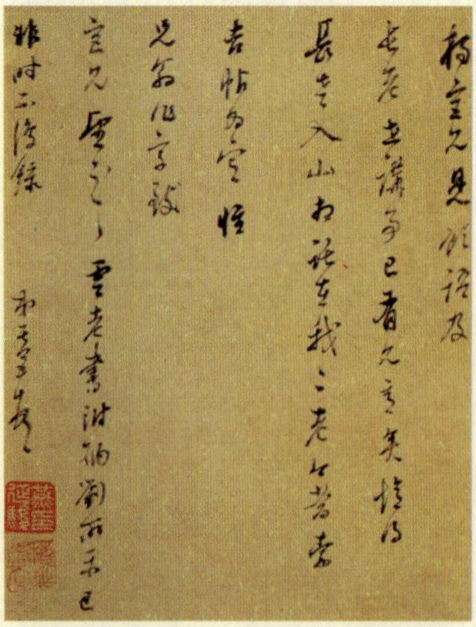

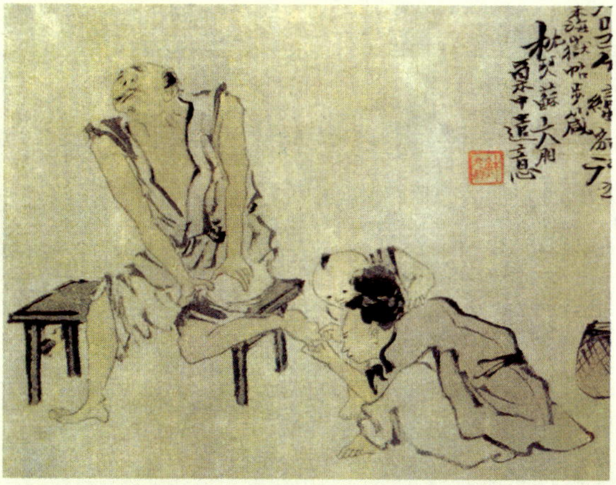

挑刺图　苏六朋　清代

古代表示对他人尊敬常用令、尊、贤、仁四个字。令,表示的是一种美好的祝愿,用在名词或形容词前,如令阃是对他人妻子的尊称。尊也是用来称呼他人或与他人有关事物的,如尊命,是对对方嘱托的称呼。而贤字是用来称呼平辈或晚辈的，仁字范围最广，表示爱重,如仁兄,就是对同辈友人中长于自己的人的称呼。此外，“惠临”“高见”“赐教” 则是针对他人对自己行为的一种敬称。而称呼自家人，常用“家、舍、小、老、拙”等字表谦称。图为古代普通人日常生活场景：男主人公伸出左脚，妇人坐于地上给他挑刺，一小孩旁观。

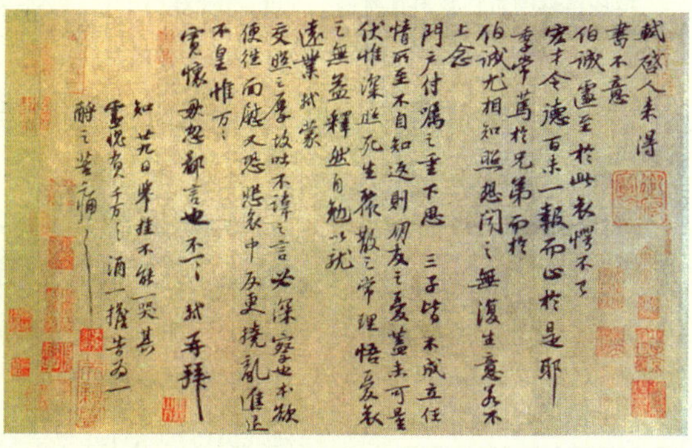

人来得书帖

这是季常之兄伯诚死后苏轼写给季常的慰问信，中有“伏惟深照死生聚散之常理。悟忧哀之无益，释然自勉”之句。正文行书十六行，共192字，款署“轼再拜”。书信是体现古代礼仪称呼的一种重要载体，苏轼这封慰问信就给我们提供了古代书信的书写格式、敬称等相关内容，但未署发信年月。

群臣与天子言，不敢指斥天子，故呼在陛下者而告之，因卑达尊之意也。”也就是说，臣子向天子进言，不敢直呼天子，而要通过在宫殿台阶下的侍者向天子传话，表卑者向尊者进言之意。后来，“陛下”就成为对帝王的敬辞。《史记·秦始皇本纪》载：“今陛下兴义兵，诛残贼，平定天下，海内为郡县，法令由一统。自古以来未尝有，五帝所不及。”由“陛下”又引申出“陛见”一词，即臣下拜见帝王。《后汉书·戴封传》曰：“公车征，陛见，对策第一。”

用含有美好、尊贵之意的词语加在所指称的人或物前表尊重。如令、尊、贤、贵等词放在其他词前，组成令爱、令女、令郎、令尊、令翁、尊府、贤弟、贵府等含有尊敬之意的称谓。另外，对有学问、有德行的男子常常以“子”来表尊称，如孔子、孟子等。谦称与敬称之间，很多词语构成反义。一方面贬损自己，一方面抬高他人，此交际之道也。

避讳　避讳是一种文化习俗，是语言文字的社会使用现象。在人际交往中，避免某些不吉祥或禁忌的字眼，是对对方的尊重，同时亦可避免不愉快、麻烦，甚至不良后果。因此，《礼记·曲礼》说“入境而问禁，入国而问俗，入门而问讳”。

君使臣以礼

定公[1]问："君使臣，臣事君[2]，如之何？"孔子对曰："君使臣以礼，臣事君以忠。"

《论语·八佾篇第三》

【注释】〔1〕定公：鲁国国君。鲁定公时，孔子任鲁国司寇。〔2〕使臣：使用、支配臣下。事君：侍奉君主。

【译文】鲁定公问孔子："君主使唤臣下，臣子侍奉君主，该怎么做呢？"孔子回答说："君主使唤臣子应该按照礼的要求去做，臣子侍奉君主应当以忠诚相待。"

《春秋左传·桓公六年》说："周人以讳事神，名，终将讳之。"其正义曰："自殷以往，未有讳法。讳始于周，周人尊神之故，为之讳名，以此讳法，敬事明神，故言周人以讳事神。"《礼记·檀弓下》也说："卒哭而讳，生事毕而鬼事始也。"可见，避讳始于周代，以避开神鬼的名字来表达对其尊敬。后来发展到对国家、生人等的避讳。如本国国名及本国山川之名不可用，与大夫谈话便要避国君的讳等等。对于避讳的内容，在典籍中有明确规定。《礼记·曲礼》曰："名子者，不以国，不以日月，不以隐疾，不以山川。"给儿子取名，不可用本国的国名，与日月、本国山川、隐、痛、疾、患相关的词语亦不可用。《左传》又对此加以引申，规定："不以国，不以官，不以山川，不以隐疾，不以畜牲，不以器币。"形成"六避"之说。汉以后的避讳，可分为三种形式：国讳，忌避帝王；圣讳，忌避圣人；家讳，忌避父母及宗祖。避讳的习俗随着社会的发展，要求逐渐趋于严格。在周代避讳还是比较宽松的。如《礼记·曲礼》就规定，与父母名读音相同或相近的字，不在避讳范围之内。如果父母的名是两个字，说到其中一个字时，可以不避讳。如果父母活着，要避祖父、祖母的讳；如果父母早亡，就不避祖父、祖母的讳。而且还有读书不讳、临文不讳、庙中不讳等规定。而北宋时，为避宋高宗赵构的"构"字，竟然牵及够、媾、购、遘等避讳之字五十有余。

隐居垂钓的严光

避讳是我国古代封建社会的一种特有现象。人物姓名的避讳主要有三种，对帝王姓名称为"国讳"或"公讳"；对祖先、家父姓名称之"家讳"，对孔子等圣人姓名称为"圣讳"。汉代"国讳"例子颇多，为避光武帝刘秀讳，人们把"秀才"改称"茂才"；为避汉明帝刘庄讳，人们把庄子改称"严子"，姓"庄"的一律改为姓"严"。光武帝刘秀的同学庄光（字子陵），就改名严光了。

从情感的角度，又可把避讳分为敬讳与恶

讳两种。尊敬的神灵、人物的名字不可随意使用，称为敬讳，如避帝王、圣人、父母宗祖之讳等。唐代诗人李贺想参加进士考试，有人说，你父亲的名字叫“晋肃”，进士的“进”与“晋”同音，你怎么连父亲的名讳都不顾忌，还来考进士呢？李贺一听，顿时惭愧地退出。对己不利的字眼或受鄙视的人、物的名字也不可随意使用，称为恶讳。据传宋高宗一日于批文中偶见一制置姓金名赋，由“金“字联想到金国，便心生不快，于是挥笔给金字加上了三点水，改为淦，后代淦姓多源于此。再如，避隐、痛、疾、患、死等词，是为避不祥也。古人为避“死”之讳，创造了许多讳称。可以说是恶讳的代表了。如称天子、太后、公卿、王侯之死为崩、薨、百岁、千秋、宾天、大行、晏驾、山陵崩等。《触龙说赵太后》曰：“一旦山陵崩，长安君何以自托于赵”“愿及未填沟壑而托之”。触龙讳称太后之死为“山陵崩”，称己之死为“填沟壑”。讳称父母之死的有见背、孤露、弃养等。此外还有非专指的死亡用语：离世、委世、谢世、弃世、过世、没世、亡故、亡化、殂谢、殂落、长眠、长逝、寿终、殒命、捐生、溘逝、溘谢、老、故、逝、终等等。

避讳的方式很多，大致可归纳为换字法、空字省字法、缺笔法等几种。换字法，以同义字、近义字或近音字等来代替应避讳之字，这是最常用的方法。汉明帝叫刘庄，当时竟把《庄子》一书改称为《严子》；唐朝人为避太宗李世民的讳，把“民”字改为“人”；汉宣帝名询，荀询音同，荀姓便被改为孙姓，如荀卿被改称孙卿。空字省字法是将应讳之字空着不写，代之以空格、方框，或干脆将此字省去，或以“某”“讳”等字代替。缺笔法，就是在遇到应避讳之字时，直接将该字少写一笔两笔，表示自己并未犯该字之讳，而同时又不影响行文达义。

避讳，虽有可取之处，却也有它消极的一面。如明武帝朱厚照，曾发文全国，禁止养猪、杀猪，给百姓生活带来不便；另外改字、空字，也对历史文化的传承起了消极作用。王昭君为避司马昭的讳而曾经被改称为王明君。此类事例不胜枚举，如不了解避讳之习俗，很可能对历史的理解产生偏差。

体现等级制度的装饰：午门铺首与门钉

古代礼仪，包括范围甚广，从政治体制、朝廷法典、天地鬼神祭祀、军队征战，到房舍陵墓营造，乃至衣食住行、婚丧嫁娶、言谈举止，无不与礼仪有关。种种等级差别都会在具体细节上有所表现。“门”这一标志等级、地位的符号，是居住者身份地位的象征，对于不同阶层，在油漆颜色、门环用材以及门钉数量上都有详尽的规范。图为紫禁城午门形象，九九八十一个门钉体现了帝王和皇权的至高无上。

礼有等差

LIYOUDENGCHA

古人云："名位不同，礼亦异数"，并以礼器来"名贵贱，辨等列"，这都体现了"礼有等差"这一特点。古礼规定，地位、辈分不同者，所行的礼数、所受的礼遇都有区别，不得僭越与减杀，否则为失礼。

孔子在《礼记·表记》中说，按照爵位排列次序，是用以区分贵贱等级；安排各项职事，是用来辨别才能的高下；宴饮时按照年龄排座次，是为了区分长幼的次序。正因为有了贵贱、高下、尊卑、长幼之别，才使家庭、社会呈现和谐、有序的状态，从而促进社会发展和国家的长治久安。因此，古代统治者按照等级差别来制定礼仪，日常生活中的吃穿用度、言谈举止以及政治生活中的行事交往都以礼的等差形式被规定着，年长者、辈分高者以及社会地位高者就会受到尊重，并能得到上等的礼遇，行礼之时所用的礼数也要与自己的身份地位相当；而年幼者、辈分低者以及地位低者所行礼数和得到的礼遇皆会有所减杀。正如《荀子·富国》所云："礼者，贵贱有等，长幼有差，贫富轻重皆有称者也。故天子袾裷、衣冕，诸侯玄裷、衣冕，大夫裨、冕，士皮弁、服。德必称位，位必称禄，禄必称用。由士以上则必以礼乐节之，众庶百姓则必以法数制

雪夜访普图　刘俊　绢本设色　明代

此图描写宋太祖雪夜访赵普的历史故事。在门庭宽敞、屋宇数重的枢密副府内，赵普正设宴接待突然驾临的宋太祖。前厅正中二人围桌而坐，上首坐的头扎巾帽、身穿盘领窄袖袍服、腰束锦带的是宋太祖。身着便服的枢密副使赵普在下首侧坐，恭谦地和宋太祖谈论着军国大事。

之。”可以说，礼之等差是古礼重要而鲜明的特征。这一点，在其他各章节皆有涉及，在此只做简单概述。

行礼有等

不同身份等级之人所用礼数的差异，体现在方方面面。

军队的规模因拥有者地位的不同而有差异，作为天子，要拥有六军，诸侯则不得超过六军，且必须与国力相称，大国三军，次国二军，小国一军。同时还规定了兵车的数量，天子万乘、诸侯千乘、大夫百乘。宗庙的数量在等级上也有规定，天子要拥有三昭庙、三穆庙和一太祖庙，共七庙；诸侯有二昭庙、二穆庙和一太祖庙，共五庙；大夫一昭庙一穆庙和一太祖庙，共三庙；士人则只有一庙；庶人无庙，祭祀祖先只能在嫡子的起居处。在服制上，天子要着龙衮，诸侯黼，大夫黻，士玄衣纁裳。在礼器上，宗庙之祭，贵者献以爵，贱者献以散，尊者举觯，卑者举角。五献之尊，门外缶，门内壶，君尊瓦甒。类似的这些规定，必须严格执行。如果所用礼数超出规格，就会有自比于居上位者之嫌，将被看做是无礼甚至是违背道义的行为；而如果随意减杀，礼数不足，又会被看做过于谦卑而破坏了礼的规则。

当然，在某些情况下礼数的使用会有所减杀，但都在礼的规定之中。诸侯国聘问天子以及诸侯国之间相互聘问，使者身份及其国君的爵等不同，所带介的人数便有差异。《周礼·秋官·大行人》曰：“上公九介，侯伯七介，子男五介。”可是，《聘义》却说：“上公七介，侯伯五介，子男三介。”前者指

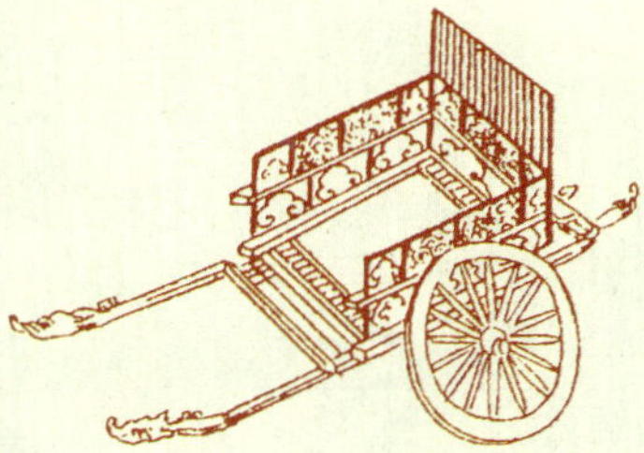
屏风车

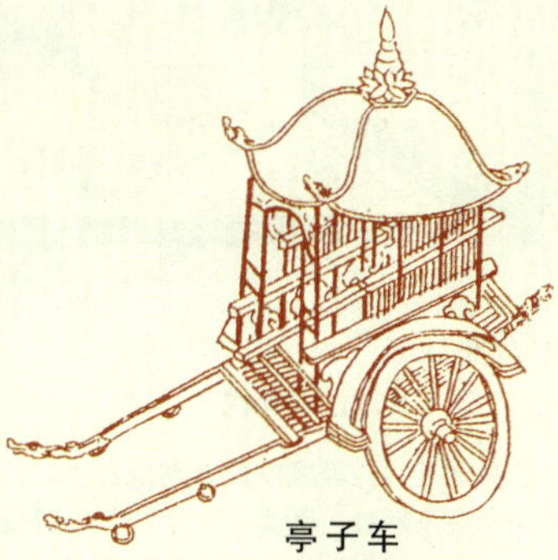
亭子车

圈辇

靠背辇

等级用车

古代礼仪具有严格的等级性，这体现在日常生活衣食住行的多个方面，车乘就是等级身份象征的一个典型。不同阶层的官员，车乘在种类、屏蔽装饰上都会有所差异。《考工记·轮人篇》中还从车围、车轮、车辕的用漆上，对不同阶层的车乘作过区别。图为古代不同形制的几种出行用车。

贾母八十大庆
孙温　纸本设色　清代

在封建社会，等级制度非常森严，即使在宴饮中也不例外。图为《红楼梦》中贾母80大寿寿筵上的座次。上面两席是南北王妃，下面依次是众公侯诰命。左边下手一席，依次是锦乡侯、临昌诰命，右边下手一席，方才是贾母主位。刑夫人、王夫人、王熙凤等都在贾母身后侍立。

各种爵位的诸侯亲自行聘时所带介的人数，而后者是派卿代表国君出使行聘时所应带的介数。因此，《周礼·秋官·大行人》又解释说："凡诸侯之卿，其礼各下其君二等。"如果派大夫出使，则要"又下其卿二等" 的。古代婚礼仪节烦琐，但是遇到凶荒之年，便可根据情况而有所减杀。孔颖达曾说："以古者国有凶荒，则减杀其礼，随时而多婚，会男女之无夫家者，使为夫妇，所以蕃育人民。"

礼遇有别

古礼中，不但规定人们要守自己的本分依礼法行事，对于礼数不得随意僭越与减杀，同时，对尊者、贵者又有优待。

养老礼中规定，五十岁的人可吃一些精美的细粮，六十岁的人有常储备的肉食，七十岁的人另有一份膳食，八十岁的人经常吃珍稀的佳肴，九十岁的人在居室饮食，如果出游也有美食在身边。年龄越高，越受尊重，所以得到的礼遇越优厚。乡饮酒礼中，德高望重者或贤能之人才可担当宾的职责，受到较高规格的礼遇。同样，地位高低不同，所得礼遇也不相同。《聘礼》便规定，诸侯国的使者见受聘国国君时，要行再拜叩首之礼，而国君却只答以再拜之礼即可。国君赐给使者的食物中，煮熟的牛、羊、豕共十二鼎，正鼎九个，陪鼎三个；未煮熟的，共十四鼎。而赐给副使的煮熟的牛、羊、豕为十鼎，正鼎九个，陪鼎三个；未煮熟的则只有七个鼎。

第六章

祝祈福祥之礼——吉礼

《左传·成公十三年》曰：『国之大事，在祀与戎。』《周礼·春官·大宗伯》中又记载，周代国家专门设立了『掌建邦之天神、人鬼、地示之礼』的大宗伯一职以及其他和祭祀有关的职位，可见，祭祀之礼在古代的重要地位。古人认为，天地间的神鬼主宰着人世间的一切，包括国家的兴衰存亡，如果人们以恭恭敬敬的态度，向神鬼奉上美好的食物、器物，供其飨用，那么神鬼便会满足人们消灾降福的祈求，并可保佑人们的安康以及国家的安宁与兴旺。因此说，祭祀之礼是祝祈福祥之礼，为吉礼。

祭祀的对象

JISIDEDUIXIANG

历代以来，人们都是把对安邦定国、抚民畜生有功者确定为祭祀对象，目的是追怀其功业，以表崇敬、报答之情。古人祭祀的对象包括天神、地示、人鬼三大类，每类中又有等级之分。

古代壁画上的风师、雨伯形象

古代祭祀的对象非常广泛，涉及到了天上、人间以及地下。《周礼·春官·大宗伯》把其归纳为天神、人鬼、地示三大类。

天 神

天神又分为三等，即昊天上帝、日月星辰和司中、司命、风师、雨师。

昊天上帝，亦称皇天上帝、上天、天帝、天父、皇天等，是主宰宇宙万物的最高神灵，人们相信上天控制着整个世界，可以为人间降福，也会惩罚有罪的臣民。因此，《尚书》曰："天佑下民，作之君，作之师，唯其克相上帝，宠绥四方。"《诗经》亦云："皇矣上帝，临下有赫，监观四方，求民之莫。"

日月星辰明于上天，其光明即为上天之光明，而且，其普照万物、供人仰望，所以人们亦予之以敬重，得到人们的祭祀。

司中、司命、风师、雨师为第三等天神。司中、司命分别为文昌宫第五、第四颗星。司命主灾咎，司中主赏功。宇宙大而无穷，人类生于其间，却是相当的弱小。对于一些自然灾害无法抵御，只得反过来求助于自然，想象着上天的某位臣工使者主宰着人类的祸福，

于是，每年予以供奉，以求安乐。可以说，司中、司命就是人们想象出来的两位天神。风师，相传为箕星；雨师，相传为毕星。二者主宰人间风雨之事。以农业为主的时代，无不祈祷风调雨顺，因此风师、雨师二位天神是每年必祭祀之神。遇到风雨不调的年景，更是人们祈求福佑的对象。在后世，很多星辰都成了人们寄予希望、予以祭祀的对象，如房星、农星、太岁等。

此外，还有一种对天神的祭祀——雩祭。《公羊传·桓公五年》曰：“大雩者何，旱祭也。”《说文解字》解释“雩”时说：“夏祭乐于赤帝，以祈甘雨也。”可见，雩祭为古人为祈求甘露而举行的一种祭祀。每年夏季按照惯例行祭，如遇风旱之灾，则随时行祭。

祈雨　元代

祈雨，在中国古代文献中称为“雩”，有文字记载的祈雨活动始于殷商，兴于春秋，全盛于汉。中国古代祈雨活动频繁，以祭拜司雨水神为主，汉代时，人们还认为龙能兴云布雨，影响晴雨旱涝，所以从汉晋以来，民间还有了祭祀龙神祈雨的风俗。图为古代帝王郊祀举行大雩之祭场面，明清之际这种祭祀在天坛举行。

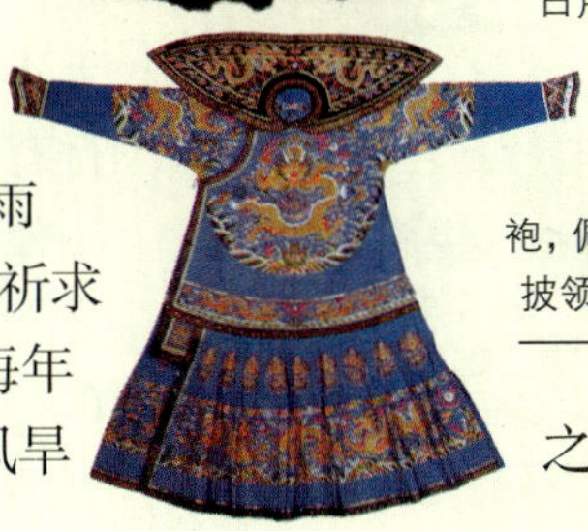

皇帝祭日、祭月朝服

朝服是皇帝在重大典礼活动时最常穿的典制服装。按清朝《大清会典》规定，皇帝的朝服一般“色用明黄”，祭圜丘、祈谷用蓝色，祭日用红色，配挂红珊瑚朝珠；祭月用白色，佩挂绿松石朝珠。图为两种朝服形制，其式样由上衣、下裳组成长袍，佩戴箭袖和披领，衣着、袖子、披领都绣有金龙。

地　示

地示，即地祇。亦分为三等，以尊卑为序。即社稷、五祀、五岳为第一等，山林川泽为第二等，四方百物为第三等。

社，土地神。《礼记·郊特性》曰：“地载万物，天垂象，取材于地，取法于天，是以尊天而亲地也。故教民美报焉。”古人的生存依赖于大地，因此古人“亲地”，并加以“美报”，而且形成了“后土”（与皇天相对）的崇拜，于是出现了土地神，并对其予以敬奉。《礼记·祭法》曰：“共工氏

黄羊祭灶

皂府君，也就是家家户户供奉的灶神，它是中国民间信仰最普遍的神。祭祀灶神的习俗，早在秦代就十分流行。灶神的由来众说纷呈，以上古帝王或后裔以及鬼神精灵变之居多。在古代的史料记载中，黄帝、炎帝都曾做过灶神，《周礼》中记载的灶神则为火神祝融。古代传说也有认为灶神是火精宋无忌的。今天在我们的信仰中，灶神通常是以夫妇身份出现，被我们称为灶公灶母。图中描绘的是人们以黄羊祭灶的场景。

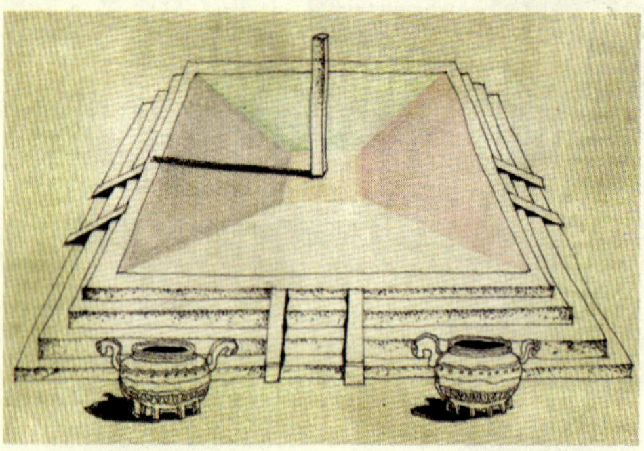

社稷坛

中国历代皇帝都很重视祭祀。这是明代的社稷坛，皇帝每年春秋都要来这里祭祀太社（土地神）和太稷（五谷神）。祭坛上覆盖的青、白、红、黑、黄五色土，代表东、西、南、北、中五个方位。

之霸九州也，其子曰后土。”《左传·昭公二十九年》亦云：“共工氏有子曰句龙，为后土。后土为社。”可见，社就是土地神。《释名·释天》曰：“土，吐也，能吐生万物也。”就是说，古人是把土地神当做能生长万物的大地母亲来敬奉的。

稷，指五谷之神。辽阔大地，五谷物产，是养育人民，建立国家的物质基础，因此，古代的君主为了祈求国事太平，五谷丰登，每年都要到郊外祭祀土地神和五谷神。社稷也就成了国家的象征，后来人们就用“社稷”来代表国家。“社稷之忧”“社稷之患”“社稷之危”中的社稷皆指国家。

五祀，即五行之神。它们与四时相配，祭之于四郊，又各有其配食之神。亦即《汉书议》所云：“祠五祀，谓五行金木水火土也。木正曰句芒，火正曰祝融，金正曰蓐收，水正曰玄冥，土正曰后土。皆古贤能治成五行有功者，主其神祀之。”《左传·昭公二十九年》对此也有记述。

五岳，即东岳泰山、南岳衡山、西岳华山、北岳恒山、中岳嵩山。岳，意即高峻的山。古人认为，高山“峻极于天”，而皇帝号称天子，因此历代皇帝都要亲临或派人到五岳祭祀。

山林川泽，为人类提供生存的物质资源，因此也成为人们的祭祀对象。此外，天旱之时的雩祭，周代则“天子雩上帝，诸侯雩山川”；汉代则“令县邑以水日祷社稷山川，家人祠户。无伐名木，无斩山林”。这是因为，山林川泽为地面之水源的缘故。

四方百物，掌管四方百物的各种小神，如春祀户，夏祀灶，中央祀中霤，秋祀门，冬祀行。《周礼·地官·鼓人》说：“凡祭祀百物之神，鼓兵舞、帔舞者。”祭祀则击鼓而舞。

人 鬼

这主要是对祖先的祭祀，但也包括对历代帝王、先圣、先师等的祭祀。《周礼·春官·大宗伯》曰：“以肆献祼享先王，以馈食享先王，以祠春享先王，以礿夏享先王，以尝秋享先王，以烝冬享先王。”祠、礿、尝、烝为春、夏、秋、冬的祭名。也就是说，在四季皆要对先祖进行祭祀。

那么，为什么要祭祀这些对象呢？《礼记·祭法》解释说：“夫圣王之制祭祀也，法施于民则祀之，以死勤事则祀之，以劳定国则祀之，能御大菑则祀之，能捍大患则祀之。”就是说，凡是为民众树立典范、为公众献身、为安邦定国立下功劳、能抵御大灾害、能制止大祸患的便要祭祀，这是圣王制定祭祀对象的原则。厉山氏的儿子农，能教导人民种植百谷，人类得以生养繁衍，所以后人称之为稷神，并祭祀他；共工氏的儿子后土，能平治九州，后人称他为社神而祭祀他。此外，帝喾制定计时之法，尧能爱护百姓，鲧禹治水，黄帝命名百物并明确民众身份，颛顼继承黄帝以及契、冥、汤、文王、武王等，都给后世带来了恩泽，因此后人都应该祭祀他们。此外，日月星辰供人民仰望，山林、川谷、丘陵等是人民获取生活资源的地方，所以都应该受到人类的祭祀。《礼记·祭义》又云：“君子反古复始，不忘其所由生也，是以致其敬，发其情，竭力从事以报其亲，不敢弗尽也。”

真宗拜祀

居于五礼之首的吉礼，其主要祭拜对象是古代宇宙观中最基本的三要素天、地、人。《礼记·礼运》载，“夫礼，必本于天，肴于地，列于鬼神”。周代时，还专设有“大宗伯”一职，专掌邦之天神、人鬼、地示(祇)之礼，以佐王保邦。图为宋真宗过曲阜，孔林奠拜的场面。

可见，古人制定祭祀之礼，是为了“致反始也，致鬼神也”。(《礼记·祭义》)即以祭祀之礼追怀初始，沟通鬼神。追怀初始，则不忘本，懂得报恩，从而增厚根基；沟通鬼神，则怀念先人，懂得尊重敬顺在上者。另外，为示崇敬、报恩之情的真诚，祭祀时，必须尽心尽力。

祭祀的方法

JISIDEFANGFA

对于不同类别的神灵，古人祭祀的时间、地点、方式以及所用歌舞、祭品种类与规格等都有不同，参祭者的身份也有区别。这和古人对自然界的认识及其等级观念有极大的关系。同时，古代祭祀时，某些在功德等方面可为后代或世人之表者，则可与受祭对象匹配，得以一同受祭，称配祭。

祭祀对象不同，则祭祀的方法亦有差异。圜丘祭天，方丘祭地，祭人鬼则必于庙中。

圜丘祭天

在古代，只有天子才有祭天的资格。《礼记·王制》曰："天子祭天地，诸侯祭社稷，大夫祭五祀。天子祭天下名山大川。五岳视三公，四渎视诸侯。诸侯祭名山大川之在其地者。天子、诸侯祭因国之在其地而无主后者。"就是说，只有天子才有祭祀天与地以及一切神灵的资格，诸侯有祭祀土地神、谷神等的资格，大夫可以进行五祀之祭。天子宜祭祀天下的名山大川：祭祀五岳，用享三公的九献礼；祭祀长江、黄河、淮河、济河，用享诸侯的七献礼。诸侯应该祭祀其封地内的名山大川。天子诸侯还应祭祀在其境内的已经灭亡而没有后嗣为其主持祭祀的古代先王、先公。显然，古人的祭天之仪有着严格的规制。

祭天在时间、地点上皆有规定。即一定要于冬至日，在南郊举行祭天仪式。《明史·吉礼》曰："王者事天明，事地察，故冬至报天，夏至报地，所以顺阴阳之义也。祭天于南郊之圜丘，祭地于北郊之

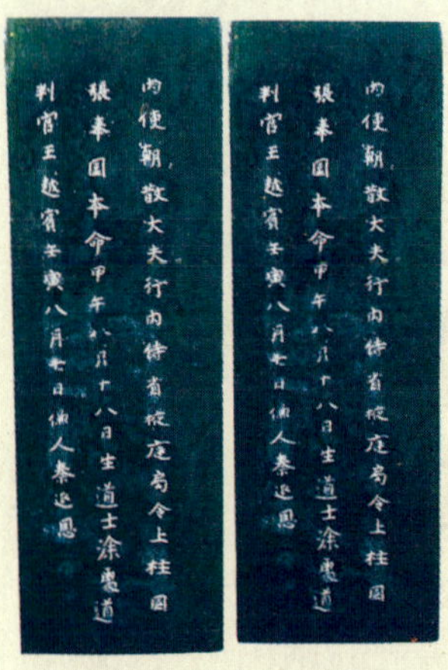

唐玄宗开元投龙简

投龙简是道教斋醮仪式中的一个环节。古代帝王为酬谢天地水三官神灵，把写有祈愿的文简，用铜版刊刻告文，投入山洞或江湖，祈求天地水神灵保护社稷平安。山简投于灵山绝崖之中，奏告天官上元；土简埋于地里告之地官中元；水简投于潭洞水府以告水官下元。最初的投简活动是源于对山川土地神灵的崇拜意识，南朝后，逐渐演变成道教的一种对天、地、水三官的信仰活动。投龙简活动以唐代最盛，图为唐玄宗举行投龙典礼时所用的青铜简。

充满喜庆气氛的贺岁风俗

辞旧迎新的远山村居，男女彩服相贺，屋内围炉小酌，各得其趣。前庭戏婴成对，燃爆竹，敲锣打鼓，新年气氛一派喜庆。春节除夕，祭祀也达到高潮，路神、祖宗、财神都是除夕祭拜的对象。

方泽，所以顺阴阳之位也。”古人认为天阳地阴。冬至日，天气转暖，阳气上升，因此选择此日来与天神相交接。方位上，南方亦为阳，所以选择南郊，这也是顺应阴阳之义。《礼记·通典》曰：“在国南五十里。”《司马法》曰：“百里为远郊，近郊五十里。”也就是说，祭天的具体位置为都城南郊五十里处，为近郊。

古人认为天圆地方，因此，把祭祀天神的泰坛建造成天的形状——圆形，亦称之为圜丘。在祭祀时，要在圆丘之上堆积柴草，以焚烧玉帛、祭牲等，使天神于烟气之中歆享到人们的敬奉，因此又称天神之祭为燔柴之祭。《周礼·春官·大宗伯》曰：“以禋祀祀昊天上帝，以实柴祀日、月、星、辰，以槱燎祀司中、司命、风师、雨师。”不同等级的天神，虽然都用燔柴之祭，但祭祀的规格有所不同。祭祀上天，用玉、帛与全牲；祭祀日月星辰，用帛和经过节解的牲体；祭祀列星，则只用节解的牲体了。

祭天之祭品亦有严格规定。《通典·吉礼》曰：“礼神之玉以苍璧，其牲及币，各随

尊贤之礼

侍于君子，不顾望而对〔1〕，非礼也。

《礼记·曲礼下第二》

【注释】〔1〕顾望：眼睛向四周看。对：回答。

【译文】陪侍君子，君子提问，不看四周是否有佼佼者就抢先回答，这是不符合礼的。

圆 丘

圆丘就是祭天坛。圆形取自“天圆地方”之意。圆丘中间有一个三层汉白玉石头台，即是祭天的坛台。

盛京堂子平面图

堂子祭天是满族的习俗。定都盛京后，皇太极听从汉臣建议，建圜丘祭天，但没有放弃堂子祭天的习俗。入主中原后，每逢征讨、凯旋仍要在堂子举行祭神仪式，但只有满族人参加。圜丘祭天则公开举行。

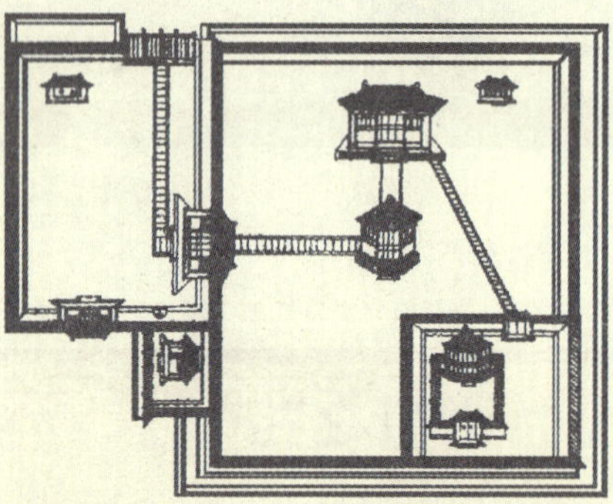

玉色。”其注云：“盖取象天色也。”而且，币用一丈八尺长的缯。祭牲用一头牛犊。牛角只能有蚕茧或栗子大小。《礼记·郊特牲》云：“用犊，贵诚也。”

此外，天子所着的服饰与平日亦有不同：“王服大裘，其冕无旒。”大裘为黑羔裘，无采章，冕亦无旒。尸与天子服饰相同。《通典》注曰：“以天体质，故王大裘以象之。既尸为神象，宜与王服同也。”可见，祭天之仪，为示敬天之义，处处法天行事。

在祭祀之礼中，还有一点值得注意，即古人在祭祀之时，常常离不开音乐与歌舞。《公羊传·桓公六年》在对雩祭作注时云：“使童男女各八人舞而呼雨，故谓之雩。”《周礼·司巫》又云：“则帅巫而舞雩。”《周礼·春官·大司乐》亦云：“凡乐……冬日至，于地上之圆丘奏之。”“夏日至，于泽中之方丘奏之。”可见，古人祭祀常举乐。

音乐与歌舞的选用，又因祭祀对象的不同而有别，这在《周礼·春官·大司乐》中有详细记载：“乃奏黄钟，歌大吕，舞《云门》，以祀天神；乃奏大蔟，歌应钟，舞《咸池》，以祭地示；乃奏姑洗，歌南吕，舞《大韶》，以祀四望；乃奏蕤宾，歌函钟，舞《大夏》，以祭山川；乃奏夷则，歌小吕，舞《大濩》，以享先妣；乃奏无射，歌夹钟，舞《大武》，以享先祖。”祭祀天神、地示、四望、山川、先妣、先祖各有专门的音乐与歌舞。《云门》，言“德如云之所出”。而且，云能够携带润育万物的甘霖，已成为一种氏族崇拜物，是一种祥瑞的象征，寄予了华夏民族在农业生产中祈求风调雨顺、五谷丰登的美好愿望。《咸池》，本为黄帝乐名，至尧之时被增修采用，郑玄在《礼记正义》注中解释说：“咸，皆也。池之言施也，言德之无不施也。”《大韶》，这里的"韶"等同于"绍"，乃继续、接续之意，舜乐名为《大韶》，有继承尧之德行的含义。《大夏》，是歌颂大禹治水的乐舞。《周礼注疏》郑玄注曰："《大夏》，禹乐也。禹治水傅土，言其德能大中国也。""大中国"亦即"大尧舜之德"。《大濩》，赞颂了商汤开国的功绩。《周礼注疏》郑玄注曰："《大濩》，汤乐也。汤以宽治民，而除其邪，言其德能使天下得其所也。"濩，含保护、救治之意，汤乐名作《大濩》，亦是取诛灭暴虐、救护天下百姓之意。《大武》，是西周时期描写武王克商治国的大型乐舞。含有借助武力平定祸乱之意。

从六乐所包含的意义来看，祭祀之时盛乐而舞，是为了感召众神，从而得以和合邦国、和谐万民、安抚宾客、悦服远人、兴盛万物。因此，古人祭祀之时，要"六变而致象物及天神"，即演奏六遍，使天地间的万物及上天皆被感召。

此外，在祭祀之前就要把乐舞教给国子，因此，六乐还有教育国子完善"六德"（中、和、祇、庸、孝、友）、学习"六语"（兴、道、讽、诵、言、语）的作用。

但是，并不是所有的祭祀皆奏乐歌舞。《礼记·祭义》曰："霜露既降，君子履之必有凄怆之心，非其寒之谓也。春雨露既濡，君子履之必有怵惕之心，如将见之。乐以迎来，哀以送往，故禘有乐而尝无乐。"这是说，秋天霜露覆盖大地，君子踏上这霜露，心中因秋将离去而想起离去的亲人，因此产生凄怆的感情，所以祭祀时不奏乐；而春天雨露滋润大地，君子踏上这雨露，必然会有所触动，而疑惑将会见到死去的亲人，因而心中充满喜悦，所以祭祀的时候宜奏乐歌舞。

方丘祭地

祭祀地神，要在夏至日于泽中方丘祭之，而且在都城的北郊。夏至日，天气从这一天逐渐转凉，万物逐渐走向凋零、衰败，所以为阳尽阴生之日。北郊，亦是阴象。此两点与祭天之仪正好相反，天阳地阴，这亦是顺应了阴阳之意。方丘，像地，亦体现了法地的思想，

祈年殿

祈年殿，原名大飨殿，位于圜丘之北，为三重檐圆亭式殿宇，是清帝祈祷五谷丰登的殿堂。祈年殿，初建于明嘉靖年间，乾隆时改名。

是对地的敬重。这种法地的思想，与祭天之仪一样，同样体现在祭品色彩的选择上。《通典·吉礼》曰："礼神之玉以黄琮，牲用黄犊，币用黄缯。"《礼记·祭法》说用骍犊，即赤色牛犊。黄色与赤色，只是色泽深浅的问题，实际皆为法地之色。

另外，古人认为"王者父天母地"，因此，祭地与祭天"同服""同器""同牲"，而且祭祀仪节基本相同，不过，祭法不同。《周礼·春官·大宗伯》曰："以血祭祭社稷、五祀、五岳，以貍沈祭山林川泽，以疈辜祭四方百物。"所谓的血祭，就是用祭牲的血浇灌于地，使牲气下达于地，让地神歆享。而且，祭地不用燔燎，而是"瘗埋于泰折祭地也"。(《礼记·祭法》)瘗埋，掩埋祭品。泰折，即方丘，祭地时所筑的土堆。也就是说，在正祭之前，奏乐之后，要将牲体和玉、帛埋于方丘之下以飨地神。

貍沈之祭，是指将祭品埋入土中以祭祀山林，将祭品沉入川泽以祭祀川泽之神。疈辜之祭，是劈开祭牲之胸、分解祭牲之体来祭祀四方小神。这些都属于地神祭祀范畴。此外，还有望祭山川，也属于祭地之仪。"望祀谓五岳、四镇、四渎。"隋唐之时，又有了东、南、西、北四海之祭。由于五岳、四渎、四海、四镇分据天下四方，君王难以一一往祭，所以在都城的四郊各建一坛，以遥望的方式来祭祀，称为望祭。祭品用牲要与各方之色相合。即"牲用少牢，各随方色，币亦随牲色"。

古代还有一种专在泰山举行的天地合祭之仪——封禅。《史记·封禅书》正义曰："此泰山上筑土为坛以祭天，报天之功，故曰封。此泰山下小山上除地，报地之功，故曰禅。"因此封禅也叫封泰山。历代帝王好大喜功者多将封禅作为一代盛典，给予特别的重视。

反映北方农耕生活的壁画

"民以食为天"，衣食是老百姓维持生存最重要的东西，而粮由土出，因此祭祀土地就显得格外重要。图为内蒙古发现的壁画，内蒙古地区壁画多以描绘游牧生活为主，而这幅内蒙古和格尔东汉墓出土的壁画，给我们展现了北方民族的农耕生活，是研究北方少数民族游牧结合的珍贵资料。

庙祭人鬼

《通典·吉礼》曰："昔者先王感时代谢，思亲立庙，曰宗庙。"其注云："庙，

貌也。宗庙者，先祖之尊貌也。”也就是说，古代先王因季节的更替而思念离世的亲人，于是立庙，为先人灵魂提供寄寓之所，从而见庙如睹亲人之面。依时祭祀，则如同侍奉生前之亲人。因此，古人祭祀先祖必于庙中。

城隍庙

城隍本指护城河，班固《两都赋序》载，“京师修宫室，浚城隍。”后经道教演衍，成为地方守护神。祭祀城隍神的习俗形成于南北朝时，唐宋时城隍神信仰滋盛，宋代时成为国家祀典。

城隍司职，主要是城池的保护神，维护城内外治安，后来也主宰当地的水旱、吉凶、冥事，士科等等。

《左传·庄公十八年》曰：“王命诸侯，名位不同，礼亦异数。”因此，古人宗庙的设立亦因拥有者身份地位的不同而有差异。《礼记·王制》曰：“天子七庙，三昭三穆，与太祖之庙合而为七。诸侯五庙，二昭二穆，与太祖之庙合而为五。大夫三庙，一昭一穆，与太祖之庙合而为三。士一庙。庶人祭于寝。”昭穆，古代宗庙排列法，父为昭，在左；子为穆，在右。自始祖以下，按照世序递次排列下去。《礼记·祭法》又说：“王立七庙，一坛一墠。”“远庙为祧，有二祧。”也就是说，天子所立之庙包括父、祖、曾祖、高祖之庙和祭祀始祖后稷的太庙（文王、武王以前先公之主亦藏于太庙），这都是每个月祭祀一次。此外高祖以上的远祖之庙还有两个，一昭一穆，只在每年四季各祭一次。祧中的远祖迁出，则在坛上祭祀，更远的祖先则从坛上迁出，在墠（扫出的一块平地）祭祀。坛、墠只在有特殊祈祷时才祭。从墠上迁出的更远的祖先，就称为鬼，不再祭祀了。诸侯的父、祖、曾祖之庙每月祭祀，高祖、始祖之庙则每季祭祀。大夫的父、祖、曾祖之庙四季各祭一次，高祖、始祖没有庙。适士的父、祖之庙四季各祭一次，曾祖无庙，有祈祷时于坛上祭祀，曾祖之上则不祭。官师只有一父庙，

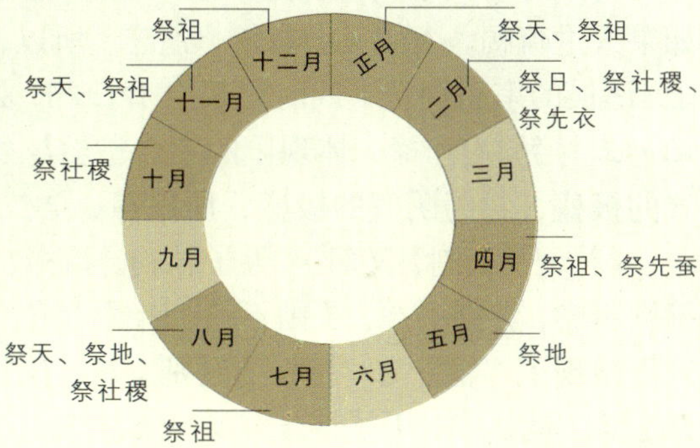

皇帝祭天仪式

中国古代，皇帝称为“天子”（即天的儿子），因此，对上天特别崇拜、敬畏。一年之中，大小祭天活动达几十次之多。此是明朝皇帝的祭祀行事历。

祖父可以在父庙里祭祀。再往上不祭。普通的士和庶民没有庙，祭祀祖宗就在居室内进行。

从上面的资料可知，向上祭祀，最远可到高祖，那么向下的祭祀也有规定。对未成年而死的子孙，天子可以往下祭祀到五代，即从嫡孙可至嫡来孙（玄孙之子称“来孙”）。诸侯往下祭三代，大夫往下祭两代。适士和庶人只能祭到嫡子。

古人考虑到祭祀之仪过于频繁，则人生倦烦，因而便会失去敬意。而如果太过疏阔，人们又会怠慢、遗忘。所以，按照天道运行的规律，对天子、诸侯的宗庙规定了四时之祭：“春曰礿，夏曰禘，秋曰尝，冬曰烝”（《礼记·王制》）礿和禘，体现阳的意义；尝与烝，体现阴的意义。而禘为阳气的极盛，尝为阴气的极盛，所以禘、尝二祭极为重要。

《礼记·王制》又曰：“天子犆礿、祫禘、祫尝、祫烝。诸侯礿则不禘，禘则不尝，尝则不烝，烝则不礿。诸侯礿犆，禘，一犆一祫，尝祫，烝祫。”这里出现了“犆”与“祫”的区别。犆，同特。指各庙分别祭祀。祫，合祭之意。就是说，天子诸侯庙数众多，祭祀起来相当劳烦，所以只在春祭时分别祭遍各庙，而夏、秋、冬之祭则将诸庙主合在一起祭祀。诸侯每年则只举行三次时祭，如举行春祭，就不举行夏祭；举行夏祭，则不举行秋祭；举行秋祭，则不举行冬祭；举行冬祭，则不举行春祭。诸侯的春祭是分别遍祭各庙，夏祭则一年分别遍祭各庙，一年合祭群庙。秋、冬之祭则为合祭。合祭行于太祖之庙。

人鬼之祭，除了对亲人的祭祀外，还包括对先代帝

为礼不敬

子曰：“居上不宽[1]，为礼不敬[2]，临丧不哀，吾何以观之哉？”

《论语·八佾篇第三》

【注释】〔1〕居上不宽：居于高位的人对下不宽厚。〔2〕不敬：不严肃，不恭敬。

【译文】孔子说：“居于高位的人对下不宽厚，行礼的时候不严肃、恭敬；参加丧礼时也不悲哀，这让我怎么看得下去呢？”

三皇五帝

据史料记载，古代的国家祭祀大体分三类，昊天上帝、五方帝、皇地祇、神州、宗庙为大祀；日月星辰、社稷、先代帝王、岳镇海渎、帝社、先蚕、孔宣父、齐太公、诸太子庙为中祀；司中、司命、风师、雨师、众星、山林川泽等即为小祀。可见古代的国家祭祀是以祖先崇拜和天神崇拜为核心，拓展到地祇、人鬼以及先圣先师神灵崇拜的一种典制。图为远古先祖形象“三皇五帝”，是夏朝以前出现在传说中的“帝王”，自左到右依次为祝融、神农、黄帝、颛顼、帝喾、尧、舜、禹，这一说并不固定。

诸侯典礼上的打击乐器

磬是古代的一种打击乐器，多用玉或石雕成，在重大祭祀活动或典礼时所用。按照当时礼制，只有天子举行的典礼上才能用玉磬，诸侯只能用石磬。图中这组春秋时代的石磬出土于陕西凤翔秦国某王公墓中。

王以及先圣、先师的祭祀。

先代帝王曾有功烈于民，后人不忘本而祭祀之。受祭者包括帝喾、尧、舜、禹、黄帝、颛顼、契、冥、汤、文王、武王等等。

对先圣、先师的祭祀为学校的立学之礼，以释奠礼为主，因此《礼记·文王世子》曰：“凡始立学者，必释奠于先圣、先师。”所谓释奠，就是以陈列酒食的方式来祭奠先圣、先师。最初的释奠没有特定的对象，至汉代，先圣定为周公，孔子为先师。唐代，罢周公，立孔子，并以孔子的得意弟子颜回为先师而配享。配祀先师者，最早为颜回一人，后世渐渐增至四配、十哲。四配，指颜回、曾参、子思、孟轲四位配享于孔庙的杰出的孔门弟子。十哲，孔子用德行、言语、政事、文学四科来评定学生，其中颜回、闵子骞、冉伯牛、仲弓、宰予、子贡、冉有、季里、子游、子夏为优秀者，于是，这十个人便被视为孔子的得意弟子，唐代开始，祭祀孔子时，便以此十人为配享，称为十哲。至清代，增补到十二哲。此外，在孔庙中还有一些受祭者，级别较低于四配、十二哲的，被称为先贤、先儒。先贤仍为孔门弟子，先儒为历代儒学杰出的学者，如左丘明、刘向、郑玄、荀子等几十人。

祭祀孔子的场所为孔庙，亦即夫子庙、文庙。孔子逝世后的第二年，鲁哀公将孔子的三间故宅改建为庙，收藏先师的衣、冠、琴、车、书册等遗物，每年定期祭祀。后经历代修缮、扩建，成为今日九进五重门的曲阜孔庙。魏晋南北朝时期，各政权分别于京城建孔庙，立孔子像，置放礼器，设乐祭祀。至隋朝庙学合一，孔庙便随州县学府遍布各地。

配 祭

古代祭祀，还有一种特殊现象，即配祭，亦作配享，或配飨。享，通

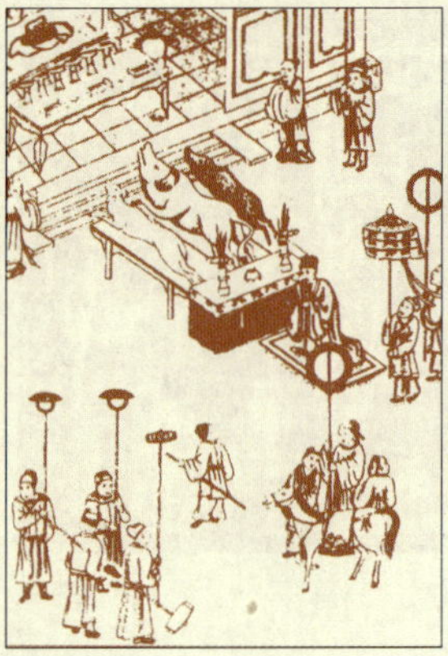

（右）祭孔图

古代祭孔，一般在太学内进行，全国各地学校也都建有孔庙，由地方官主持祭祀。

（中）书生礼拜图

旧时学生到私塾求学，先要向先师孔子行礼，然后向授业恩师跪拜。此图形象地展示了这一情景。

（左）学馆教生图

古时老师对学生的要求极严。教学完毕后，学生要单个接受老师查问。

记有庙号的戈

庙号是古代帝王死后在太庙里立宣奉祀时追尊的名号，大约起源于商朝。庙号中常用“祖”和“宗”二字，按照“祖有功而宗有德”的标准，开国君主一般是祖、继嗣君主有治国才能者为宗。并不是每个皇帝都有庙号。图中是商朝庙号的记载，铭文大祖曰己，祖曰乙，大兄曰乙等。

太祖日己戈　祖日乙戈　大兄曰乙戈

“飨”，谓有资格承当某事。《尚书·吕刑》曰：“唯克天德，自作元命，配享在下。”孙星衍疏云：“配谓配天，享谓享其禄，言唯能肩任天德，自作善命，则配天命而享天禄于下矣。”《周礼·夏官·司勋》亦云：“凡有功者，铭书于王之太常，祭于大烝。”郑玄注：“生则书于王旌，以识其人与其功也；死则于烝先王祭之。”也就是说，在祭祀之时，某些在功德等方面可为后代或世人之表者，则可与受祭对象匹配，得以一同受祭。前面释奠礼中提到的“四配”、十哲、先贤、先儒配祭于孔庙即言此礼。古代帝王祭天，则以始祖配祭。如《通典》记载：大雩“太昊配青帝，炎帝配赤帝，轩辕配黄帝，少昊配白帝，颛顼配黑帝”。《礼记·祭法》对有虞氏、夏后氏、殷人、周人之祭天而配祭的情况做了具体说明：“有虞氏禘黄帝而郊喾，祖颛项而宗尧；夏后氏亦禘黄帝而郊鲧，祖颛项而宗禹；殷人禘喾而郊冥，祖契而宗汤；周人禘喾而郊稷，祖文王而宗武王。”《通典·礼十》曰：“按先典祭祀之礼，皆以生前尊卑之叙以为位次，功臣配食于先王。”也就是说，某些功臣也会祔祀于帝王太庙，这是人臣死后最高的荣誉。如宋代太祖庙，以功臣赵普、曹彬配享；太宗庙以薛居正、潘美、石熙载配享；真宗庙以李沆、王旦、李继隆配享；仁宗庙以王曾、吕夷简、曹玮配享；英宗庙以韩琦、曾公亮配享；神宗庙以富弼、王安石配享；哲宗庙以司马光配享，等等。

虔诚之祭

QIANCHENGZHIJI

古人祭祀前必斋戒，以调整身心，使其达到整齐专一，达到真正的虔诚与恭敬。斋戒又分为七日散齐、三日致齐两种，二者先后进行。

及时将祭，君子乃齐

《礼记·祭统》曰：“及时将祭，君子乃齐。”齐，斋戒之意。就是说，祭祀是极为诚敬之事，祭前则必斋戒。斋戒，含整齐之意，其目的，是调整身心以达到整齐专一。“斋者不乐”，就是指斋戒之时要防范邪物，遏制嗜欲，连音乐都不要听，从而集中心思，消除心中一切杂念，只想合于道的事情。是时，手足亦不得乱动，而只宜做合于礼的事情。

古代君王斋戒一般要十天。先用七天稳定心思，称为散齐。郑玄曰：“散齐，七日不御不乐不吊耳。”这七天，重在收敛心性，整齐身心。散齐后，再用三天对身心来做最后的调整，称为致齐。《礼记·祭义》曰：“致齐于内，散齐于外。”就是说，致齐三天必须

宋真宗封禅玉册

封禅祭祀是古代帝王在泰山举行的祭祀天神地祇的仪式。其仪式包括“封”和“禅”两部分，在泰山上封土为坛以祭天，称为封；在泰山下一处小山上清理出一块地面以祭地，称为禅。封禅起源很早，大约在春秋、战国时期，是当时齐、鲁儒生为适应兼并争霸趋于统一的形势而提出的祭礼。宋真宗曾封禅于泰山，规模空前，祭典时的祝祷文刻在玉册上秘不示人。图为1931年出土的宋真宗封禅玉册，有十六简，用金线串联，简上刻有楷体文字，涂以金漆。

昼夜居于室内，散齐的七天则可以外出。在致齐的日子里，要时时思念死者生前的起居、谈笑、思想、爱好、口味等，这样，致齐三天之后，则会仿佛亲见所要祭祀的祖先了；到了祭祀那天，进入室内，面对尸献祭之时，则会隐隐约约看到祖先的容貌、听到祖先的声音，这样，才是对祖先的爱戴到了极点，虔诚之心到了极点。

祭祀祖先前，妇人也要斋戒。如国君祭祀前的十一天，宫宰就要告诫夫人开始斋戒，亦为散齐七日，致齐三日。君王与夫人到祭祀之日才能在庙中相见。

西汉明堂辟雍示意图

位于西汉长安城南面的明堂是当时祭祀祖先的宗庙，共有十二座庙堂，每座庙堂祭奉一祀，各庙形制相同。这是汉朝都城宗庙礼制建筑中最辉煌的建筑，也是当时史官组织祭祀活动的主要场所。

霍去病墓前卧雕

汉武帝刘彻墓茂陵，是西汉帝陵中规模最大的一座，其周围有汉武李夫人、卫青、霍去病、霍光、金日磾等陪葬墓 20 多座。图为霍去病墓前卧雕群，石雕“因势象形”，因石得形、因形造意，形象古拙，手法简练，风格浑厚，具有体积感。功臣陪葬、配享是人臣死后的一种荣誉。

有一点应该注意，斋戒的时间，后世有所变化。据《通典·斋戒》记载，唐代的散齐，大祀是四日，中祀三日，小祀二日。而宋代以后，官方的祭祀还遵循古礼，散齐七日，致齐三日，而士大夫之家的家祭，据司马光《书仪》和朱熹《家礼》的记载，就只有致齐，而取消了散齐。

祭者，教之本也

《礼记·祭统》曰：“君子之教也，必由其本，顺之至也，祭其是与！”也就是说，教化之功，源于上行下效，即教化者自身如何去做才是根本。会让自己感到不安或让人嫌恶的事情就不要去做；教育别人不去做的事情，自己更不该去做。这样的教化，在祭祀之礼中

礼佛图

孔子儒家思想中的仁、义、礼、智、信同佛教修学中的戒杀、盗、淫、妄、酒异曲同工，其教化目的也是一样的，只是在一些礼拜细节上有所差异。图中描绘的是佛教中的六位尊者，据《阿弥陀经》记载，六尊者列位在十八罗汉当中，画家笔下的罗汉形象既有佛的特征，又具有凡人的意味。画面最近景是一位虔心礼拜的男子形象。

可以得到充分的体现。

祭祀之前，祭主要竭尽心力去操办。凡是天下生的，地上长的，水中产的，只要可以用来荐献的，无不拿来做祭品。而且，天子与诸侯，要亲自耕田，以此为祭祀提供谷物；皇后及国君夫人，则亲自养蚕，以此为祭祀提供礼服。此外，天子诸侯要斋戒沐浴后，亲自察看祭祀所用的牲畜；祭祀之前，又要亲自选择毛色，进行占卜，得到吉兆后加以特别饲养；每月初一、十五去巡视这些牲畜。如此尽心而又恭敬地侍奉神明，是不忘先祖的表现，是对先人的报答，这样的行为胜过千万教化之语。

宗庙出土的甲骨

因此，通过祭祀之礼，祭主的言行，可以教育人们对外尊敬君王、长辈，对内孝顺父母。对于圣明的君主来说，虔诚、恭敬地举行宗庙社稷的祭祀之礼，则可使大臣们甘心服从，令子孙之辈学会孝顺。因此，古人称祭祀为教化的根本，即“祭者，教之本也”。

孝经图卷　佚名　绢本设色　南宋

孝道是古代处理君臣父子关系的规范，《礼记·祭义》载，“事君不忠，非孝也”，孝道成为儒家推崇的治国平天下的一个重要方面。图为取自儒家经典的《孝经》十八章，每章配图，图文并茂，描述了古代的孝道、祭祀故事，人物刻画形神兼备，画面细腻工整、布局合理。

第七章

亲万民之礼——嘉礼

我国古代礼仪纷繁复杂，使用起来极为不便。为此，古人将其分为吉礼、凶礼、军礼、宾礼和嘉礼五种。其中嘉礼范围很广，包括饮食之礼，婚、冠之礼，宾射之礼，飨燕之礼，脤膰之礼，贺庆之礼等，还包括正旦朝贺礼、冬至朝贺礼、圣节朝贺礼、皇后受贺礼、皇太子受贺礼、尊太上皇礼、学校礼、养老礼、职官礼、会盟礼等。这些礼仪使用对象亦有规定，《明史·志六十二》曰：嘉礼『属于天子者，曰朝会、燕飨、册命、经筵诸典。行于庶人者，曰乡饮酒礼。而婚嫁之礼，则上与下同也』。《周礼·春官·大宗伯》又指出了嘉礼的作用：『以嘉礼亲万民，以饮食之礼亲宗族兄弟，以昏、冠之礼亲成男女，以宾射之礼亲故旧朋友，以飨燕之礼亲四方之宾客，以脤膰之礼亲兄弟之国，以贺庆之礼亲异姓之国。』可见，嘉礼，是国家具有喜庆意义及一部分用于亲近人际关系、联络感情的礼仪活动，是按照人心所善者制定的礼仪。

冠礼

GUANLI

古代男子20岁时，要行加冠礼，即为其依次加戴缁布冠、皮弁、爵弁三种冠，以示其成年，开始承担各种社会责任与道义。另外，女子成年要行笄礼，十五岁为始笄之年。

百子团圆·踢毽

古人的年龄有时不用数字表示，而是用一种与数字有关的称谓代替。如三四岁至八九岁孩童称为垂髫，八九岁到十三四岁称为总角，十三四岁到十五六岁称为豆蔻，男子十五岁称束发等。二十岁时男子要行冠礼，代表成年，但还未达到壮年，因此称为“弱冠”。图中孩童的年龄可用总角来称谓。

冠礼是为男子跨入成年所举行的加冠仪式，它由远古氏族社会的成丁礼发展而来。原是一种礼俗，经过传承，并被统治者加以改造，至周代成为一种礼制。在氏族社会，男女青年发育成熟之前，都要经过一定程序的训练与学习，来增强其体质、毅力，增加其知识及生产、战争等技能，为其取得氏族正式成员的资格做准备。待其身体成熟时，便要参加成丁礼，正式成为氏族成员。之后方可享受参加氏族会议、进行选举等权利，同时还要参加生产、战争等活动，履行应尽的义务。随着社会的发展，成丁礼在很多地区逐渐消失，而在周代则演变成男子冠礼、女子笄礼，并作为制度确定下来。至汉代，对冠礼非常重视，帝王、太子等行冠礼时常常要大赦天下，封赏百官臣民。南北朝时期，亦备受皇家重视，仪式极其隆重。至唐代已渐趋衰落，宋元明三代虽然都实行冠礼，但已经不被重视。《端明集·明礼》记载，治平元年蔡襄曾说：“冠、昏、丧葬，礼之大者。冠礼，今不复议。”清代冠礼废止。

《礼记·曲礼》曰：“男子二十冠而字。”在二十岁这年，贵族男子要择吉日行加冠礼，并取表字，作为完全社会人的标志。《礼记·冠义》曰："冠者礼之始也。"就是说，从加冠之日起，男子就要遵守成人的礼仪，明确成年男子的各种社会身份及其所应承担的责任与义务。而一个人的成长，是一个过程，并不是一次仪式之后，人的知识、行为、思想、德行就会符合成年人的要求。与氏族社会的成丁礼举行前相似，在行冠礼之前，要经过多年的家庭教育及学校学习，从穿衣纳履、行走坐卧、言谈举止、思想德行、人际关系及知识技能等方面得到教诲与培养，为成人立身做准备。这在《礼记·内则》中有详细说明："子能食食，教以右手。能言，男唯女俞，男鞶革，女鞶丝。六年，教之数与方名。七年，男女不同席，不共食。八年，出入门户及即席饮食，必后长者，始教之让。九年，教之数日。十年，出就外傅，居宿于外，学书记，衣不帛襦袴，礼帅初，朝夕学幼仪，请肄简谅。十有三年，学乐，诵诗，舞勺，成童舞象，学射御。"《礼记·学记》亦云："比年入学，中年考校。一年视离经辨志，三年视敬业乐群，五年视博习亲师，七年视论学取友，谓之小成。九年知类通达，强立而不反，谓之大成。"

古代各式冠

冠礼是一种为了增强成年的年轻人自信心和责任感而举行的仪式。出自儒教礼教的冠礼，在我国与"家礼"一起随历史的发展被固定下来。在人的一生中要经历冠礼、婚礼、丧礼、祭礼，冠礼就是四礼之一。

经过十几年的学校与家庭的教育，懵懂无知的童子终于在身心各方面都得到发展，而最终要走向社会。这个时候，最重要的是要让其明白成人之责，懂得今后为人的准则。因此，国家以礼法规定，在男子二十岁时，为其行冠礼。刘向《说苑》曰："故君子成人，必冠带以行事，弃幼少嬉戏惰慢之心，而衎衎于进德修业之志。"加冠之后，时刻被提醒要注意已为成人的仪态仪表，为人处世的准则，注意修身养德。在冠礼中，仪程烦琐严格，日期、宾赞的确定，参礼者的行止、尊长的祝词等，无一不渗透着对冠

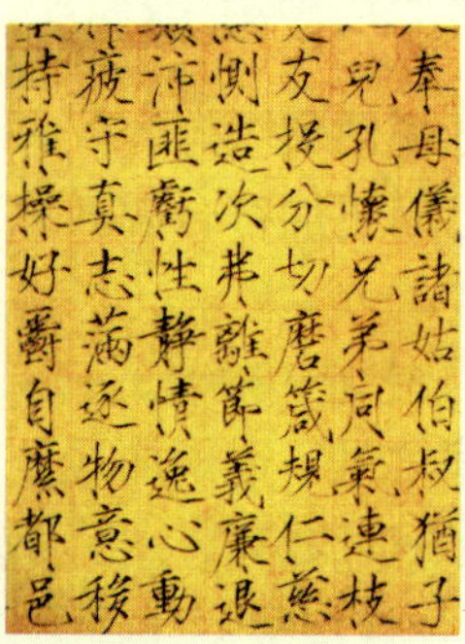

楷书千字文

《千字文》《三字经》《百家姓》《千家诗》《龙文鞭影》等都是古代传统的蒙学课本，这些书本带有一定的实用性和文学性，主要供幼童认字用，但汉字的一个特点是音义分离，能认字不代表理解，因此幼童学习以背诵为主，当年龄达到一定限度，则强调明理。

红缂丝百子图帐料　清初

冠礼是古代男女的一种成年标志，行过冠礼之后，男女可以获得婚姻嫁娶等多种权利，开始成为家庭的重要分子。图为清初的百子图帐，古代人在大婚的喜被或喜帐上都要绣百子图，期望早生贵子，家门兴旺。

者的教义。所以，《礼记·冠义》亦明确指出："成人之者，将责成人礼焉也。责成人礼焉者，将责为人子、为人弟、为人臣、为人少者之礼行焉。"进入成年人的行列，就一定要恪守作为儿子、弟弟、臣子、晚辈的责任与道义，不逾礼法。惟其如此，才可"君臣正、父子亲、长幼和"，礼仪才得以确立，真正成为合格的社会人。

男子加冠之后，在履践礼仪、担负责任的同时，亦拥有了一定的社会权利，如婚娶、祭祀、参政等，从此可走向仕途，担当重要政治角色。据记载，嬴政十三岁登基，直到九年后才得以亲政；周防因未行冠礼，世祖欲拜其为守成而不得。(《后汉书·周防传》)由此可见，冠者才有"治人"之权，行冠礼为治人之本，即"为人而后可以治人也"。

古者重冠

冠礼规定，必须在宗庙中举行，而在宗庙中举行的活动，都是很重要的。而且，举行冠礼前，冠礼的时间与主持者，都要通过占筮确定，可见对这一礼仪的严肃态度。冠礼中，要三次加冠，一次比一次尊贵；冠后，冠者要见母亲、兄弟，并去拜见国君、卿大夫等官职较高者及德高望重之人。可见，古人对于冠礼都极其重视。那么，为什么如此重视呢?

(1)重冠礼者即重礼。重视冠礼的同时，亦表明对礼的重视。礼规范人们的行为、思想，是治理国家、安定天下的重要手段。重视礼便被古人看做治理国家的根本大事。重视冠礼的每个仪节，不仅可使冠者得到礼的教育，而且可使所有参加冠礼之人都会受到教育，促使其遵礼守节，恭让敬顺，从而加强社会统治。

(2)加冠之后，就要开始以仪容端正、表情严肃、说话和顺等容仪来规范自己，开始遵守成人之礼，修养自身德行，把自己向更加符合儒教思想的人培养，为将来建功立业打下基础。

(3)冠礼又是父子相继的宗法伦理思想之体现。《礼记·冠义》曰："冠于阼，以著代也。"阼，堂前东面的台阶，主人迎宾之处。适子加冠一定要在阼阶之上，用以表明冠者将来要代替主人成为一家之主，内持家政，外执国事，决定家族承继与兴衰荣败。

尊师之礼

先生书策琴瑟在前，坐[1]而迁之，戒勿越。虚坐尽后，食坐尽前[2]。坐必安，执尔颜[3]。长者不及，毋儳言[4]。正尔容，听必恭。毋剿[5]说，毋雷同。必则[6]古昔，称先王。侍坐于先生，先生问焉，终则对[7]。请业则起，请益[8]则起。父召无诺，先生召无诺，唯[9]而起。侍坐于所尊，敬毋馀席[10]。见同等[11]不起。烛至，起。食至，起。上客[12]，起。烛不见跋[13]。尊客之前不叱[14]狗。让食不唾。

《礼记·曲礼上第一》

【注释】〔1〕坐：古人双膝着地，以臀部置于脚后跟为坐。〔2〕虚坐尽后，食坐尽前：古时有虚坐（或称徒坐）、食坐之分。如不饮食，就靠后坐，以示谦让，如饮食，就靠前，以免食物玷污了面前的席。〔3〕执尔颜：意思是不显怠慢之意。执，坚持，坚定。〔4〕毋儳言：不要在别人说话时打岔。〔5〕剿：抄袭。〔6〕则：遵循、效法。〔7〕终则对：意思是等先生把话说完后再回答。终，结束。〔8〕业：学业；益：再次。〔9〕唯：唯同“诺”，答应的意思。〔10〕敬毋馀席：意思是要靠近尊者，前面不要留有余席。〔11〕同等：同辈。〔12〕上客：贵客。〔13〕跋：指烛火燃尽部分。〔14〕叱：呵叱。

【译文】前面摆放着先生的书策琴瑟，弟子要跪着绕过去，一定不要从上面跨越过去。不饮食要尽量靠后而坐，饮食要尽量靠席而坐。坐下后不要乱动，要保持谦恭的容颜。长者没有向你问话，就不要插言。仪容要端正，听长者讲话要恭敬。不要抄袭别人的学说，说话不要与人雷同，必须遵循古代的正道，称引先王的教诲。在先生面前陪坐，先生问话，要等先生把话说完后再回答。向先生请教学业要站起身来，如果不懂，再次向先生请教，也要站起身来。听见父亲召唤，不要只应诺而不行动，听见先生召唤，不要只应诺而不行动，而是在应诺时马上起身行动。在尊敬的人面前陪坐，要恭敬地坐在距他最近的地方，不要在自己面前留有余席。看见与自己同辈的人进来不用起立。有人送烛火来要起立，有人送饭来要起立。有贵宾到来要起立。烛火不要等到燃尽再换。在贵宾面前不要呵叱狗。向客人让食的时候不要吐唾沫。

（4）最重要的是，加冠可使冠者明确社会伦理纲常及社会责任，努力践行孝、悌、忠、顺之德，成为合格的儿子、合格的弟弟、合格的臣子、合格的晚辈，真正担当起合格的社会角色，这样才有资格去治理别人。而且，加冠后，才能拥有婚姻、祭祀以及参加宾射、飨燕、脤膰、贺庆之礼

的权利，冠礼是行一切礼仪的前提。因此说："冠者礼之始也，嘉事之重者也。是故古者重冠。"(《礼记·冠义》)

冠礼仪程

冠礼的仪程，大致分三个阶段：冠期前之诸仪，包括筮日、戒宾、筮宾、宿宾、为期等；冠礼的正礼，包括陈服器、就位、迎宾及赞者、始加、再加、三加、宾醴冠者、见母、字冠者等；正礼后之诸仪，包括冠者见兄弟、赞者、姑姊，冠者执挚见国君、乡大夫、乡先生、醴宾、归宾俎等。

冠期前之诸仪，即正式加冠前按礼仪规定的程式而做的准备事务。

筮日　在行冠礼之前，首先要确定吉日。这必须通过占筮的方式来选择，不得随意确定。占筮仪式郑重、庄肃。地点必为家庙，主人（将冠者父亲，若父殁或因特殊原因无法参加，则由兄代替）及参与冠礼的家臣、小吏都要"玄冠，朝服，缁带，素韠"。而且参与仪式的每个人所处位置也都各有规定。占筮完毕，如果本旬内没有吉日，就再从本旬外筮求。《礼记·冠义》曰："行之于庙者，所以尊重事，尊重事而不敢擅重事。不敢擅重事，所以自卑而尊先祖也。"占筮于家庙，是表明事情重要，要予以重视，而重视便不得专任其事，而应以谦卑尊敬之举来告知祖先。这样做是含有以祖先名义行礼之意。

戒宾、筮宾、宿宾及赞冠者　冠礼吉日确定后，冠礼的主人要提前三天亲至宾的大门外将冠礼之事通报给朋友、同僚，邀请其届时前去观礼，是谓"戒宾"。冠期前三天，主人再次通过占筮的方法，从所戒之宾中选择一位德高望重者担任加冠的正宾，是谓"筮宾"。冠礼前一天，主人要亲自前往正宾家中作致辞邀请。另外，还要邀请一位协助宾加冠的人——赞冠者。此仪节为宿宾和宿赞冠者。宿，邀请之意。如果将冠者是孤子，次仪节则由其叔伯父或从兄完成。

为期　行冠礼前一天的傍晚，要在庙门外举

古人行筮步骤

以蓍草占卦方法十分复杂，《系辞》中记载了占卜步骤："大衍之数五十，其用四十有九；分而为二，以象两，挂一以象三，揲之以四，以象四时，归奇於扐，以象闰，五岁再闰，故再扐而后挂"。图演示的正是用蓍草从事行筮的步骤。

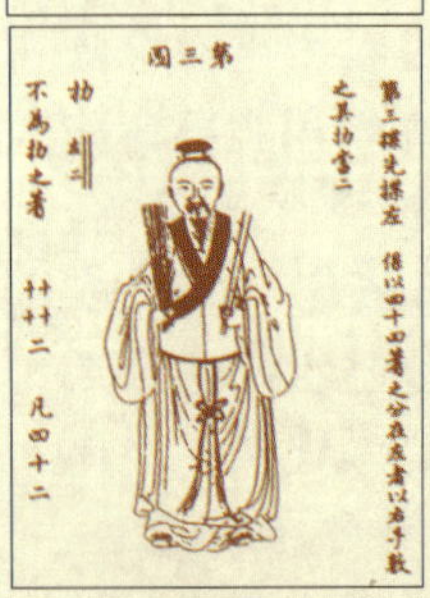

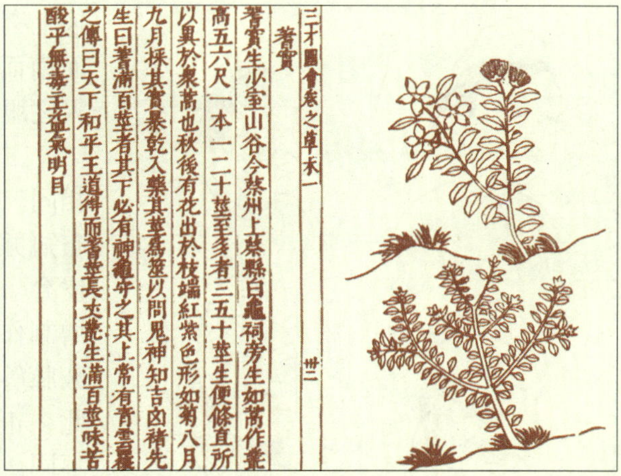

蓍　草

蓍草，古代用来占问的主要工具。该图的图注中有“其茎为筮，以问鬼神，知凶吉”的文字。《礼记·冠义》载，“冠者，礼之始也”。冠礼是四礼之首，因此授冠者亦非常重视占筮择日。古人占筮就常用蓍草。

行约定冠礼具体时间的仪式，即“为期”。为期时，接引宾客之人（傧者）请问第二天举行冠礼的具体时间，主政教的家臣（宰）转达主人的决定：“质明行事。”即天刚亮时开始。为期完毕后，傧者至宾家中，通知约定的时间。

冠礼前期的准备事宜皆郑重有礼，这是对冠礼重视的体现。同时也渗透着对冠者及参加冠礼之人进行教育的思想。

冠日之事

陈服器、着服就位、迎宾与赞者　在仪式开始前，要把加冠所需的各种服饰及器物陈列出来。包括冠者所需的三套服饰：爵弁服、皮弁服、玄弁服。还包括加冠时的辅助、修饰之物，如梳篦、笄、冠带、包发用的黑色帛、固定冠的“缺（kuì）项”等。另外还包括一些敬神之物，如勺、觯、角柶、脯醢等。这些服饰的颜色、规格都有明确规定，而且所有服器皆必须严格按照规定放置。陈列结束，主人穿朝服立于阼阶下，其兄弟及亲戚亦着礼服就位。将冠者着童子之服，梳着发髻，在房内面朝南而立。宾与赞者至门外，主人亲迎，作揖之后请入。如果将冠者是孤子，则亲自于大门外迎宾。进门后，每次转弯都作揖示意，到了阶前，又行三让礼。三揖三让礼是古人迎宾之礼，极尽恭敬之态。在冠礼中行此礼，表达恭敬的同时，亦可理解为主人以身示范，对将冠者及参加冠礼之人给予礼的教育。

冠服三加　加冠为冠礼最重要的环节。由正宾为将冠者依次戴上缁布冠、皮弁、爵弁。一加之前，由正宾的赞者为将冠者梳头，并用帛包发，然后正宾把将冠者头上包发的帛扶正，起身，从西阶走下一级，从执冠者手中接过缁布冠，回到冠者面前，端正其容仪后，并致祝词：“令月吉日，始加元服。弃尔幼志，顺尔成德。寿考惟祺，介尔景福。”表达对将冠者树立修身养德之志的期盼以及福寿的祝愿。祝毕，为冠者加冠。冠者进房，

幞　头

古时男子行冠礼时需穿戴的服饰甚多，包括冠中、帽子、幞头、衣衫、革带(古代革制的腰带)、鞋靴等，其中最重要的是头上所戴部分。图为唐代幞头演变示意图，又称袱头，始创于后周武帝。后周以三尺帛绢向头后幞发，故称为幞头，其形式有圆顶、方顶之分，有软裹、硬裹之别。唐朝时，上自帝王下到老百姓均可戴幞头。

换上玄端服、雀色蔽膝，出房，面南而立，向来宾展示始着成人之服的自己。

二加、三加与此仪节大致相同。二加时，要等冠者摘去缁布冠并重新梳发后，再为其加皮弁。之后将冠者进房换上白缯制作、腰间有褶的裳和白色蔽膝等。三加的冠为爵弁。除此，正宾取冠时所下台阶数目不同。二加下两级，三加下三级，至地。二加与三加时，亦皆有祝词。大意与一加基本相同，即勉励与祝愿。

每次加冠，都要为冠者梳头、正发、致祝词，宾亦端正其容仪。这是在进行容体、颜色、辞令的教诲。仪容端正、神色庄敬、辞令恭顺为成人者必备之修养。唯如此，才能处理好君臣、父子、兄弟、长幼的关系，使礼仪得以体现。

宾醴冠者　即正宾以醴酒为冠者敬酒。筵席设于室中户西，冠者坐在席西端，面朝南。正宾为冠者敬酒，并致祝词，表达洪福长寿的祝愿。冠者在西边下拜，然后接受。与此同时，宾也要在东边答拜。

冠者见母　冠者从席上下来，到席子南端面朝北坐下取些肉干，然后自西边台阶走下，折而向东，出庭院东墙，面朝北拜见母亲。“母拜受，子拜送，母又拜。”此处，母亲拜两次，是依古礼以成人之礼待子。

宾字冠者　名为父亲所取，只有长辈、尊者才可呼唤。平辈之间、晚辈对长辈或尊者则应以字相称。因此取表字，其礼仪在于崇敬父母为冠者所取之名，即所谓：“冠而字之，敬其名也。”同时，取表字便于与人交往，是成人之道。

清代皇帝服饰

古代男子举行冠礼的年龄不一，朱熹说过，“男于年十六至二十皆可冠”。作为人生四大仪礼之一的成年仪礼，冠礼素为儒者所重，但是在封建社会后期已逐渐淡化。清中期以后，多移至娶妻前数日或前一日举行。某些地区自宋代以来，仪式更为简易，不再宴请宾客，仅在本家或自家范围内进行。图为清代皇帝朝服，清宫内，为登基需要，一些太子会提早行冠礼，行过冠礼之后，则不能随意进出后宫。

正宾赐冠者表字，并祝曰:“礼仪既备，令月吉日，昭告尔字。爰字孔嘉，髦士攸宜。宜之于假，永受保之，曰伯某甫。” 礼仪已经完备，在这良辰吉日，宣布你的表字。你的表字是美好的，宜为英俊的男士所应当拥有。适宜便会得福佑，愿你永远保有。你的表字就叫“伯某甫”。伯、仲、叔、季，是古人对长幼之序的区别字，位于表字之首，伯最大。某，冠者之字。甫，又作“父”，是对男子的美称。如果排行为仲、叔、季的，祝词相同，只把“伯”换成相应的字即可。如孔丘，字仲尼父，排行为“仲”，字为“尼”。

赐字毕，主人送宾出庙，并以醴酒相敬，表感谢。

正礼后之诸仪，主要包括冠者以成人之礼见兄弟、姑姊、君、乡（卿）大夫、乡先生及醴宾、送宾归俎等仪节。

拜见尊长　首先是拜见兄弟，兄弟行再拜礼，冠者答拜。然后去拜见姑母、姐姐等人，仪节与拜见母亲一样。在拜见过程中，被拜者皆以成人礼答拜，表明冠者从此成为家族中成人，宜以成人礼待之。所以《礼记·冠义》曰:“见于母，母拜之；见于兄弟，兄弟拜之；成人而与为礼也。”

接下来冠者去拜见国君、卿大夫、乡先生等人。因为是首次以成人身份拜见这些尊者，所以非常郑重，要换上玄冠、玄端、雀色蔽膝，手执雉前往。卿大夫乡先生接见冠者时，都要对冠者予以教诲。其教诲除赞美

赶考图

行冠礼的赞词，无非告诲成年男子，要放弃少年时的志向，造就成年人的情操，处事要保持威仪，培养美德。行冠礼之后，则代表可以出仕，参加社交。图为古代成年男子进京赶考的场面，古代家庭均以“出仕”为官为培养孩童的目的。

之词外，就是修身立德、戒倨向善之类的告诫之语。

拜见尊长的仪节，是冠者成人的开始，也是其走入社会的标志。通过冠礼，把冠者介绍给来宾、各级尊长，等于向社会宣告其已为成人，为其迈入社会与人交际做了一个导引，打开了一扇大门。

主人醴宾 这是冠礼的最后仪节，主要表达主人对宾的感谢之情。冠者拜见尊长结束，主人酬答正宾，行一献之礼。主人向宾献上醴酒，称为献；宾用醴酒敬答，称为酢，主人为劝宾饮醴酒而先自饮，然后斟醴酒敬宾，称为酬。饮毕，主人以五匹帛和两张鹿皮赠宾。宾离开时，主人亲送，并派人将盛有牲肉的礼俎送至正宾家中。

笄礼

男子二十岁行冠礼，表成年。女子成年行笄礼，十五岁为始笄之年。《礼记·内则》曰：“十有五年而笄。”《礼记·杂记》又曰：“女虽未许嫁，年二十而笄。”女子在十五岁至二十岁之间，只要许嫁便可加笄。如果一直待嫁未许人，那么最迟在二十岁时也要行笄礼。

女子在行笄礼之前，也要经过一定的

古代男女的成人礼

冠礼，是古代象征男子已经成年的一种礼仪。贵族男子在二十岁行冠礼，礼仪在宗庙举行，由父亲主持，并有指定的贵宾为男子加冠，青年要先后接受缁布冠、皮弁、爵弁三种加冠礼仪，分别代表治人、为国出力、参加祭祀的权利。女子行笄礼，以示成年，则可许嫁。

学习，但学习内容与男子大不相同。主要是为婚后相夫教子、敬顺舅姑、操持家务、严守妇道作准备。《礼记·内则》曰："女子十年不出，姆教婉娩听从，执麻枲，治丝茧，织纴组训，学女事，以共衣服。观于祭祀，纳酒浆笾豆菹醢，礼相助奠。"《礼记·昏义》又说，女子出嫁前三个月，要被"教以妇德、妇言、妇容、妇功"，以养成柔顺之德行。

各式发簪

我国古代各民族的成年仪礼表现形式是多种多样的，有加冠、受笄、穿裤、换裙、文身、染齿（或凿齿）等，其中以加冠最具代表性。古代女子成年礼叫做笄礼，是挽着头发插上笄的意思。笄礼举行在十五六岁，或者订婚之后结婚之前，女子如果一直未许人，则可延迟到二十岁。但囿于古代男尊女卑的传统思想的影响，古人在言及成年仪礼时，一般只称"冠礼"。

女子笄礼与男子冠礼的意义又有差别。男子行冠礼后，将担负成人的社会责任，拥有各种政治权利，成为完全的社会人。而《礼记·曲礼》曰："女子许嫁，笄而字。"女子行笄礼是要在许嫁之后，即在男方纳征之后加笄并取表字。可见，笄礼与婚嫁紧密相连，它并非严格意义上的成年礼，而是许嫁之后的一种仪式，是从属于婚姻之礼。笄礼完成，表明女子有结婚生子、奉养舅姑、谨行妇道的责任了。

女子许嫁之笄礼与未许嫁之笄礼有所不同。《仪礼·士昏礼》曰："女子许嫁，笄而礼之，称字。"其注曰："笄女之礼，犹冠男也，使主妇女宾执其礼。"《礼记·杂记》曰："女虽未许嫁，年二十而笄，礼之。妇人执其礼，燕则鬈首。"未许嫁之礼指明女子成人之义，只用自家妇人执礼，无主妇、主宾。许嫁之笄礼，表明女子已成人的同时，亦意味着女子即将成为人妇，进入另外的角色，意义较重，所以得到重视，加笄仪程亦如冠礼。"当使主妇对女宾执其礼，其仪如冠男也。"另外，已许嫁者，用醴礼之；未许嫁者，用酒醮之。这是"敬其早得礼也"。

射礼

SHELI

射礼包括三番射、宴饮等仪节。射前、射后之宴饮，射中射者之进退举止等，皆渗透着礼仪，参加射礼的人可从中得到德的教化。因此，古人以射礼来“立德正己”、“观德择士”。此外，还有一种由射礼演化而来的助酒娱宾的游戏性礼仪——投壶之礼。

射箭，本是强身健体、保家卫国之事，然而古代统治者，却以礼的形式予以规范，和以圣乐，赋予其更多的文化与道德内涵，使射箭一事成为古代君子获取社会尊重及荣耀的途径之一。可以说，射礼集道德教化、礼乐熏陶、体育锤炼、竞争引导于一体，倾注了华夏数千年文明深厚广博的内涵。

射礼之功用

周代射礼可分为四种，即大射、宾射、燕射、乡射四种。大射是天子、诸侯、卿大夫祭祖、祭神前选择参加祭礼人员所行之礼。宾射是天子因诸侯前来朝见或诸侯相会时举行的射礼。燕射是天子与群臣燕息之射。乡射是地方官为荐贤举士而举行的射礼。射礼前后，常有燕饮，乡射礼也常与乡饮酒礼同时举行。四种射礼，各有侧重。大射、乡射，在于选择贤德之士，侧重容体、动作是否合于礼乐；宾射、燕射在于君臣欢聚，侧重

射箭图

六艺，是指礼、乐、射、御、书、数，是古代男子必须要掌握的六种技能。射击作为“六艺”之一，是当时贵族，特别是士阶层普遍的训练之一。图中是贵族练习射箭的场景。

敬宾尽欢。其仪节亦有分别，所用弓、箭、侯（箭靶）、乐舞等都相应而异。《周礼·天官·司裘》曰：“王大射，则共虎侯、熊侯、豹侯，设其鹄（靶心）；诸侯则共熊侯、豹侯，卿大夫是共麋侯，皆设其鹄。”彰显着等级色彩。

玄烨习射图

古代以射喻学、喻教的例子颇多。清代著名学者阮元年少时，其母曾以“射须沈其气，气不沈，志不能正，体不能直”教诲他，从射箭扩展到做事，强调行事要心气沉稳，志向高远，用心专一。《礼记·射义》还记载，“射者，仁之道也。射求正诸己，己正而后发。发而不中，则不怨胜己者，反求诸己而已矣”。强调射箭比赛的输赢，不应怨天尤人，而应从自身发现弱点，然后强化。

以射观德而择士 天子、诸侯举行大射礼之前，一定要先行燕礼，在行燕礼之时，臣子于堂下再拜稽首，从台阶走上之后，为君者又要答拜。这表达了臣子向君王致意、君王亦施恩惠于臣子的礼仪，所以说，“燕礼者，所以明君臣之义也。”在以选士为目的、三年一行的乡射礼举行之前，一定要行乡饮酒礼，乡饮酒礼上，以贤者为宾客，以年龄大小定尊卑。如六十岁的可以坐，五十岁的却只能站着。因此说，“乡饮酒之礼者，所以明长幼之序也。”由此可知，射礼中，可以令所有参加者领悟到为人之德。

朝闻道

子曰：“朝闻道[1]，夕死可矣。”

《论语·里仁篇第四》

【注释】〔1〕道：真理。

【译文】孔子说：“早晨知晓了真理，就是当天晚上死去也心甘。”

射礼中，还规定射者比赛之时，其举止必合于礼，即“进退周还必中礼”。同时，发射时，必应着鼓的节拍，否则，即使射中也不得计数。礼乐相合加之以勇力，给观者以视觉和听觉上的欢愉，然而，这只是表面，在这欢愉之中，所有参加射礼者都将得到德的教化，这才是射礼的意义所在。因此，《礼记·射义》说：“射者，所以观盛德也。”

射箭之时，首先射者要身体端正、挺直，举止有节有度，这样，所持弓箭才会端正、稳妥。同时，更要内心纯净、思想专一，唯有心无旁骛，才会有专注的目光。体态端正、目光专注，然后才可能射中箭靶。即“内志正，外体直，然后持弓矢审固。持弓矢审固，然后可以言中”。要做到

乾隆射箭图屏
王致诚　纸本　清代

“立德正己、礼乐相和”是古代射礼举行的目的和方法。“射箭”从远古发展到春秋，儒家对它进行了改造，糅合以德行、仪态、礼让等人文内容，使之成为一种寓教于乐的活动，习射以喻德，一直延续到清代。此图描绘了清乾隆帝一行在承德避暑山庄习射场面。画家王致诚是法兰西人，以画艺供奉于内廷。

这一点，射者的前进、后退、转身必须合于礼仪的要求。这可以说是一个人德行的外化，所以说，在射箭过程中，可以观察到人的道德品行。

射箭之时，还要伴以音乐的节拍，而不同的职官，所用音乐亦有差别。天子用《驺虞》，诸侯用《狸首》，卿大夫用《采苹》，士用《采蘩》。为什么要这样做呢？《礼记·射义》解释说，《驺虞》歌颂百官齐备，《狸首》歌颂诸侯按时朝见天子，《采苹》歌颂遵循法度，《采蘩》歌颂不荒废本职工作。也就是说，在射箭之时，用音乐提醒每位射者，都要记住自己在社会中的身份、朝廷中的地位，要把射箭当做自己的本职工作一样看待，专心致力于此。即做天子的要把射中箭靶作为做好一个国君的目标，做臣子的要把射中箭靶当做做好臣子的目标。儒家认为，如果射者能应着鼓的节拍射中目标，则说明，他在本职工作中一定是尽心尽力了。因此孔子说，“循声而发，发而不失正鹄者，其唯贤者乎！若夫不肖之人，则彼将安能以中？”射箭过程，是观察一个人美好德行、评定其贤能与否的途径。

鹿　哨

清帝木兰哨鹿时所用的鹿哨，以紫檀木制成，以金漆彩绘。

玉扳指

也正因如此，射礼亦常常被当做选拔人才的手段及对职官予以奖惩的判定条件。每三年一次的乡射礼便专门是为选拔贤能之士、为天子提供人才而举行的。在大射礼中此特点更是鲜明，这在《礼记·射义》中有详细的解说："天子将祭，必先习射于泽。泽者，所以择士也。已射于泽，而后射于射宫，射中者得与于祭，不中者不得与于祭。不得与于祭者，有让削以地，得与于祭者，有庆益以地，进爵、绌地是也。"天子将要祭祀，便会举行射礼，来选择助祭之人。射礼中，只有容体正，合于礼，发射时，节拍合于乐，而且屡次射中者，才会被认为是贤能之士，才有参加祭祀的可能。同时，还要进行奖惩。可以参加祭祀者，得以进爵、益地；不得参加祭祀者，便要受到责罚，削减其土地及统治的权力。故《礼记·射义》又云："射侯者，射为诸侯也。射中则得为诸侯，射不中则不得为诸侯。"

射以正己 射礼，不管赋予其多少文化内涵，但其竞技的性质总是有的。既然是竞技，则必有胜负之分。胜负判然之后，胜者与败者将如何呢？儒家反对暴力，主张人类的和谐发展，因此，胜利者要为失败者斟酒，失败者要用大杯饮酒，接受惩罚。对于胜者，提示他们不得骄纵，要有敬让之心；对于败者，饮的是罚酒，警示他们无论是技能还是德行都没有达到君子的标准，所以应该以此为诫，继续努力锤炼技能、修养德行。《礼记·射义》曰："射者，仁之道也。射求正诸己，己正而后发。发而不中，则不怨胜己者，反求诸己而已矣。"射箭的成败，关键在于射者能否端正体态、调整好心志。因此，如果成为败者，首先要做的事情是反省自己射箭之时体态、心志是否正确，精力是否集中，总结教训，以备今后为人行事的警戒，万不可将责任归结为胜者过于强大。相反，应该把胜者的技能、德行作为自己奋斗的目标。

御用弓、箭、鞬

鞬分别为盛箭和弓的袋。两者均为新疆织锦缎做面，皮革作里。其中最多盛放箭十三支。

君子怀德

子曰："君子怀〔1〕德，小人怀土〔2〕；君子怀刑〔3〕，小人怀惠。"

《论语·里仁篇第四》

【注释】〔1〕怀：思念。〔2〕土：住宅、故土。〔3〕刑：法律制度。

【译文】孔子说："君子关注的是道德教化，小人关心的是故土住宅；君子想的是法制，小人想的是恩惠。"

古代跪射、立射的姿势

射礼在春秋战国时期，受到诸子百家重视，并将它作为对门徒教育的主要内容之一。射箭时，表情要严肃，姿势要端正，以示正礼。古人对射箭姿势的要求是，“射者，进退周还必中礼，内志正，外体直，然后持弓矢审固；持弓矢审固，然后可以言中。此可以观德行矣。”(《礼记·射义》)。内志正、外体直正是君子之风。《吴越春秋·勾践阴谋外传》中还作过相应的理论记载，“身若戴板，头若激卯，左足蹉，右足横，左手若附枝，右手如抱儿。”图为秦代士兵习射的姿势，射礼是在文人、士阶层流行，两者存在姿势上的差异。

古代射礼用具

弓、箭、箭菔是古代射礼中必备的器具。最初的射箭，是远古祖先赖以谋生的手段。周代时，随着青铜箭镞的大量出现，射箭水平有了很大提高，射箭活动在社会中的地位进一步提高，被列为“六艺”之一。当时的射箭比赛中还设有饮酒、奏乐等一系列复杂的礼仪。图为弓、箭、镞等各部分的组成。

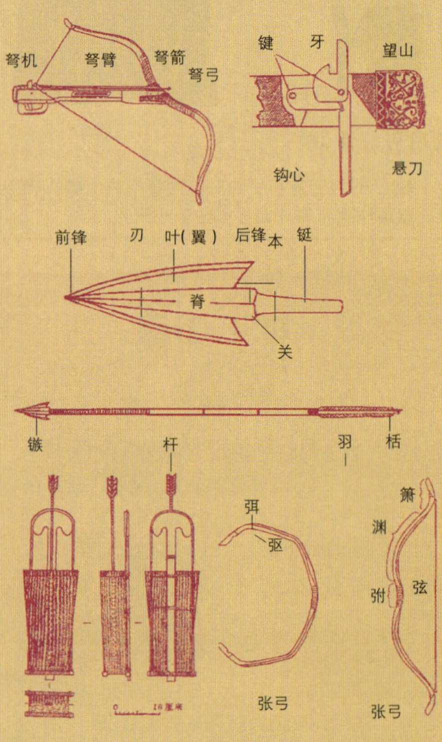

射礼之仪程

此处介绍的射礼主要是乡射礼。行礼地点为州的学校“序”。行礼之前，还要行乡饮酒礼，乡饮酒礼将作为单独的内容来介绍，所以此处略去。

乡射礼中，饮酒礼行过之后，便开始做比射的准备：开礼、配耦、倚旌待射、司射诱射等，之后是最主要的仪节：三番射，最后是旅酬、送宾两个仪节。

开礼 由司射事先挑选的六名作为“三耦”成员的德才兼备的乡学弟子，已等候在堂下西侧，面朝南而立。司射自堂西取弓及箭后，登堂报告宾，“弓箭都已准备好，有司特来请您射箭。”宾辞让：“我不擅长于此道，但我还是代替其他弟子答应您的请求吧。”之后，司射报告主人：“我请宾射箭，宾已同意。”请注意，射礼全过程中，司射都需挟乘弓矢。如果弓箭匮乏，可不做强求。

配耦 司射把六名射者两两配合，分成三组。每组中的两人技艺相近。一组称一耦。三耦分别称上耦、次耦、下耦，是所谓“三耦”，每耦分上射、下射。比射之前，每位射者都各取四支箭，这是每次比射的数目。

倚旌待射 司正命令把掩折的箭靶张开，并令报靶者把旌旗倚靠在箭靶背面的中央，为全场指示箭靶中心的位置。司射命令三耦：“各与自己的搭档揖让后取弓箭，依次而射！”六位射者皆脱去左边的外衣衣袖，在右手拇指上戴上钩弓弦用的扳指，在左手臂上套好护臂，左手执弓，右手的指间夹一支箭，另外三支插在腰带中。

诱射 诱，教、引导。诱射，即司射为众射者做射箭的示范。司射腰插三支箭，右手指间夹一支箭。由堂西向东行揖礼，走到正对着西阶的路上时，向北行揖礼。到西阶，再次行揖。走上堂，还要行揖。之后将左足踩到射位符号上，旋转右脚，回头观察箭靶中心，表示专注于射箭一事。接着，俯身察看双足是否按规定踩在射位符号上。最后开弓射箭，将四支箭全部射完，返回原位。

第一番射 第一番射是习射，不计成绩。上耦的两位射手接到射击命令后一起上堂。未至阶前的途中要三次揖让。上堂后，又要三次揖让。之后，按照司射的要求在射位站好，扭头看箭靶中心，再并足立正，等待命令。司射在堂下命令道：“无射获，无猎获！”即不许射伤报靶者！不许惊吓报靶者！如果误伤他人，射者将在中庭受刑杖责打。上射向司射行礼后射击，第一支箭射出后，再从腰间抽出一支箭搭在弦上，然后由下射射。如此轮流，直至将各自的四支箭射完。报靶者向堂上报告比射结果。上耦下堂，次耦上，双方在西阶前碰面时，互相行揖致意。

次耦、下耦依次上堂习射，仪式与上耦相同。射毕，司射上堂对宾行揖礼，禀告曰：“三耦卒射。”宾向司射行揖礼致意。

第二番射 第二番射是正式比赛，要根据射箭的成绩分出胜负。比射开始前，在司马的命令下，重新取箭、摆箭。之后司射登堂，请宾、主人、大夫、众宾参加比射。如果这些人都参加，那么，主人要与宾合耦，担任下射；大夫与士合耦，亦为下射，皆以此表示谦敬。将要参与射事的众宾

都走下西阶，接在三耦西侧向西排列，以年龄为序，东端为尊。宾、主人、大夫都在堂上。

首先是三耦比射。射前，司射宣布："不贯不释！"即如果不能射穿箭靶，就不计作成绩。此番比射方式与第一番射同，只是射中一箭，释筹者（负责计算成绩的有司）就抽出一支算筹丢在地上，上射射中，丢在右面，下射射中，丢在左面。接着，宾、主人、大夫下堂，按照已经匹配好的耦，依次比射，最后是众宾。比射成绩的计算，皆与三耦同。

全部射毕，释筹者向宾报告："左右卒射。"之后统计左右射成绩，把比赛结果报告给众宾。

胜负已判，负者将要饮罚酒。司射命令：胜者皆脱去左袖，戴上扳指、护臂，拿起拉紧弦的弓；负者皆穿上衣服，脱下扳指和护臂，空出左手，右手将弦已松开的弓放在左手上，使左手握住弓的中部。以此仪态表明胜负。然后，三耦、宾、主人、大夫、众宾皆依次与各自的合耦者揖让上堂，负者站着把酒喝掉，并向胜者行揖致意。宾、主人和大夫如果是负者，就不必拿弓；大夫上堂饮酒时，其合耦者不得随之而上；如果大夫的合耦者当饮罚酒，却要单独拿弓上堂受罚，此尊卑等差之体现也。罚酒结束，司射向报靶者、释筹者献酒，第二番射才告完毕。

第三番射 此番比射与第二番射有所不同，即比射时有音乐伴奏。比射准备就绪后，司射向宾请示用乐曲伴奏以使宾欢娱。宾同意后，司射向乐正发出命令："请以乐乐于宾，宾许。"然后向参射者宣布："不鼓不释！"即凡不应着鼓的节拍而射中靶心者，不得计数！

乐工演奏、歌唱《诗经·召南》中的《驺虞》或《采苹》之诗，一般都要五遍，只众宾射时不计算音乐的遍数。特别要求的是，乐曲演奏的节拍，要均匀如一。除音乐伴奏外，整个比射仪程与第二番射基本相同，负者仍饮罚酒。

明宣宗元宵行乐

《周礼·保氏》中有关射礼有"五射"之说，是指五种射技。依次为：白矢、参连、剡注、襄尺、井仪。白矢，指箭射穿靶子而箭头发白，表明发矢准确而有力；参连，前放一矢，后三矢连续而去，矢矢相属，若连珠之相衔；剡注，指矢行之疾；襄尺，臣与君射，臣君并立，让君一尺而退；井仪，四矢连贯，皆正中目标。图为宣宗游乐图中的射箭、投壶、打马球等场面。

投　壶

投壶，是古人宴席上一种礼制。既是宾主相娱的一种游戏，又是社交的一种方式。这项竞技活动最初在贵族间流行，战国时，开始大众化，成为民间竞相追求的时尚。图为投壶专用具壶，投壶的壶，广口大腹，颈部修长，比赛时，壶内装豆子，以增加弹性，如投者用力过猛，矢会被弹出。

旅酬及送宾 三番射结束后，乐工再次登堂即位，宾主开始旅酬，整个仪程皆有音乐伴奏。旅酬，为酒宴上为客人之间相互敬酒、劝酒的仪节。要求从身份高者开始，依次向下进酬。先是宾酬主人，然后酬堂上所有宾客，最后受酬者，站在西阶上向堂下众宾进酬。进酬完毕，宾主欢饮，爵数不限，歌乐不已。

宾告辞，乐工演奏乐曲《陔》。宾出大门，参礼者皆相随，主人在门外相送，行再拜之礼。第二天，宾着朝服到主人家门外拜谢昨日的恩赐，主人也着朝服到门外拜谢宾的屈尊光临。之后，主人换上便服，慰劳司正，并邀请昨日无法邀请的亲友、乡中已经退休或还在职的卿大夫。饮酒比较随意，《周南》中的《关雎》《葛覃》《卷耳》和《召南》中的《鹊巢》《采蘩》《采苹》六篇乐章随便点奏，不再要求顺序。

筵席边的射礼：投壶之礼

投壶之礼由射礼演化而来，是古代上层贵族们燕饮宾客时，为助酒兴娱乐宾客而举行的一种带有游戏性质的礼仪。整个仪程及比赛的方式与射礼相似，但其简单易行、趣味浓厚，可很好地活跃宴饮气氛，因此为人们所喜爱。《后汉书·祭遵传》曰："对酒设乐，必雅歌投壶。"

箭与壶是投壶礼中最重要的礼器，分别相当于射礼中的箭与箭靶。只是投壶中的箭并非真正的利箭，而是用柘木或棘木削制而成木箭，且不许刮掉树皮。箭身的长度由活动空间大小决定。如果在室中投壶，要用二尺长的箭；如果在堂上，则用二尺八寸的箭；如果在庭中，则用三尺六寸的箭。显然，活动空间越大，投掷的距离越远。活动用的壶也有规定。壶颈长七寸，壶的腹部高五寸，壶口直径二寸半，壶的体积可容放一斗五升的实物。投掷时，壶中要放入小豆，以免箭投入后又跳出来。壶放置在离席位两支半箭的距离。

宴饮进行之中，主人捧着箭邀请宾客投壶，说："我某人有不直的箭和不成样子的壶，愿供宾娱乐。"宾客推辞说："您用

投壶图

投壶礼来源于射礼，是从先秦延续至清末一种传统礼仪和宴饮游戏，在士大夫之间十分流行。此画像石描绘了一场生动的投壶比赛。比赛中的两人，一戴平帻，一戴进贤冠，两人相对跽坐，每人一手抱三矢，另一手持一矢，壶中已有两矢。壶旁置一酒樽，有一舀酒勺，输者以此勺饮酒。最左边一戴平帻者已醺醺大醉，作张口欲吐状，旁有侍从正欲搀扶他离席。

美酒佳肴来恩赐我们，又蒙您招待娱乐，实在不敢当。”主人如此三次邀请，宾客客气地推辞后表示听从，揖拜后接过主人递过来的箭。于是，司射上堂陈设壶和中（装算筹的筒），并宣布投壶开始，并命令乐工演奏《狸首》，节奏要均一。投壶分宾、主两组。司射、司正以及站着看投壶的成年人属于宾的一方，坐在司射的右面；乐工、为宴饮服务之人、小孩，都属于主人的一方，坐在司射的左面。投壶如射礼一般，三个轮回，每轮每人持箭四支。

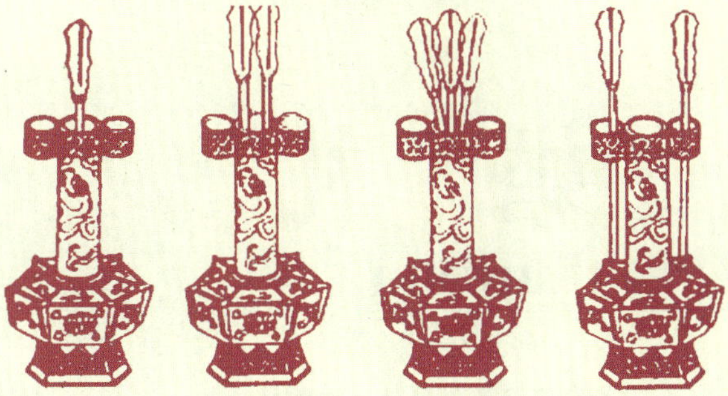

投壶方式：1 有初，2 连中，3 散箭，4 连中贯耳

投壶开始，宾主双方轮流投掷，有人投中，司射便向投中一方丢一个算筹。一轮结束，司射统计双方算筹，算筹单数曰奇，双数曰纯。结果统计出来后，司射拿着胜方多出的算筹宣布：某一方超过某一方多少纯（或奇）。如平局，便说：主宾双方算筹相等。接着，负者要喝罚酒，由胜方子弟为之斟满；饮毕，负方为胜方立一“马”。所谓的“马”就是算筹。《礼记正义》曰：“马是威武之用，为将帅所乘。今投壶及射，亦是习武，而胜者同表堪为将帅，故云‘马’也。”如是三轮投掷，每轮结束皆立马。三轮过后，为胜者庆贺。

投壶之礼一直到唐代都很流行，这是因为它既可娱乐宾客，又可防宾客纵酒过度。更重要的是，它不同于普通的宴饮游戏，它使宾主在娱乐之时，得到许多礼的教化。如投壶时，要按规定的次序轮流投掷，否则，即使投中，也不算成绩；投壶结束，胜方要为负方斟酒，负方因失败则要接受罚酒，并最后一同为胜方庆贺。这些皆体现了有序和谐的君子之争。另外，有的诸侯国对参加投壶的年轻人的言行还做了规定：不得怠慢，不得傲慢，不得背转身站立，不得大声与间隔较远的人说话，否则受罚酒。显然，儒家所倡导的谦恭敬让等美德在此得以体现。投壶之礼使参礼者在娱乐中得到了礼的教化，因此晋傅玄在《投壶赋序》说：“投壶者，所以矫懈而正心也。”

婚 礼

HUNLI

人类经历了聚生群处、血族婚、对偶婚后，出现了以婚礼来规范异性结合的一夫一妻制的婚姻形式，这是人类从蒙昧走向文明的标志。婚礼举行的时间，礼服与礼器的规制，都体现了古人阴阳相合的思想。最重要的是，夫妻关系，是一切人伦关系的根本。

较早的婚姻制度：媵妾制

氏族社会的婚俗，男人娶妻可有一定的选择权，那就是在岳父母的同意下，男子还可以将家中待嫁的姐妹一起娶走 。周朝时，这种婚俗正式成为一种贵族特有的礼制，被称为“媵妾制”。相传舜娶娥皇、女英就采用的这种制度。

婚礼，是把两性相交之私事用礼法予以约束，并赋予其极其重要的社会意义。《礼记·昏义》开篇即云：“昏（通“婚”）礼者，将合二姓之好，上以事宗庙，而下以继后世也。”婚礼的意义首先在于将两个异姓家族联系起来，结成血缘关系，以延续家族生息，传承家族事业。即对上以侍奉宗庙，对下以继承后世。每个家族的血缘得以继承，形成稳定、和谐的社会存在团体，国家才得以稳定、繁盛，因此婚礼受到古代君子的重视。

《礼记·昏义》又云：“男女有别而后夫妇有义，夫妇有义而后父子有亲，父子有亲而后君臣有正。”其注疏云：“昏姻得所，则受气纯和，生子必孝，事君必忠。孝则父子亲，忠则朝廷正。”可见，古人又把婚礼看做是实现人伦之礼的根本前提，父子、君臣等一切人伦关系皆由夫妇的结合衍生而来，因此是家国稳定、得以万世传承的开始。所以古人非常重视婚礼。认为行婚礼之时，恭敬谨慎，尊重正礼，男女的界限便得以划分，并能够建立正常的夫妇关系，这样，所生之子才会孝顺，长大成人才会忠于国君。孝顺，则父子亲爱，父子亲爱才会君臣各安其位。作

清明上河图中的嫁娶场面

古代男子二十而冠，女子许嫁，十五而笄，有冠笄之礼，表示成年。成年男女用婚礼使之恩爱相亲，所以，《周礼》上载，“以婚冠之礼亲成男女”。图中描绘了乡野之间，人们敲锣打鼓娶亲场面，一门前小孩拉母观望，好不热闹。

为国君，可明治国之责，拥有治国之大略；作为臣子，一定会忠于君王、尽心辅佐朝政，从而使国家得以安定、昌盛。所以说，“昏礼者，礼之本也。”

婚礼之产生

婚姻，最初写作“昏因”。《说文·女部》曰：“礼，娶妇以昏时，妇人阴也，故曰婚” “女之所因，故曰姻。”汉班固《白虎通·嫁娶》曰：“妇人因夫而成，故曰姻。”《诗经·郑风·丰》序中说：“婚姻之道缺，阳倡而阴不和，男行而女不随。”孔颖达疏：“男以昏时迎女，女因男而来，嫁，谓女适夫家；娶，谓男往娶女。论其男女之身谓之嫁娶，指其好合之际谓之婚姻。嫁娶婚姻，其事是一。故云婚姻之道，谓嫁娶之礼也。”从这些引文可看出，古代婚姻指男女嫁娶之事，于黄昏之时男方行迎娶之礼，女方因男方而来，而成为妇人。所以称“昏因”。

人类最初无婚姻之礼，人们聚生群处，“男女杂游，不媒不聘。”(《列子·汤问》）两性的结合相当随便，不论辈分、不论血缘。后来出现了最早的婚姻

迎　亲

迎亲，又称亲迎，是新郎亲自迎娶新娘回家的礼仪。迎亲礼仪始自周代，历代沿袭。清代时，新郎迎亲，要披红带花，乘马或坐轿到女家，傧相赞引拜其岳父母以及诸亲，然后先归。新娘则由兄长用锦衾裹抱至轿内，轿起送亲，新郎在家迎候。

形式：血族婚。氏族内排斥父子辈通婚，但允许同辈有婚配关系。许多古籍记载，传说此种婚姻形式由伏羲氏创造。到了亚血族婚时代，本氏族的兄弟姊妹已不能通婚，他们必须在其他氏族中寻找配偶，对方亦然，形成共夫或共妻现象。因此，此时代只有母亲可以知道谁是自己的子女，子女只知道谁是自己的生身母亲，世系只能由母亲来确认，即所谓“民知其母，不知其父”。一男一女组成配偶关系，是在对偶婚时代。对偶婚，亦称对偶家庭。不同氏族的成年男女，由一男一女组成配偶关系，以女子为中心，婚姻关系不稳固，时间或长或短。同时，男人仍可多妻，只是有一主妻。女人也可以多夫，有一主夫。对偶婚是一夫一妻婚姻形式的前身。一夫一妻的婚姻形式，夫妻关系稳定，而且女子许嫁前，男家要了解其血缘关系，以免造成同姓联姻。

从婚姻的发展看，男女配偶不断趋于固定，数目不断减少，更重要的是，血缘关系越来越淡薄。这是因为，古人认识到，男女杂交、乱婚，致使族群个体智力、体质低下，生命力衰弱，种族衰败。因此，古人制定婚礼，来规范异性的结合，即《礼记·曲礼》曰：“夫唯禽兽无礼，故父子聚麀。是故圣人作，为礼以教人，使人以有礼，知自别于禽兽。”

男家草帖正式

某某州某县某官宅或云寄
一三代　居
曾祖　某　某官
祖　某　某官
父　某　某官
一本宅几宣教某年某月生
一母姓氏有封号则具
右见议亲次
月　日　草帖

女家草帖正式

某某州某县某官
一三代
曾祖　某　某官
祖　某　某官
父　某　某官
一本宅某位几小娘子某年某月生
一母姓氏
一奁田若干
一奁具若干
右见议亲次
月　日　草帖

宋朝的草帖

图为宋朝在婚嫁的议亲阶段出示给对方看的草帖子。在草帖中，女方需将自己的财产状况详细列出来，即她陪嫁的田地和嫁妆。

宋朝的定帖

定帖取其将婚事确定之意，而又名细帖子。与草帖相比，细帖更加详细地列出了男女双方的具体情况。

男家定帖正式

具位姓　某
右某伏承
亲家某人谨以第几院
小娘与某男议亲言念
蠲豆笾之荐聿修宗事
之严躬井臼之劳尚赖
素风之旧既
令龟而叶吉将奠雁以
告虔敬
致微诚愿闻
嘉命伏惟　合台慈特赐
鉴察
年月日具位姓某　定帖

女家定帖正式

具位姓　某
右某伏承
亲家某人谨以第几令
似与某女缔亲言念立
冰既兆适皆凤吉之占
种玉未成先拜
鱼笺之笼虽若太简不
替初心
终惠少加
自愧家贫莫办帐幄之
具敢祈
筐篚之资谅惟
台慈特赐
鉴察
年月日具位姓某　定帖

婚礼仪程概说

古代士的婚礼，由婚期前的准备、正礼和婚后诸礼组成，包括六仪、成婚、拜见舅姑、庙见和婿见妇之父母等仪节。

所谓六仪，指纳采、问名、纳吉、纳征、请期、亲迎六个仪节。前五个仪节主要是议定婚姻，亲迎才为正礼，是婚礼之核心。

纳采 即提亲。男家派媒人到女家提亲，女家同意议婚后，男家派使者至女家致求婚辞令。使者着玄端服，执雁作见面之礼。主人亲迎于门外，并行三揖三让之礼。至堂中致纳辞令。以雁为见面之礼，古人说法不一，《白虎通》阐述比较全面，曰："取其随时而南北，不失其节，明不夺女子之时也。又是随阳之鸟，妻从夫之义也。又取其飞成行，止成列也，明嫁娶之礼，长幼有序，不相逾越也。"在六仪中，除纳征外，其他五个仪节所带礼物皆为雁。

另外，"父母之命，媒妁之言"是自周代后几乎人人必须遵守的择偶方式，可谓"匪媒不得"也。这是为培养男女有别的廉耻心，以维护封建社会风化。《礼记·坊记》曰："男女无媒不交。"《礼记·曲礼》亦云："男女非有行媒，不相知名，非受币，不交不亲。"这些规定，限制了男女的自由交往，如有违背，甚至私定终身，便是苟合，非礼，定会遭到社会鄙弃。只有在特殊情况下，如灾荒之年或因家庭经济状况不佳而导致婚嫁失时，为了人口增殖的需要才可以适当变通。在整个议定婚姻过程中，男女双方连面都不得见，只有在成婚之日才能彼此相识，一切皆按父命行事。即使是亲迎之时，也要奉父命，方可前往。这样的婚姻，并不包含个人对

爱而知其恶　憎而知其善

贤者狎[1]而敬之。畏而爱之。爱而知其恶。憎而知其善。积而能散。安安[2]而能迁。临财毋苟得。临难毋苟免。很[3]毋求胜。分毋求多。疑事毋质[4]。直而勿有。

《礼记·曲礼上第一》

【注释】〔1〕狎：本指亲近但态度轻佻，此处无"轻佻"之意。〔2〕安安：第一个"安"指安于现状，第二个"安"指环境。〔3〕很：此处"很"不是现代汉语副词。是"争讼"的意思。〔4〕质：正。意思是自以为自己正确。

【译文】对贤者要亲近尊敬，钦畏爱慕。对爱慕的人要知道他的缺点，对憎恨的人要知道他的优点。积畜财物又能布施，安于现在的生活又能适应变迁了的环境。对眼前的财物不随意获取，面临危难不随便逃避，与人发生争执不要一味求胜，分配财物不要求多，对事物有疑问不要自以为正确，正确的时候不要自以为是。

爱与美的追求，完全受制于宗法制度。

问名 即询问女子父母和本人的姓名及本人的生辰八字。纳采结束后，使者先离开女家，稍后再执雁去女家问名，以便回去占卜男女双方是否合婚。使者问名时曰："某既受命，将加诸卜，敢请女为谁氏。"主人对曰："吾子有命，且以备数而择之，某不敢辞。"《明史·志第三一·礼九》亦记有问名辞令。使者曰："将加卜筮，请问名。"主人曰："某第几女，妻某氏出。"问名除用以卜卦外，还有了解女家家族血缘关系的作用，以避免同姓婚配，影响后代素质。

合八字

古代婚姻从议婚到完婚共有六种礼节，即纳采、问名、纳吉、纳征、请期、亲迎。这一娶亲程式，自周代即已确立。问名就是指问女子姓名、排行、出生年月日及时辰等。"六礼"中的"问名"这一仪式后来逐渐演变成"合八字"，具体就是将男女双方的生辰八字结合起来 进行占卜，根据相生相克原理预测婚姻能否成立。

纳吉、纳征、请期 男家问名后，归卜于庙，如果得吉兆，便派使者告知女家，女家主人谦虚对答，言家女与男方恐不匹配，却又不敢推辞。婚姻之事初定。此仪节为纳吉。

接下来男家向女家行聘礼，称纳征，也叫纳币。聘礼为玄色和纁色的帛各五匹，鹿皮两张。《仪礼注疏》曰："士大夫乃以玄纁束帛，天子加以穀圭，诸侯加以大璋。"不同等级之人的子女成亲，所用聘礼各有规制。

展示嫁妆 王弘历 近代

议聘是古代婚姻礼仪的一个重要环节。男女双方同意结婚后，由媒人往来商议男家聘金和女家嫁妆的种类、数量。聘礼一般根据双方的家庭地位和财产的多少而定。图为王弘历所绘民间风俗百图——展示嫁妆。较富裕的人家，会雇杠房抬箱笼等物，沿街展示，多者达十抬至数十抬，以显豪富。

纳征完毕，男家通过占卜，确定结婚日期，之后派使者至女家，征求女家意见，是为请期。实际上，请期只是表达对女家的尊重而已，其辞令谦逊诚恳。

冠礼中已提到，凡在父庙举行的礼仪都是重要且为人们所重视的。婚礼中纳采、问名、纳吉、纳征、请期五个仪节，就都是在女方的父庙进行的，可以理解为是将婚礼这个延续家族香火的仪式禀告宗祖，在征得他们的同意后，听其命而行此礼的。因此，《礼记·昏义》解释说："所以敬慎重正昏礼也。"如果前五礼不在父庙举行，则会被认为行事太过鲁莽，缺少恭敬，将会给婚姻带来不利。

亲迎 即今天所说的迎亲。亲迎在黄昏时候，由新郎亲自前去迎接新娘入夫家。亲迎时，要由父亲发出命令、进行教导后，新郎才可出发。出发时，新郎乘漆车，随从乘两辆副车，并给新娘准备一辆，其规格与新郎的相同，但有帷幕。至女家，新娘的父亲迎新郎于门外，并行三揖三让礼来引导其进门。这时，新娘已经打扮停当，由母及陪嫁们陪着，面朝南而立。新郎入室后，向岳父行再拜叩首礼，然后出门，新娘跟从。此时，父亲在阼阶上送别女儿，并嘱咐说，切记要恭敬从事，朝夕皆不得违背夫君之命。母亲将带子围在女儿身上，结好佩巾，嘱咐说，要勤勉恭敬，白天黑夜都不要违反夫家规矩。庶母送至门外，将盛佩巾的小囊佩戴在新娘身上，并重申父母之命：恭恭敬敬地听从你父母的话，白天黑夜都不要有过错，经常看看这个盛佩巾的小囊，就不会忘记父母的告诫了。至车前，新郎将登车引绳递向新娘，姆接过，代为辞谢，再递给新娘。新娘登车后，新郎亲自驱车前行。车轮滚动三圈后，交给车夫，自己则乘来时的车先行，于自家门前等候。

婚　轿

古代富贵人家娶亲都要备用婚轿，花轿内一般都要有一个压轿童，轿子前面还有打旗的六人，敲锣的二人，鼓乐一班，挑灯笼的二人，拿火把的三人，挑鸡的一人，从花轿安排上也可以看到古代婚姻礼节的繁多。当然，贫穷人家用不起花轿，则用推车迎娶。

如果新郎的父母已故，无人能命其亲迎，则由其母弟或另派使者代其迎妻。三个月后，新郎再带礼物亲往拜见岳父母，岳父母还要礼婿。

以上六个仪节，皆为男家主动，确定了夫妇的主从关系。整个仪程，皆为男家派媒人、使者、新郎去女家致命行事，女家则只听命于庙，恭敬地予以配合。新郎去迎娶新娘时，《仪礼·士昏礼》中便直接把新郎的称呼变为了“主人”；亲迎之时，新郎从女家出门，新娘跟从。这些都体现了男尊女卑、男主女从的夫妇关系。同时，男去女往，又体现了阳往阴来、阴阳相交之义。

成婚 这一阶段包括共牢而食、合卺而饮两个仪节。

新娘至夫家大门外，新郎揖请而入。在新房内，夫妇将共牢而食。牢，

迎娶宝钗

“父母之命，媒妁之言”是古代婚姻的主要形式，凡婚姻必然有媒人在，“无媒不婚”。媒人的产生历史悠久，早在《诗经·豳风·伐柯》中就有记载，“伐柯如之何？匪斧不克。娶妻如之何？匪媒不得”。可见，媒人在古代婚姻中担任的角色之重。图为《红楼梦》中宝玉娶宝钗场景，自由的爱情终没有抵过父母之命、家庭安排。

婚礼场面　壁画　宋代

宋代的结婚仪式是十分复杂和琐碎的。新娘轿子被抬到新郎家后，先在一间屋内休息，然后新郎进屋请新娘，两位新人在司仪引导下进入大厅，大厅礼仪结束后，再入新房对拜，男方会将左边头发剪下少许，女方也会将右边头发剪下少许，绾在一起，称之“结发”，之后饮交杯酒。图中壁画便描绘了宋朝的一个婚礼场面。

俎或俎中的食物。共牢而食是指新郎新娘在首次共同进餐时，鱼俎、豚俎、腊俎两人共用一份，与古人平日进餐食物每人一份的习惯不同。进餐时，夫妇先吃黍，再食肉汤，之后用手咂酱吃。这一过程要进行三次，称为“三饭”。每饭之后，夫妇皆要祭肺脊，并食之。

饭后，要用酒漱口以安食，称为“酳”。这个仪节也要三次，称为“三酳”。最后一酳用卺盛酒，前两次用爵。卺指对剖而成的两半葫芦瓢。夫妇各执一半以饮，称为合卺而饮。据说，今日婚礼中的交杯酒习俗即由此演变而来。

《礼记·昏义》曰：“共牢而食、合卺而酳，所以合体，同尊卑，以亲之也。”共牢而食、合卺而酳是明从此夫妇一体、彼此恩爱之意。因此，进餐完毕，便为二人铺好卧席，夫妇脱去礼服，新郎亲手解下新娘许嫁时系上的缨带，同房共寝。

值得注意的是，先秦婚礼不奢侈、不喧闹、不嬉戏，而是以恭谨、庄严的心来对待。《礼记·郊特牲》曰："昏礼不用乐，幽阴之义也。乐，阳气也。昏礼不贺，人之序也。"乐是阳气，阳是动散，如果举乐，便会令新娘意志动摇涣散。不举乐，可使新娘深思阴静之义，以修妇道。而且，婚礼为繁衍宗族之礼，人人必经，为什么还要庆贺呢？因此，简朴、平静是古代婚礼的一个特色。

《礼记·曾子问》曰："嫁女之家，三夜不息烛，思相离也。取妇之家，三日不举乐，思嗣亲也。"陈浩解释说："思相离，则不能寝寐，故不灭烛。思嗣亲，则不无感伤，故不举乐。此昏礼所以不贺也。"女儿别家而嫁，骨肉分离，父母思念难禁，无法安眠，更无心举乐；夫家因娶新妇将承接本族香火，但却将替代母亲在家中的地位，亦不免哀戚，故无心举乐。这与今日婚礼热闹、铺张的场面截然相反。

拜见舅姑　新娘嫁入夫家，并不等于婚礼的结束，第二天，新娘还要行拜见舅姑之礼。舅姑，古代对公公婆婆的称呼。次日，天还未亮，新娘便已起床，洗头沐浴，以帛束发，着黑色衣服，等待公婆接见。此打扮为士妻之正服。天亮时，公公以主人身份，于阼阶上即席；婆婆以内主身份，于户外西侧即席。新娘捧着装有枣、栗的竹篮，至公公席前行拜见礼，并将竹篮放在席上，公公抚摸竹篮，表示收下礼物，并向媳妇答拜。媳妇回避，表示不敢受公公之礼，并向公公行下拜礼。之后，新娘捧着装有干肉的竹篮去拜见婆婆，竹篮亦放在席上。婆婆举起竹篮，表示收下礼物。在古代，向尊长献礼时，都要把礼物放在地上或席上，而不亲自交给对方，是表示他尊己卑，不敢手授之意。

接着，赞礼者代表公婆向新娘敬酒，表示已经接受新娘为家庭正式成员。然后新娘向公婆献一只煮熟的小猪，表示新娘开始以媳妇之礼孝敬公婆，即"妇以特豚馈，明妇顺也"。(《礼记·昏义》)最后，公婆共同完成款待新娘的一献之礼，完毕后，公婆从西阶先下堂，媳妇从主阶下，这样做是"以著代也"，即表明从此公婆已经将室内的事交托给媳妇，媳妇将代替婆婆成为家庭主内之人。

如果公婆已故，那么新娘过门后的三个月内，要设菜祭祀，在庙中礼拜公婆亡灵。宋代时，将此改为三日，至今仍被奉行。

新妇不跪　王弘历　近代

此图展现了唐代的一种结婚风俗，即男拜女不拜。这一婚俗在唐代的艺术形象中有所证明，敦煌莫高窟第十二窟晚唐的《婚礼图》为其提供了史料依据。

见贤思齐

子曰：“见贤思齐[1]焉，见不贤而内自省[2]也。”

《论语·里仁篇第四》

【注释】〔1〕齐：向……看齐。〔2〕内自省：自我反省。

【译文】孔子说：“见到贤人就想一想如何向他看齐，见到不贤的人就应该反省一下有没有与他相同的毛病。”

婚姻者，阴阳相合也

古代婚礼，因其在黄昏时分举行仪式，所以称为“昏礼”。郑玄《三礼目录》云：“士娶妻之礼，以昏为期，因而名焉。”那么，为什么要选择黄昏之时行礼呢？郑玄解释说：“必以昏者，取其阴来阳往之义。”《易·系辞》：“天地絪缊，万物化醇。男女构精，万物化生。”古人认为，天阳地阴，阴阳二气交感而化生宇宙万物；男阳女阴，男女交接而子嗣得以蕃盛。昼为阳，夜为阴，男女相交的婚礼选择黄昏时分，是以阴阳相交之时，喻男阳女阴相合之意，反映了古人效法天地阴阳的观念。

荷包传情

古代婚姻礼仪中还有专门送约定婚姻信物的仪式。男家向女家提出订婚，将女子插戴的首饰送到女家，作为婚约信物。荷包也是古代一种订婚信物。

婚礼中，除时间选择黄昏时分外，婚服、用器等的规制皆体现了阴阳相交之意。《士昏礼》曰：“主人爵弁，纁裳缁袘”“女次，纯衣纁袡”缁衣纁裳为新郎婚服，缁、玄同为黑色系，又以缁色为边缘装饰下裳，象征阳气下施，与阴气相交。女子礼服，衣裳相连，皆为表阴的纁色，象征妇人有专一之德，但以纁黄色为衣缘饰，象征阴气上扬，与阳气相之意。

成婚后的第二天，新娘要手持装有枣、栗的竹篮拜见舅姑，竹篮上有“缁被纁里”的外套。缁色布在外象征阳，纁色布在里象征阴，仍是取阴阳相交之意。

古人认为，男女阴阳之气相合，如果顺应天时，符合人礼，不但可以令家族子嗣兴旺，而且还会形成夫唱妇随、夫修外教理外治、妇修内德行内职的内外和顺的情形，如此家国则得以安定，世代传承。

乡饮酒礼

XIANGYINJIULI

乡饮酒礼重在于宴饮之中体现举贤敬能、尊老尚齿之思想，以教化百姓、激励青年后学。礼仪中宾主的设立，宾主席位的安排，揖让之礼的次数规定等，又都体现了古人以礼法天的思想。

古人提倡尊老尚齿的风气。在日常生活中和国家制度中常常体现尊老敬老优老的思想，甚至以礼仪的形式使此思想得以渗透、传承与发扬。州长在每年春、秋季节举行的乡饮酒礼和党正在每年十二月大蜡祭时于党中举行的乡饮酒礼等就都是以尊老尚齿为宗旨的礼仪，对百姓起到了很好的教化作用。如饮酒仪式中，宾、介、众宾之长都由德高望重者担任，其他老者为众宾。而且规定："六十者坐，五十者立侍，以听政役""六十者三豆，七十者四豆，八十者五豆，九十者六豆。"这些做法与规定，都是为了明示尊长、养老之意。因为儒家认为，民"知尊长养老，而后乃能入孝弟。民入孝弟，出尊长养老，而后成教，成教而后国可安也"。(《礼记·乡饮酒义》)关于尊老尚齿的礼仪，在前面

祭祀孔子

乡饮酒礼在古代学校举行，并有相关祭祀先圣孔子的礼仪活动。《渊鉴类函·礼仪·乡饮酒》载，"汉永平二年，郡县行乡饮酒于学校，祀先圣先师周公、孔子、牲以犬。"图为明正统九年刊佚名《圣迹图》之"汉高祀鲁"。

唐代学堂 壁画

乡饮酒礼除尊老敬长外，亦有举荐贤能之士献王室的意义。汉以后郡县往往在学校行这种礼仪，皇帝则在辟雍行之。隋唐实行科举制度以后，则以州县长官为主人，为贡士饯行时也行乡饮酒礼。图为唐代学堂授课场景。

已经有了详细的记述，这里不再赘述。

古代的乡饮酒礼还有举贤敬能一类。这类饮酒礼配合以从学士中选拔人才向天子和诸侯进献为目的三年一次的大比而举行，在饮酒礼中，宾、介、众宾之长皆由德才兼备的青年担任，使有才德之人得以尊崇，对青年后学起到激励的作用。因此《周礼·乡大夫》曰：“三年则大比，考其德行道艺而兴贤者、能者。”

两种饮酒礼的仪程及礼仪大致相同，此处仅以后者为例，做一详细介绍。

汉代宴饮场面

古代“乡饮之礼”，以期“明长幼，厚风俗”。行礼时，有主、宾、介之分。年纪最长者为大宾，席间严格区分尊卑长幼。饮酒奏乐，升降拜答，揖让周旋。通过饮酒礼仪，强化长幼尊卑秩序，以示“尊长养老”之意。图为汉代酒宴场面，汉代一朝奉行以“孝”治国，乡饮酒礼仪制度完善。

乡饮酒礼之仪程

乡饮酒礼包括谋宾、戒宾、速宾、献宾、乐宾、旅酬、无算爵乐等程序，每个程序皆体现了尊让、恭敬之礼仪。

谋宾、戒宾 举行仪式前，先要由主人和乡先生确定宾与介的人选，

为谋宾。介，陪客。仪式的主人由乡大夫担任，乡先生即乡学教师，一般由退休的官员担任。他们要从学士中确定德行道艺最高者为宾，次之者为介，各一人；再次之者三人为众宾。人选确定后，主人依次到宾、介家中亲自告知。宾、介拜谢主人屈尊光临，主人答拜后说明来意。宾、介谦辞后接受。主人行再拜礼，宾、介答拜。主人告退，宾、介拜送。整个过程，主人皆着朝服，以示为国兴贤举能之意。

速宾、迎宾　仪式举行之日，先铺设好参礼者席位，陈设好礼器，并在肉羹煮熟后，主人再次到宾与介的家中，进行邀请，为速宾。之后，被邀请者一同前往仪式举行地点——庠。主人在门口迎接，向宾行再拜礼，宾答拜；向介行一拜之礼，介答拜；向众宾行揖让之礼。之后，主人先入门，客人按宾、介、众宾的尊卑之序也先后入门内，众宾立于门左等候，宾、介与主人三揖三让后登堂入席。主人与宾、介、众宾礼数的逐渐减杀以及宾客入门顺序的不同皆表明了“贵贱明，隆杀辨”之礼仪。

献宾、宾酢主人与酬宾　此仪节为整个仪式的核心，更加烦琐、庄重，所以最能体现其礼仪。

献宾，主人向宾敬酒。主人亲自下堂为宾洗爵，宾不敢安坐而随之下堂，主人辞谢宾于下堂。之后，主人走到洗前洗手，准备洗爵，宾辞谢，主人作答后盥手洗爵。洗毕，主、宾行揖让之礼先后登堂，宾拜谢主人为之洗爵，主人答拜。拜毕，主人再次下堂盥手，宾亦随之下堂，主人辞谢。洗毕，再次揖让登堂。洗爵结束，主人斟满酒，高高举起，向宾进献。宾行拜礼后接过爵，主人又要拜送受爵的宾。然后，宾祭祀，饮尽爵中酒。

宾酢主人，宾取酒爵到主人席前献酒回

古代饮酒器具

乡饮酒礼是古代比较盛行的一种以宾贤、敬老、谦让为主要内容的礼仪制度。关于其起源，有源于上古氏族社会之集体活动之说，周代时十分流行，成为一种宴饮礼制。图为商周时期的青铜酒器，商周饮酒风气盛行，酒器种类繁多，有爵、角、觚、觯、斝、尊、壶、卣、方壶等。

《诗经》诗意图　马和之　宋代

孝是儒家文化的基石，受到历代统治者重视。先王制乡饮酒礼以示尊贤养老，申孝悌揖让之道。只有教敦臣民“孝悌”，才能正齿位、序人伦、敬老尊贤、息事端、敦睦乡里。因此乡饮酒礼自古被认为是国家、地方上的一种重要官方礼仪活动。图为《诗经》意境，乡饮酒礼中演奏的很多乐曲就是《诗经》中的名篇。

敬。酬宾，主人执觯先自饮，并劝宾随饮。这两个仪节与献宾大致相同，只是宾酢之时，主宾易位，酬宾之时，仪节略简。

之后，主人向介献酒，且介回敬主人。最后，主人与众宾行饮酒礼。在这里，除了向众宾敬酒外，每次饮酒，皆要先洗爵，且烦琐至极。那么，为何如此呢？其主要体现的是一个“敬”字。《乡饮酒义》曰：“盥洗扬觯，所以致洁也。”其实，“致洁”的本身便是诚敬的体现，而同时进行的彼此多次的揖拜、辞谢、答礼更是诚敬之情的外化，这是将礼的教化寓于其中，给参礼者做了谦敬、恭让的示范。

乐宾　前面献宾、宾酢主人与酬宾的仪节合称为一献之礼，主要是表达对客人到来的感谢和诚敬。礼毕，为增加酒宴欢乐气氛，使参礼者在饮酒时欢愉有加，乐队开始演奏歌唱，称为乐宾。乐宾时，升歌、笙奏、间歌和合乐四个仪节依次进行。

鼓瑟与歌唱各二人，先后登堂，歌唱演奏指定的歌曲，称为升歌。由于古代的乐工大多为盲人，所以要由人搀扶而入，并代其执瑟。至堂上，乐工坐好，搀扶者下堂。乐工唱《鹿鸣》《四牡》《皇皇者华》三章，以瑟伴奏，表达对宾的欢迎与感谢。歌毕，主人向乐工献酒，以慰辛劳。

接下来吹笙者在堂下就位，吹奏乐曲《南陔》《白华》《华黍》。奏毕，主人向奏乐者献酒。然后，堂上堂下乐工交替演奏。堂上鼓瑟唱《鱼丽》之歌，堂下以笙演奏《由庚》之曲；堂上鼓瑟唱《南有嘉鱼》之歌，堂下以笙演奏《崇丘》之曲；堂上鼓瑟唱《南山有台》之歌，堂下以笙演奏《由仪》之曲。这些歌乐含有优宾礼贤等思想，因此用于此礼。

最后，堂上歌乐与堂下器乐同时进行。演奏、歌唱《周南》中《关雎》《葛覃》《卷耳》和《召南》的《鹊巢》《采蘩》《采苹》。演奏与歌唱结束时，乐工向乐正报告：“规定的歌皆进行完毕。”乐正再报告给宾。至此，乐宾结束。

乐宾中，所用歌乐皆按规定选取，皆为雅乐，含有一定的礼仪，对参礼者有教化之功用。同时，这些歌乐“乐而不淫”，愉悦客人，欢乐气氛的同时，又会让饮酒者有所节制，不至放纵。

旅酬　司正上堂，转达主人的挽留之意，请宾安坐。宾同意后，主人行再拜礼表感谢，宾答拜。旅酬开始，首先宾酬主人。宾执觯劝主人饮酒，主人离席，宾坐下放好觯，拜主人，主人答拜。宾站起将酒饮尽，并再把觯斟满，授给主人。主人拜谢接过，宾拜送。宾向主人揖拜后，回到席位。之后，主人酬介、介由司正辅助酬众宾，仪节与宾酬主人同，只是介酬众宾时，要由司正点名，以年龄为顺序，从大到小依次受酬，遍及众宾。最后惠及参礼的每一个人，包括侍候宾主盥洗之人，即所谓的“弟长而无遗”。酬酒时，主人命之前在门口迎宾的相担任司正一职，司正除了辅助礼仪的进行外，还有监督饮酒的作用，因此《乡饮酒义》曰：“工告乐备，遂出，一人扬觯，乃立司正焉，知其能和乐而不流也。”有了司正，宴饮欢乐的同时，宾客们又不会放纵失礼。这也是以礼治政思想的体现。唐太宗时，曾令州县长官每年举行乡饮酒礼，以周代的形式为范本。政令执行后，人们很快转变观念，以宴饮纵酒为耻，社会风气大为好转。

无算爵乐　前面的礼节要求极其严格，饮酒、歌乐皆有规定。而酬宾结束后，饮酒不再限定爵数，歌乐不再限定顺序，宾主可以尽情欢乐。因此，称此仪节为无算爵乐。

首先，主人命两位小吏代替自己向宾、介劝酒，宾、介答拜。然后众人撤俎于堂下。接下来，主人、宾、介、众宾依次登堂，皆脱鞋入席。宾主举爵劝饮，不限次数。歌乐再起，不定顺序与曲数，直至尽欢。虽然要尽欢，但是仍然要有节制

汉代壁画中备宴场面

古代礼分为五类，吉、凶、军、宾、嘉，五礼都需要酒来完成，可见酒在古代政治、文化生活中担任着重要角色。古代饮酒也被视为一种高尚的礼仪制度，为维持礼仪，古人提出过相应的酒量限制和酒德问题，如“唯酒无量，不及乱”等。

宴 饮　鹿鸣之什图　马和之　宋代

飨礼是周天子在太庙举行的一种象征性的宴会。旨在天子通过宴席与诸侯联络感情，体现以礼治国安邦之意。古代杀牲以载于俎，称为烝，祭天用整个牲体，称全烝。飨礼中，天子招待诸侯，用半个牲体，称体荐。全烝、体荐牲体都不煮熟，不能食用，因而飨礼之上主宾不能食用，设酒肴仅示隆重。燕飨诗是古代反映燕飨礼仪的诗歌，周王宴饮诸侯的盛况在《小雅·鹿鸣》中有所赞颂。

的，饮酒以“朝不废朝，莫不废夕”为宜。

宾兴尽告辞，乐工演奏乐曲《陔》以送别，主人要亲自送到门外，行再拜之礼。

第二天，宾来拜谢主人昨日的恩赐，仍着朝服。主人与宾着同样的服装，拜谢宾的屈尊光临。之后，主人慰劳司正，仪节与乡射礼中对司正的慰劳相同。至此，礼仪结束。

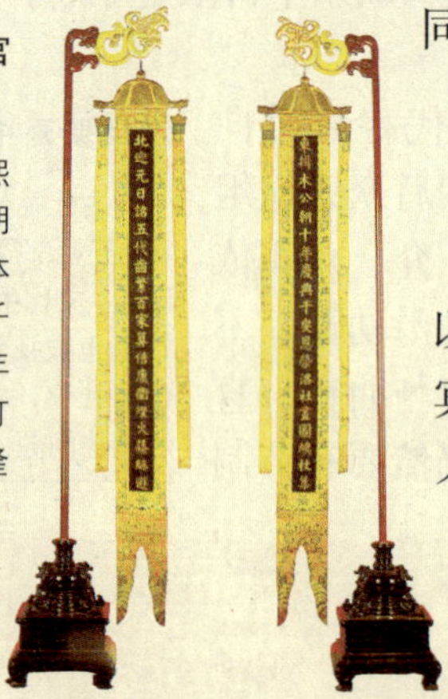

清乾隆御制“千叟宴”宫绣灯联

“千叟宴”始于清朝康熙年间，盛于乾隆年间，是清朝养老尊老制度的一个重要体现，因康熙在寿辰之日作“千叟诗”得名。图为清朝乾隆年间御制的“千叟宴”宫绣灯联，此联为宫廷所制，为乾隆五十五年乾隆主持的“千叟宴”会场专用，是清代宫廷有关“千叟宴”史实遗存的唯一文物。

以礼法天之礼仪

在整个礼仪中，处处体现以礼法天的思想。如设立主、宾、介，各一人，又立众宾三人，这些皆是法天而立。即《乡饮酒义》所云：“立宾以象天，立主以象地，设介僎以象日月，立三宾以象三光。古之制礼也，经之以天地，纪之以日月，参之以三光，政教之本也。”再如，宾主席位的安排亦体现了法天思想。古人认为，东、南、西、北四方各为春、夏、秋、冬四季的象征，于是根据四季特征，又结合四方气息的变化以及参礼者所应具备的德行，规定了参礼者的席位。春天可化育万物，作为主人，也应具有向宾客提供万物之责，而且天地间温和敦厚的气息盛于东南，与主人所应具有的盛明道德之仁气相合，因此主人的席位一定要在东南方。秋天意味着收敛，依照时节的杀戮来收敛，目的是为了守义，而且天地间严肃寒凝的气息到西北方最为强盛，是尊贵威严之气，与宾应该具有的义气相合，所以，宾的席位一定要在西北方。此外，行礼之时，三揖三让，也是法天而作，因为月朔后三日才开始恢复光明，三个月后才成一季。

飨燕饮食之礼

XIANGYANYINSHI ZHILI

古代贵族往往以宴饮的形式来亲近四方宾客，形成了燕礼、飨礼、食礼。三礼的规格、招待的对象、举行的地点、形式及意义都有所不同

古代贵族款待宾客有燕礼、飨礼、食礼三种形式。燕礼以饮酒为主，食礼以进食为主，飨礼则重在礼仪形式，宾客并不真正食肉饮酒。就礼数而言，飨礼最为隆重，食礼次之，皆行于宗庙，燕礼与两者相较则有减杀，在国君路寝举行。

飨礼

《左传·宣公十六年》曰：“王享有体荐，宴有折俎。公当享，卿当宴，王室之礼也。”杨伯峻注：“享同飨。享与宴（燕）有时义同，此则意义有别。享有体荐者，设宴杀牲，徒具形式，而宾主并不饮食之……宴则以折俎，相与共食之。”又曰：“天子于诸侯则设享礼。天子招待诸侯之卿，则设宴礼。”就是说，古代王室以酒肉款待宾客，因招待对象不同，所用之礼的等级亦有不同。天子款待诸侯用飨（享）礼，款待诸侯之卿则用燕礼。天子祭天用整个牲体，称全烝；招待诸侯的飨礼用半个牲体，称为体荐，亦称房烝；宴礼则以切开之肉，带骨而置于俎上，称为折俎，也称肴烝。前两者皆不煮熟，不能

回答长者提问

长者问，不辞让而对[1]，非礼也。

《礼记·曲礼上第一》

【注释】〔1〕对：回答，答对。

【译文】年长之人问话，不谦让就回答，这是不符合礼仪的。

食用。因此孔颖达《疏》曰："王为公侯设享则半解其体而荐之。为不食故不解折，所以示其俭也。"

虽然"飨以训恭俭"(《左传·成公十二年》)，但却相当隆重。《周礼·秋官·大行人》便曰："飨礼九献。"饮食礼仪上，献、酢、酬各一次，称为一献，反复九次为九献。另外，飨礼之隆重、虔敬，在《礼记·仲尼燕居》中亦有所记述。孔子闲坐，子张、子贡、子游陪坐。闲谈中谈到了飨礼，孔子说食飨之礼是用来对宾客表示仁爱的，大飨之礼（诸侯相互聘问所行的飨礼）分为四项：金作示情、升歌清庙、下管象示、武夏龠序兴。行飨礼之时，两位国君互相揖让后进入大门。一进大门，马上钟鼓齐鸣，以示欢迎之情。两人相互揖让登堂之时，乐工奏唱歌颂文王的《清庙》之诗，以赞美两位国君道德之崇高。登堂之后，堂下又吹起《象》的乐曲，以示将行大事。之后，大武与夏龠之舞一个接一个地进行。撤去鼎俎供品时还要演奏《振羽》之曲，客人离开时，又演奏《雍》之曲来送别，就连车上的铃铛声也要合着乐曲《采齐》的节奏。总之，陈列鼎俎供品、按照礼乐安排仪式、百官执事一应俱全，且参礼者行动周旋处处合于礼，由此可见其隆重、诚敬之度。

汉代宴饮器皿

礼在讲究饮食规格和饮食活动的同时也促使了饮食用具变得相当考究，在分类上发展有碗、盘、壶、勺等饮食用具。其中如漆器在汉代普遍被用于宴饮，做工异常精美，质地优良。

食 礼

孔颖达曰："食礼者，有饭有肴，虽设酒而不饮，其礼以饭为主，故曰食也。"食礼重在进食，因此，所用食物非常丰富，且陈设讲究。在《仪礼》中有《公食大夫礼》一篇，记载了诸侯款待小聘问使者的食礼和大夫相食之礼，对此可窥一斑。

食礼的整个仪程包括戒速使者、国君拜使者之至、设馔、使者三饭、国君侑食、使者卒食等仪节。

戒速使者 国君派与使者爵位相当的大夫前往馆驿通知并邀请使者至宗庙参加食礼。副使担当傧者之职，往返传递两方的言辞。使者三次谦辞推却之后，出门拜谢大夫的屈尊邀请，大夫不还礼，传达国君邀请之命，使者行再拜礼接受邀请。大夫回去复命，使者着朝服前往，于庙门外等候。此时，七个鼎已经陈设列在门外正对着门的地方，筵席、小几、盥洗用具也已陈设完毕。

国君拜使者之至 国君亦着朝服，亲自到大

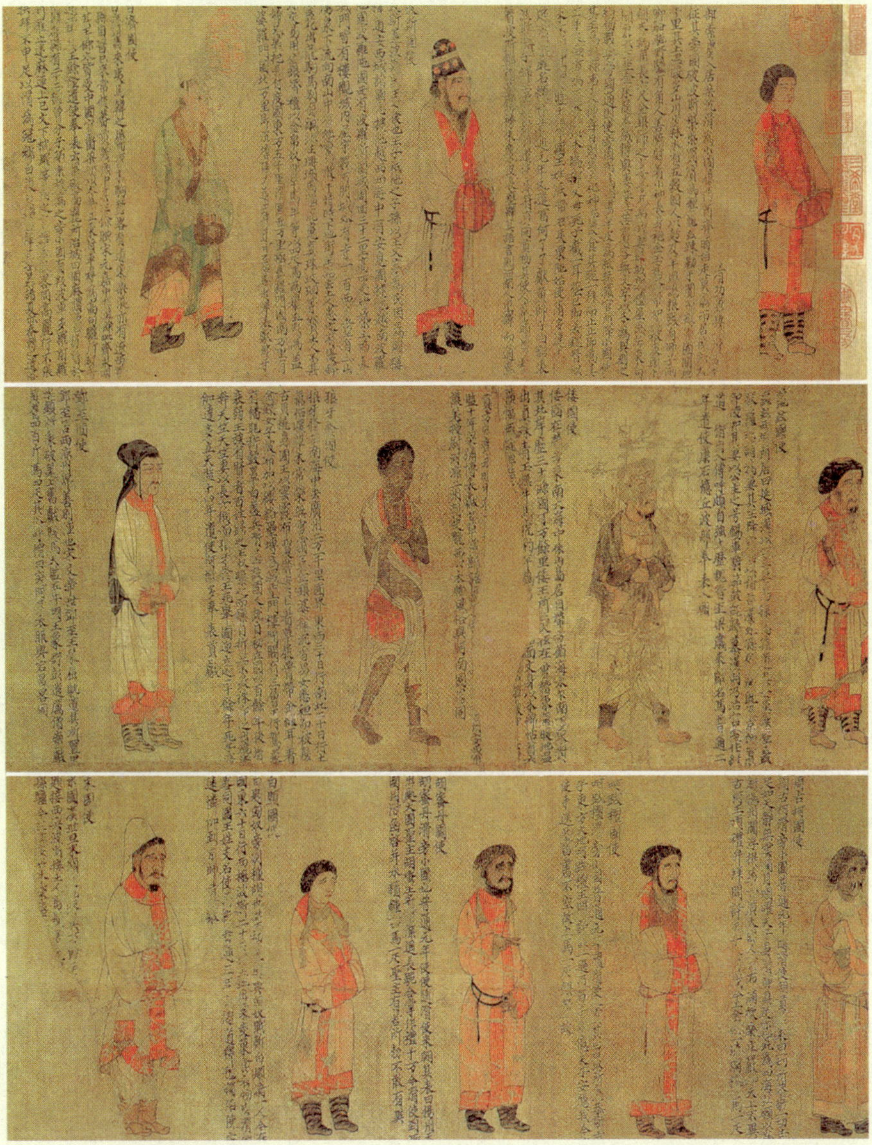

门外迎接使者。使者入门，国君行再拜之礼，使者不敢当而谦避，并向国君行再拜稽首礼。之后，国君与使者三揖三让走入庙门。登堂时，国君先从阼阶走上两级台阶，使者才接着走上西阶。使者至西阶时，国君行一拜之礼；使者下阶，国君行再拜之礼。使者于堂下答拜，国君要走下一级台阶。于是傧者说："寡君要随您下堂了。您虽要拜，可还是请起身吧。"于是使者登堂，一步两阶。国君认为不敢接受使者堂下的再拜稽

职贡图　萧绎　绢本

西周到春秋战国时期，君主与诸侯，各诸侯之间很少会面，为联络感情，维护统治，就要派卿大夫出使相互聘问。古代君主或诸侯招待使者的礼仪，就是食礼。使者在邦国，国君宴请，食礼一次，飨礼两次；宴请副使，则食礼一次，飨礼一次。次日，使者要到朝上拜谢国君。该图又名《番客入朝图》，展现了南北朝时期少数民族使者来贡的繁盛场面，图中绘有滑国、百济、波斯、龟兹等十二国使者。

首礼，所以又命其在堂上重新行礼。

设馔 国君与使者皆登堂后，开始往俎上陈放鼎食。将鼎次序抬入庙门，将俎一一放在鼎的南侧，大夫中的年长者依次洗手。洗毕，依次走到鼎的北侧，用匕取出鼎中之肉，由站在鼎左侧的设鼎之人放在俎上，鱼七条、羊的肠和胃各七个、精细切割的猪肉七份，也一并放到俎上。取食毕，大夫退下。

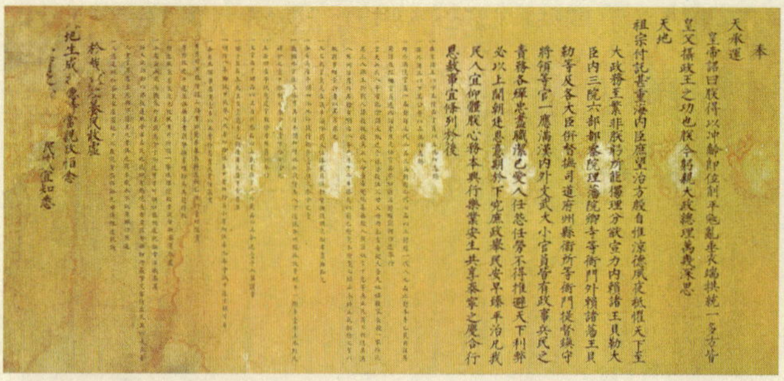
奉
天承運
皇帝詔曰朕得以沖齡即位削平寇亂垂衣端拱統一多方皆
皇父攝政王之功也朕今躬親大政總理萬幾深思
天地
祖宗付託甚重海內臣庶望治方殷自惟涼德夙夜兢惶天下至
大政務至繁非朕躬所能獨理分猷宣力內賴諸王貝勒大
臣內三院六部都察院理藩院卿寺等衙門外賴諸藩王貝
勒等及各大臣併督撫司道府州縣衛所等衙門從督鎮守
將領等官一應滿漢內外文武大小官員皆有政事兵民之
責務各殫忠盡職潔己愛人任怨任勞不得推避天下利弊
必以上聞朝廷恩意期於下究庶政舉民安早臻平治凡我
民人宜仰體朕心務本興行樂業安生共享泰寧之慶合行
恩赦事宜條列於後

贺　表

每逢节庆典礼，大臣都要向皇帝或太后进奉贺表。贺表内容是拟定统一的，大意是：“臣某等诚惶诚恐，稽首顿首上言，因某节或某事向皇帝或太后奉表称贺以闻。”言语之中，体现了古代礼仪规范要求。

榜葛拉进麒麟图

榜葛拉（今孟加拉国）是郑和下西洋时到达的国家之一，也是与明朝有朝贡关系的国家之一。榜葛拉国王曾于永乐十二年、正统三年派使者来中国进献长颈鹿，以示友好和礼尚往来。由于当时人们从未见过这种生活在热带的长脖子动物，当时被视为瑞兽麒麟。图为清人陈璋临摹的明代画家沈度的绘画。

接着，国君下堂洗手，准备设酱。使者避役使国君之嫌，不敢安居堂上，亦随之下堂。洗毕，国君与使者揖让后先后上堂。国君设酱，表示亲手向使者馈食。使者推辞不敢当，然后跪坐，将国君设的酱一一移到规定的位置。接下来，宰夫将六个豆陈设在酱的东侧，以西首为尊：腌韭菜、肉酱、菖蒲根放在北侧，菖蒲根之南是带骨的麋肉酱，以西为腌蔓菁、带骨的鹿肉酱。豆的南侧放俎，仍以西首为尊：牛、羊、豕放于北侧，鱼在牛的南侧，然后次以腊肉、肠、胃。细切的猪肉单列一行。宰夫在俎的西侧两两相并地摆放盛有黍、稷的六个簋，以东首为尊。黍的位置正对着牛俎，西侧为稷。国君将盛有大羹汁的镫放在酱的西侧，表示亲手为使者馔食。使者推辞后，跪坐着将镫一一移放到指定位置。宰夫又在豆的西侧放置四个铏，以东首为尊：牛以西为羊，羊以南为豕，豕以东为牛。食礼虽然以食物宴请使者，但需要用酒来漱口、安食。食物陈列完毕后，还要把斟满酒的觯放在豆的东侧。最后，宰夫打开簋盖，放在簋的西侧。整个肴馔的陈设才告一段落。于是，赞礼者禀告国君，正馔陈设完毕。

正馔陈设完毕之后，国君请使者入席。使者要祭祀正馔。祭毕，又开始为使者陈设加馔。加馔设在正馔西侧，排成四行。加馔有小米饭、用簠盛装的稻、以豆盛装的各种珍馐。每种食物都有指定的位置。陈设完毕，赞礼者禀告国君，各种美味都已陈放完毕。然后，赞礼者奉国君之命请使者入席。使者在席末就座后祭祀加馔。

显然，食礼非常注重食物的陈设、食物规制。食物的陈设以尊卑定方位，严格执行，不得随意。如陈设豆与俎时，皆以西首为尊，所以西首放牛，然后羊、豕；而陈设簋时，却是以东北方为尊，所以东北为黍，西南为稷；陈设铏时，又以东首为尊。另外，使者身份地位不同，所用食物的规格亦不同。如国君款待上大夫身份的使者时，要根据上大夫爵命等级高低而设鼎，或设九鼎或设七鼎；款待下大夫的使者也如此。各种珍馐的数量也要视使者身份而定。上大夫要比下大夫多出野鸡、兔子、鹌鹑和鴽鸟等食物。

战国青铜器上的撞钟击鼓侑食图

古代贵族进食，往往有庞大的乐队奏乐，以乐侑食，地位越高，乐队的规模越大。鼓乐使整个宴饮过程变得庄重而有韵味。《周礼·玉藻》中记载过，“年成不好，则天子素服，乘素车，食无乐”，年景不好，遭遇荒灾，君主就要变食止乐。

在古人心目中，宴饮的意义远在吃喝以外，用宴饮联络宾客、亲善友谊、弘扬礼仪是其主要目的。如国君在行礼时，亲自为使者陈设肴馔，就是亲善友好的表现，是一种情感的馈赠。国君与使者之间的揖让、叩拜、避礼等行止，又是传统谦恭、敬让等礼仪的体现。

使者三饭　三饭，三次举饭而食。使者于正馔与加馔之间面朝北而坐，左手抱起盛着粱（小米饭）的簠，右手拿着羹汁，准备下堂食用。因为国君于堂上站立，使者不敢坐食于席。而且，粱与羹汁又都是国君亲自为使者陈放的，选此为食以示喜爱、珍

劳而不怨

子曰：“事父母几[1]谏，见志不从，又敬不违，劳[2]而不怨。”

《论语·里仁篇第四》

【注释】〔1〕几：轻微、委婉。〔2〕劳：操劳。

【译文】 孔子说：“侍奉父母，（如果见到他们有不对的地方）要委婉地进行劝说。看到父母从心里不愿听从，还是要对他们恭恭敬敬，不要违背他们的意愿，为父母操劳而不怨恨。”

惜国君之馈赠，可见谦敬之意。

国君阻止使者下堂，使者便走上西阶，将粱与羹汁放回原处，再下堂请国君不要像赞礼者那样侍食于己。国君应允上堂，行揖后退到东夹室。使者回到席位坐下，卷起上面的一重筵席，表示不敢受此重礼。国君不加阻止，以避免打扰使者进食。之后，使者三次举饭而食，喝羹汁，以菜肴蘸酱而食。食毕，以酒漱口安食。同时，有司将四张皮革陈放于庭中，准备作为礼物赠送使者。

孔颖达在《仪礼注疏·公食大夫礼》中指出，食礼有礼食、燕食之分，公食大夫礼属于礼食。又说："三饭而止，君子食不求饱。"可见，行公食大夫之礼时，进食并不重要，重要的是通过此礼体现君子懂礼、守礼之意。

国君侑食 使者三饭后，欲告退。国君为表达内心殷勤之意，以五匹帛劝使者进食。使者下堂辞谢，国君命其上堂。使者从命，上堂后却又下堂拜谢国君。国君不允，使者再上堂，向国君行再拜稽首礼受帛。受帛后面朝东立，国君行一拜之礼。使者立刻下堂，国君行再拜礼。使者向国君行揖后，拿起庭中的皮革走出庙门。国君下堂而立，等待使者返回。

使者卒食 使者三饭后，食礼尚未结束，按理是不能告退的；然而，使者如果不离开，则有贪食之嫌。所以，为了两全，退出大门后，使者再次入庙以行告退之礼。使者入门后，向国君行再拜稽首礼以告退，国君不允。于是宾主又彼此三揖三让而登堂。使者在堂上为表感谢国君厚意，向国君再次行再拜稽首礼，国君答拜。之后，同三饭时一样，使者请国君不要侍食，国君则立于东夹室等候。使者进食黍、稷之饭，之后三次饮酒漱口。至此，进食才告完毕。使者拿起粱和酱下堂，表亲自撤馔。而后，向国君再拜稽首，国君下堂答拜，送使者至大门内，行再拜礼作别。

使者离开后，有司将俎上的牛、羊、豕皆收起，送至馆驿，以示对使者之尊敬。即所谓"三牲之俎，正馔尤尊，尽以归宾，尊之至。"（《仪礼注疏·公食大夫礼》）同时，鱼、腊肉等食物则留下，这是行礼表尊却有所节制的体现，是儒家的中庸之道。凡事过犹不及，所以说"礼之有馀为施惠"也。

宴享乐队：奏乐铜俑

这十件铜铸乐器是明代的传世品。铜制女乐皆为女性形象，均体态丰满，脸盘圆润。女乐身着长裙，披如意云纹披肩，配有环节绸带。组乐中除两人持盘献桃外，另八人均持乐器，作演奏状，自右至左乐器依次为筚篥、笛、笙、琵琶、筝、鼓、钹、铓锣。

君臣之礼——燕礼　马和之

飨与燕是两种不同的礼节，君王款待诸侯之卿用燕礼。古史籍中关于燕礼的记载颇多，《礼记·射义》："古者诸侯之射也，必先行燕礼"；南朝梁沉沦《郊居赋》："受老夫之嘉称，班燕礼于上庠。"可见，诸侯射礼之前，需行燕礼，而亦有人将其看成是一种敬老礼仪。图为《鲁颂·有駜》中鲁国君臣宴饮公室，庆祝丰收，颂德祝福的场面。

次日，为表达对国君恩赐的感谢之情，使者要到国君的大门外拜谢。感谢国君的款待及以币帛劝食之举，每谢一次都要行再拜稽首礼。国君赐宴，使者次日回谢，礼尚往来，人情使然。

燕礼

《仪礼注疏·燕礼》中指出，燕礼有四等："诸侯无事而燕，一也；卿大夫有王事之劳，二也；卿大夫又有聘而来，还与之燕，三也；四方聘客与之燕，四也。"也就是说，在国中无大事的情况下，诸侯为了与群臣联络感情，便会设宴共欢；如果卿大夫有勤劳之功，国君为了犒劳而召集众臣一起庆贺；卿大夫出聘邻国归来，国君也将设宴以示慰劳；使者前来聘问，设宴招待，以尽地主之谊。可见，行燕礼主要目的是通过欢饮的轻松快乐场面，敦睦亲友，增进情谊，加强亲善友好的关系。因此，《周礼·春官·大宗伯》曰："以飨燕之礼，亲四方之宾客。"《仪礼·燕礼》篇主要讲第一种宴饮。

古代饮食礼仪

古代飨礼和燕礼，合称燕飨之礼。古代举行燕飨礼仪，并非专为饮食，其主要目的是为了和睦九族、沟通上下、巩固统治，具有重要的政治意义。燕、飨、乡饮酒礼影响重大，并在民间演绎出多种多样的饮食文化礼仪规范。

飨礼与燕礼有所不同。飨礼行于宗庙，处处以音乐相辅，参礼人的行为举止皆要求中规中矩，形式比较隆重，可谓郑重其事。而燕礼则行于天子、诸侯之路寝，仪节稍随意。除此，二者的意义也有不同。飨礼"设几而不倚，爵盈而不饮"，不主饮食。而燕礼"以醉为度，是相亲之心者也"。所以说："飨以训恭俭，燕以示慈惠。"古人重视礼节，通过礼节表达敬意。然而敬意太多，仪节太过隆重，就会给人以敬而远之之嫌。

万树园赐宴图　清代

承德避暑山庄的万树园，景色秀美，是乾隆时期一个重要的政治场所。乾隆帝曾在这里会见过东归英雄土尔扈特蒙古族首领渥巴锡，接见过英国特使以及缅甸、越南、老挝等国使节，并在此宴请听乐。

如果在宴饮之时，国君能给臣子提供一个宽松休闲的环境，必然会拉近相互间的情感距离。燕礼，虽重在饮酒欢乐，却也是统治者治理国家的一种手段。

燕礼仪程

燕礼的仪程包括器物陈设、君臣即席、君定主宾、宾主一献之礼、国君旅酬等仪节。

器物之陈设　退朝时，小臣代表国君，邀请群臣留下宴饮。然后有司在国君的路寝开始陈设礼仪所用的器物：乐器、篚、罍、膳篚、方壶、瓦大、圆壶、丰、席等，还有参礼者所食肴馔。篚，盛装群臣饮酒器具的竹筐；盛装国君饮酒器具的竹筐叫膳篚。罍，盛水或酒的器皿。瓦大，酒尊名。丰，酒器的托盘。

由于此燕礼的参加者是国君及朝中诸臣，有尊卑之别。因此，在器物的形制与陈设上，皆要予以体现。如，众士的酒尊是两只圆壶，陈设在门内西侧；卿大夫用的是两只方壶，陈设在堂上的东楹柱西侧；瓦大为国君专用酒器，也是两只，上面用粗葛布或细麻布覆盖，下面用托盘盛装，陈设在卿大夫酒尊之南，因为酒器的陈设在方向上以南为尊。

席位之等差　小臣于阼阶之上，为国君铺设重席。国君即席后，小臣奉命导引诸臣入内。卿大夫站在门内的右侧，面朝北，按尊卑之序自东向西排列。士站在门内左侧，面朝东，也是按照尊卑之序排列，但以北首为尊。小臣一人于东堂之下面朝南而立。士旅食者（未得到爵位却已在朝中为官之士）站在门内左侧，面朝北，以东首为尊。显然，君臣席位的设置，仍然体现尊卑贵贱有等之礼仪。《礼记·燕义》对此亦做了阐释：宴饮之时，小卿的席位次于上卿，大夫的席位又次于小卿，士及庶子则依次坐在阼阶之下。国君的席位在阼阶上面，为仪式的主位。国君于阼阶之上独自站立，其他人皆站于堂下，表明国君至尊之位，无人可与之匹敌。

宾主之择选 设立宾、主之职，是宴礼之必需，因此，君臣就位之后，射人向国君请问宴礼中宾的担当者。国君任命一大夫为宾，宾推辞一次，并在国君重申其决定后答应，然后出门等待主人邀请。宾应该是位尊德重者，国君却任命大夫为宾，而不用公卿，这是因为公卿的地位本来就很尊贵，如果再加上宾的地位，便会有与国君地位相匹敌的嫌疑。所以，选择地位相对卑下的大夫为宾。

那么，主人是由谁担当呢？如果依据其他的宴饮礼仪来推论，国君应该是宴会的主人。但是，宴会中宾主在礼节上是对等的，而臣下是不敢与国君行对等之礼的。于是，便采用了一种变通的方法：让爵等为士的宰夫代替国君来担当主人。这样，酒宴上就没有君臣无别的顾忌，国君与公卿也能够轻松地尽欢而饮了。

献酬之仪程 宾在射人的导引下进入，至庭中。国君从阼阶上走下一级台阶，向其行揖致意，然后就席。宾从西阶上堂，主人亦随之而上。主人行再拜之礼，宾答拜。此时，宾主之间的一献之礼开始。

主人向宾献酒之前，先下堂亲自为宾洗酒器。宾不敢安坐于堂上，亦下堂。宾主相互辞谢作答。洗毕，宾行揖致意后上堂，主人亦随之上。接着，主人再次下堂洗手，宾主又重复前面的礼节。宾主依次上堂后，主人把酒斟满，向宾进献。宾拜谢、接酒，主人拜送。膳宰将干肉、肉酱送到席上，宾入席，膳宰又摆上折俎，宾开始做食前祭祀。祭毕，到席的末端坐下，尝酒一口后拜谢主人，并向主人赞美酒之甘美，主人答拜。宾将酒饮尽，拜谢主人，主人亦答拜。

接下来，是宾酢主人，向主人以酒回敬。其仪节与主人向宾献酒大致相同，只是宾、主易位，且主人不赞美酒之甘美，饮毕，要拿着空爵下堂，并把爵放在庭中的竹筐内。

至此应该行主人酬宾之礼。但燕礼是群臣与国君宴饮，主宾行礼之时，还要顾及国君的尊严，所以在宾酢主人后，主人要为国君献酒，之后主人才能酬宾。

主人向国君献酒时，宾在堂下回避。

古代酒器

正立拱手

从于[1]先生，不越路而与人言。遭先生于道，趋[2]而进，正立拱[3]手。先生与之言则对，不与之言则趋而退。从长者而上丘陵，则必乡长者所视。

《礼记·曲礼上第一》

【注释】〔1〕从于：从，跟从，跟随。〔2〕趋：快行。〔3〕拱：两手向上相合表示敬意。拱手时，男子左手在右手上面，女子右手在左手上面。

【译文】跟随先生而行，不可跑到路边与人说话。在路上遇到先生，应快行向前，向先生立正拱手致意。先生如与你说话你就回答，如不同你说话你就快步退下。跟随年长的人登高，一定要面朝他可以看到的方向。

国君命人请宾上堂。宾上堂后立于西序内侧。主人为表诚敬、郑重，下堂洗手、洗象觚（觚有象骨饰也），国君不必如宾一般下堂辞谢。洗毕，上堂为国君斟酒进献，国君拜谢后接过，主人下堂拜送。然后，国君祭祀、饮酒、拜谢主人，主人于堂下答拜。最后，主人上堂接过象觚，在下堂放象觚于为国君专设的竹筐中。

为国君献酒结束后，国君却不酢主人，这是因为国君尊贵，主人不敢与国君对等行礼。因此，主人只得自酢。主人另取一爵下堂洗濯，上堂后用国君的膳酒把爵斟满，以示代表国君行酢礼。然后下堂，向国君行再拜稽首礼，国君以再拜礼相答。接下来，主人祭祀、饮酒、向国君行再拜稽首礼，国君答拜。

主人与国君的献酢之礼结束后，才得以行酬宾之礼。主人下堂洗手于觚，洗毕上堂。从方壶中酌酒后，向宾行拜礼，宾答拜。主人代表国君祭

祀、饮酒，宾不敢当此礼而推辞。主人将酒饮尽后，主宾相互拜答。主人又下堂洗觚，上堂后酌以国君之酒。宾拜谢后接过酒，主人拜送。宾祭酒，主人下堂。至此，宾主的一献之礼毕，国君、主人将开始一一劝酒，即旅酬。

卓歇图

图为契丹画家所绘《卓歇图》，描绘了激烈围猎后的一场休息，契丹可汗端坐在地毯上，侍从跪献美酒，体现了少数民族的礼仪规范。

旅酬开始之前，国君命两位下大夫之长担任送爵之职。两位送爵者站在庭中待命，国君下令致爵，两位便依尊卑之序先后上堂，把洗好的觯斟满酒放在国君席位的右侧。

紫光阁赐宴图（左下）　清代

燕礼是封建领主设宴款待嘉宾，“兼叙宾主绸缪之情”而宴饮的礼仪。燕礼可以是为特定的对象举行的，如出使而归的臣僚、新建功勋的属官、聘请的贵宾等，也可以是无特殊原因而宴请群臣。天子、诸侯皆有燕礼。图为《紫光阁赐宴》，乾隆时期，因取得几项重大的军事胜利，乾隆帝特令人重修紫光阁，在阁内设宴庆功，并令画师姚文翰为立有战功的文武大臣画像，悬于阁内。

旅酬首先是国君酬宾。国君取过送爵者所送之觯，劝宾饮酒。宾下堂准备拜谢，被阻止后上堂，完成再拜稽首礼，国君答拜后，立而饮之。于是国君与宾又重复前面拜答之仪节。之后，宾接过国君手中的空爵下堂放至竹筐中，并另取一觯洗濯。洗毕，上堂、向觯中酌膳酒、下堂，准备叩拜国君，经劝阻后上堂完成叩拜之礼。国君答拜。

接下来是宾酬大夫、主人向卿献酒、国君酬卿、主人向大夫献酒。仪节都很烦琐，此处不予详述。

在旅酬的同时，要有乐工演奏、歌唱，甚至有舞蹈来助兴，是为乐宾。主人向大夫献酒之后，乐工四人上堂，歌唱《鹿鸣》《四牡》《皇皇者华》，以瑟伴奏。歌罢，大夫向乐工献酒以示慰劳。然后，继续旅酬：国君酬大夫。酬毕，堂下吹笙者吹奏《南陔》《白华》《华黍》等乐曲。乐曲吹奏结束，主人又为吹笙者献酒。接着，堂上堂下交替奏唱，各三支乐曲。堂上一支歌，堂下一首曲，交替响起，令宴会气氛热烈而和谐。所演奏歌唱之曲，在乡饮酒礼中有

太和殿赐宴图

太和殿，俗称“金銮殿”，位于紫禁城南北主轴线的显要位置，明永乐年间建成，嘉靖时改称皇极殿。太和殿是举行大典的地方，明清两代皇帝登基、宣布即位诏书、皇帝大婚、册立皇后、命将出征，都要在此受百官的朝贺及赐宴。图为清帝大婚时的赐宴场面。

述，与此同。

规定的乐曲演奏、歌唱结束后，国君设立监酒的司正。司正代国君命令公卿、大夫安坐，然后向国君请求撤俎。撤俎后，国君、宾、公卿、大夫皆安坐堂上，有司进上各种肴馔，大夫祭祀。司正向国君请命后，对所有人说：“一定要喝醉！”宾、公卿、大夫起身回答：“是！岂敢不喝醉！”

至此，旅酬尚未结束，国君还没有劝士饮酒。劝士饮酒，仍然是主人先献，国君继之以酬。最后，庶子、乐正和小臣由于地位卑微，而后主人依次为之献酒，国君不再进酬。

此时，所有的正礼结束，大家开始随意饮酒，不计算爵数，可一醉方休。宾尽兴告辞，乐工演奏乐曲《陔》以送别。宾以干肉赐乐工，然后出门，卿、大夫亦随之而出。国君不必相送。

从旅酬仪程来看，国君劝酒的顺序依次为宾、卿、大夫及士，这是以尊卑定先后而明贵贱的。同时，旅酬过程中，又穿插乐宾、立司正等事宜，使宴会张弛有度，轻松愉快。

另外，在国君与众宾行旅酬之礼及向臣子赐爵之时，众宾及臣子皆要下堂叩拜，经劝阻上堂后，仍要完成再拜稽首之礼。这是臣子对国君应有的礼数，之所以这样做，是想令臣子明晓，为国，宜尽忠尽智以建立功勋，惟其如此，才可得到回报——加官、进爵、增俸禄，也正因为如此，才会国定民安而君无忧。同时，在臣子叩拜之后，国君每次又都要答拜。这又是作为国君应有的礼数。其用意为，居上位者应该明晓，必须以正确的治国之道来引导人民，使人民依从这条治国之道，用尽心力去做而有所获得。这样，国家才会上下和乐而安宁，这是君臣大义之所在。因此《礼记·燕义》曰：“燕礼者，所以明君臣之义也。”

第八章 待客之礼——宾礼

根据《周礼》记载，古代宾礼有八种。春朝、夏宗、秋觐、冬遇、时会、殷同等六种礼节为公、侯、伯、子、男五等诸侯朝见天子以及诸侯之间互相朝觐之礼。另外，时聘（有事而派遣使者存问看望）、殷（多国使者同时聘问）二种礼节，为诸侯派使者出使聘问天子以及他国诸侯之礼，称为聘礼。使者聘问之时，须执玉帛向受聘者进献。还有一种礼，叫士相见礼，包括『新升为士，或士自相见，或士往见卿大夫，或卿大夫下见士，或见己国君，或士大夫见他国君来朝者』等仪节。这种仪节虽然行于本国，不是出国聘问，但因其拜访者——宾，必须执禽挚做为见面礼物进献给受访者——主人，其行的也是宾主相见的礼节，因此，把士相见礼也看做宾礼的一种。

聘礼

PINGLI

诸侯派使者问候天子以及诸侯之间派使者相互问候的礼节为聘礼。聘礼皆有定期，因两次聘礼之间间隔时间长短的不同，分为小聘和大聘。聘礼历时时间长，仪节烦琐复杂。聘礼以邦交为目的，敬让为其主要礼仪。

聘，问候之意。聘礼，指诸侯派使者问候天子以及诸侯之间派使者相互问候的礼节。诸侯聘问天子有定期，即《礼记·王制》所说："诸侯之于天子也，比年（一年）一小聘，三年一大聘。"在聘问之期，诸侯将派遣卿大夫为使者，到京城作礼仪性的问候，并报告邦国的情况。诸侯之间，长时间相安无事，便派使者互致问候，以增进兄弟之国间的情谊。以卿为使者称大聘，以大夫为使者称小聘。《周礼·秋官·大行人》曰："凡诸侯之邦交，岁相问也，殷相聘也，世相朝也。"就是说，诸侯之间行聘问之礼亦定期：每年派大夫行小聘，间隔二三年派卿行大聘，国君更换后，继位的君王要亲自到其他诸侯国聘问。

聘问之时，因使者国君的爵等不同，所带介的人数也有差异。《聘义》曰："上公七介，侯伯五介，子男三介。"《仪礼·聘礼》所记的聘礼中介用五人。可见，为侯伯之卿的大聘。

持符节的使臣

宾礼指诸侯朝见天子以及各诸侯国互相交往时的礼节。"聘"是指国与国之间遣使访问。使臣奉命出使，要持特殊信物符节作凭证，古代符节多用竹、木制成。图为持符节的使臣形象。

聘礼仪程

聘礼可分成四个阶段：聘问前的准备、聘问正礼、聘毕后诸仪、聘后复命。每个阶段又包括众多小节，烦琐复杂。

聘问前之准备 此阶段包括戒使、备礼、告祢、受命等仪节。

戒使，任命使者。出聘前，国君任命一卿为正使；一大夫为上介，即副使；众介由宰任命，由四位士人担当。出聘前一天，国君要检视行聘的礼品，礼品有皮革、布帛、马匹等。经检视确定无误后，国君离开，由副使监督装车。出聘之日，使者与副使都要到自家的祢庙把将要出使之事向庙主报告，报告后，将币帛装入竹器中埋在东、西阶之间，并在路神前放下币帛，然后前往朝中接受国君命令。在朝门外，使者在车上插好旃旗后，率领随行人员前往治朝受命。国君面南而立，请卿召见使者，使者及随行人员相继以入，面朝北而立。国君行揖致意，让使者上前。贾人（掌管交易物价的下吏）取出圭，交给宰，宰交给使者，使者接过的同时，听取国君之命，并要将国君之命复述一遍。然后将圭交给副使，副使出门将其授还贾人。接着，以同样的仪节将献给聘问国国君的璧、献给国君夫人的璋和琮授给使者。然后，一行人马出发。走到郊外时，使者脱下深衣，收起旃旗。

拜谒图

朝聘是古代宾礼之一，为诸侯定期朝见天子的礼制。古代诸侯朝见天子有三种形式，每年派大夫朝见天子称“小聘”；每隔三年派卿朝见天子为“大聘”；每隔五年亲自朝见天子为“朝”。图为魏晋南北朝时期官员相互觐见拜会的场面，图中两人手执写有姓名和官职的名刺，一人提刀剑。

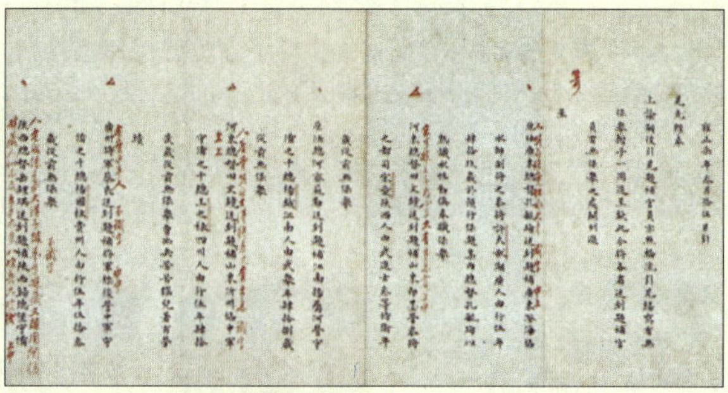

引见单

清朝朝制上，每逢官员升迁、调补或任期到一定年限，主管衙门都要将官员领到养心殿觐见皇帝。这种仪式称为“引见”，引见前都要先呈报一份名单，称引见单。

聘问途中之礼仪 这一阶段大致包括假道、预演威仪、入境展币、主国郊劳、致馆设飧等仪节。

行程之中，如果要路过其他国家，一定要派次介带着五匹帛去过往国借道。对方同意后，收下礼物。使者与随行者起誓决不扰民后方可入境。入境后，过往国国君将依照礼节馈赠使者牛、羊、豕三牲及草料，对其他随行者也有馈赠，然后派士送出国境。

进入聘问国境内之前，要预演一遍聘问的仪式。首先堆土为坛，确定

完璧归赵

"出使四方,不辱君命",这是古代使臣应具备的一种气魄和品质。蔺相如奉赵王命出使秦国,带着和氏璧去交换秦国答应的15座城池,后发现秦王出尔反尔,于是便与秦王斗智斗勇,将和氏璧完好无损送回赵国,出色地完成了出使使命。

红、绿头签

清朝清制,凡官员要求觐见皇帝,必须呈递写有官员姓名、官衔的竹制红、绿头签(也叫膳牌,因皇帝进膳前呈递,故此得名),皇帝膳后看签,决定是否召见。红、绿头签之别,是因等级不同而设,宗室、王公用红头签,其他大臣用绿头签。

国君方位,然后使者换上朝服,与随行者共同演习向国君、国君夫人献礼、聘问的仪节。至国境时,重新插起旃旗,起誓决不违聘问国之礼法。入境后,要展陈、核验所带礼品。先展陈献给国君的礼物,展陈次序为圭、皮革、璧、币帛、马匹,并对圭、璧进行擦拭。之后,展陈献给国君夫人、使者私见卿和大夫等的礼品。展陈完毕,报告国君。走到远郊和馆舍时,又都要将礼品展陈,仪节与第一次同。

使者到达近郊,国君将派卿带五匹帛前往慰劳。国君使者谦辞后于门外迎接。慰劳者捧币帛入门,代致国君慰劳之辞。使者行再拜叩首礼,接过币帛,慰劳者退出,表慰劳结束。之后,经副使、使者相请后才再次入内,接受使者用以表达酬谢的四张麋鹿皮、五匹锦缎,行揖致谢后退出。之后,国君夫人又派下大夫携蒸熟后去掉皮核的枣、栗前往慰劳,仪节与前同。慰劳结束,下大夫为使者引路,进入国门。

至馆舍,卿代表国君致辞,使者行再拜叩首礼致谢。然后宰夫陈设馈赠来访者的食物,有盛在鼎里的生的及煮熟的牛、羊、豕,还有米、禾草、薪草等。

聘问之正礼 此阶段包括聘享、宾觐、馈食、问卿、劳宾等仪节。

聘享包括聘国君、享国君、聘国君夫人、享国君夫人等仪节。到达的第二天,下大夫奉国君之命到馆舍迎接使者,使者到来后,命有司在庙门外陈设带来的礼品。国君于大门外亲自迎接。国君向使者行揖致意后先入门等候，使者持圭欲进献国君，国君推辞后，使者进门，二人三揖三让后登堂。使者代本国国君致辞，受聘国国君行再拜礼，使者避让。国君接过圭，使者下堂、退出，聘礼完成。之后，使者再次入门，向国君行享礼。仪节与聘礼大体相同，但所献礼物为璧及五匹帛。然后，聘享国君夫人，聘用璋，享用琮，其仪节与向国君献礼一样。

接下来，使者请求以个人名义拜见国君，称为私觌。国君推辞一次后，亲自于大门外相迎，经过三揖三让而登堂。于堂上，国君向使者亲授漆几，以醴酒款待，并赠送马匹、币帛。使者行再拜叩首之礼后接受，并退堂离开。之后，使者再次进门私见国君，捧五匹锦、牵四匹马入堂。国君像先前一样揖让而登堂。国君行再拜礼，使者谦避，用衣袖拂去币帛上的灰尘后进献给国君，国君亲授给宰，于庭东收藏。堂下，士接过马匹后将其牵走。之后，副使及随行者私见国君，仪节与此大致相同。私觌结束，国君亲自送别使者。至大门内时，询问使者国君的起居情况，并表达祝福之意。使者回答后，又询问卿大夫的情况，并对使者辛劳而来表示慰问，使者行再拜叩首之礼表感谢。最后，国君慰问随行者。彼此拜答后，使者一行人出大门，国君再拜相送后返回。

使者回到馆舍，对方的卿、大夫登门执雁前来慰问，副使收下礼物。之后，卿、大夫又前往慰问副使，仪节与此同。

然后，国君派卿向使者馈赠聘问期间的食物，酒、肉、米、酱、柴薪、草料一应俱全。得到馈赠后，使者要以四匹马和五匹锦回赠卿。次日，使者还要到大门前拜谢国君的馈赠。

国君的夫人、卿大夫也有所馈赠。副使及随行者亦得到不同等级的馈赠。

接着，使者前往聘问卿，赠以四张麋鹿皮和五匹帛。

万国来朝图卷

朝贡是古代邦交的一种礼仪，其起源与周代诸侯定期朝见天子的礼制有关。诸侯朝见天子，“春见曰朝，秋见曰觐”，春秋两季朝见天子，合称朝觐。图为清代时外藩执贡品入朝，朝见大清天子的情景，为我们研究少数民族衣着等提供了史料。

出门后再返回，以私人的名义见卿，所赠礼物与私见国君时相同。副使及随行者亦私下拜见卿。如果有某位下大夫曾聘问过自己的国家，那么副使就要带币帛前去问候，以表不忘旧交。仪节与私见卿同。

聘问期间，国君和大夫皆要以飧礼、食礼款待使者及副使。

聘毕后诸仪 此阶段包括还玉、赠宾等仪节。

使者一行人将要归国，国君派卿前往归还圭、璋，并赠以五匹纺。国君还要对使者的国君回赠礼玉、五匹帛、四张虎豹皮等礼物。同时，国君还要亲往馆舍为使者送行。向使者的国君、国君夫人行聘问、进献之礼，问候各位大夫，并对使者表送别之情。使者随国君至朝请命，并三次行拜礼答谢行前国君以禽鸟馈赠之举，礼毕踏上归途。

至近郊住宿，国君又派卿、下大夫、士前往，分别向使者、副使、随行者赠物送行，士要将使者一行人送到国境才得以返回。

玉象征君子所拥有的仁、义、礼、智、信及如天无所不覆、如地无所不载之美德，聘问时，以圭、璋等玉器为主要礼物，寓诸侯应以君子之德互相砥砺之意，亦表明对礼的重视。那么，为什么又要将其返还呢？《聘义》解释说："已聘而还圭璋，此轻财重礼之义也。"诸侯之间，以轻财重礼来相互砥砺，那么人民中就会兴起谦让之风，则对内不会互相欺凌，对外不会互相侵犯而天下太平了。因此，可以说行聘礼为治国之道。

万国来朝图

此图描绘了藩属及外国使臣到紫禁城朝贺的场面。画家以鸟瞰角度，将紫禁城中的主要建筑一一收入画幅，整个场面宏伟壮观。"九宾之礼"是外交上最隆重的礼节，由九个迎宾赞礼的官员延引上殿。

聘后复命 此阶段包括复命、告庙、酬劳随行者之仪节。

至本国近郊，使者请郊人报告国君请求复命，并穿上朝服，插上旍旗，举行除灾避凶的禳祭，之后进入国都。于朝陈列受聘国国君、卿大夫赠送给使者、副使的币帛后，使者、副使先后复命，并献上出使时带去的圭、璋以及对方赠送的礼物，然后向国君详陈出使经过。国君慰劳使者一行人，并分别赐予币帛。

之后，使者回家，把礼物放在大门外，然后到祢庙，在席前进献祭品，告知庙主自己已完成任务归来。然后，设宴酬劳随行者。副使归家后亦如此行礼。

游必有方

子曰："父母在，不远游[1]，游必有方[2]。"

《论语·里仁篇第四》

【注释】〔1〕游：指外出游学、经商等活动。〔2〕方：方位，指确定的地方，以使父母放心。

【译文】孔子说："父母在世，不要远离家乡去游学。如果一定要出游，也必须要有确定的地方。"

晏 婴

字仲，谥平，习惯上称之晏子，春秋后期一位重要的政治家、思想家、外交家。以有政治远见和外交才能闻名诸侯。晏子博闻强识，善于辞令，敢于直谏，主张以礼治国，汉代刘向赞他可与春秋名相管仲齐名。

聘问遇丧

聘问之时，会意外遇到丧事。这要根据具体情况分别予以对待。

如果受聘国国君或夫人或嫡长子去世，而使者已进入该国国境，则应继续进行聘问活动，只是礼数要降低：无郊劳，聘享后不以醴酒礼宾，使者所需食物虽然依礼一并送去，但使者只留下煮熟的食物和未杀之牲，使者归国前，不向使者回赠礼品。

若聘问途中得知本国国君去世，如果已入受聘国境内，则继续行聘问之事。报丧者未至，出使人员要在巷门哭泣，于馆舍着丧服。不接受飧食之礼。报丧者至，则可以着丧服出馆舍；接受食物时，只能接受米谷和草料。使者归国时，要捧着圭至殡宫，在国君遗体前向世子复命，仪节与以往出聘归来向国君复命一样。之后行奔丧礼仪。

如果使者入受聘国境内后死去，聘问继续。副使接替使者之职，并担任丧主，国君亲往吊唁。聘问中，副使不参加国君宴请。归国后，将使者灵柩停在朝门外向国君复命，之后奉灵柩到使者家，国君亲往吊唁。如果副使去世，仪节相同。随行人员死亡，灵柩不必送到朝上，国君也不往吊唁。

晋文公复国图卷

晋文公（前 697 —前 628），名重耳，春秋时霸主，晋国国君。因其父献公立幼子为嗣，曾流亡国外 19 年，在秦穆公援助下回国继位。晋文公流落到宋国，宋襄公以礼款待，流落到楚国，楚成王设宴款待，文公答应若晋楚交战，将退避三舍。公元前 633 年，楚军围困宋国都城商丘，晋文公率军救宋，与楚相持，履行承诺，退避三舍，终在城濮（今山东濮县南）大败楚军。晋文公复国图卷，展现了春秋战国时，诸侯国邦交的各种礼仪。

敬让的邦交之仪

诸侯之间行聘礼，其主要目的是结交盟友、巩固邦国之间的友好关系，避免侵略欺凌之事。因此，在行礼之时，极尽所能地体现着相互敬让之义。《聘义》曰："敬让也者，君子之所以相接也。故诸侯相接以敬让，则不相侵凌。"如，聘礼中，双方相见之前，各备传话之人：宾（使者）用介，主（受聘问的国君）用摈者。相见之时，双方交流要通过介与摈者一个接一个地传达。这样做为了表明，君子对所尊重之人不敢有所简慢，是互相恭敬之礼仪的体现。

另外，宾要辞让三次后才传达本国君王的问候，推辞三次后才进入庙门，又经三揖三让，才登上台阶。可谓敬让之致。

还有，使者来聘问，国君要派士在边境迎接，又派大夫在郊外慰劳，自己则亲自在大门内拜迎，在庙中接受使者传达来聘之意，并拜受使者带来的礼物、拜谢对方君王特派使者前来聘问的盛情。这些，皆为表敬让之意。因此称聘礼为诸侯相互敬让的邦交礼仪。

士相见礼

SHIXIANGJIANLI

古人初次拜访地位相同者，或者拜访地位高者一定要执禽挚前往，以示诚敬。而与拜访者地位相当的受访者，一定要回访、还礼。这是中国人追求平等回报、崇尚往来之美德的体现，是融洽亲朋关系、加深情感的手段。

士相见礼为宾礼。《仪礼注疏》解释说："同国执禽挚相见及见君之礼，虽非出聘，亦是宾主相见之法，故属宾礼也。"古人行事处处依礼，初次拜访地位相同之人，或者地位低者拜访地位高者一定要执禽挚以访，且相见之时，履行一定的仪程，体现了宾主相交的礼仪，因此，称之为宾礼。这里对士与士相见的仪节做一介绍。

诚敬以访

士相见礼中，一方是做为客人去求见，一方要做为主人来接见。所以，称求见者为宾，称接见者为主人。

拜访之前，宾一定要准备一只死雉，作为初次相见的见面礼。如果是夏天，就准备一只风干的雉，因其不易腐败。那么，为什么要有此一举呢？

古代的很多礼仪中都规定，初次求见所尊敬的人，一定要带见面礼，以示诚敬。即如郑玄所云："挚，所执以至者，君子见于所尊敬，必执挚以将其厚意也。"（《仪礼注疏·士相见礼》）如冠礼中，加冠仪式结束后，冠者以新臣

文会图

调琴啜茗是古代文人士大夫的共同所好。此图描绘了园林庭院中，宾主碾茶共饮的场景，其中一人持碾碎茶，一人端坐注视，画面衬景与人物相融，设色淡雅，闲居雅趣溢于画端。

的身份初次拜见国君，一定要带雉前往。婚礼中，男方使者求见女方父亲，亦必带雁做见面礼。在士相见礼中，士与士相见、士见大夫、新臣始见于君皆执雉而往，下大夫之间相见以雁做礼物，上大夫之间相见以羔羊为礼。选用什么做礼物，是与所选用之物的特点以及受访者所应该具有的品行相关联的。士相见用死雉，取其不为食物所引诱，不为威力所慑服，宁死而不被畜养的品行，以此象征士所应具有的行威、守节、死义的品格。同理，用雁，“取知时，飞翔有行列”；用羔，“取其从帅，群而不党”。

宾执雉前往，到了主人家门外，通过摈者（协助主人行礼，导引宾客、传递话语的人）传达求见主人之意，说：“某早就想来拜见您，只是没有人介绍，现在有某子传达您的命令，让某前来见您。”此时，主人回答说：“某子传达您的命令，命某前往见您，现在反而屈驾前来，还是请您先回府，某将随即前往见您。”双方地位相等，一方来访，是屈尊之举。因此，被访者要委婉推辞，以表谦敬。接下来，宾又两次表达真诚的拜见之意、主人也表示真诚地谦敬后，才答应相见。

见面之前，主人还要对宾所带的见面礼进行再三推辞。宾表示不带见面礼不敢见所尊敬的人，主人表示实在不敢当此重礼。三次请见后，主人表示无法推辞，恭敬不如从命，于是出门迎接宾，行再拜之礼，宾答拜还礼。

主人揖请宾入大门，行再拜礼，接过宾手中之雉，宾授雉后亦行再拜礼，然后出大门。这体现了君子行礼有节之意。既然已经拜见，则不敢再行叨扰。

此时，主人为了表达希望与宾结欢心之意，便让摈者到门外请宾再次入内，与主人叙谈。于是，宾主再次会面。叙谈后告别，主人送至大门外，向宾行再拜礼。至此，相见的礼节还没有结束，主人还要进行回访，对宾屈尊来访以示感谢。

曲水流觞

古代文人崇尚“以酒会友”，并发展出多种礼俗活动。“曲水流觞”之俗，便是古代文人的一种诗酒盛会。众朋满座，列坐在环曲的水溪旁，然后将盛酒的“觞”浮于水面，使之顺流飘下。觞杯飘至曲折拐弯处，缓缓经过宾客面前时，宾客可取过一饮而尽，然后吟诗作赋，作诗不成，亦要罚酒。

送客图　周臣　明代

我国古代特有向对方表示敬意的多种宾见之礼。各种礼节在动作上都有一定的差异，古代的宾见之礼有揖让、长揖、拱等。长揖是古时不分尊卑的一种相见礼，拱手高举，自上而下；拱，是胸前相合表示敬意；揖让礼按尊卑也有三种。此画取自唐人杜甫《南邻》诗末句“相送柴门月色心”诗意入画，画中人物正在行送让礼。

尚往来而回访

《礼记·曲礼》曰：“礼尚往来。往而不来，非礼也；来而不往，亦非礼也。”上古时，人们讲求施报，在礼上，崇尚往来，以其为美德。施人恩惠却收不到回报，是不合礼的；别人施恩惠于己，却没有报答，也不合于礼。友情从来都是相互的，礼尚往来，就是要在纯粹的人情上给予平等的回报，这样才可融洽亲戚朋友关系，从而进一步加深情感。因此，士与士相见后，主人一定要依礼回访。但是，回访之礼，一般适用于地位相当者。如士见大夫，大夫最终是要辞挚而不受的，否则大夫回访，便降低了自己的身份，不回访，又有行国君之礼而僭越的嫌疑，因为只有国君才可以受挚而不回访的。

回访时，主人拿着宾所赠的挚前往。君子以德义相交，而不以财物为重，因此，受礼后定要奉还。主人至前日之宾而今日之主人家的大门外，通过摈者传达求见之意，说：“前日蒙您屈驾光临，使得某能与您相见。现在请允许某把雉奉还给您的摈者。”主人说：“某也荣幸地与您见过面了，现在您又屈驾来访，实不敢当。”接下来，宾又两次表示，自己卑微，不敢惊扰

不可不知

子曰：“父母之年〔1〕，不可不知也。一则以喜，一则以惧。”

《论语·里仁篇第四》

【注释】〔1〕年：年龄。

【译文】孔子说：“父母的年龄，不可以不知道。一方面为他们的长寿而高兴，一方面又为他们年老而恐惧。”

多宝阁

多宝阁是古代文人雅士书房必设之具，可陈设收藏各种玩石、玺印以及陶瓷花瓶等古玩。

尊敬的主人，所以要把雉还给主人的摈者。主人经过辞谢后，表示恭敬地从命才好，答应接受雉。于是，宾捧着雉进入大门，主人向宾行再拜礼，接过雉。宾授雉后行再拜礼，告辞，主人送至大门外，向宾行再拜礼。至此，相见礼仪完成。

《仪礼·士相见礼》还依次记述了士见大夫、大夫相见、士大夫见君诸礼仪。清代张尔歧说，士见大夫以下诸仪“皆自士相见推之，故以士相见名篇”(《仪礼郑注句读·士相见礼第三》)。这是以士相见礼命名的缘由。因其相见的仪节与士相见礼差异不大，所以这里不做记述。

《仪礼·士相见礼》十分强调人际交往中的诚敬。首先，访必执挚；接着，前去拜访时，宾要三次请见，主人则要三次辞谢；最后，回访时，宾三次请授挚，主人则三次辞谢，这些都传达出主宾真诚、互敬、谦卑之意。

另外，相互交往中，更强调文质彬彬、举止有礼的仪表仪态，这是人德行的外化，所以在此礼中言谈举止皆有规定。如，燕见国君时，国君赐酒给臣下，臣下要离席，向国君行再拜之礼。接过爵后，要登席献祭，然后才可将爵中酒饮尽，并要等国君饮毕方可将爵交给赞礼者。退席后，要到堂下跪着取鞋，然后到隐蔽处把鞋穿上。与人交谈，因对象不同，而应言各有宜，但都应以厚德劝善为宗旨。所以说：“与君言，言使臣；与大人言，言事君；与老者言，言使弟子；与幼者言，言孝弟于父兄；与众言，言忠信慈祥；与居官者言，言忠信。”(《仪礼·士相见礼》)

第九章

丧葬之礼——凶礼

《论语》中有这样一章：孟懿子问孝。子曰：『无违。』樊迟御，子告之曰：孟孙问孝于我，我对曰『无违』。樊迟曰：『何谓也？』子曰：『生，事之以礼；死，葬之以礼，祭之以礼。』可见中国古人是非常重视孝道，并且把生时的侍奉与死后的丧葬和祭礼并列来说，可见对于丧葬的重视。在《仪礼》中有几篇是专门记述丧葬之礼的，并且在《礼记》中有关丧葬的篇幅也是非常多的。我们将依据《仪礼》的记述来了解一下古代士的丧葬情况。《仪礼》中记述丧葬事宜的主要有四章，即《士丧礼》、《既夕礼》、《士虞礼》、《丧服》。

士丧礼

SHISANGLI

士丧礼记述了诸侯的士从死到卜葬止的诸般事宜，主要是处理遗体，并将其装入棺木的过程。包括招魂、楔齿缀足、设奠报丧、建铭设重、沐浴饭含、小殓大殓及通过占卜选择葬日、墓地等仪节。

说详八殿九殿　版画

招魂这一习俗起源尚早，在周代的文献中已有记录。春秋战国时的屈原还曾专门写有《招魂》一文。古人认为，人死亡后，灵魂就要离开肉体。于是就由活着的人来给他“指路”——招魂，为鬼魂指引升天的道路。图为明清民间年画中的八殿九殿，即引魂童子将亡魂带过八殿九殿，减轻死者生前的罪恶。

《士丧礼》与《既夕礼》本为一篇，记述了诸侯的士从死到入葬的诸般事宜。但因其仪节复杂，文献篇幅较长，所以把它分《士丧礼》和《既夕礼》上下两篇。

古代规定，士的儿子、父亲皆为士，因此，虽然《士丧礼》记载的是士之父母、妻子、长子的丧亡礼节，却可以认为是士阶层之丧礼的专门论说，这便是其以“士”冠名的原因。

在此，根据《士丧礼》篇及《礼记》中相关篇章，来介绍诸侯的士自始死至入殡期间的礼仪程序。

属纩招魂

士应该死在正室之中，如果开始时有病住在别室，在临死前要移居到正室之中，意味着人可以寿终正寝。

在病人不省人事之时，亲人把纩放在病人的鼻孔前，来检验其是否断气，即“属纩”。属，是放置的意思；纩，是丝棉新絮，质地轻薄。以此方法来判断病人是否离世，比用手直接试探要准确。如果用属纩之法验明已经断气，众人就开始哭泣，以哭声拉开丧葬礼的大幕。

病人断气之后，要把尸体搬到室中南窗下的尸床上，用大敛的被子盖住死者的尸体，然后为死者招魂。古人相信灵魂的存在，认为魂、魄相合而成为人，魂为气，魄为形，形魄和魂气合则人生，分则人或病或死。而魂气归于天，形魄归于地，魂魄离散意味着魂离开了身体，要让它回来，只有根据它的活动特点向天召唤。同时还认为，人死之初，灵魂不会走得太远，通过招魂或许可以让灵魂回归身体，让人得以复生，所以又把招魂称作“复”。因此，《礼记·檀弓》说，招魂，是表示至爱的方式，怀有求神的诚心。人们认为，人死后，灵魂将归于幽暗之处，因此，招魂者要朝着北方呼喊死者。

祝寿升仙图　墓室壁画　东汉

汉代谶纬之学大盛，巫术升仙思想蔓延，从后世出土的汉代绘画遗迹中可以看到大量的龙、凤、鹿、虎，而且还有天马、飞廉和仙鹤等架起天地和神人之间桥梁工具的神禽异兽。当时人们普遍认为，这些瑞兽可以带领死者的灵魂走向天堂。

言之不出

子曰：“古者言之不出[1]，耻躬之不逮也[2]。”

《论语·里仁篇第四》

【注释】〔1〕言之不出：不轻易承诺。〔2〕躬：亲自。逮：赶上。

【译文】孔子说：“古人是不轻易承诺的，他们认为说出来而做不到是耻辱的事情。”

招魂的仪节为：招魂者拿着死者生前穿过的可以代表其身份地位的衣服，把衣服的上衣和下裳连缀在一起，搭在左肩上，将其衣领放在自己的衣带内固定，然后从东边屋檐翘起的地方上房，再站在屋脊的中央面向北方，用死者的衣服招魂。连喊三声“哎——某人回来啊”。然后将衣服从房的正檐扔下来，下面有人用衣箱接住，从东面台阶走入正堂，然后把衣服盖在死者的身上，希望死者的魂能够再次回到他的身上。招魂者也从房屋之上下来了。

为死者招魂时喊的名字，以及写在棺柩前的铭文，从天子到士，格式都是一样的。男子称呼他的名，妇人称呼她的字，或者她的姓和排行，如果不知道她的姓，就称她的氏。

招魂大多用死者生前穿的衣服，招魂后，不再穿在死者身上。用以招

高润墓举哀图
墓室壁画　魏晋南北朝

图为南北朝贵族举哀的场景。墓主人高高端坐于帷帐中，眯着双眼，帷帐两边各有一帝王所用的华盖和葬礼所用的羽葆，表明主人已经去世，侍从列于两边举哀，说明墓主人身份的尊贵。

察合台汗的葬礼

察合台是成吉思汗次子，多次随成吉思汗征战，军功显赫，在当时地位极高。图为察合台死后的葬礼情景。受伊斯兰教的影响，绘画中不能出现死去的察合台，因此在图中才会出现众人列于空帐之外悼念。

魂的衣服必须代表死者生前的地位：公爵的诸侯用衮服，诸侯的夫人用屈狄礼服，大夫用玄衣纁裳，大夫之妻用展衣礼服，士用爵弁，士之妻用褖衣。

为妇人招魂，不能用她出嫁时穿的镶有绛色滚边的上衣。招魂也有不用衣服的现象，但极少。如，自升陉之战后开始，邾娄国（一古国，秦穆公时改为邹）的人便用箭来招魂。

招魂一般都要登上房顶。为诸侯招魂，如果其封邑内有山林，就由虞人（掌管山林的官）安放登屋的梯子；如果没有山林，就由狄人（地位较低的小吏）来安放梯子。由平日服侍的近臣身穿朝服为之招魂。如果在聘问路途中死于野外，招魂的人就站在死者所乘之车的轴头招魂。

楔齿、缀足及设奠

招魂之后，用角质祭勺启开死者上下牙齿，为后面的饭含做准备。用矮几压束住死者双足使之端正，以便为死者穿衣。否则会因其两脚僵硬上挺而难以穿上。接下来，丧主从东阶上堂，将祭品干肉、肉酱、醴酒置放在尸体东面的地上，来祭奠死者。称为“设奠”。又于堂上陈设帷幕，围隔尸体。

设奠，是表明对死者的爱敬，所以用侍奉生者的礼节来对待他。设奠时，要用朴素的器皿盛装祭品，以此表明生者真诚的哀痛与亲爱、恭敬之情。

入哭位

因服丧者的地位及与死者关系的不同，其哭泣时的位置也不同。

丧主坐在尸床的东面。丧主的兄弟、堂兄弟皆面向西站在丧主之后。丧主的妻妾面向东坐于床西。他们都是大功以上的亲属（如死者父兄姑姊妹等），在内室。小功以下的亲属皆在户外，妇人坐于堂上，男子立于堂下，皆面北，朝向尸床。

哭位是按照服丧者的丧服等级来安排的。但天子之丧例外，它是按照同姓、异姓、庶姓来区分，然后各就位而哭的。

报丧、吊唁及助丧

士死后，在丧主入哭位之前，要派人向国君报丧。丧主站在西阶东面，向南嘱咐报丧者有关事宜，并行拜礼送之。

报丧后，国君派人前来吊唁。先要撤去帷幕，然后丧主到寝门外迎接，见宾而不哭；于中庭，吊唁者向丧主传达君命。丧主哭拜、叩首，捶胸顿足，但有节限（顿足三次为一节，共三节九次）。之后，吊唁者离开，丧主到大门外拜送。哭泣时顿足，表明悲哀到了极点；有节限，是为了让礼适度，含有节哀之意。

另外，国君及亲友还要赠送一些衣被，以资助丧主顺利治丧，称为“禭”。

国君派人来赠送助丧的衣被，要撤去围灵堂的帷幕。丧主迎接国君之赠衣衾者之礼仪与迎接国君之使吊者之礼仪一样。赠衣衾者左手执衣领，右手执腰，入门上堂，传达国君命令。丧主叩拜赠衣者之礼仪亦与先前叩拜国君之使吊者之礼仪一样。赠衣者入内将衣衾盖在尸体上，然后出门。丧主拜送，其礼亦和先前拜送国君之使吊者一样，只有奉君命来吊与禭的，丧主才出门迎、送，从西阶上、下堂。于是拜谢宾客，若有大夫来吊唁，要一一拜谢。大夫虽不致吊辞，也要请其入室。

大功以上的亲属赠送衣衾，不必使人传命于丧主，直接将衣衾陈列房中。众兄弟赠送衣衾，须使人到内室告诸丧主。丧主在内室确定位置拜谢，并将衣衾放在尸体东边的床上。朋友赠送衣衾，要亲自送进来。撤去衣衾的有司，一如禭者左执领、右执腰，将衣衾拿回房中。

禭者来时，丧主皆不哭不踊。

影青堆塑龙凤纹魂瓶　宋代

魂瓶是为亡魂准备食物的器皿，多流行于宋代。当时人死后，家人便用瓶罐等器皿装满谷物放置于墓穴中，以供死者“食”用。

建 铭

依照死者身份为其树立旗旌，要用他生前所用之旗以表明死者的身份。如果是没有资格建旗的不命之士，则用长一尺、宽三寸黑布一块，长二尺、宽三寸红布一块，并将其联结起来。进而于赤色的布上写上铭文：“某氏某人之柩”。用三尺长的竹竿作旗杆，将其置于西阶上的屋檐下。《礼记·檀弓》曰：“铭，明旌也。以死者为不可别，故以其旗识之，爱之斯录之矣。”这是说，铭是神明的旌旗，因死者形貌已经见不到了，所以用旗帜来做标志。因为爱他，所以记他的姓名，使死者灵魂有所依凭。

沐浴、饭含及袭

死有分与活无常　版画

死有分与活无常一黑一白，亦称黑白无常鬼。在旧时迷信中，无常是人死时勾摄生魂的使者，而将无常又划分为黑无常和白无常。黑无常给人带来的只有灾难，而白无常一方面给人带来恐惧和不安，另一方面也可以给人带来发财的好运气。

人离世，宜干净整洁，以保持一个完好的形象，所以建铭后要给死者沐浴。死者生前的仆人受命入室，为主人洗头净身。因为死者已赤身裸体，所以丧主都出门暂避，在室户之外朝北而立。仆御用煮过的淘米水为死者洗头，梳理头发，再用巾将头发上的水擦干。然后为死者清洗身体。四个人各拉起死者身上衾被的一角，两个人用勺子往尸身之上浇水，用巾擦洗，并用浴衣将身上的水擦拭干净。接着为死者剪指甲，理顺胡须，就像以往为主人所做的那样。用丝带给死者束发后，插上发笄，再穿上贴身的衣服。此时，丧主才可以进入室内，回到自己应该在的位置。

出行图　壁画　东汉

汉代奢侈成风，人们普遍奉行“视死如生”的思想，凡达官显贵死后，不但要修建豪华的陵墓，还要在墓室内壁画出死者生前的生活状态和随葬大量的日用器具，以供死者死后继续享用。

生者不愿意看着亲人空口离开人世，所以要给死者的口里放生米和贝，叫“饭含”。即《礼记·檀弓》所云：“饭用米贝，弗忍虚也。”后人的俗语“死也作个饱死鬼”就有这样的含义。丧主从尸足之北转向西，面向东坐在床边。丧

荣府丧礼 《红楼梦》插图 孙温 纸本设色 清代

此为《红楼梦》插图中描绘贾母过世，荣国府举办丧礼的场面。荣府上下宅门全用白纸裱糊，门前的牌楼立时竖起，上下人等全着白衣，有人正在哭泣，展示了清代官宦之家丧礼的场景。

主袒露左臂，以左手持角匙，从敦中取米，往死者嘴的右侧放米三次，继放一个贝壳。死者嘴的左侧和中间照此放米和贝，一直到放满嘴为止。然后主人穿好衣服，返回尸东之位。人们认为天然的米和贝才是美好的，所以饭含不用生人吃的熟食。

饭含之后，要给死者穿衣，叫"袭"。商祝（熟悉殷商敬神之礼而任司祭的人）先用巾蒙住尸面，再用新丝绵塞住死者双耳，再将蒙面巾系好；继而系上鞋带，在脚背上将两只鞋子系在一起。接着为死者穿上三套衣服，贴身衣不算在三套之内。系好大带，插笏板于带的右侧。再为死者套上护臂和套袖，把护臂和套袖的丝带联结起来，在手背上打好结。用一个尸套套好尸体，盖上衣被。然后将布巾、浴巾、祭勺、修剪下来的乱发、指甲等统统埋于坎穴（两阶之间所挖的祭祀用的坑）之中。

设重木

重木，悬挂器物的木柱子。在重木上先要凿上眼，并将稍细的木棍插入其中，然后将其立于庭中南侧三分之一处。商祝在西墙下用两个鬲将饭含的余米煮成粥。用粗布塞住鬲口，用竹篾之绳系鬲，并将鬲悬挂于重木之上；又用苇席掩卷重木与鬲，将其完全卷住后，用竹篾之绳系好。最后，商祝取铭旗插挂于重木之上。设重木，是为了让死者的灵魂暂时有一个依靠，因此将表明死者身份的铭旗插在重木上。

小殓：复衾、迁尸、挽发及奠

死者去世的次日早晨，须用衣衾加于死者之尸，谓之"小殓"。《寒夜丛谈·谈礼》曰："古所谓小殓者，尸沐浴著衣毕，乃韬之以冒，不使人见其尸形，再用布绞束之，缩者一，横者三，裹以复衾。"《礼记·丧大记》又云："小殓，君、大夫、士皆用复衣复衾。"

首先在房内陈放好小殓必备的物品。如小殓的衣服和收束衣服的布，

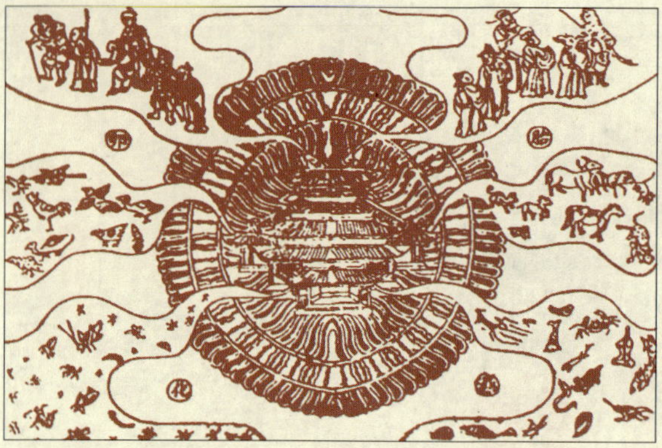

转世投胎灵

《法华经》云："一切众生，从无始来。生死相续，皆由不知常住真心，性净明体，用诸妄想。此想不真，故有轮转"。佛教认为，灵魂不灭，故有前世、今世和来世。一切众生因无明故，在六道四生中轮回。我们的躯体不过就像我们居住的房屋一样，生死不过是一个舍此取彼的过程。受佛教的影响，古时中国人认为人依前世所为，死亡后亡灵可托生为人或动物。

祭品和盥器，临时代替丧服的绖带，还有竹席、衾被及鼎和食物等。小殓衣服共需十九套。小殓仍在正寝进行，因此《仪礼·既夕礼》曰："小殓辟奠不出室。"

入殓时准备抬尸的士要洗手，然后两人一排站在西阶的下面。在户内铺两层席，下铺莞草席，上铺竹席。商祝依次叠放殓尸用的束带、衾被、散衣、爵弁服和皮弁服于席上。铺爵弁服和皮弁服时不可颠倒错位，其中最好的要贴近死者身体。抬尸的士把尸体抬到铺好的衣服上，用布带横向三圈顺向一圈绑好。

有司在堂上的两楹柁之间设床席，设席情况和在户内设时一样，继放枕头一只。

小殓完毕，撤去帷幕，丧主向西、主妇向东，抚尸痛哭，顿足不计其数。丧主进而挽束头发，袒露左臂，众主人也在房中挽发。而妇人们则在室中用麻束发。然后士们在尸体的左右抬起尸体，丧主家之男女分别捧着死者的头与脚，将尸体安放在堂上铺设好的床席之上，盖上覆尸体的衣被。继而众男女按哭位顿足而哭。丧主由尸足北转而于西阶下堂。众主人随丧主下堂，即位于东阶上面。妇人也随之下堂，向西立于东阶上。丧主开始拜谢宾客，凡是大夫，要一一拜之，对士三拜就表示都拜遍了；接着于东阶下向西之位顿足而哭，在东墙下穿衣戴绖，回到东阶下西面位。

于是举行奠祭。祭时男女齐哭。祭毕之后，宾客出门，丧主到门外拜送。接下来，孝子及众亲属轮流哭，不得请官员来号哭。

小殓日之夜，在庭中点燃大烛以照明。

大殓及殡

大殓，即再次为死者穿衣。

小殓次日天明之时，熄灭大烛。在房中陈设大殓用的束带、单被一条、絮被两条，衣服一共三十套，再陈设好大殓的用品及殡具，并撤除小殓的祭品。同时，要在堂的西阶之上挖一个坎穴以盛放棺柩，即"肂"，肂的深度以能见到棺与盖之际的木榫为准。肂准备好后，用窆车将棺柩放入坎穴中，棺盖放在地上。

于是为举行大殓而于堂上张放帷帐。妇人站在尸西，面向东。丧主和亲属从西阶上堂，从尸体的脚部绕到东侧，面朝西，都袒露左臂。士洗手及站立位置以及有司在东阶上铺席的方法和小殓都是一样的。商祝依次在席上陈放殓尸用的束带、单被、絮被、衣服，最好的衣服这次要放在外面。尤其是国君赠送的衣服不能颠倒着放置。这时如有大夫来吊唁，就派人告知正在大殓，丧主无法下堂迎拜。众士将尸体抬到铺好的衣服上后回到原位。丧主号哭顿足。大殓完毕后撤去帷帐。丧主夫妇要像小殓时一样抚尸痛哭。

大殓后，丧主方可将尸体捧入棺柩，即“殡”，亦称“入木”、“入殓”、“落材”。

死者入敛，丧主要像小殓时那样顿足号哭，接着盖上棺盖。然后在棺木旁放炒熟的黍稷，四边各放一筐。然后在棺木上用木料覆盖，再在上面涂泥。涂后商祝将标志死者身份的旗旌插在坎穴的东侧。主人号哭顿足，回到阶下之位，顿足而哭。

民间信仰中的天国

佛教相信因果报应，认为一个人生前多行善事，死后就会进入天堂；相反，如果作恶多端，死后就会进地狱受罚。图为民间想象的天国的情景。

接下来举行祭奠，之后拜送众宾，亲属各归丧居。

士死满三日后，丧主及众人始依礼分别着斩衰等各个等级的丧服，丧主兼持丧杖，拜谢国君及众宾的吊唁与慰问，但不拜谢其惠赐的衣物。

既殡之后，男子妇人于每日早晚哭于殡宫，不避子卯忌日。每月初一，设祭奠和大殓时一样，用一只猪，加上鱼和风干的兔子，并陈设三只鼎。

地 狱

旧时迷信思想认为，地狱是恶人死后灵魂受苦受罚的地方，佛教认为地狱是六道轮回中最劣最苦的，人在生前做了坏事，死后就要堕入地狱。图为古人想象的地狱场景，生前犯有不同罪恶的人，将会得到应得的报应。

卜 葬

古代埋葬死者，先占卜以择吉祥之葬日与葬地，称为“卜葬”。

选好落葬地点之后，冢人（掌管墓地的小吏）度量墓地而挖掘。挖掘之时，墓地四角的壤土堆在四角之外，中央的壤土堆在墓地南侧。朝哭之后，丧主和众主人皆解除首绖，面

铁槛寺众僧迎灵柩　《红楼梦》插图　孙温　纸本设色　清代

道教兴起和佛教东传后，中国渐渐兴起了僧道诵经超度亡人的法会。此为《红楼梦》插图中描绘的贾母灵柩运至铁槛寺做道场的场景。法鼓金铙，幢幡宝盖，场面宏大，展现了清代显贵死后做道场的盛大场面。

向北立于墓地之南。筮者面朝南听命于丧主。丧主说："哀子某人，为其父某甫卜筮以择安葬之地。已初步选定此处，将来有灾难吗？"筮者闻命后，在墓中央所起壤土卜筮。筮毕，筮者将占得的卦象交由宰看过后，再与其下属的筮人依次占筮此卦的吉凶，占筮毕，禀告宰及丧主。如果占筮的结果是吉象，则丧主再次带上首绖号哭。如果占筮的结果不吉利，则另择墓地再行占筮，仪节与前同。

合葬及"葬于祖之旁"不必卜筮墓地，即《礼记·丧礼小记》所说："祔葬者不筮宅。"

之后，占卜落葬日期。丧主和众主人在朝哭后，于殡宫外就位；族长亲临，于门东即位；三位卜者，立于族长之南；丧主之妇立于门内。一切就绪后，宗人禀告丧主，并将龟甲递给族长检视。族长检视后，再递给宗人，并以丧主的口气命令占卜葬日："哀子某人，已初步选定未来某日安葬其父某甫。成此魂神下葬，有无接近咎悔之事？"宗人将命辞传达给龟甲，并将龟甲交给卜人。卜人坐下，用荆树枝灼龟甲。族长接过龟甲观察，之后交还宗人。于是，三位占者一起占卜所得之卦，占毕，宗人向族长和丧主禀告占卜的结果。如果吉利，则要向丧主之妇、异国的卿大夫及未到场的宾客禀告。如果占卜的结果不吉利，则重新占卜，其仪节与前同。

既夕礼

JIXILI

既夕礼记述了灵柩的安葬仪程。主要包括朝祖、饰柩车、陈明器、祖奠、遣奠、发引、落葬及反哭等仪节。

尸体入棺之后，亲人的哀痛已有所减杀，因此，不再“哭泣无时”，而宜有所节制了：“朝一哭，夕一哭”即可也。既夕，夕哭之后。夕哭停止的时间要根据死者生前拥有的庙数来定。诸侯之下士一庙，则用一日朝庙，夕哭于落葬前两日停止；其上士二庙，则用两日朝庙，夕哭要于葬前三日停止。依此类推，天子七庙者，则用七日朝庙，夕哭要于葬前八日停止。本文是介绍诸侯下士的安葬之礼，所以，夕哭宜在葬前两日停止，以便丧主安排落葬事宜。

起殡、朝祖

死者入殡后，丧主开始守丧。

落葬前两天的夕哭之后，有司向丧主请示启殡的日期和具体时间，并告知宾客。次日早晨，在祖庙门外设好盥盆。陈放三只鼎，都和大殓及殡祭奠时所设一样，东边所设祭席也和大殓既殡之奠时所设相同。尸床设在堂下东西两阶之间。

两支火烛点燃后置于殡宫门外，俟启殡时用。男子着“免”服，妇人用麻束发，腰绖下垂，站位和朝夕哭时一样。妇人不哭，丧主叩拜宾客，入门后就堂下之位，袒露左臂。商祝走到西阶尽头，连续三次发出“噫兴”之声以警觉神灵；又连续三遍诏

金棺银椁

棺和椁都是装殓尸体的器具，椁是套在棺外的外棺。人死后，先将尸体装进棺材，再将棺材放入椁内。并不是所有的人死后都会有棺椁，很多穷人死后连棺木都没有，但大部分人死后都有棺材。只有家资充裕的大户人家才有能力置办椁，因为“一套棺椁重约一万斤，要耗费成千上万的人工才能造成”。

告神灵即将启柩；进而命丧主家男女等号哭。周祝取铭下堂，将铭插于重木之上。丧主号哭顿足。灵柩从坎穴中抬出，商祝用大功之布拂柩之尘，用夷衾盖在灵柩上。

接着用轴车运灵柩到祖庙。插着铭的重木在最前面，之后依次是祭品、火烛、灵柩、火烛，然后是丧主及其亲属。

到达祖庙，由西阶抬灵柩上堂。丧主、妇人亦随灵柩依次上堂。众主人于东阶下就位。将灵柩头朝北停放在夷床上。丧主站在灵柩的东边，置重木于中庭三分之一处。设奠者铺席于灵柩之西，然后和原初一样陈设祭席，并用巾盖好。丧主号哭顿足不计数，下堂，拜谢宾客；在堂下东阶即位，哭、踊、穿衣。主妇及大功以上亲属经由柩南而至东阶，向西就位。

拉死者生前所乘之车入祖庙，与东边的屋翼对齐，车辕朝北。次日天亮，灭掉火烛，撤去旧奠，继而为迁柩朝祖而于堂上重新陈设祭席。丧主在设奠者上堂时哭、踊，主妇在设奠者下堂时哭、踊。

接着牵驾车之马进祖庙，马缨由红、白、青三色丝绳做成，入门后面朝北；每两马的缰绳交结在一起，由养马之人在左右两侧牵着。驾车之人手执马鞭立于马后。丧主哭、踊，牵马者右转身，牵马出门。宾客出门，丧主送至门外。

《礼记·檀弓下》曰：“丧之朝也，顺死者之孝心也，其哀离其室也，故至于祖考之庙而后行。”也就是说，朝祖，是死者因即将离开亲人而感到悲哀，所以先到祖父、父亲之庙来做最后的告别，以表孝心。

古代明器

明器即“冥器”，也作“盟器”，是古代的随葬品。明器多为日用器物的仿制品，也有人物、畜禽的偶像及车船、建筑物、工具、兵器、家具的模型。在重视等级制度的古代，对明器的等级规定也相当严格。后世从随葬的明器可以看出死者的社会地位。

饰柩车

丧主入庙，袒露左臂。于是载灵柩于柩车，丧主哭、踊不计数。束棺于柩车完毕，丧主穿好衣服，有司取下迁祖奠席，改设于柩车西侧。商祝装饰柩车：柩前挂竹制的“池”一个，用白布围上柩之四周称之帷，又以白布覆盖柩之上部称之荒，联结帷和荒的“纽”前红后黑，要求前后左右各一“纽”，柩车顶端之圆盖以三色缯为之，上红中白下苍（青），并充之以絮使之高起，没有贝饰。在棺之两侧各设二“披”以固棺柩。用一长绳拴系柩车前辂的两端而以人引之。

扶灵
敦煌壁画　唐代

这幅类似风俗画的宗教壁画向后人展示了唐代人出殡的情景。主人悲伤地走在前面，赶着牛拉的灵柩车，车做成开窗的房屋的造型，将死者运往墓地。

陈明器

《礼记·檀弓上》曰："夫明器，鬼器也。"就是说，明器是孝子为先人的鬼魂特设的陪葬器具。孔子认为，之所以称之为明器，是表奉死者为神明之意。他又说，以不能使用的东西为明器，是视死者全无知觉，这太缺乏爱心了；而如果把死者当做生人一般看待，又太缺乏理智了。因此作为陪葬品的明器应该是：琴瑟张了弦，但没有调正，不能弹奏；竽笙齐备，但音调不调和，不能吹奏。这样做，就是把死者当做神明来侍奉了。

明器陈放在乘车的西边。先将棺上的大木架横放在墓圹之上，继放隔土用的"抗木"，横放三根，竖放两根。然后再铺三层用苇做成的"抗席"于抗木之上。落葬前，要以茵（染成浅黑色的大功细布）来铺垫棺底，也是竖二、横三。陈列明器以最西一行之南端为上，按自南往北，又自北往南的格式排列。先是茵，继是盛羊肉和猪肉的苇包两只，再是用菅草编成的筐三只，一盛黍，一盛稷，一盛麦。然后是瓮三只，分别盛装醋、豆酱及"屑"（姜桂的碎末），上面盖的是大功粗布。此外，还有瓦坛两只，一盛醴，一盛酒，覆之以小功之布。每器之下都有一木架，各器皆用盖子盖好。日常使用之器具依次是：弓箭、耒耜、两只敦、两个盂、盘、匜。匜是洗手盛水的用具，匜，流水的口朝南。没有祭器，可以放燕饮、奏乐之器。兵器依次有：铠甲、头盔、盾牌、竹制的盛箭袋。燕居时的用具依次是：手杖、斗笠、大掌扇。

祖　奠

《五礼精义》云："盖祖奠设于柩车之前以为行始，至于改葬，告迁而已。"祖奠，出殡前一天晚上对路神的祭奠，以此告知神灵死者行将上路，希望保佑其一路平安。

明器陈设好后，撤去祭席，并将所撤之奠的巾和席放在西边，准备设祖奠时用。撤奠者入时男子号哭顿足，出时妇人号哭顿足，丧主袒露左臂。商祝执功布指挥柩车调头向外，表示将要出行。丧主号哭顿足，穿衣，稍向南至灵柩前站立。妇人下堂，于东西两阶之间即位。出行时，调转柩车

进食之礼

凡进食之礼，左殽右胾[1]，食居人之左，羹居人之右。脍炙[2]处外，醯[3]酱处内，葱渫[4]处末，酒、浆[5]处右。以脯、脩[6]置者，左朐右末[7]，客若降等，执食兴，辞[8]。主人兴，辞于客。然后客坐。主人延[9]客祭。祭食，祭所先进[10]，殽之序，遍祭之。三饭，主人延客食胾，然后辩[11]殽。主人未辩，客不虚口[12]。

《礼记·曲礼上第一》

【注释】〔1〕殽、胾（zì）：带骨的熟肉为殽，不带骨的为胾。〔2〕脍炙：细切的肉。〔3〕醯（xī）：醋。〔4〕渫（xiè）：郑玄注："蒸葱也。"〔5〕酒、浆：酒又叫清醴（lǐ），一种甜酒。浆也是酒的一种。〔6〕脯、脩：脯、脩皆指干肉。〔7〕左朐（qú）右末：朐，《说文》段注："《曲礼》曰：左朐右末。郑云'曲中曰朐'，曲中犹言曲处。"意思是干肉当中弯曲的叫做朐。〔8〕降等：地位低于主人。执：手执，拿着。兴：站立。辞：推辞。〔9〕延：引导。古人吃饭前都要行祭祀之礼。〔10〕祭所先进：用于祭祀的食物以先进上来的开始。〔11〕然后辩肴：辩通"遍"。〔12〕虚口：用酒水漱口。

【译文】向客人进食之礼，是把带骨的肉放在客人左边，把不带骨的肉放在客人右边，饭放在客人左边，汤放在客人右边。切成薄片的肉和烤熟的肉放在外侧，醋和酱放在内侧，葱、蒸葱放在末端，酒浆放在右边。如果再置放脯、脩两种干肉，就将弯曲的部分朝左而放在右边末端。客人的地位如果低于主人，在主人陪食时要拿着食物站起来推辞，表示自己到堂下用饭。这时，主人站起来，对客人要到堂下用饭的表示进行劝阻。之后，客人就在堂上就坐。主人引导客人行食前祭礼。祭祀的食物，从先进上来的开始，先用带骨的肉祭祀，之后，遍祭各种食物。客人吃过三口饭后，主人引导客人吃不带骨的肉块，然后客人遍吃各种食物。主人没有吃遍各种食物之前，客人不用酒水洁口。

车头，但陈列的各种器具不必移动方向。周祝取铭置于茵上。两个人抬起重木（表明死者魂灵暂时归依之处的悬挂器物的木柱子）左转身，使重木由面北转为面南。太阳西斜之时，设祖奠丧主号哭顿足。有司又牵驾车之马进来，其礼仪和前一次一样。宾客告辞，丧主相送。这时有司向丧主请示下葬的日期，丧主作答后，返回堂下柩东之位。

受赠助葬物

国君遣人送来助葬之物：黑色帛三匹、浅黄色帛两匹、马两匹。丧主

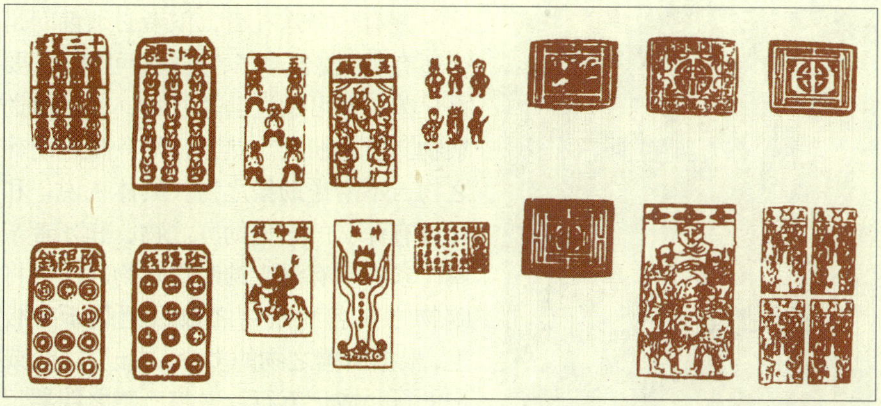

冥　钱

冥钱是专为死者殉葬铸制之钱，有铜、银、锡、铅、陶、泥、纸数种，纸币尤多。在有的地区，除了下葬前后沿路抛撒焚烧之外，每逢中元（农历7月14或15）、除夕和死者的祭日，都要烧纸钱供死者享用。图为民间纸质的冥钱。

放下丧杖，到庙门外迎接代国君送助葬物的使者，不哭；然后自己先进来朝北立于门右，和众主人袒露左臂。牵马进门后陈设于庭中重木之南，使者捧束帛立于柩车车辕之西向北传达君命。丧主哭，叩拜，起立。使者置放束帛于柩车车箱之左，继而出庙门，冢宰将束帛收藏。胥徒之长牵马出去，丧主送使者到外门之外，拜谢后穿好衣服；进而入庙门，返回柩东原位，重执丧杖。

卿、大夫、士遣使送助葬之物，由傧者传命。傧者出去请使者进来，并入告丧主，又出告使者，出告之辞是："孤某须矣"——丧主正等着呢。进来后的诸仪与国君使者来时相同，礼物陈设的位置也相同。

使者出去后，傧者旋即出去请问其是否还有事。使者若还赠送别的祭物，傧者就入告丧主，随即又出去引使者入门，仪节皆与前面相同。如果再有赠送，傧者则又入告丧主。丧主走出庙门，向西站在东边；使者朝东转达卿大夫士之使命；丧主拜谢，使者坐下将所赠财物置放于地上；冢宰从丧主的北边过来，向东端拿装有财物之器具，返回丧主身后之原位。如果所赠财物未装于器具之中，冢宰就直接从使者手中接过来。傧者又问使者是否还有事，使者告之事毕；丧主拜送使者，然后入庙。

老人入墓

老人入墓是唐宋时期颇为流行的一种丧葬方式。在老人死期将至时，家人便带上食物，陪同老人住进墓中安心服侍，直到老人去世。当时人们普遍认为这样便可以升天。图中，两位家人搀扶老人入墓。

持刀侍卫图　墓室壁画　唐代

唐代是继汉代后大兴厚葬的时代，凡贵族死后，都要修建规模宏大的陵墓，在墓道上描绘出主人生前的奢华生活，并用大量的随葬品随葬，希望墓主人死后能继续享用。图为初唐懿德太子墓的墓室壁画，描绘了懿德太子生前场面宏大的仪卫场景。

凡有传命送礼者，傧者必须询问是否还有事，俟告事毕，丧主方可拜送。要是兄弟，既可赠送助葬之物，亦可赠送祭物。要是朋友、熟人，则只赠送助葬之物，不赠送助祭之物。具体来说，和死者有深交的赠送助葬之物，和死者亲属（家人）有深交的赠送财物。由史将赠物之人名和赠物之数目记载于方板上，根据所赠之物的多少，或记九行，或记七行，或记五行。又将所赠之明器记载于简策上，并随葬。

死者下葬之前，和小殓时一样，家中男女轮流号哭。晚上，要于门内右边点上火烛。

遣奠

次日天亮，开始为死者进行最后一次奠祭，即遣奠。遣奠相当隆重。陈设五只鼎于庙门外。鼎中所盛食物为：羊体的左半边，去髀，羊肠五段，羊胃五块，无切割的肺一块；猪亦如上，即猪体的左半边，去髀，未切割的肺一块，猪体分解为前两肢、后两肢、脊、肋，但不用猪肠和猪胃；鱼、干兽、鲜兽等和殡时设奠相同。在柩车之东设的祭席为：四只豆，分别盛装百叶、蚌酱、葵菹、蜗酱；四只笾，分别盛装枣、点心、栗、干肉；此外还有醴与酒。

将夜间收起的明器再次陈列出来。灭掉庭中火烛，执烛者二人，一于柩车前辂之东，一于柩车前辂之西，皆向北而立。有宾客为助葬而入庙，丧主拜之。撤奠者入庙，男子号哭顿足；将祭品改设于柩车西北，妇人号哭顿足。这时抬鼎入庙，设于重木的东北边，以北为上，进而设遣奠。豆的设法为：先设牛胃于西南，次设蚌酱于牛胃之北，继设腌葵菜于蚌酱之东，后设蜗酱于腌葵菜之南；笾的设法为：先设枣于蜗酱之南，再设点心于枣之南，继设栗于点心之东，后设干肉于栗之北。俎的设法为：羊俎与猪俎并一起，鱼俎和腊俎并一起，皆设于豆之东和笾之北，以南为上。此外，鲜兽俎单独设于猪、腊二俎的北边，甜醴酒设于笾的西边，以北为上。设遣奠的人退出时，丧主按照规定的次数号哭顿足。

撤奠发引

《后汉书·独行传·范式》曰：“（张劭卒，）式未及到，而丧已发引，既至圹，将窆，而柩不肯进。”唐代杜甫在《故范阳太君卢氏墓志》中说：“以其载八月旬有一日发引，归葬于河南之偃师。”可见，发引即出殡，就是将棺柩从家里或庙堂抬到坟地去埋葬的过程。

甸人抬重木出庙门，倚于门外的东边；牵马至门外套车，在门外的东边面向西待发。撤奠者入庙，男子号哭顿足，和撤祖奠时一样。先撤去覆巾，包在羊、猪的前后四足上面。不包括鱼和干兽等非正牲。再撤去明器，按照先茵、折、抗木、抗席，继苞、筲、瓮、瓦坛，后弓、矢、耒、耜、甲、胄等器的次第撤出，车子随从于后。撤奠者出庙，妇人号哭顿足，也和撤祖奠时一样。

丧主的史请示丧主宣读礼单。此时，除了丧主和主妇外，没有相者的命令，皆不许哭泣。史站着宣读礼单，史之助手坐着计算赠物之数目。读、算完毕，相者下令可以哭泣。灭掉火烛，公史出门。

商祝执拿小功之布于柩车之前指挥柩车的行进。士八人于柩车两旁执披以保持柩车的平稳。柩车开始行进，丧主与亲属号哭顿足不计数。行至城门，国君派遣宰夫赠送黑色和浅红色的束帛共五匹；这时丧主放下丧杖，不哭，于柩车前辕的左侧听命；宰夫则于柩车前辕的右侧传达君命。丧主号哭顿足，叩拜宰夫。宰夫登上柩车，将五匹帛放在灵柩的帷盖内，然后下车。丧主拜送宰夫后，柩车继续前行。

出　殡

当死者入殓以后，就要出殡。出殡时，打着引魂幡的家人走在最前面，依次是鼓乐队、撒纸钱和持花圈的队伍，走在最后面的才是抬棺的人和哭泣的家人。

落　葬

柩车行至墓穴，陈放送葬之明器于墓道东西两侧，以北为上。茵先放入墓穴。接着除去棺饰和棺束，并系好下棺之绳，于是落葬。落葬之时，死者要头朝北方，这是因为鬼神是要到幽暗的地方去的缘故。

丧主及亲属号哭顿足不计数；丧主将一丈八尺长的黑色和浅黄色束帛赠给死者，置于墓穴之中；然后向死者叩拜，号哭顿足和先前一样。完毕，丧主拜谢宾客，主妇拜谢女宾，

共饭不泽手

共食[1]不饱，共饭不泽手[2]。

《礼记·曲礼上第一》

【注释】〔1〕共食：与人共食器，与下文“共饭”同义。〔2〕泽手：搓揉手。

【译文】与人共用食器吃饭不须吃饱，与人共用食器吃饭不得搓揉手。

砖室墓室　南北朝

唐以前，古代帝王贵胄的陵墓多在墓室上修建像山丘一样的封土堆，从唐代开始，依山为陵取代了封土堆，陵墓多依山势而建。图为北朝时拓跋氏家族的墓地，砖室墓内的建筑结构带有中原风格，而石雕又带有浓郁的西域风格。

德不孤

子曰："德不孤，必有邻。"

《论语·里仁篇第四》

【译文】孔子说："有德行的人是不会孤立的，一定会有与他相亲近的人。"

之后各返其原位。丧主、妇人及宾客轮流号哭顿足，各三次。有宾客辞行，丧主须拜送。置放用器、役器于棺旁，加上棺饰。又置放苇包和筲于棺饰之旁。继而加折，正面朝上；加抗席，正面朝下；加抗木。之后又加三匝土于抗木之上。丧主向加土之人拜谢后，最后，向墓穴之内填土，夯实。完毕后，丧主向加土之人拜谢，返回原位，号哭顿足，再穿好衣服，像前面做过的那样。

反哭

反哭，死者落葬后，丧主及众亲属返回祖庙号哭的仪节。《礼记·檀弓下》曰："反哭升堂，反诸其所作也；主妇入于室，反诸其所养也。反哭之吊也，哀之至也。反而亡焉，失之矣，于是为甚。"这是说，送葬以后，回到祖庙号哭，也就是回到亲长生前行礼的地方哭；主妇则进入室内哭，也就是回到她奉养亲长的地方哭。送葬回来后，亲长已不在，悲哀的感情最为强烈，因此，反哭时，亲友都要前来慰问。

丧主入庙门后登堂，面东而立。众主人于堂下亦面东而立。妇人入门，从东阶上堂，男子号哭顿足。

主妇入室，号哭顿足，出室后就堂上西面即位，妇人和男子轮流号哭顿足，各三次。众宾之长上堂，告慰丧主说："这实在是无可奈何的事。"丧主叩拜。众宾之长下堂，离去。丧主送至庙门外，又叩首拜谢；进而皆至殡宫就位，和朝夕哭时所就之位相同，男子妇人轮流号哭顿足，各三次。小功以下的同族兄弟辞行，丧主拜送。众主人出门，止哭，丧主关门。继而丧主与众主人拱手。

同日仍旧朝夕哭于殡宫，但不设祭席。先举行三次虞祭仪式，接着举行卒哭仪式。次日，按死者的昭穆之序将死者附祭于其先祖之灵位。

士虞礼

SHIYULI

士虞礼是死者躯体已入土为安后，亲人对其魂神的祭祀。虞祭之前要立尸，即安排代表死者接受祭祀的人。虞祭主要包括迎尸、妥尸、飨尸、三献尸、礼毕送尸等仪节。

虞，安也。贾公彦在《既夕礼》的疏中解释虞祭的意义说："主人孝子，葬之时，送形而往，迎魂而返，恐魂神不安，故设三虞以安之。"士设三虞，大夫五虞，诸侯七虞。又有人说："人子之葬其亲，送形而往，迎神而返，故虞祭所以安神也。"可见，士虞礼是死者形魄已入土为安后，亲人对其魂神的安定。

《礼记·檀弓下》曰："反，日中而虞。葬日虞，弗忍一日离也。"这是说，反哭后的正午就举行安魂的虞祭，这是因为孝子不忍心和亲长有一天的分离。

祭物陈设、主宾就位

用一只猪致祭，将猪的左半边置于寝门外的西边灶上烹煮，其南依次是烹煮鱼的灶和烹煮干肉的灶，炊黍稷的灶设在东墙下。设洗于西阶的西南边，其西侧为盥洗之水，其东侧为篚。酒尊设于室中东北角，正对着门，醴酒与酒各一坛。酒尊直接放在地上，尊口用麻葛粗布封盖，其上放勺，勺柄朝南。设素几和苇席于堂上西墙下。将白茅草以五寸长为一段切割，并束捆起来。然后将其放在篚中，将篚陈设于堂上西南隅。继而

孝子送终俑群　陶塑　宋代

宋代对丧葬礼的等级制度有严格的规定，但民间往往僭越朝廷的礼制。用把送终的子女描绘成文臣和将军模样，既可以象征死者地位的高贵，也是祈愿子孙荣登高位。

饮食所忌

毋抟[1]饭。毋放饭。毋流歠[2]。毋咤[3]食。毋啮骨。毋反[4]鱼肉。毋投与狗骨。毋固[5]获。毋扬[6]饭。饭黍毋以箸[7]。毋嚺羹[8]。毋絮[9]羹。毋刺齿[10]。毋歠醢[11]。客絮羹，主人辞，不能亨[12]。客歠醢，主人辞以"窭[13]。"濡肉齿决，干肉不齿决[14]。毋嘬炙[15]，卒食，客自前跪，彻饭齐，以授相者[16]。主人兴，辞于客，然后客坐。

《礼记·曲礼上第一》

【注释】〔1〕抟：用手将东西揉成球状。如抟饭团子。〔2〕歠（chuò）：吸、喝的意思。〔3〕咤：吃饭时口舌发出声音。〔4〕反：通"返"〔5〕固：专一。此处指专挑一种食物吃。〔6〕扬：挥动，此处指将热饭抖动，使其快点凉下来，〔7〕黍：一年生草本植物，俗称高粱、玉米、棒子、包谷。箸：筷子。〔8〕嚺（tà）：郑玄注："嚺为不嚼菜"。羹中有菜，因贪快嚼菜则必伤廉。〔9〕絮：调。指客人自己在汤中加放调料，意思是嫌主人的汤味不鲜美。〔10〕刺齿：剔牙。〔11〕毋歠醢：指不单独饮食醢，要用其他食物蘸食；醢：肉酱。〔12〕客絮羹，主人辞，不能亨：意思是，如果客人自己向汤中加放调料，主人要谦虚地说："家人不善于煮汤"。〔13〕窭（jù）：贫穷。这是主人的谦词。〔14〕濡肉：湿软的肉。不齿决：干肉硬，因而不用牙吸，用手撕食。〔15〕毋嘬（chuài）炙：意思是一口吃尽。嘬：吃，咬。〔16〕彻：撤除。齐：酱类。相者：为客人进送食物的侍者。

【译文】不要用手抟饭团吃。已经盛到碗中的饭不要再放回去。不要如流水般大口喝汤。吃饭时不要发出"咤咤"的声音。不要咬嚼骨头。已经放进碗中的鱼肉不要再返回到食器中。不要将骨头扔给狗。不要专挑一种好吃的食物吃。不要为使快些凉而簸扬饭。吃玉米不要用筷子。不要不嚼汤中的菜就囫囵咽下。客人不要自己给汤调味。不要在吃饭时剔牙。不要单独饮肉酱。如果客人自己给汤调味，主人要谦虚地说："家人不善于煮汤。"如果客人单独饮肉酱，主人要谦虚地说："家贫无以为礼。"湿软的肉用牙齿咬吃，干肉不用牙咬而是用手撕开吃。吃烤肉要细嚼，不要一口吞下一大块。吃完饭，客人要从席前跪起，帮忙撤除饭和酱，然后交给侍者。这时，主人站起身来，对客人亲自帮忙撤除饭菜的行为加以推辞，然后客人才坐下来。

陈设菹菜和肉酱各一豆于西楹柱的东边，依于菹菜之东设一盛羹器——铏。铏之东为两只豆，豆东为主妇献给尸与祝之笾各二。东西两阶之间分别设盛装黍、稷的敦，各一。把洗手浇水之器——匜放在盥盘里，匜的流水口朝南，将其设在西阶的南边，又把盛有巾的竹器——箪放在盘、匜之东。置放三只鼎于寝门外的西边，继之陈放鼎杠、覆鼎之巾，设盛有匕的俎于西塾，设炙肉之俎于内西塾。

丧主及众兄弟穿葬服，宾客执事穿吊服，都于门外就位，妇人和内兄弟穿丧服于堂上就位。所有人的位置皆和朝夕哭位相同。丧祝穿“免服”，于室中铺席，席的正面朝东，席的右边放几；继而下堂、出门，和宗人一起向东于门西就位，以南为上。

山东诸城孙琮墓墓主像　汉代

在封建社会，丧葬也是体现阶级地位的“礼”之一，因此，历代政权都对各个阶层的丧葬有严格规定，禁止越级，威胁上层的权威。统治阶级也尽量将自己的丧葬搞得规模宏大以显示其地位的尊贵。图为东汉山东诸城孙琮墓画像石，一反透视规律，将墓主人描绘得非常高大，将近处仪列的参拜人群描绘得非常小，以突出主人地位的尊贵。

宗人告诉丧主一切准备就绪，请行虞祭之礼。丧主随即拜谢宾客，然后与众兄弟入门而哭，妇人也跟着哭。丧主于堂上西阶向东就位，众主人及兄弟、宾客于堂下西边向东就位，丧祝入门后于左边面向北就位，宗人则于西阶前向北就位。

丧祝洗手后，取白茅草洗净后登堂入室，放在几前的席上；继而下堂，清洗酒觯；又上堂，止众人哭。丧主入室面西而立。丧祝随其入堂，面朝西立于其左。赞者献上盛菹菜和肉酱之二豆；佐食和执事陈设鼎于西阶的前面；盛匕之俎从鼎而入，设于鼎的东边；佐食和右边之助祭者用匕将牲体从鼎中取出，载于俎上。完毕，左边之助祭者先退而复宾位。

宴饮图　金代

此为河北金代墓室壁画，墓主人夫妇坐于高足家具上用餐，衣着带有汉地服饰特征，可见当时少数民族在生活起居、丧葬上和汉族较为接近。

取猪俎入而设于豆的东边；取鱼俎入而设于猪俎的东边，取干肉俎入而设于猪俎的

北边。赞者设两只敦于俎的南边，设一铏于豆的南边。助祭执事者撤去空鼎。祝斟醴酒，命佐食者启开敦盖。祝设斟有醴酒的酒觯于铏的南边，回到丧主左边原位。丧主再次叩首拜谢。祝告神享此祭，说："哀子某人，及其他居丧者的直系亲属，日夜悲痛不安。冒昧地用洁净的牲猪、黍、菹菜、肉酱、黍稷和新水酿的酒等，哀痛地举行虞祭，以达于您皇考某某。献飨！"之后，命佐食者行祭。佐食者应诺，取黍稷置于白茅草上，祭三次：又取脰肉置于白茅草上，亦祭三次。祝取铏南之酒觯，于白茅草上祭之，亦三次，觯中的醴酒不倒尽，添满后还置于铏南。丧主再次叩首拜谢。祝读享辞完毕，丧主又叩首拜谢，和前面一样，继而哭着出来，返回原位。

迎尸、妥尸

尸是代表死者接受祭祀的人。尸必与死者同性别，且为死者孙辈之人。如果死者为男性，则由其孙子担当，如果为女性，则要由异姓孙辈之女担任，嫡孙之妇常常是最好的人选。

祝迎代表死者受祭之人——尸进门。丧主之兄弟一人服衰绖，捧篚，哭着跟随尸进入。尸入门，丧主哭踊。执事用匜倒水让尸洗手，宗人授巾于尸揩手。

尸至阶前，祝请尸上阶。尸上堂，宗人诏告，男

家庙祭祀

古代祭祀祖先的仪式和节日颇多，主要的形式有两种：家庙祭祀和坟墓祭祀。家庙内奉有祖先牌位，每逢节日全家大小都要举行相应的祭祖活动。

迎宋徽宗及皇后的灵柩

靖康之耻的第二年（公元1127年），金国攻陷北宋，宋徽宗和宋钦宗本人及后妃、皇子、公主等三千多人被俘虏，押往金朝首都。几年之后，徽宗死于五国城，后经宋金议和，徽宗的尸骨才得以归葬中土。图为迎接宋徽宗的灵柩的场景。图左边，是护送灵柩的队伍，徽宗的灵柩放于有红色华盖的大车下；图右为迎接灵柩的南宋官员，旁边放置的黄色车厢，是用来迎接徽宗灵柩的。

子、妇人号哭顿足和前面一样。尸入室时，则只踊不哭。此时妇人回避入房。

丧主和祝向尸叩拜，请尸安坐，即妥尸；尸回拜后坐下。

飨 尸

从尸而入者将篚置放于尸左边之席上，并于席之北侍立。尸取酒觯、菹菜、肉酱等，于两豆之间行祭。祝命佐食者取黍、稷、肺等祭物以授尸，尸以之行祭。祭毕，丧主行再拜叩首礼。尸尝过醴酒后，佐食者又取来肺、脊授于尸。尸接受后振祭，尝过后用左手拿着。接下来陈设黍、大羹肉汁、切好的大块肉等食物，尸吃饭，剩余的放入篚中。俟尸取饭三次后，佐食者就献上肋肉；尸受后振祭，尝一口，然后放入篚中。又俟尸取饭三次，佐食者献上猪的小腿肉，尸受、尝如前。佐食者又献上鱼和干肉，尸不受纳，故佐食者直接将其放入篚中。又俟尸取饭三次，佐食者献上猪肩，尸受、尝如前。佐食又献上鱼和干肉二俎，而留下臂、臑、肫三俎。至此尸食完毕。尸取肺、脊于豆而交于佐食者，佐食者接过后放进篚中；佐食者又取席上之黍放回原处，和开始陈设时一样。

侍卫图　辽代木版画

图为辽墓出土的木版画，描绘了不见屋顶和墙壁的紧闭的大门上，有喜鹊和仙鹤一对，门两边立有侍从、门童、狗、树各一，象征吉祥和忠诚。

三献尸

丧主洗爵，斟酒后献给尸。尸用酒行祭后尝酒。宾客之长随之献肝和

庖厨图卷　画像石　汉代

汉代奢侈之风盛行，贵族生前必锦衣玉食，死后还要厚葬。从这些出土的画像石上，可以看到当时贵族豪华生活的背后——无数人的劳碌。图为汉代庖厨画像上，众多厨师操刀掌勺的情景。

盐于尸，肝、盐皆盛于俎。

尸左手执酒爵，右手取肝，蘸盐振祭，尝过后把酒喝干，祝接过空爵，又斟酒授于尸，尸以之回报丧主；丧主拜谢后接过酒爵，尸回拜。丧主坐下行祭，继而饮尽爵中酒，拜谢尸；尸又回拜。

丧主献酒给祝，祝拜谢后接过；丧主以菹菜和肉酱献于祝。祝左手执拿酒爵，右手以菹菜和肉酱行祭，祭过后放下酒爵，取肺，祭、尝之后，放回俎上；又取酒行祭，并尝酒。

宾接着献肝于祝。祝祭、尝之后，饮尽酒爵中酒，拜谢丧主，丧主回拜。接下来，丧主斟酒献于佐食者，佐食者叩拜后接过酒爵，丧主回拜。佐食者行祭后把酒饮尽。

主妇洗爵后，二次斟酒献尸，和前面丧主献尸一样。旋即献尸以盛枣、栗之笾。尸相继以笾、酒行祭；宾接着献上炙肉，尸行祭后饮尽爵中酒；宾又斟酒献于祝，又献二笾之枣、栗和炙肉于佐食者。各项仪节皆与前面相同。

宾客之长清洗口足间有篆文为饰的繶爵，斟上酒后，第三次献给尸、祝等，接着又献上炙肉，和丧主献尸之仪相同。

祝告礼毕、送尸送宾

妇人返回室上原位，祝禀告丧主虞祭礼毕。丧主想到神将离开而号哭，其他男子、妇人皆哭。祝又入室，尸起立。从尸者捧篚而哭，和先前一样。祝在尸前面引导，出室，男子、妇人皆哭踊；祝和尸下堂告辞，男子、妇人又皆哭踊。

祝又返回入室，撤去祭席，改设于西北角，和前面设席时次第相同。置几于南边，又用席子挡住西北角使之幽暗。献给祝的坐席撤、收于房中。祝自己执俎而出。佐食者关上门窗。

丧主、众兄弟和宾客皆即位于门外，宗人诏告礼事完毕。宾客告辞，丧主叩首相送。

丧服

SANGFU

丧服，是生者以区别于常日的衣、食、住、行来表达对死者追思的服丧之礼。因与死者关系亲疏不同，生者所服丧等亦不同。服丧时间的长短、居丧者服饰的差别，都是丧等轻重的重要标志。丧服的制定，兼具了儒家的“仁、义、礼、智”等思想。

亲人离世，不免内心哀戚。何以示哀？古人制定了丧服的礼仪制度，使失去亲人者内心之情得以外化。同时，儒家认为，服丧者在丧服期间的表现是否遵于礼，又体现一个人在“仁、义、礼、智”方面的道德水平的高下。那么，为什么称守丧制度为丧服呢？郑玄在《三礼目录》中云：“丧必有服，所以为至痛饰也。不忍言死而言丧。丧者，弃亡之辞。”也就是说，以服饰之不同，来表达生者与死者之间关系的亲疏及生者悲痛的程度；因避讳言“死”，则以表奔亡之意的“丧”来称说，所以言守丧制度为“丧服”。

丧服等级及所服对象

丧服有五等，即斩衰、齐衰、大功、小功、缌麻。又可细分为十一小类，即斩衰、齐衰三年、齐衰杖期、齐衰不杖期、齐衰三月、大功殇九月及七月、大功九月及七月、缌衰、小功殇五月、小功五月、缌麻三月。

五等丧服，所服对象各不相同。

斩衰，这是最重的丧服，三年完成。服斩衰的情况有：①子女为父亲，只包括未嫁及出嫁后被休回的女子。因为父亲是一家至尊。

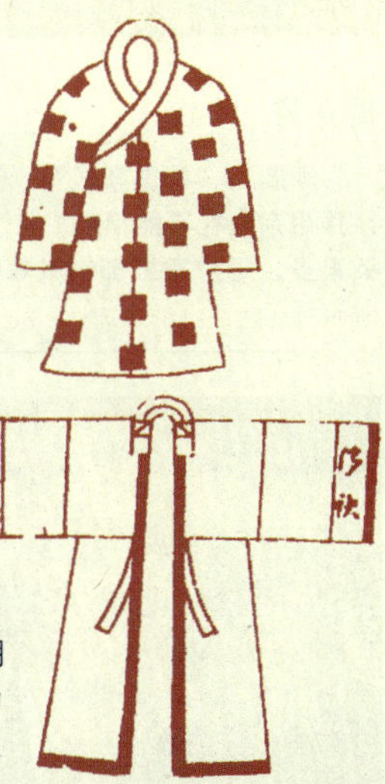

《三礼图》中的丧服

丧服是对死者表示哀悼而穿用的礼服，晚辈为长者服丧穿用的丧服称孝服。中国古代丧服自周代已用素服(素衣、素裳、素冠等)，均取白色。并有按服丧重轻、做工粗细、周期长短的五服制度，分为五等：斩衰、齐衰、大功、小功、缌麻。其中，用于重丧的斩衰最上，用最粗的生麻布制作，不缉边缝，出殡时披在胸前，女子还须加用丧髻（髻系丧带），俗称披麻戴孝。五服以外的远亲丧服，只需袒露左臂、免冠括发。

②诸侯为天子，因为天子为一国至尊。③父亲为嫡长子，因为嫡长子是要作为父亲的正体而列宗庙之上的，又是要主持祖庙祭祀的人。庶子则不得为嫡长子服三年之丧，因为他们不是继承父祖宗庙之人。父亲为嫡子服斩衰，一则表示为自己的宗族失去可以传为宗庙主的重要人物而极度悲痛，二则表示对祖宗的尊敬。④为大宗之后。宗法社会以嫡系长房为“大宗”，余子为“小宗”。因为大宗是承继宗祀之人，是整个家族的继承者。⑤妻妾为夫，因为丈夫是妻妾最尊贵的人。

斩衰三年，实际只有二十五个月，即两个周年加第三个周年的头一个月。也有人认为，三年之丧应服二十七个月的，唐代以后多如此。为何确定三年呢？《礼记·三年问》说，守丧三年，是根据哀情相称而制定的礼文，借此来表明亲疏关系，区别亲疏贵贱的界限，因而不能任意增减。守丧三年，是与长久的哀情相称的，也是为极度的哀痛而制定的。于三年之中，哀痛的情感会慢慢淡薄，然后才能恢复正常生活。其又云，有知觉的动物是懂得爱自己同类的，它们的同伴或配偶死了，尚且会哀鸣、思念，不舍离去，作为万物之灵长的人类，不是更应该如此吗？如果像那些愚昧、邪恶、放荡的人，亲人早上死了，他们晚上就忘记了，这可是连禽兽都不如啊。因此，孔子在《礼记·三年问》中说：“子生三年，然后免于父母之怀。夫三年之丧，天下之达丧也。”子女出生之后，三年之内离不开父母的怀抱，父母为之操心劳累，这种恩德何以为报？除了生而奉养外，那就是，在他们去世之后，为其服丧三年，以表孝心，这是天下

斋戒

齐〔1〕，必有明衣〔2〕，布。齐必变食〔3〕，居必迁坐〔4〕。

《论语·乡党篇第十》

【注释】〔1〕齐：同“斋”，斋戒。〔2〕明衣：浴衣。〔3〕变食：改变平常的饮食。〔4〕迁坐：指斋戒时改换住所，个人独住，不与妻妾同房。

【译文】斋戒沐浴时，一定要备有用布做的浴衣。斋戒时，一定要改变平常吃的食物，居住的地方一定要变换，不要和妻妾住在一起。

祖宗像

满族人“礼重孝轻”，无论何时何地，长幼尊卑、祭拜祖宗之礼不能稍废。他们不仅年节、喜庆、丧亡礼节繁多，每户家里都供奉着祖宗牌位和画像，以便时时祭拜。

孔门弟子守丧图

崇尚礼仪的孔子死后，弟子们秉守其遗志，以各种方式来祭奠他，门徒子贡则在其墓旁结庐而居，守孝六年之后才离去，表示对先师的尊重和对礼仪的遵守。

通行的丧礼。也因此，守丧又称为守孝。如果子女对父母双亲之养育恩德尚不知有所报答，那么，对其他人还会有什么悲悯之情呢？可见，为父母服丧三年，是用以报答养育之恩的。同样，对国君服此重丧，亦有报答之意。

齐衰三年，仅次于斩衰。服齐衰三年的情况有：①子女为亲生母亲、继母、慈母。因为继母是承接生母与父亲匹配的，孝子不得另眼相待。慈母，在生母去世后，奉父命养育自己而其自身又没有子息的父亲的妾。对慈母，生当奉养，死当守孝，与生母同等对待。不过，如果父亲尚在，依照家无二主的原则，只对她们服丧一年。②母亲为嫡长子。嫡长子去世，他的父亲都不敢以自己的尊严而降低礼数，夫妻一体，则其母必然不敢把礼数降低了。

齐衰杖期，也称齐衰一年。丧服与齐衰三年同，只是丧期为一年。服齐衰杖期的情况有：①父尚在，子女为母，或为继母。为什么要对自己的生母只服一年之丧呢？这是因为，父亲为家中至尊，孝子不敢将内心对母亲的尊敬扩大到与父亲一样。但是，子女为母亲服丧期满，还可以再为其服心丧两年。因此，作为父亲的，要在妻子去世三年后才可续弦。此外，如果母亲被休，但因母子之间的骨肉至亲关系，子女也要为母亲服丧一年。而如果儿子被确定为父亲的后嗣，则对被休的母亲不再服丧。②丈夫为妻子。这是因为妻子与丈夫共同承祀宗庙，又是最亲近的人。

齐衰不杖期，与齐衰杖期之最大不同在于，服此种丧服时，丧主不执丧棒。服齐衰不杖期的情况有：①孙为祖父母。他们是同宗中最尊贵的人。②为伯父、伯母及叔父叔母。伯父、叔父，是父亲的兄弟，兄弟一体，父子一体，可是儿子又要区分开与父亲的特殊恩情，所以，服丧一年，合情达义。伯母、叔母，有“母”的名分，因此也要为之服丧一年。③为长子

墓室山水图　壁画　东魏

这幅出土于南北朝时的墓室壁画，反映了当时一个重要的时代特征，探究玄学、浪迹于山水之间，是不少有识之士追求的生活。

之弟或妾之子，为兄弟之子。④嫡子已殁，祖父为嫡长孙。⑤过继给他人为后嗣，为自己的亲生父母。⑥女子已嫁人者为亲生父母、兄弟中立为父亲之后者。妇人在家从父，父亲是女儿的天；既嫁从夫，丈夫是妻子的天，两者都是妇人的至尊，而一个人不得有两个至尊，所以妇人不能服两次斩衰，如果出嫁，就只能为父亲服丧一年了。此外，女即使出嫁，也难保不被休回的可能，届时，即使父亲已去世，也要有可归之宗的。所以，要为已立为父亲之后者服丧一年。⑦为同居之继父，为丈夫的国君，姑姑、姐妹为已嫁但没有丧主的姑姑、姐妹，为国君的父母、长子、祖父母，妾为君的嫡妻，媳妇为公婆等等。此类对象极多。

齐衰三月，服丧对象为：寄寓他国的国君为所在国之国君，与庶民相同。丈夫、妇人为宗子及宗子之母、妻，为已经致仕而有过厚恩的上司及其母、妻，庶人为国君，为不同居之继父、曾祖父母等等。

大功殇九月及七月，服丧情况有：①为叔父、姑姑、姐妹、兄长、丈夫的兄弟之子、女儿、嫡孙等人的长殇、中殇。②大夫的庶子为嫡兄弟、诸侯为嫡子、大夫为嫡子等的长殇、中殇。年龄在19～16岁之间死亡的，称为长殇，服丧时间为九个月；在15～12岁之间死亡的，称为中殇，服丧时间为七个月；在11～8岁之间死亡的，称为下殇，服丧时间为五个月。不满8岁死亡的，称为无服之殇，只以日代替年龄，哀泣即可。如果尚未满三个月，父亲还没来得及为其取名，则不必哀哭。

大功九月及七月，服丧情况有：①为已嫁的姑姑、姐妹、女儿。本来应该为她们服一年之丧，但因她们已嫁，所以要降低丧服的级别。②为堂兄弟、出为他人后嗣者为自己的兄弟、庶孙、嫡子之妻、已嫁女子为众兄弟、丈夫之祖父母及伯父伯母叔父叔母。等等。

缌衰，诸侯的大夫为天子所服之丧。诸侯的大夫为天子陪臣，情分疏远，却又奉命依时朝见过天子，恩义尚存，所以服此等丧。

小功殇五月，服丧对象为叔父的下殇、嫡孙的下殇、兄弟的下殇以及大夫的庶子为嫡兄弟的下殇、姑姑、姐妹的下殇等等。

小功五月，服丧对象为父亲的伯父母及叔父母，父亲的堂兄弟及其妻子、儿女等，外祖父母、姨母等。

缌麻三月，服丧对象为族曾祖父母，族祖父母、族父母、族兄弟和妻子的父母、舅舅、外甥等等。是最轻一等的丧服。

丧服等级之确定

不同的丧服等级对应不同的服丧对象，那么，对什么人服何种丧，又是如何确定的呢？《礼记·大传》曰："服术有六：一曰亲亲，二曰尊尊，三曰名，四曰出入，五曰长幼，六曰从服。"这是对丧服的使用归纳出来的六种原则，并称其为"六术"。

亲亲，是指按照血缘关系的远近亲疏来确定所应服的丧等。关系最为亲近者，服最重的等级，并依次减杀。如，对父母服三年的斩衰之丧；为已嫁的姑姑、姐妹、女儿服大功九月及七月，为外祖父母、姨母等则只服小功五月。

那么，古代血缘之远近，又是如何确定的呢？哪些亲人在服丧对象之内呢？中国封建社会以父系家族为核心，以父宗为重。亲属范围按照"亲亲，以三为五，以五为九"（《礼记·丧服小记》）的原则来扩展，形成包括自高祖以下的男系后裔及其配偶在内的九个世代，通常称为本宗九族。"三"指父、己、子三代，由此向上和向下又扩展出祖父、孙子两代人，此即为"以三为五"之意；再次向上、向下各扩两代，则又多了曾祖、高祖和曾孙、玄孙四代，此又为"以五为九"之意。

在本宗九族范围之内的直系及旁系亲属，为有服亲属，即如果他们去世，本宗九族之人都要为其服丧。但要根据血缘关系的远近确定为其服五等丧服中的哪一等，血缘亲近者服重丧，疏远者服轻丧，依次减杀。因此，《礼记·丧服小记》又云："上杀、下杀、旁杀，而亲毕矣。"这是说，依照"上杀、下杀、旁杀"的原则来推论，就涵盖了所有应服丧的亲属。所谓"上杀"，指由直系亲缘关系依次向上推，亲情逐渐淡薄，则丧服的等级也由重向轻递减。同理，"下杀"指由直系亲缘关系依次向下推，丧服等级递减；"旁杀"为旁系亲属关系的远近及丧服等级皆递减。相隔六代的人，即使同宗，却已经是无服之亲了。故《礼记·大传》云："四世而缌，服之穷也，五世祖免，杀同姓也，六世亲属竭矣。"

王兴之及刘岱墓志拓片

墓志是随葬记载墓主传记的文字，多刻于石和砖上，也有少量由铁铸或瓷烧成。其内容包括姓名、家世、生平事迹和韵语颂辞等。东汉晚期和西晋墓中或有与墓志相近的方版和小型墓碑，但皆不自名墓志。北魏以后，下底上盖，底刻志铭、盖刻标题的方形墓志始成定制。

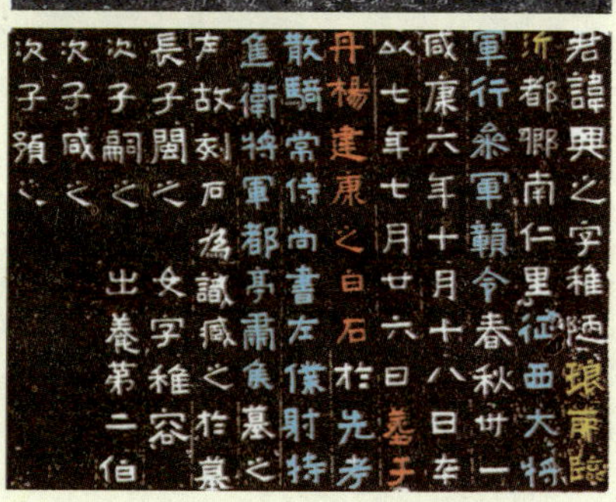

尊尊，是指为没有亲属关系，却地位尊贵者服丧。因为丧服制度是依据“仁、义、礼、智”等原则制定的，敬重高贵、尊崇长辈，就是“义”的体现。君王为一国至尊，因此，要用对待父亲之礼来对待君王，为其服斩衰三年之丧。

名，是指为因嫁入本族而有了名分关系的异性女子服丧，如为叔母、伯母等。因为这些人与自己虽无血缘关系，却拥有“母”的名分。

出入，指为本族中已经出嫁和尚未出嫁的女子服不同的丧。女子已经嫁人，由于已经成了外家人，在本族中的地位就降低了，同时，也是为了让娶她的人一并将深恩重服承受过去，所以丧服要降低等级。

铅质买地券　南北朝

南北朝时期，南方流行在墓里放置买地券的习俗。地券上记载墓主人拥有的土地面积与价值，死后向冥界登记以图合法，反映了家人希望死者继续占有土地的愿望。

千手千眼观音坐像　佚名　绢本设色　五代

南北朝时，佛教大盛，富有的佛教信众都愿意出钱将自己的形象描绘在佛教造像中，以显示虔诚。图中，女供养人手持香炉，一幅恭敬虔诚之态。

长幼，是指为成年人服丧和为未成年人服丧等级不同。因为未成年而死，所以不用成人礼节来对待，要有所减杀。如为叔父、姑姑、姐妹、兄弟等本来应该服丧一年，但如果他们是夭折，则只服大功殇九月或七月，或小功殇五月等，且丧服自始至终不换。

从服，指为随从亲人或尊者而行的服丧之礼。分为六种情况。第一，因亲属关系而跟着服丧的，如为母亲的娘家人服丧，妻子为丈夫的亲属服丧等。第二，因徒属关系而跟着服丧的，如臣子为君王的家属服丧等。第三，本应有从服而不服的，如国君的庶子，怕犯国君的禁忌，就不为岳父母服丧；父亲尚在，就不为母亲服三年斩衰等。第四，本无从服而又跟着服丧的，如国君的庶子不为他的母党之亲服丧，可是，他的妻子仍要服丧。第五，本应跟着服重丧而改服轻丧的，如妻为父母服重丧，而夫为岳父母服轻丧。第六，本服轻而从服重的，如庶子为生母只服轻丧，而妻子反而服重丧。

古壁画中的丧门神

“慎终远追”，是《论语》中提出的对待祖辈丧事和祭祀的内容要求。近处做到“慎终”，认真办理父辈、祖辈的丧事；远处做到“追远”，做好祭祖的准备等。历代沿袭儒家的丧葬观念，服丧、丧葬礼仪繁琐众多。图中着白衣者为民间常说的“丧门神”，其主遣亡死丧之事。

在丧服“六术”中，“亲亲”、“尊尊”是最基本的原则，其他的原则基本都与此有关联。比如从服，为某人服丧，不是因为某些亲缘关系，就是因为尊崇的原因。

另外，有时又把服丧分为恩服与义服。“恩”是因恩情关系而为之服丧，如为有养育之恩的父母、慈母服丧等。“义”是因遵循某种道义而为之服丧，如为国君、为继母服丧等。

丧服等级之体现

郑玄在《三礼目录》中曰：丧服是“天子以下，死而相丧，衣服、年月、亲疏、隆杀之礼”。《孝经注疏·丧亲》又曰：“孝子之丧亲也，哭不偯，礼无容，言不文，服美不安，闻乐不乐，食旨不甘：此哀戚之情也。”亲人逝去，孝子贤孙们哀痛至极，所以要放声痛哭，以头触地；语言的表达上也不再讲究文辞；着华美之服则会感到不安，因而改服衰麻；听到音乐也不会快乐；食美味也不觉得香甜，因而蔬食水饮。这样做，才可见哀情之重，才是行孝之举。但丧情又有轻重之别，因此，古人制定丧服制度，以丧等之不同，来表情达意。服丧的时间、居丧者的服饰等的差别，都是丧等轻重的体现。另外，丧等的轻重还体现在居丧期间的饮食、居处、行止等方面的差别上。

侍饮于长者

侍饮于长者，酒进则起，拜受于尊所[1]。长者辞，少者反[2]席而饮。长者举未釂[3]，少者不敢饮。长者赐，少者、贱者[4]不敢辞。

《礼记·曲礼上第一》

【注释】〔1〕尊所：陈放酒器的地方。〔2〕反：通“返”。〔3〕釂（jiào）：将爵中酒饮尽。〔4〕贱者：仆人、下人。

【译文】

晚辈陪侍长者饮酒，长者递酒给晚辈，晚辈要站起来，到陈放酒器的地方向长者行拜礼然后接受酒。长者对晚辈向自己行拜礼表示推辞，然后晚辈返回到席上饮酒。但如果长者没有把杯中酒饮尽，晚辈则不敢饮酒。长辈赐给晚辈或下人食物，晚辈或下人不敢推辞。

服丧的时间之别

丧等由重至轻依次为：斩衰三年；齐衰三年、齐衰杖期(一年)、齐衰不杖期（不执杖，一年)、齐衰五月和齐衰三月；大功九月或七月；小功五月；缌麻三月。《礼记·三年问》曰：“三年以为隆，缌、小功以为杀，期九月以为间。”就是说，三年的丧期是最隆重的礼节，是人情最完美的体现，缌麻三月、小功五月是因为居丧者与死者关系有所疏远而减杀的，一年或九个月的齐衰、大功，体现的是居丧者与死者的情感、关系处在两者之间。

同为齐衰，却有三年、一年、五月、三月等分别，时间长者为重；同是三年，却又有斩衰、齐衰之别，如何区分丧等呢？居丧者服饰的差异是最大的标志。

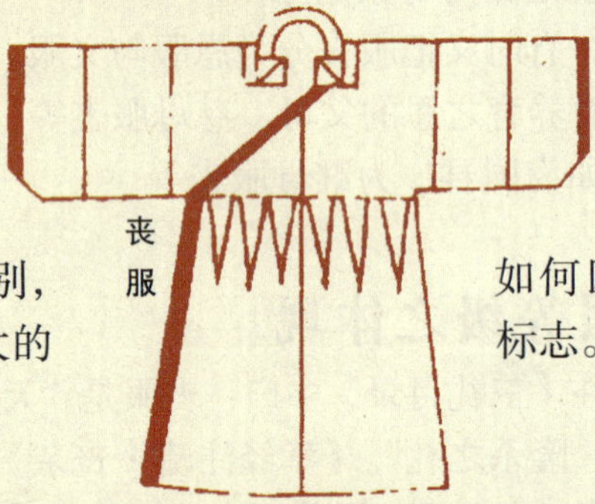

丧服

居丧者的服饰

从丧服制度看，丧等越重，所着服饰越粗恶、越繁缛。

斩衰之服：《仪礼·丧服》开篇曰：“丧服：斩衰裳，苴绖（jū dié）、杖、绞带、冠绳缨、菅屦者。”这是服斩衰三年之礼的男子全套丧服。“斩”，将制作衣服的布斩断后不加缉边便进行缝制。“衰”，是麻质丧服上衣，因胸前缀有名为“衰”的粗麻布条而得名。裳为下衣，斩衰裳简称斩衰，用每幅三升（八十缕为一升）的最粗的麻布做成，简陋而粗恶，表示悲痛之深，已无心修饰边幅。

苴绖，粗麻布带子，所用麻纤维取自能结子的大麻。《礼记·间传》曰：“斩衰何以服苴？苴，恶貌也，所以首其内而见诸外也。”以苴麻做绖，是因为苴麻颜色苍黑，外表粗恶，佩戴苴麻是将内心的悲痛外化于服饰之上，是深重哀痛的表现。

苴绖共两条，即腰绖与首绖各一。腰绖，即腰带。首绖，围发之用，比腰绖长五分之一。齐衰、大功、小功、缌麻的腰绖与首绖之长，分别比其前一等丧服的腰绖与首绖各减五分之一。

杖，即丧棒，有苴杖与削杖两种。苴杖，粗糙的竹杖，为父亲服丧用。"苴"有粗恶之意。削杖，用桐木削成的杖，为母亲服丧用。杖高与胸齐，竹或桐木的根朝下。杖有表丧主身份、地位及扶持病弱之作用。如诸侯的丧事，孝子和诸侯夫人要在死者去世后的第三天开始执杖；第五天，棺柩入殡后，才把杖发给大夫及世妇，这样的规定就是因居丧者身份、地位不同，则所行礼节不同的表现。除此外，对于执杖还有一些规定。儿童在居丧期间不用杖。父亲健在，则不得为母亲、妻子、长子执杖。父亲为家中至尊，这样做是为了避开以他人为尊之嫌疑。《礼记·丧服小记》又规定："虞杖不入于室，祔杖不升于堂。"即从虞祭开始，不得执杖入寝室，从祔祭开始，不得执杖如庙堂。妇人即使不是丧主，但有些情况下也要执杖：婆婆在世，妇人为丈夫服丧而执杖；母亲为长子服丧执桐杖；女儿出嫁前，父母去世，又无兄弟做丧主，其他亲属代做丧主不可执杖，则长女执杖。

绞带，是以麻绞合为绳以作带，用于腰际系蔽膝。

冠绳缨，以麻绳固定并将麻绳剩余部分下垂为缨的丧冠。冠身用六升的粗麻布制作。

菅屦，是用菅草编成的草鞋，鞋两头多余部分向外缝纳。

女子服丧不用冠，而是用麻布条束发成髻，这种髻被称为髽(zhuā)。髽用一尺长的小竹为笄，叫做箭笄。另外还要用粗布包住头发，叫做布总。《礼记·丧服小记》曰："为男子则免，为妇人则髽。别男女也"。男女服丧以发冠相区别。另外，女子的斩衰裳无上下之分，连为一体。

齐衰三年与齐衰杖期的服饰同为"疏衰裳齐、牡麻绖、冠布缨、削杖、布带、疏屦"。齐就是指衣边经缝缉而显齐整之意；疏含粗疏之意。齐衰的服饰较斩衰加

纸　马

宋代时兴用纸质冥器随葬或祭祀，这在壁画和绘画中皆有反映。图中壁画祭坛上，一人骑于一近似透明的纸马之上，坛前一女巫抱琵琶歌舞，空中是神灵的幻影。

工细致些，所用材料也稍精细。齐衰不杖期的服饰与前者的区别是不用杖、改疏屦为麻屦。

其他丧等之服的加工逐渐细致，所用的材料逐渐精细，而且，形制简洁化。

还有一点需要说明，等级较重的丧服，在死者葬后，居丧者要改穿等级比较轻的丧服，称为“受服”。这是基于随亲人离世时间增加而哀情逐渐递减的情况而制定的礼节。如为父母服斩衰之丧，满一年举行小祥祭可以戴练过的丝冠和有浅红色滚边的内衣，而且男子要先脱去首绖，妇人要先解去腰绖。因为，男子的首绖是丧服中最重的，妇人的腰绖是丧服中最重的。而寄寓他国的国君，为所在国国君服齐衰三个月之丧后，则不必再改穿别种轻丧之服。

居丧期间之饮食、居处及行止

《礼记·问丧》曰：“夫悲哀在中，故形变与外也；痛疾在心，故口不甘味，身不安美也。”悲哀之情，如何表达？——礼以达情。因而，古礼对居丧者居丧期间的饮食、居处、行止都做了一些规范，所服丧等及服丧阶段不同，则各方面的表现便要不同。

关于居丧者的居处，《礼记·间传》中有很详细的规定，其曰：“父母之丧，居倚庐，寝苫枕块，不说绖带。”这是说，为父母服斩衰之丧时，要居住在倚墙搭建的没有用泥土涂饰的草棚（*倚庐*）之中，睡在草荐之上（*寝苫*），头枕土块（*枕块*），和衣而卧，首带和腰带也不脱去。《礼记·问丧》曰：“居于倚庐，哀亲之在外也；寝苫枕块，哀亲之在土也。”另外，居丧阶段不同，对居丧者起居的要求也不同。《礼记·间传》又曰：“父母之丧，既虞卒哭，柱楣剪屏，苄剪不纳。期而小祥，居垩室，

拜　祖

古代家族是以族规约束规范全族，以族谱组织和结合族人，以祠堂作为家族团结的象征和活动中心。这种组织关系从宋代开始，一直延续到后世。图为家族内晚辈给长辈叩拜的场面。

寝有席。又期而大祥，居复寝。中月而禫（dàn），禫而床。”就是说，为父母守丧，在举行了虞祭、卒哭之后，可以把倚庐挨地的一边抬起，用柱子撑高，剪齐门两边的茅草，睡到四周剪齐而不摺边的蒲草席子上；居丧满一年，举行小祥祭后，就住到用土坯垒砌、墙不用泥等涂饰的草屋（垩室）里，睡在平常的席子上；再过一年，举行大祥祭之后，就可以住到自己的寝室里了；再隔一个月，举行禫祭后，开始睡床。这样的规定，是在体现哀痛之情随亲人去世时间增长而逐渐减淡之意，也有提示居丧者宜适当节哀之意。

虽然同为居丧者，但地位不同，居处的要求亦有差异。如诸侯住的倚庐，外面要用布帷遮护，像宫墙一般。大夫、士居住的倚庐则没有遮护，敞露着。死者安葬以后，诸侯、大夫、士的倚庐则皆可用布遮护了。

还有，所服丧等不同，居处的要求便不同。《礼记·间传》曰：“齐衰之丧，居垩室，苄翦不纳。大功之丧，寝有席。小功缌麻，床可也。此哀之发于居处者也。”这是说，服齐衰之丧者，要居垩室；睡边缘剪齐而不反摺的蒲草席子。服大功之丧者，可以睡在平常的席子上；服小功或缌麻之丧者，可以睡床。之所以如此规定，是为了以居处环境的不同，来表明居丧者悲哀程度之异的。

有一点需要注意，“倚庐”、“寝苫”只是对男子的规定，女子、小孩儿不行此礼。

居丧之时，居丧者的服丧等级和服丧阶段的不同，其饮食也有差异。《礼记·间传》曰：“斩衰三日不

祭公不宿肉

祭于公[1]，不宿肉[2]。祭肉[3]不出三日。出三日，不食之矣。食不语，寝不言。

《论语·乡党篇第十》

【注释】〔1〕祭于公：参加国君举行的祭祀典礼。〔2〕不宿肉：祭祀所用猪、牛、羊肉不留到第二天。〔3〕祭肉：此处“祭肉”指家祭时所用的肉。

【译文】参加国君举行的祭祀典礼，祭祀后分得的祭肉不要留到第二天。家祭用过的肉存放时间不要超过三天。超过三天，就不要食用了。吃饭时不要交谈，睡觉时不要说话。

闻雷泣墓

孔门弟子服丧　古版画

古代的服丧礼仪制度沿袭周代。人死后，一般要经过停尸、招魂、吊丧、沐浴、穿寿衣、入棺、占卜阴宅葬日、出殡、下葬、置死者牌位于家庙、服丧等诸多烦琐的礼仪环节。服丧期间，事主及服丧人要节制饮食起居，一般要过小祭（周年）、大祭（三年）后，服丧才算结束。这种“三年之丧”的礼制甚为孔子推崇。

食，齐衰二日不食，大功三不食，小功缌麻再不食。士与敛焉，则壹不食。故父母之丧，既殡食粥，朝一溢米，莫一溢米。齐衰之丧，疏食水饮，不食菜果。大功之丧，不食醯（xī）酱，小功缌麻，不饮醴酒。此哀之发于饮食者也。”这是丧等不同在饮食之上的体现。“父母之丧，既虞卒哭，疏食水饮，不食菜果。期而小祥，食菜果。又期而大祥，有醯酱（吃饭能用酱醋等调料了）。中月而禫，禫而饮醴酒。始饮酒者先饮醴酒，始食肉者先食干肉。”这是服丧阶段不同在饮食上的体现。

居丧之时，为什么规定最多三天后就可以吃饭了呢？《孝经注疏》有云：“不食三日，哀毁过情，灭性而死，皆亏孝道，故圣人制礼施教，不令至于殒灭。”为君王、父母服丧，逝者尚未安葬，而自己却哀毁过情，追随而去而不得完成尽孝之事，这是大不孝，是不符合孝道的。为了防止哀毁伤身，儒家还作了许多变通。《礼记·曲礼》曰：“居丧之礼，头有创则沐，身有疡则浴，有疾则饮酒食肉，疾止复初。不胜丧，乃比于不慈不孝。五十不致毁，六十不毁，七十唯衰麻在身，饮酒食肉处于内，生与来日，死与往日。”就是说，居丧期间，为了避免因过度哀痛、疲劳、饥饿而毁伤身体，导致不能坚持完成丧礼，并陷其于“不慈不孝”之境地，因此，对身有疾患或年事已高者要给予特殊的照顾。这也可以理解为丧礼的仁爱之意。

在饮食上还有一些特殊的规定：服小功五月、缌麻三月之丧和为叔母、伯母、宗子、以前的国君等人服丧之时，可以饮酒吃肉，但不得边吃边与人作乐。死者出葬后，如果国君赐给食物，则可以吃；如果是大夫或父亲的生前好友送来精美的稻米或肉等食物也可以吃，但如果有烧酒、甜酒，就应当辞谢不收。

居丧者的行止，在服丧期间也有规定。

平日里的规定：为父母服斩衰之初，哀伤哭泣，可以随情所至，没有时间的限定；而在虞祭之后，则宜“朝一哭、夕一哭”了。凡是居丧者，服小功以上之丧时，如果不是遇到虞、祔、练、祥等祭祀，都不得洗头洗澡。父亲有丧服，则子女不得于家中奏乐；母亲有丧服，在她能听到的范围内不得奏乐；妻有丧服，则不得在其旁边奏乐；有大功丧服者来访，要把乐器收起来。有小功丧服者来访，则可以照常弹奏；国君对于卿大夫的丧事，一直到卒哭那天都不得奏乐；对于士的丧事，只到殡的那天不奏乐即可。服齐衰之丧者，在亲人入葬后，如果别人来求见是可以接见的，但不去求见别人，服小功丧服者则可。服三年之丧者，练祭之后，也不得到他处吊丧。服期年之丧者，练祭之后，则可外出吊丧。从卒哭祭祀开始，就避讳，不直呼死者之名。“斩衰之丧，唯而不对；齐衰之丧，对而不言；大功之丧，言而不议；缌小功之丧，议而不及乐。”（《礼记·丧服四制》）沉默寡言才是儒家提倡的服丧之礼。即使可以言说，其内容也有规范，绝对不能言及欢乐之事。对此，《礼记·丧大记》有具体规定：居父母之丧，则“非丧事不言”、“既葬，与人立，君言王事，不言国事。大夫士言公事，不言家事。”

另外，对居丧者开始服徭役的时间也有规定：《礼记·曲礼》曰：“三年之丧，祥而从政。期之丧，卒哭而从政。九月之丧，既葬而从政。小功缌之丧，既殡而从政。”从政，服役的意思。但是，如果国君征召，即使

饮酒

乡人饮酒，杖者[1]出，斯出矣。

《论语·乡党篇第十》

【注释】〔1〕杖者：年老者。

【译文】本村的人在一起饮酒，酒宴结束，要等老者出去后，自己才走。

金朝的戏剧砖雕

此砖雕出土于山西稷山马村段氏墓地。居丧之人不可作乐，但定会为死去的人准备作乐用的陪葬品。图中，前四人为动作各异的表演者，后五人从左往右依次拿着大鼓、腰鼓、横笛、筚篥、拍板，组成一支小乐队。

丧冠、首绖、腰绖在身，也不得逃避。

在居丧期间，并不是事事不得行，也有一些宽松的规定：服大功丧者，在即将除去丧服之时以及父亲在即将除去小功丧服之时，皆可以给儿子举行冠礼、迎娶儿媳，可以嫁女儿。自身有小功丧服，在卒哭后，也可以行加冠礼，可以娶妻。只有为下殇服小功丧服者，卒哭后不能行冠礼，不能娶妻。

吊丧之礼

齐者[1]不乐不吊。

《礼记·曲礼上第一》

【注释】〔1〕齐者：斋戒者。

【译文】斋戒者不听音乐，也不吊唁死者。

清明祭祀图

清明节大概始于周代，已经有二千五百年左右的历史了。但祭扫坟墓一事，秦之前就已经存在，唐代特别盛行。图中，墓碑周围已是杂草丛生，童子正跪于坟前斟酒，老妇人一手拄着竹棍支撑身体，一手向空中撒纸钱，其悲痛的心情在二人身上得到完美的展现。

仁义礼知，人道具矣

《礼记·丧服四制》曰："有恩、有理、有节、有权，取之人情也。恩者，仁也；理者，义也；节者，礼也；权者，知也。仁义礼知，人道具矣。"这是说，丧服的制定有四种原则，这四种原则是：有恩情、有义理、有节限、有变通。有恩情，是仁的表现；有义理，是义的表现；有节限，是知礼的表现；有变通，是智的表现。服丧之时，如果能遵守此四种原则，体现仁义礼智，那么，人类的道德也就都具备了。

有恩情，是说，在丧服之礼中，对于有血缘关系的族人，以恩情的厚薄来确定服丧礼数的轻重。对自己恩情深厚的人，便要为他服重丧，如为父亲服斩衰三年。

有义理，是说，在社会关系中，义理的因素制约了恩情的因素。敬重高贵，尊崇长辈，是义理的重要体现。因此，用对待父亲的礼来对待君王，亦要为其服斩衰三年，并且保持同样的敬意。

有节限，是说，亲人去世，孝子悲痛，但悲痛也要有个节制，一方面以不危及生命为限，一方面又要法天行事。因此，《礼记·丧服四制》曰："三日而食，三月而沐，期而练，毁不灭性，不以死伤生也。"死者死矣，

扶乩

扶乩，又称扶箕、扶鸾，是民间的一种占卜问神的巫术。

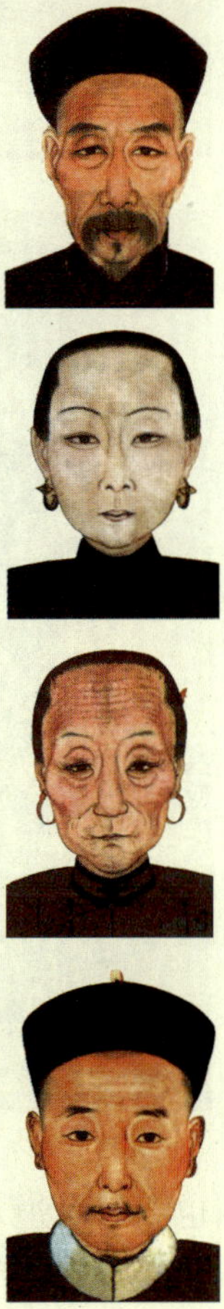

像谱

近代民间画师有“追容像谱”，求画者从已画好的头像中选取满意的图样，然后画师根据求画者及其亲属的相貌进行绘画。此为清代像谱。

生者又何必以自身的生命为代价来表达孝道呢？而如果真的因服丧行孝而搭上性命，或者对身体造成极大的损害，这又是礼所不提倡的，则成为礼所认为的大不孝了。所以《孝经注疏》有云：“不食三日，哀毁过情，灭性而死，皆亏孝道，故圣人制礼施教，不令至于殒灭。”为君王、父母服丧，逝者尚未安葬，而自己却哀毁过情，追随而去而不得完成尽孝之事，这也是不符合孝道的。基于此，丧服之礼又规定，守丧不能超过三年；丧服坏了也不必修补；坟墓筑好后，就不用加土；大祥的那天，可以弹奏未加漆饰的琴，以此告诉人们守丧结束。

另外，丧服之礼又规定，要以对待父亲的方式去对待母亲，并保持同样的厚爱。然而，又规定，如果父亲尚在，只对母亲服齐衰一年。父母恩情同样厚重，为什么要对父亲服斩衰三年，而对母亲只服齐衰一年呢？这是符合礼以法天之原则的。天无二日，地无二主，一家也不能有两个家长。丧服之礼如此规定，就是为了表明一个家庭之中没有两个地位最尊之人的道理，这同样是礼的节限的体现。

有变通，是说对于特殊情况及特殊的人群，在服丧之时，不用完全依照正常之礼行事，可以有所改变。如，古人用丧棒来表示执丧棒者的爵位及丧主的身份，同时丧棒还有另外的用途，就是为人扶持病体。因为妇人、小孩儿不必到哀伤成病的地步，所以不用丧棒；王侯的丧事，不需要丧主吩咐而事事皆有人做，丧主可以悲哀到要人扶着才站得起来的地步，所以不用丧棒；而大夫、士的丧事，要丧主吩咐才有人去做，丧主只能悲哀到依靠丧棒自己能站立的程度，因此要用丧棒；而庶人的丧事，丧主要亲自办理，丧主只要蓬头垢面，有丧容即可了。此外，还有许多变通之处。如秃头者，不须除冠以麻

吊丧不问所费

吊丧弗能赙[1]，不问其所费。问疾弗能遗[2]，不问其所欲。见人弗能馆，不问其所舍。赐人者不曰来取，与人者不问其所欲。

《礼记·曲礼上第一》

【注释】〔1〕弗：不。赙（fù）：拿钱帮人办理丧事，如“赙金”、“赙仪”。〔2〕遗：馈赠他人礼物。

【译文】去吊丧而不能拿出钱财帮人办理丧事，就不要问人家花费了多少。去慰问病人而不馈赠人家礼品，就不要问人家想要什么。遇到客人而不能安排住宿，就不要问人家打算住在什么地方。赐给别人东西不要说“来取”。把自己的东西给予别人就不要问人家想要什么。

道光皇后朝服像

朝服像是清代帝王的标准像形式，也作为遗像悬挂于祖庙。朝服像的绘制皆笔法工细，敷色华丽，画幅巨大，人物均正面端坐，衣冠整肃，帝王帝后的外貌特征具有较强的写实性。图为道光孝全成皇后像，皇后穿戴夏朝冠、冠顶为金累丝三凤顶，冠檐下为金约，颈戴翎约。胸前佩戴东珠朝珠、珊瑚朝珠，耳垂东珠耳饰，是皇后的典型朝服。

束发，驼背之人，不须袒衣露体，跛子不须跺脚哭泣，年老有病之人不须停食酒肉等。

另外，丧服之礼中还有一些折中的表现，也可以看做是有节限的原则的体现。如，亲人去世后，服丧之人悲哀、思念之情会逐渐淡薄，所以规定守丧最多三年的时限。这就可以使孝心再重的人也不至于伤身，又可以使忤逆不肖之人也要行孝道。

从以上的分析可见，丧服之礼的确可以说是“仁义礼知，人道具矣”。因此也可以说，能否依照此礼规定行事，是守丧之人的道德水平高下之体现了。正如《丧服四制》所言：能够依礼完成这个阶段的守丧之事，则“仁者可以观其爱焉，知者可以观其理焉，强者可以观其志焉。礼以治之，义以正之。孝子、弟弟、贞妇，皆可得而察焉”。

第十章 行兵杖之礼　军礼

军礼是古代军旅操演、征伐之礼。军礼既包括军队作战时的规则，也包括军队的日常礼仪和纪律。春秋战国以后不再有完整的军礼，后来的军礼也逐渐演变成严密的军纪和严酷的军法了。

《周礼·春官·大宗伯》曰：『以军礼同邦国。』郑注云：『同谓威其不协僭差者。』也就是说，天子以军礼的威严统一邦国的制度，使下面的人不敢僭越。如果哪个诸侯胆敢抗上，天子便要调动军队予以镇压，迫其就范。

大师之礼

DASHIZHILI

天子以军礼的威严震慑邦国。诸侯胆敢抗上，天子则要调动军队，进行大规模的征伐、镇压，即行大师之礼。军队出师讨伐是极其重要的国家大事，从准备出师到凯旋庆功，皆有一定的仪式。即使出师败北，也有特定的回师、慰问仪节。

商朝征召军队的卜辞

《周礼》中记载的军礼主要包括大师之礼、大均之礼、大田之礼、大役之礼、大封之礼，依次指征伐、均土地、定期田猎、修建土木工程、勘定封疆等礼仪。征战之礼，出师必要占卜、祭祀。图为商王室出征前征召军队的卜辞，卜文载，商室要伐吉方，先要登人（征召军队），证明了商朝军队还没有常备军，军队都是出征前临时召集的。

大师之礼在三礼中记载极少，只在《周礼》中有零星记载，本文内容材料大多来自唐代的《通典·军礼》和《开元礼》。

出师祭祀

“国之大事，在祀与戎。”军队的动用是国家的大事。所以天子非常重视，不到非出征不可的情况下一般不出征。军队出征，有天子率兵亲征与命将带兵的不同，并且两者的礼数规格也不同。大师之礼，指的是天子率军亲征。在军队出征之前要举行祭天、祭地、告庙和祭军神等祭祀活动，即《礼记·王制》所云：“天子将出征，类乎上帝，宜乎社，造乎祢，祃于所征之地。”下面对这些祭祀活动予以简单介绍。

类乎上帝　天子出征之前要先祭祀天帝，叫类祭，仪节隆重。首先要由有司占卜吉日，占卜前一天，天子及诸臣、众军将皆要斋戒。祭祀前三日，设坛、陈设御位及其他参礼者之位、准备祭牲。祭祀之时，天子着武弁之服，乘覆之以革的战车出宫，前往郊外祭天之处。此祭祀主要有以柴燔燎牲、玉于圆丘之上等仪节，目的是通过燃烧而生成的牲、玉之气，把即将出兵征伐之事禀告天帝，让天帝知道自己所行的是正义之师，从而可以以天帝之命出征讨伐，并得到天帝的帮助。

宜乎太社 祭天之后，要进行宜社仪式，也就是祭祀土地之神。征伐敌人是为了安民卫国，因此也要告知土地之神，并征得其同意及保佑。祭社前的各项活动与祭天基本相同，只是在祭祀之时是把祭品埋于方丘之下，以便地神享用。

镶嵌绿松石兽面纹戈
镶嵌鸟纹玉援戈

戈，是古代用于钩杀和啄击的一种冷兵器。由戈头和柄组成，长度约1米，最长超过3米。戈盛行于商代至战国时期。战国晚期，随着铁兵器渐多，青铜戈逐渐被淘汰，至西汉后期已绝迹。图为商王武丁妻妇好墓出土的戈，上为兵器，下为礼器。

告乎太庙 出征前告庙叫造祢。造，告祭。祢，原指父祖之庙，在此泛指宗庙。天子亲自出师，所告祭的是太庙。古人外出聘问或兴兵打仗之前，皆要告祖，是表达其行为“受命于祖”之意。即《通典·礼典》所云：“受命于祖，以迁庙主载于齐车（斋戒时所用之车）以行。”孔颖达注曰：“告祖以行，示不自专，故言受命。必以迁主行，言必有尊也。”

铜骹玉矛

图中这件矛以铜与玉合制而成，不是实用兵器，是象征权力的仪仗礼器。此器制作精良，应为王室或诸侯所用。

也就是说，天子出征之前，要到太庙告祭，并把在位帝王之亡父的牌位载于齐车随行，称为迁庙主；如果无庙主可迁，则将用于告祭太庙的币、帛、皮、珪等载于齐车随行，以代庙主。每天晚上都要祭奠，之后才可安寝。另外，军队出征归来时，亦要到太庙告祭，告祭结束，要把币、帛等祭祀之物藏于庙的东西阶之间。

祃祭 祃祭，主要包括两种。一种是在军队出征前祭祀牙旗，称为祃牙。张衡《京都赋》曰：“戈矛若林，牙旗缤纷。”薛综注云：“谓古者天子出，建大牙旗，竿上以象牙饰之，故云牙旗。”古代天子出征，树起以象牙做装饰的大旗，作为行进中队前引导或作战时阵上指挥的旗帜。

祭牙旗仪式中，太祝要跪读祝文，即祭牙文。由于祭牙文多为临时撰写，所以各个朝代多有不同，但都表达了威武神圣之意。如东汉滕辅写道：“恭修高牙，神武攸托。”顾恺之写道：“烈烈高牙，阗阗伐鼓。”也就是说，祭牙旗有鼓舞士气、壮军威之作用。

此外，祃祭还指在阵前对军神的祭祀。《礼记·王制》曰：“祃于所征之地。”孔颖达云：“若至所征之地祭者，则以黄帝、蚩尤之神，故亦皆得云祃神也。若田狩，但祭蚩尤而已。”也就是说，古人把黄帝、蚩尤作为军神来祭，以祈祷神灵保佑战争胜利。

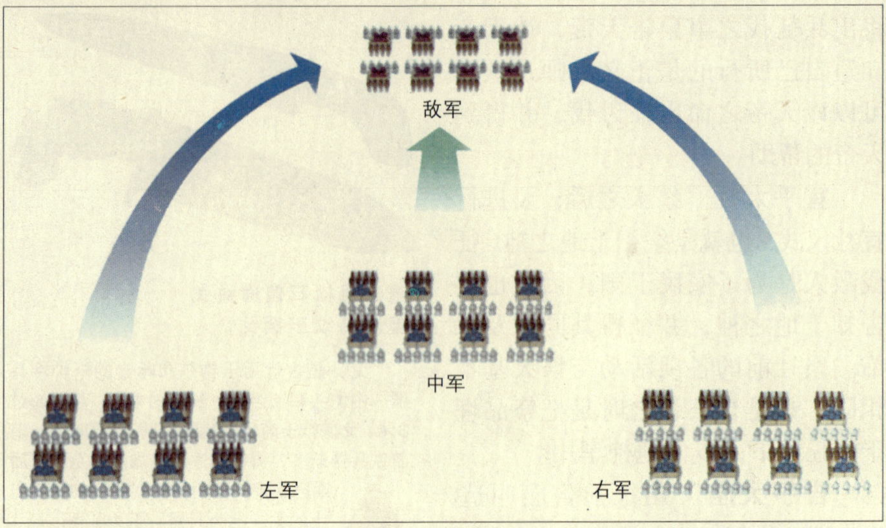

三师战法示意图

军礼也就是军队操演、征伐的礼仪。《周礼·春官·大宗伯》载，“以军礼同邦国”，操练军礼是使诸侯邦国服从和同的一种措施。图为三师战法，所谓“三师”，即将军队分为左、中、右三部分，这种军队编制比夏朝的方军阵更具攻击力。据考证，这种战法在商朝时期已非常盛行。

王作三师卜辞

这是商朝后期君主武乙时代的卜辞，上有“王作三师右中左”的记载，证明了商朝三师编制的存在。

軷于国门 南朝梁《和武帝宴》曰：“犒兵随后拒，軷祭逐前师。”古人出征之前，还要祭路神，称为軷祭，与诸侯国行聘礼之前的祖道意思基本相同。軷祭最初行于道路之上，后来于国门外行此礼。唐《开元礼》曰：“軷，为山象也。”军队出发之日，先于国门外用土堆成軷，以“菩刍棘柏为神主”，并把神座朝南陈设在軷的前面，于神座之左陈设樽、罍、篚等祭器，并要宰羊以祭。天子将要到来时，太祝取币帛，跪在神座之前祭祀；接着有司献脯醢于神座前，并把羊放在軷上；之后，太祝洗手洗爵并酌酒，在神座前跪着祭祀，祭毕起身读祝文，并埋藏祭物于神座西北。此时天子驾到，太祝把爵中斟满酒，交给太仆卿，太仆卿左手执辔，右手端着酒爵，把酒依次浇在车两轮的轴端和轼前，然后把酒饮尽。最后驱车从转上碾过，表示从此出征路上无险阻。

告所过山川 天子出征或狩猎，都要告祭所经过的名山大川，以求保佑。祭祀规格根据情况有所不同：“岳镇海渎用太牢，中山川用少牢，小山川用特牲。若行速即用酒脯。”祭祀之时也要临时撰写祝文以宣读。

誓师典礼

出师前，对出征的军队还要进行一次总的动员，即誓师。于誓师典礼上宣讲出征的意义，揭露敌人的罪恶，告诫将士严守军纪，并鼓舞其保家卫国、奋勇杀敌。因此《司马法》曰："有虞氏戒于国中，欲民体其命也。夏后氏誓于军中，欲民先成其虑也。殷誓于军门之外，欲民先意以行事也。周将交刃而誓之，以致民志也。"《尚书·甘誓》中记载了夏启将要讨伐有扈氏之前，在誓师典礼上告诫六军将士的言辞。首先说："嗟！六事之人，予誓告汝：有扈氏威侮五行，怠弃三正。天用剿绝其命，今予惟恭行天之罚。"就是说：有扈氏违背天意，轻视金木水火土这五行，怠慢甚至抛弃了我们颁布的历法。上天因此要断绝他们的国运，现在我只有奉行上天对他们的惩罚。在此指出了将要讨伐之人的罪行。

之后便是宣布军纪，鼓舞士气："左不攻于左，汝不恭命；右不攻于右，汝不恭命；御非其马之正，汝不恭命。用命，赏于祖；弗用命，戮于社。予则孥戮汝。"就是说：将士们如果不能各司其职、恪尽职守，那么就是不奉行我的命令。服从命令的人，我就在先祖的神位前行赏；不服从命令的人，我就在社神的神位前惩罚。我将把你们降为奴隶，或者杀掉。

天子率军亲征，并亲自宣讲誓师之辞，虽简洁明了，无豪言壮语，却具有极强的权威性和感召力，震撼人心。

此外，《汤誓》、《牧誓》等篇，也都是誓师之时用以告诫将士的言辞。

征扈誓师

启与有扈战于甘之野，作《甘誓》。王曰："嗟！六事之人，予誓告汝：有扈氏威侮五行，怠弃三正，天用剿绝其命，今予惟恭行天之罚。"古代出征都要举行誓师，一则表示君主是奉上天之命进行的征伐，为正义之战；一则可鼓舞士气，严令军纪。图为夏启伐有扈氏，在甘誓师的场景。

军中刑赏

行军作战，没有严明的纪律是不行的。而将士们为国效力，随时有伤残的可能，甚至于失去生命。所以对于将士的刑赏就更应严明。赏赐是对有功将士进行精神和物质方面的鼓励。精神鼓励可以给予将士一些荣誉称号，授以一些勋爵封号等，以提高其社会地位；物质刺激就是直接授予官职并给予金银财宝等赏赐了。但是对于在战场上不服从命令、贪生畏死以及懈怠行事影响战事的行为更要严厉惩治，军法从事。

《通典·军礼》曰："及战，司

马巡阵，视事而赏罚。”在作战之时，司马会及时巡视将士们的作战情况，之后根据功过进行赏罚。

另外，古人发动战争，进入别国领土之后，也有一定的军纪，违背者也要受罚。春秋时的《公羊传》记载，西周的兵礼是“不斩祀，不杀厉，不获二毛”，即不破坏别国的祭祀设施，不俘虏有白发之人。《司马法》曰：“逐奔不过百步，纵绥不过三舍，是以明其礼也。不穷不能而哀怜伤病，是以明其仁也。”即战场追击不要超过百步，战役追击不要超过三天的行军，这是两国交战之礼；不杀尽无力反抗者及老弱病残者，这是仁义之举，是对敌对国百姓的安抚。

（下左）师寰簋铭文

铭文记载了西周王朝讨伐淮夷叛乱的事件。淮夷本为向周天子纳贡赋的臣民，其首领竟迫使奴隶反叛王室。周天子命师寰率领王室军队，联合诸侯国征伐淮夷叛乱。此证实了周王室与各封国的隶属关系。西周很多青铜器上皆铭有“子子孙孙永宝用”铭文，是分封制度下对宗族血统观念重视的体现。

（下右）何尊及铭文

商周礼器不单是古代饮食、祭祀礼仪用器，也是古代军事征伐、祭祀联盟等重大军事、政治活动的史料载体。图中何尊铭文大体记载了周成王在成周建都、对武王进行祭礼以及对宗族何进行训诰等事迹。诰文证实了武王灭商、建立东都洛邑和营建成周的史实。

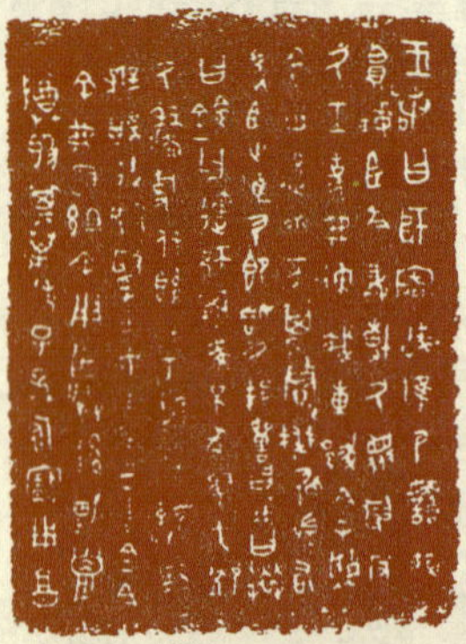

居不容

寝不尸〔1〕，居不容〔2〕。

《论语·乡党篇第十》

【注释】〔1〕寝不尸：不向死尸那样仰卧。〔2〕居不容：在家中不必如在朝廷上面容严肃。

【译文】睡觉时不要像死尸那样直挺着，在家中闲居，不要讲究那么多礼仪。

命将出征

天子为一国至尊，非不得已则不会亲临危险的战争之地。因此，古代战争大多为命将出征。命将出征，同样要进行出师之前的祭祀，但无祭天之仪。

命将出征仪式也非常隆重，天子要授斧钺给主将，喻示着把军队的全部权力交给主将，并寄希望于战事的胜利。历史上命将出征事件太多，《通典·礼典》中记载了几件大的命将出征事件。

汉高祖刘邦在刚刚当上汉王的时候，以汉中为都。他要平定三秦，于是选定吉日，斋戒，设置了一个坛场作为拜将台，拜韩信为大将军，让他统领军马，可以部署诸将，东出陈仓，收复秦地。

三国时魏国要遣将出征，“符节郎授节钺，跪而推毂”，要跪下并推动车轮，可见对所命主将的重视。

北齐命将出征，则太史在庙中先斋戒三日，之后卜筮吉日，并把战鼓、军旗授给将军。授斧钺之日，皇帝服衮冕，至庙，拜于太祖。祭告完毕，降于中阶，召令主将至于前，持着钺的首端，而将柄端交给将军，说："从这里往上直到天宇，都由将军全权管理。"接着又拿起斧，拿着斧柄而将斧刃授予将军，说："从这里往下直到黄泉，也由将军全权管理。"将军接受斧钺后，回答说："臣听说国家大事，处理决断都必须依靠君王，不能受外面的干预，军队中的事，变化多端，处理决断都必须依靠将领，君王不能遥控作战。臣既然接受任命，拥有了鼓、旗、斧、钺之威严，还希望您能给我一道命令。"皇帝便说："如果是有利于江山社稷之事，就由将军裁断。"将军登车载斧钺而出。皇帝推动将军所乘之车的车轮，指着城门说："从这里往外的事情，由将军控制。"唐赵蕤所著《长短经》（又叫《反经》）所记与此大致相同。

隋制，皇太子亲征，以及将军出师，则以一猳肫（小公猪）衅鼓，皆宜行社告庙之祭。受斧钺仪式完毕后，不得回到家中住宿。

《司马法》曰："进退唯时，无曰寡人。"《汉书》曰："唯闻将军之命，不闻天子之诏。"也就是说，由天子亲授斧钺的将军，在离开国都，他的命令就是至高无上的，超过天子。作为将士，则应唯将军命是从。

水陆交战壶纹

《司马法》是我国古代重要的兵书之一，大约成书于战国初期。历代兵家对其评价很高，宋代时被列为《五经七书》之一。其中记载了"无暴神祇，无行田猎、无毁土功，无燔墙屋，无伐树木，无取禾、黍、器械"等相关军纪。为研究古代军律储备了材料。

战国水陆纹攻占纹铜器展示图

行军作战，一定要有纪律组织，刑赏就显得格外重要。《尚书·甘誓》记载了相关的军法刑赏，"用命赏于祖，弗用命戮于社"。意思就是说，一切嘉奖、惩罚都要在祖先神主之前施行，以示鬼神可鉴、公正无私。图中为战国时水陆交战场面，布阵对抗，安排上显得井然有序。

宣露布

诸侯代替臣民向天子上书时，不缄封的都称为露布，这是区别于封缄而言的。在汉末，也把军中檄文称为露布。北魏迄唐

杜虎符

杜是秦国属地，图中便是秦国时的虎符。虎背错金铭文："甲兵之符，右在君，左在杜，凡兴士被甲，用兵五十人以上，必会君符，乃敢行之，燔燧之事，虽毋会符，行（殹）。"

武王祭台

古代征战有帝王亲征和命将出征两种形式，但多数情况下为命将出征。帝王遣将出征，都要在太庙举行隆重的授钺仪式，钺代表神圣的军权，持钺大帅掌管军权，“将在外君命有所不受”。

图为周武王伐纣时在岐山祭祀死去将领的情形，武王帅将亲征，大大鼓舞军队志气。

代，战争捷报也称为露布。《通典·军礼》曰：“后魏每攻战克捷，欲天下闻知，乃书帛，建于漆竿上，名为露布，自此始也。其后相因施行。”每当攻战克捷，战胜者就把报捷的书信置于漆竿之上，以便天下人都知道，因此称捷报为露布。此种称谓一直延续到唐朝。

隋朝时，隋文帝杨坚诏命太常卿牛弘撰宣露布礼。后来平定陈国以后，元帅晋王上了露布，经过兵部的奏请，依照新礼举行宣露布仪式。文武百官、客使等都赶赴广阳门外，穿着朝服，各按官阶列队。内史令称有诏，在位者皆拜。宣露布完毕，众人再次下拜。之后举行庆祝，奏乐舞蹈，三通舞过后，在位者又拜，然后仪式结束。

唐朝每次平荡贼寇之后，也宣露布，仪节与隋大致相同，但地点为东朝堂。

后来宣露布演变成了今天的“通告”、“公告”。

战车格斗示意图

车战是商周乃至战国、春秋时期的主要战斗形式。战车的多寡，是衡量国力是否雄厚的资本，古代常以“千乘之国”形容一个国家的军事实力。车兵的选择也非常严格，年龄须在四十岁以下。图为春秋时战车兵种配置，一驭手，一车左，一车右，驭手负责驾车，车左、车右负责搏杀，攻击时，“左攻左，右攻右”。

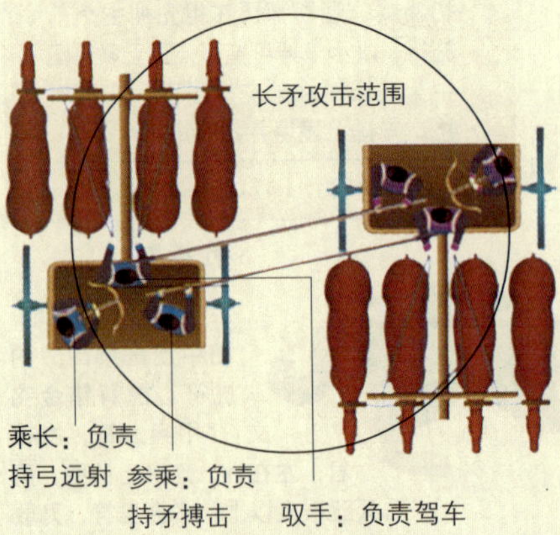

凯旋、献捷及饮至

军队胜利而还，称为凯旋。凯旋之时，皆要奏军乐、唱军歌，以示庆祝。《周礼·春官·大司乐》：“王师大献，则奏凯乐。”注云：凯乐，“献功之乐也。”《周礼·夏官·大司马》曰：“师有功，则大司马左执律，右秉钺，以先凯乐。”就是说，如果军队打了胜仗，大司马就左手拿着律管，右手拿着斧钺，作为先导部队，高奏凯乐向社稷之神献功。《礼记·王制》说，出征前，要在祖庙中接受祖先的征伐命令，到大学里听取先师的计谋，即“受命于祖，受成于学”。而征战得胜还朝后，还要到祖庙报告战况，同时也要到大学里祭祀先师，报告捕获的俘虏和杀死的敌人数目。即“出征执有罪反，释奠于学，以讯（俘虏）馘（为计杀敌数目，而割取的被杀敌兵之左耳）告”。

在命将征讨敌人的战争结束后，将军得胜而还献俘时，皆要奏凯乐。后晋刘昫等著的《旧唐书·凯乐》对其有详细记载：“其凯乐用铙吹二部，笛、筚篥、箫、笳、铙、鼓，每色二人，歌工二十四人。乐工等乘马执乐器，次第陈列，如卤簿之式。鼓吹令丞前导，分行于兵马俘馘之前。将入都门，鼓吹振作，迭奏《破阵乐》等四曲。”接着，其又解释说：“受律辞元首，相将讨叛臣。咸歌《破阵乐》，共赏太平人。”《应圣期》，“圣德期昌运，雍熙万宇清。乾坤资化育，海岳共休明。辟土忻耕稼，销戈遂偃兵。殊方歌帝泽，执贽贺升平。”《贺朝欢》，“四海皇风被，千年德水清。戎衣更不着，今日告功成。”《君臣同庆乐》，“主圣开昌历，臣忠奏大猷。君看偃革后，便是太平秋。”四支曲子具体内容虽有异，但无非是歌功颂德之作。

奏乐献俘的仪节在《旧唐书·凯乐》中也有具体规定：“次协律郎二人，公服执麾，亦于门下分导。鼓吹令、丞引乐工等至位立定。太常卿于乐工之前跪，具官臣某奏事，请奏凯乐。协律郎举麾，鼓吹大振作，遍奏《破阵乐》等四曲。乐阕，协律郎偃麾，太常卿又跪奏凯乐毕。兵部尚书、太常卿退。乐工等并出旌门外讫，然后引俘馘入献及称贺如别仪。别有献俘馘仪注。俟俘囚引出方退。”可见，凯旋后的献捷为大庆之事。

仪仗图

墓葬壁画是中国古代壁画非常重要的组成部分，这些深藏于地下的作品给我们展现了过往时代的真实历史面貌。图为唐代墓室壁画中的仪仗图，仪仗由车队及骑兵组成，军容壮大，彰显了唐朝国力之盛。

战争得以胜利，天子定然要对将士论功行赏。北朝民歌《木兰诗》中的“归来见天子，天子坐明堂。策勋十二转，赏赐百千强”指的就是凯旋之后天子的论功行赏的

《平番得胜图》局部

军队胜利而归称为"凯旋"，亦有相关的迎接礼仪。若天子亲征，则众大臣要出城迎接；命将凯旋，天子则会率百官出城到郊外迎接，以慰问军功，称之"郊劳"。《平番得胜图》描绘了万历年间明军平定西北部族叛乱的历史，共由十四幅画面组成。此幅为"军门固原发兵"，是九边之一的固原镇总兵官统率河州兵马出发的情景。

场面。在赏赐将士的同时，要举行奏凯庆功之宴，称为饮至，君臣同庆战争的胜利。

当然，在重赏有功之臣的同时，对战争中违反军纪，或是给战争造成不利影响的人，则要予以惩罚。《司马法》曰："夏赏于朝，贵善也。殷戮于市，威不善也。周赏于朝，戮于市，劝君子惧小人也。"赏罚分明，是军队，乃至国家治理的必要手段。

师不功

两军交战，总要有胜负之分。古时的军队打了败仗，称为"师不功"，或称为"军有忧"。《周礼·夏官·大司马》曰："若师不功，则厌而奉主车。王吊劳士庶子，则相。"就是说，如果军队失败，大司马就要戴上丧冠，护卫着装载迁庙主和社主的车返回。天子则要吊唁、慰劳公卿大夫在战争中死去或受伤的子弟。

大田之礼

DATIANZHILI

大田之礼指天子诸侯等每年都要定期举行的田猎活动。主要目的是练兵、检阅军队作战的实力。因此有中春教振旅、中夏教茇舍、中秋教治兵、中冬教大阅之说。

大田之礼指古代诸侯都亲自参加的四时田猎，即春蒐、夏苗、秋狝、冬狩。《礼记·王制》中说，天子、诸侯在没有战争的时候，每年田猎三次。没有特殊情况而不举行田猎就是不敬。那么田猎的目的是什么呢？《礼记·王制》曰："一为乾豆，二为宾客，三为充君之庖。"就是说，田猎首先是为祭祀准备祭品，其次为招待宾客准备菜肴，第三是为充实天子、诸侯日常之用。而实际上，田猎的主要目的，是检阅战车与士兵的数量、军队作战能力，训练未来战争中的协同配合。因此，在田猎之前，都要颁布典法给州里，检阅他们的鼓铎、旗物及兵车任器等物，编组卒伍等建制。

得胜图

战争是双方或多方的，战胜一方在举行"告捷"礼仪，享有功于祖庙，舍爵策勋的同时，战败的一方则以丧礼迎接溃败的军队，君主要穿丧服，吊死慰伤。若一方军队投降，受降者也会举行相应的受降礼。图为清军入关，攻克南京时，明臣出降的场面。

为了避免暴殄天物，田猎时有许多规定：天子不能把四面都包围起来打猎，诸侯不能把整群的野兽杀光。天子、诸侯、大夫按次序猎取，大夫猎取后，就要命

令副车停止追赶，开始让百姓打猎。另外，猎取之时，还要避开动物生长、繁殖的时令。正月以后，渔人才可张网捕鱼；九月后，才能举行田猎；八月以后，才能张网捕鸟等。而且，不得猎杀幼兽，不取鸟卵，不杀怀胎的母兽，不杀小兽，不掀翻鸟巢。这些规定，对于保护野生动物资源、维持自然界生态平衡有着积极的意义，只是不可能真正严格实行。

仲春教振旅

振旅，谓整队班师。仲春之时，国家要用田猎的方式演练班师回国的阵法。大司马在田猎场所竖起召集众徒役的旗帜，按战时的阵法整编队列。教众徒役学习分辨鼓、铎、镯、铙等在战争中的作用：天子执路鼓，诸侯执贲鼓，军将执晋鼓，师帅执提鼓，旅帅执鼙鼓，卒长执铙，两司马执金铎，公司马执镯。敲击鼓、铎、镯、铙，训练众徒役坐与起、进与退、快行与慢行、排列疏松与紧密的战时技能。训练娴熟后，进行田猎。有司祭祀军神后，告诫众徒役按规定捕猎，然后击鼓围猎。焚烧除草的火熄灭时，田猎就结束，猎物要上交以供祭祀社稷之用。

仲夏教茇舍

茇舍，野外宿营。仲夏时节，国家要训练众徒役野外宿营之法。各级军官整顿统计所率车徒，校录兵甲器械。之后，教众徒役辨识军中各种徽

见齐衰

见齐衰[1]者，虽狎[2]，必变。见冕者与瞽者，虽亵[3]，必以貌。凶服者，式之[4]。式负版者[5]。有盛馔，必变色而作。迅雷风烈，必变。

《论语·乡党篇第十》

【注释】〔1〕齐衰（zi cui）：丧服。〔2〕狎：亲近。〔3〕亵（xiè）：一般性见面。〔4〕式：同“轼”，车前的横木，可作扶手用。式之：用手扶住横木，身体前倾，表示尊敬。〔5〕式负版者：背负着国家户籍土地图册的人。版，国家的图籍。

【译文】孔子看见穿丧服的人，虽然关系亲近，面容也必然变得严肃起来。看见头戴冠冕的人和盲人，虽然是一般性见面，也一定彬彬有礼。坐在车上，遇见穿丧服的人，就用手扶住车上的横木，身体前倾，以示敬意。遇见背负着国家户籍土地图册的人，也是如此。参加宴会，如果遇到丰盛的佳肴，一定改变面容，站起来向主人表示谢意。遇见迅雷和狂风，神态也会变得庄严起来。

丛薄围猎图　清代

清代，从康熙中期起有“木兰秋狝”之典礼。木兰围场建立后，无特殊情况皇帝每年都要举行北巡秋狝，渐次成为定制。清代田猎有行围与合围两种，行围大致有驰猎、聚歼、追击、阻截、哨鹿五种形式，前四种形式一般分布围、请围、观围、罢围四步程序，每步程序中都有一定的礼仪规定。图为乾隆帝一次塞外行围的场面，当时恰逢布鲁特部落前来觐见，侍卫生擒猛虎，显示了清代士兵高超武艺。乾隆帝高兴，特写《丛薄图》记述此事。

号的作用。军帅所佩徽号与各自帅府前旗帜上的徽号相同，县鄙等地方官用自己的地名，采邑、食邑以邑名为徽号，六乡各以州为名号，野地以公邑为名号，百官各以所掌之职为名。夜战或夜守时，就以这些名号来辨别。辨别娴熟后，举行田猎，追赶野兽的车辆停下来后，田猎结束。猎物献上，以供宗庙祭祀之用。

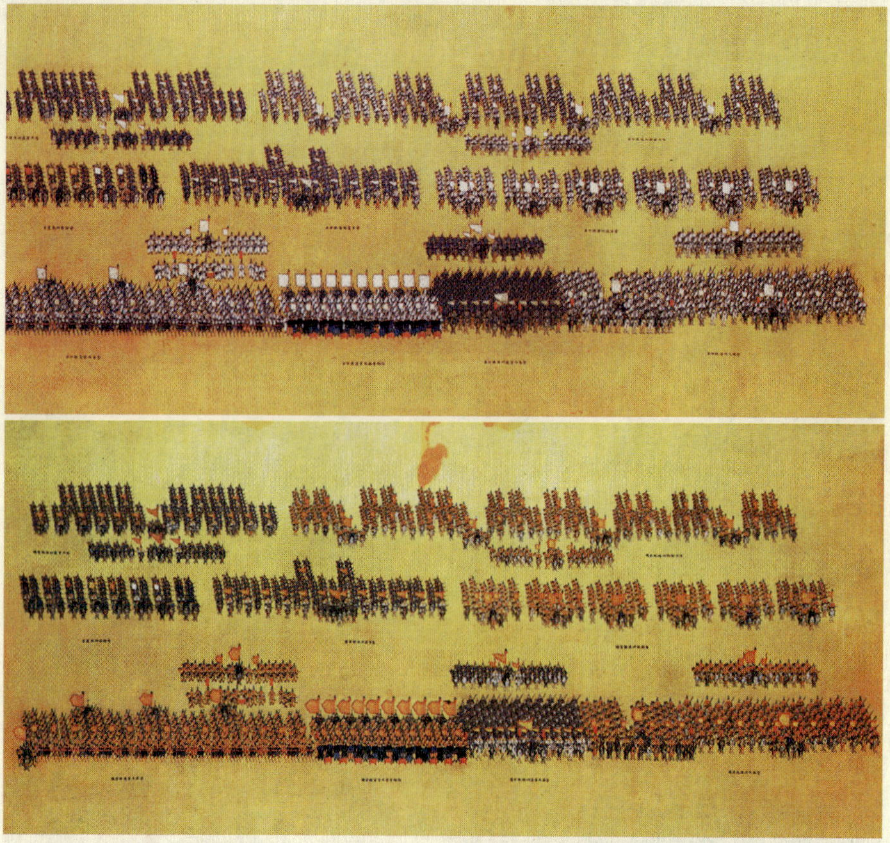

《大阅图》列阵局部

古代军事理论强调"军事以严终"，帝王将帅非常重视军队的平时训练，因此都要定时检阅演习，督促军队强化训练。《礼记·月令》载，孟冬之月，"天子乃命将帅讲武习射、御，角力"，后代据此制定了大阅之礼。图为清代八旗兵种在举行大阅礼时的排列顺序，清代入关后，为扩大军事实力，又设了蒙古八旗和汉军八旗，实则参加大阅的是满蒙汉二十四旗，人数达数万。

仲秋教治兵

治兵，军队出发时的阵容。仲秋时节，国家训练军队出兵之法。主要训练众徒役辨识个中旗帜的作用：天子之旗为画有日月的大常（旗帜名）；诸侯的为画有蛟龙的旂，军帅的为画有虎熊的旗，都家行政长官的为通帛的旃，乡大夫和家邑的长官的是杂帛制成的物，郊野的公邑大夫的为旐，百官的为旟，所有旗帜上都写上自己的名号和职事。辨别娴熟后进行田猎。捕鸟兽的罗网放下后，田猎结束，把猎物献上，以作祭祀四方神灵之用。

仲冬教大阅

仲冬田猎前要教习大检阅之法，仪式非常隆重。

田猎前三天，告诫兵士练习战法，有司铲除校阅场的杂草，并立表（立木作为标志）。天未亮时，各级官吏向大司马报告各自队伍的情况；天亮时，大司马诛罚迟到之人。

然后，校阅开始。车徒按照作战阵势排开，以听誓戒：“不用命者，斩之！”于是将士击鼓摇旗。师旅之帅再次击鼓时，车卒前进，走到前一个表前，鼓声再起，鼓毕车卒坐下。再次击鼓摇旗后，车卒站起。之后，发起进攻令，战车疾驰，步卒奔跑，于前面表前停下，又如前一次那样练习坐起，奔跑。最后，三通鼓后，射者发箭三次，步卒冲锋三次，击鼓退兵，并以铙控制撤退的节奏。

校阅结束，开始田猎。首先整顿队列，士卒及个屯之间距离皆有规定。乡师在阵前举行貉祭后，鼓人击鼓，步卒皆衔枚而行。捕获大的野兽归公，小兽则归己，猎获者除去禽兽左耳以计数。鼓声大而急促、士卒高声呐喊之时，田猎结束。以猎物祭祀四郊群神，返回都城后，再献祭宗庙。

从以上记述可见，春蒐、夏苗、秋猕、冬狩之时，对士卒的训练各有侧重，而冬狩是对前面训练的总的检阅，于此可明察军队的备战情况，以便及时调整，因此非常重要。

另外，在《通典·军礼》中还记载了几种训练、校阅军队和选拔作战人才的军礼。

讲武：在校阅军队中，很多朝代都有讲武的仪式。《礼记·月令》说，孟冬之月，“天子乃命将帅讲武习射、御，角力”。此外，如果天子亲临讲习场所，则称为亲讲武。目的是教给将士们军事理论，以此指导作战。这在《通典·军礼》中有详细记载，此不赘述。

射礼：此外，大射礼及乡射礼也是国家选拔军事人才的手段，对于军队的扩充与作战素质的提高皆有利。

合朔伐鼓：日食之时，古人还有拯救太阳的礼仪，即合朔伐鼓。皇帝及百官皆着素服，卫士拿着矛、戟、斧、钺、槊等五种兵器立于鼓外，一旦太阳有变化，史官就高喊：“祥有变。”于是参礼者摇旗呐喊，鼓声如雷。史官曰：“止。”则停止摇旗与击鼓。

先进于礼乐

子曰：“先进于礼乐[1]，野人[2]也；后进于礼乐，君子[3]也。如用之，则吾从先进。”

《论语·先进篇第十一》

【注释】〔1〕先进于礼乐：先学习礼乐而后做官。〔2〕野人：在野的平民。〔3〕后进：贵族子弟可以先世袭做官后学习礼乐，故称“后进”。君子：指有世袭特权的贵族子弟。

【译文】孔子说：“先学习礼乐后做官的，是在野的士人；有了官位后再学习礼乐的，是贵族的子弟。如果选用人才，我主张选用那些先修养好礼乐的人。

其他军礼

QITAJUNLI

大均之礼是对百姓的体恤之礼，意在平摊兵役、役赋，以均衡民众负担。国家在征役方面，以均衡为原则。年成的好坏，民众的贵贱、老幼、残疾等情况都是征收役赋、征调兵役的参考因素。

大役之礼是指国家役使民众参加修筑大堤、宫室的劳动行为。大役之前，先要以均平土地的方式来稽考人民，以确知可以承担劳役任务的所有人数。

以和谐构建的军礼

军礼的目的是同邦国，这就要求帝王要正确处理军民、诸侯等的关系。军礼指出，大师之礼，用众；大均之礼，恤众；大田之礼，简众；大役之礼，任众；大封之礼，合众。做到严管军纪，赏罚分明，体恤百姓，处理好分封，才能构建和谐、富强的邦国。

大均之礼

大均之礼意在平摊兵役、役赋，以均衡民众负担，体现了国家对百姓的体恤之情。

《周礼·地官·小司徒》中记载，国家对百姓人口、家庭财物的统计由小司徒交给六乡的大夫具体执行。四郊乡遂的家数以五家为一比来统计，都鄙公邑的家数以九夫为一井来统计。乡大夫各自查明确定一乡人口、户数及六畜、车辇之数，弄清各家拥有的财物后，在规定的时间将数目呈报，然后国家根据具体数目，施行政治教法，宣布征役、役赋等法令。

国家在征役方面，以“家”为单位，以均衡为原则。《周礼·地

八旗甲胄

八旗制度是清太祖努尔哈赤制定的，为正黄、正白、正红、正蓝、镶黄、镶白、镶红、镶蓝八旗。起初各旗的地位是平等的，入关之后皇帝曾率领的正黄旗、正白旗和镶黄旗地位比其他五旗尊贵，被称为上三旗。图为八旗甲胄，除大阅时穿用外，平时不用，贮于紫禁城西华门城楼内。

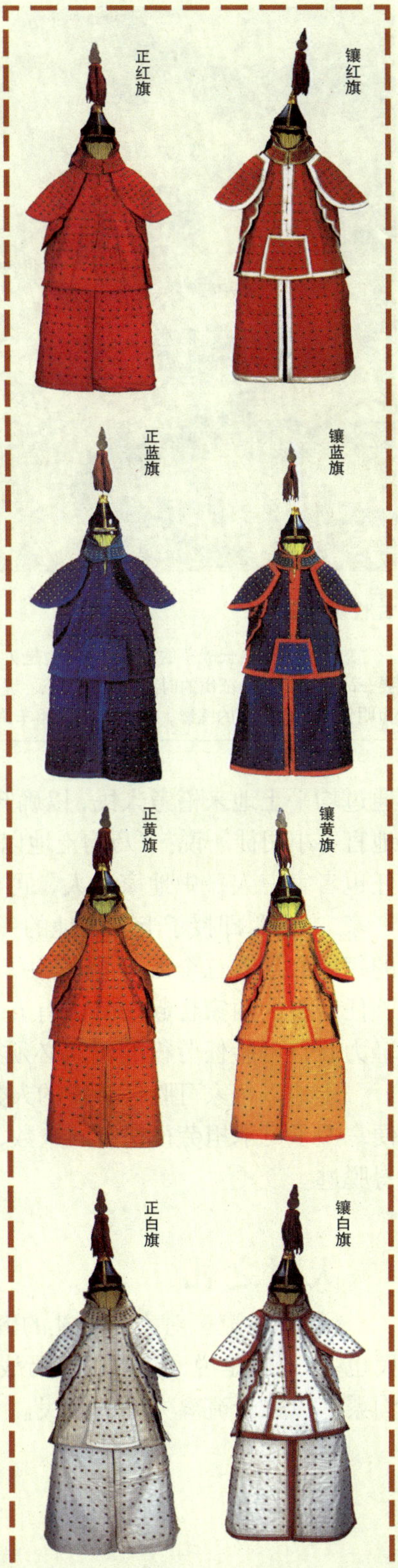

官·小司徒》规定："凡起徒役，毋过家一人，以其余为羡，唯田与追胥竭作。"就是说，凡是召集徒役每家不超过一个人，如果家里还有年轻力壮的男子则可以作为羡卒（相当于现代的预备役人员），作为征战、田猎备用的力量。国家有一般大事的时候，便召集六乡的正卒，而当国家进行大规模田猎或者追逐外寇的时候才会正卒和羡卒全部出动。而且，人民参加军队时要自备武器。即《周礼》所云："任其万民，用其材器。"这也是调查人民财物的原因。

此外，周代还根据年成的好坏来均衡征调役力。《周礼·地官·均人》中说："凡均力政，以岁上下，丰年则公旬用三日焉，中年则公旬用二日焉，无年则公旬用一日焉。凶札则无力政，无财赋，不收地守、地职，不均地政。"就是说，凡是均平力征，丰年的时候每人每年可征用力役三天，普通年份每人可以征用力役二天，年成不好的时候每人每年可以征用力役一天。如果遇上荒年或者疫病流行，都可以免除力役，同时免去地税，并不征收山泽农圃等各种赋税，也不再均平地税。"如果遇到三年一次的大比，就要对地政、地守、地职、力征等作一次全面的调整均衡。

在征役方面，国家还有一些优待政策。征役之时，国家会根据民众的贵

古代城池画卷

攻占城池是古代战争的主要目的，也是关系一个国家存亡的重要一战。因此在无征伐的时期，大营宫邑、堤防是民众之大事。图为明代城池内一隅的缩影，人来人往，驱车乘船，一派祥和气息。

贱、老幼、残疾等情况，免除一部分人的赋税与力役。同时，从外地迁来的人民，在一定期限内要免除他们的征役，并按照土地的好坏等级，为之分配土地。

大役之礼

大役之礼，是指国家因修筑堤防、城郭等而役使民众、考察民力的行为。因此，《周礼注疏》说："筑宫邑所以事民力强弱也。"堤防、城郭开始修筑之前，国家先要通过均平土地来稽考人民，以确知可以承担劳役任务的所有人数。《周礼·地官·小司徒》说："乃均土地以稽其人民而周知其数：上地家七人，可任也者家三人；中地家六人，可任也者二家五人；下地家五人，可任也者家二人。"即授予上等土地的一家七个人，其中年轻力壮而可胜任劳役的每家必须有三个人；授予中等土地的一家六个人，其中年轻力壮而能胜任劳役的两家合起来必须有五人；授予下等土地的一家五人，其中年轻力壮且可胜任劳役的每家必须有两人。

土地以每家可胜任劳役的人数为主要分配依据。分配结束后，统治者便掌握了可承担劳役任务的人数，于是向这些人分配修筑任务，任何人不得脱逃。

大封之礼

《周礼注疏》对大封之礼的解释为："止封疆沟途之固，所以合聚其民也。"也就是说，诸侯国经历战争之后，要重新划定疆域、整修道路与沟渠，以聚合流离失所的人民。

第十一章 伦常之礼

古代儒家极其重视伦常关系之礼。认为父子、夫妻、兄弟、朋友、君臣这五种人与人之间的伦常关系，是每个人都不可脱离的最基本的关系，在这些关系中，如果都能心怀仁、义、礼、智、信之五种常德，各尽其责，便会形成良好的社会风化，从而建立和谐、有序而安定的社会。而且儒家认为，良好的人伦关系应该是『父子有亲，君臣有义，夫妇有别，长幼有序，朋友有信』。

君仁臣忠

JUNRENCHENZHONG

圣明的君王，应拥有至高的德行，并施仁爱、恩惠于臣民，达到“以礼治国、以德服人”的境界。作为臣民，在对君王尽忠孝、行忠顺的同时，还要坚持正确立场，及时指出君王的过失。

古礼规定“君仁臣忠”、“君使臣以礼，臣事君以忠”。作为君王，应对臣民施以仁爱、恩惠，依礼义行事；作为臣民，则应对君王尽忠尽孝。君臣各守其义，才合于礼。从君王的角度来说，这体现的就是儒家所提倡的“以德服人”的仁政。孟子曰：“以力服人者，非心服也，力不赡也，以德服人者，中心悦而诚服也。”(《孟子·公孙丑上》)又说：“天下有道，小德役大德，小贤役大贤。”(《孟子·离娄上》)居政治上至高之位的君王，必应具有最大之德，并施之以民，这样才符合天道，臣民才会信服而忠顺。所以说，以仁德为政，才可得人心。否则，君不仁则臣不忠，君王无德，昏庸残暴，则定失去臣民的忠顺之心。失人心者失天下。“君之视臣如手足；则臣视君如腹心；君之视臣如犬马，则臣视君如国人；君之视臣如土芥，则臣视君如寇雠。”(《孟子·离娄下》)这是告诫君主，他们对臣下的态度，将直接决定臣下对他们的态度，不尊重臣下势必造成灾难性后果。

同时，古人又认为，

臣子拜见皇帝图

中国古代讲求“三纲”“五常”，“三纲”指“君为臣纲，父为子纲，夫为妻纲”，“五常”指“仁、义、礼、智、信”。其中，“君为臣纲”乃是极重要的一条，要求臣子绝对服从君主。图中，皇帝高坐于堂，左右太监、仕女伺候，堂下臣子匍匐于地行叩拜大礼。

随处可见的宫廷礼仪

宫廷是古代礼仪制度最为完备的场所。宫廷中从进膳、侍寝到面见会晤，都有一套完善的礼仪制度。图为明代画家杜瑾所绘的《宫中图》，描绘了后宫嫔妃们的日常生活。图中是画师为嫔妃画像场景。

真正的仁政必须“德主刑辅”。先用德礼进行教化，教化无效则辅之以刑罚。德刑结合，形成刚柔相济的“仁政”，这才是治国之道。而实际上，历代君王真正以礼治国、以德服人而施行仁政者并不多，在施政之时，常常是刑主德辅。

相反，臣子应对君王忠心的道义却被严格地维护着，如有违背，则被视为大逆不道，忠君报国之道义成了君王统治臣民的工具。这从古人以“效犬马之劳”来喻臣子应对君王忠心效力之事可见一斑。君主为驾车的驭手，而群臣则为驰骋效力的马匹；君王为呼来唤去的主人，而群臣则为有忠主之名、效力之实的犬。君尊臣卑的地位之异显而易见，臣子忠心效力之意不言而喻。可是，君王的仁爱之德却未见其有。

《礼记·曲礼》中说：“大夫死众，士死制。”即作为大夫，就应当为保卫民众而死，作为士人，就应该为执行君命而死。这样的思想礼仪历代承传，不断渗透，早已被臣民所接受，以至庶人皆知。因此，自古以来，忠君报国而死者众矣。诸葛亮的“鞠躬尽瘁，死而后已”就是

节哀顺变

【原文】丧礼，哀戚之至也，节哀顺变〔1〕也，君子念始之者〔2〕也。

《礼记·檀弓下第四》

【注释】〔1〕变：变，指父母死亡。〔2〕念始之者：考虑到父母最初生我时的艰难。念始，念，想念，考虑；始，最初，初始。

【译文】举行丧礼，是人悲哀至极的时候。这时，应节制悲哀以适应失去亲人这一剧变，因为君子要考虑父母最初生我时之艰难，因而不敢因悲痛而损伤身体。

化行中都

孔子提倡以礼感化并教育民众，提高人民的道德素养，实现安居乐业。图中展示了孔子在任中都宰时用礼教治理辖区，使民风民俗得到极大的改善，人民相互谦让、不争执、行动有序。

最好的明证。战国时期楚国的三闾大夫屈原亦是历代传颂的忠君爱国之士。他竭力主张授贤任能、彰明法度、改良内政、联齐抗秦，但是，楚怀王的令尹子兰、上官大夫靳尚和他的宠妃郑袖等人，由于受了秦国使者张仪的贿赂，不但阻止怀王接受屈原的意见，且进谗言使怀王疏远了屈原。结果楚怀王被秦国诱去而身死异国。顷襄王即位后，屈原继续进谏，却受到更大的迫害，并被放逐到江南。最后，秦国攻破楚国国都，屈原虽有报国之心，却无回天之力，于是，以死明志，投汨罗江自杀而亡。明代名臣方孝孺亦是忠君典例。他对建文帝赤胆忠心，全力扶持。惠帝建文元年，燕王朱棣发动战争篡夺皇位，朱棣命方孝孺投降，并起草诏书，方孝孺拒不屈服，大书“燕王篡位”四字，致使朱棣大怒，将方孝孺及其宗族亲友数百人诛杀。此类事历代皆有，可以说，臣子的忠君思想已到了极致。

然而，从史实来看，所谓的臣子之忠，更大程度上体现的是顺从。秦二世矫诏秦始皇赐太子扶苏死时，扶苏便说，“父而赐死，尚安敢复请？”（《史记·李斯列传》）太子如此，更何况臣子百姓了。可见百姓中流传的“君命不可违”、“君让臣死臣不得不死”之语实非妄言。人们历来把岳飞作为精忠报国之典范来颂赞，可是人们又不得不承认，其忠，只是忠于一人，是对大宋天子无条件顺从之忠。他因忠君而放弃抗敌报国之大事，最终身死国亡。因此，人们对其忠又多有微词，称其忠为愚忠。

从理论上看，古礼主张君仁臣忠，应该是首先君王要仁德对待臣下，根据礼仪来发号施令。否则，臣下如有不忠也不能怪罪。之后，才可要求臣下忠心。而臣下之忠心，又不仅是听从顺服，如果君王的差遣是正确的，就应当尽力去执行，如果君王有错误就应予以及时指出，以免误国误民。这样的君臣之礼，在唐太宗李世民和臣子魏征的关系上确实有所体现，但是，在大多数朝代都是空谈，只能是一种理想。

父慈子孝

FUCIZIXIAO

父母对子女的慈爱体现在日常生活中的关爱及严格的教育之上，后者最为重要；反过来，子女感恩于父母的养育与关爱，应回报以孝道，以恭顺、尊敬之态事之，奉养至终老。

父母与子女的关系是以血缘关系结成的最亲密的人际关系。其至亲的骨肉之情为家庭的和谐美满奠定了良好的基础。在家庭中，如果能父母慈爱、子女孝敬，各守礼仪，就会形成父子相亲、夫妇有别、长幼有序的和谐美满的家庭状态。因此，父慈子孝成为儒家所提倡的人伦大礼，“为人子，立于孝；为人父，止于慈。”（《大学》）

首先，做父母的应该对子女有慈爱之心。在日常生活中给子女以关爱，令子女健康成长；反过来，子女感恩于父母的养育与关爱，又会报之以孝道。

父母对子女的慈爱，除了体现在生活中关心爱护之外，还应包含父母对子女的教育。仪态言谈、待人接物、孝悌之礼以及文化知识等方面的严格教育，可以看做是父母对子女的大慈。因为，只有教给子女如何做人，培养子女成材，才可令子女以德行事，立足于社会。否则，子女长大之后却无法成为合格的社会人，则是父母的过错了，也就无法谈及真正的慈爱了。《三字经》便云：“养不教，

新妇侍姑

旧时称公婆为舅姑，且有“七出”。“不侍姑舅”便为“七出”的一种，即若媳妇不孝顺公公和婆婆，丈夫便有权休掉妻子。图中，一妇人侧卧于床，一男一女分列床两头，双手合十，为之祈祷。

父之过。”父母养育子女，却不给予其严格的教育，就是父母的过错。历史上，做得比较好的便是为儿子健康成长而三次择邻搬迁的孟母了。《三字经》还说：“首孝悌，次见闻。”是在说，知识的传授并不重要，懂得孝悌，学会如何做人才是关键。

《后汉书》曰：“夫孝，百行之冠，众善之始也。”《孝经》又曰：“夫孝，天之经也，地之义也，民之行也，德之本也。”“天地之性，人为贵，人之行，莫大于孝。”子女之孝行是道德修养的体现，是人们天经地义、义不容辞的职责。

《国语·晋语》曰：“民生于三，事之如一：父生之，君食之，师教之。非父不生，非食不长，非教不知生之族也，故一事之。唯其所在，则致死焉。报生以死，报赐以力，人之道也。”父母养育子女，子女则一定要回报父母的养育之恩，在父母的有生之年，给予其奉养、尊敬、安抚与欢乐。必要的时候，即使付出生命也在所不辞。能如此做，才可称其为孝。

子女对父母的孝，具体地说，表现在对父母的奉养、顺从、尊敬等方面。

父母年龄大了，生活起居各方面皆需要照顾，心理上也需要安慰，因此，在日常生活中，子女必须给予周到细致的照顾，让他们感受到天伦之乐。《礼记·曲礼》曰：“凡为人子之礼，冬温而夏凊，

二十四孝瓶

二十四孝

“孝”是儒家伦理思想的核心，是中国古代重要的伦理思想之一，是最根本的礼教准则。《二十四孝》选取了二十四个典型人物的故事来展现这一传统美德。

啮指痛心

乳姑不怠

尝粪忧心

孝感动天

教导幼子之礼

幼子常视[1]毋诳。童子不衣裘裳[2]。立必正方[3]，不倾听。长者与之提携[4]，则两手奉长者之手。负、剑、辟咡诏[5]之，则掩口而对[6]。

《礼记·曲礼上第一》

【注释】〔1〕常：经常，常常。视：通“示”，出示、展示。〔2〕衣、裳：衣，名词作动词用，“穿”。裳：指裤裙。〔3〕正方：指站立时面对四方四位。〔4〕提携：上对下，大人搀扶小孩，后引申为提拔。〔5〕负：背负。剑：喻胁下带小儿如带剑。辟：倾。咡（ěr）：同“耳”。诏，告。〔6〕对：回答。

【译文】教育幼儿，应该经常向他展示正确的东西，不要欺骗他。儿童不穿皮裘和裙裳，站立必须面对四方四位，不侧头听人说话。大人搀扶小孩，小孩要双手握着大人的手。大人把孩子背在背上，或如带剑一样把孩子挟在胁下，要凑近孩子耳旁对孩子说话，孩子要用手遮掩着嘴回答大人的话。

昏定晨省，在丑夷不争。”即，做儿子的要让父母冬天感到温暖，夏天感到凉爽；傍晚为他们整理好床铺，早晨向他们探视问安；在平辈中不挑起争端。这在《礼记·内则》中有详细的规定：鸡叫头遍之时，儿子、媳妇都要起床梳洗，之后到父母、公婆的住处问安。要以和谐悦耳的声音嘘寒问暖，问是否有病痛或疴痒，然后就谨慎恭敬地为其按摩搔痒。在父母公婆出入走动时，或先或后恭敬地搀扶。在他们洗漱时，由年龄小的捧着盆子，年长的端着盛水的容器；洗漱完毕，要递上毛巾，并询问父母需要什么，然后就恭敬地呈上，脸色要和悦。然后侍奉父母饮食，要使食物美味可口，并在父母公婆品尝后才可退出。到了傍晚，还要为父母公婆安顿床铺。如果是已正式受爵的士以上的人，因与父母不在同一宅室，就要在天色稍明时动身去向父母请安，并带去美味甘甜的食物。在太阳落山时再去问候父母，仍带美味前往。

此外，父母生病，子女侍奉也是天经地义之事。而且在父母生病之时，不得享受琴瑟之乐，不得大笑，吃肉喝酒都要有节制。

孔子在《论语》中回答弟子什么是孝的问题时，曰：“生，事之以礼；死，葬之以礼，祭之以礼。”可见，子女对父母的孝，不仅体现在生前的侍奉之上，还表现在父母去世后的以礼守丧、安葬及依礼祭奠之上，这亦为极其重要的行孝之举。守丧之时，也要处处体现悲哀、痛苦之情，举止言谈、饮食着装都要依礼而有所节制，否则被视为不孝。

《孝经图》局部 马和之 宋代

"孝"与"礼"是儒家文化中的两个重要方面，两者相辅相成，密切相关。古语常云，"教民亲爱，莫善于孝，数民礼顺，莫善于悌"，明确了两者的联系。而历代统治者皆以"礼法"推行孝道，褒奖孝悌，彰表门第，或严惩不孝，定罪警戒。图为宋人所绘的古代家庭、帝王尊老、礼老场景。

孝的另一方面表现为顺从。这种对父母为表孝心的顺从，要终身奉行，即使父母已故去，也不得改变。正如《礼记·内则》所说："孝子之养老也，乐其心，不违其志，乐其耳目，安其寝处，以其饮食忠养之，孝子之身终。终身也者，非终父母之身，终其身也。是故父母之所爱亦爱之，父母之所敬亦敬之，至于犬马尽然，而况人乎。"《论语·学而》对此也有论说："父在，观其志；父没，观其行。三年无改父之道，可谓孝矣。"就是说，作为孝子，应该让老人快乐，这除了在生活起居、日常饮食方面悉心照料外，对他们的意愿还要终身不得违背。如，父母在，不远游，不为朋友卖命，不登高临渊等，这些都是父母担心而不准许的。孝心旨在深体父母之心、顺从父母之意而不给其增添忧烦。另外，即使父母去世，自己将做善事时，就要想着一定要把事情做好，以给父母留下好名声；如果将要做坏事时，就要想着千万不要使父母蒙受羞耻，所以一定不要去做。父母生前所喜爱的人与物，包括奴婢、庶子庶孙等，做子女的仍要终身给予关爱，如父母在时一般。另外，婚姻大事也要绝对听从父母的安排，父母之命、媒妁之言绝不可违。即使已经结婚，仍要遵从父母的意志。自己特别宠爱的妻子，如果父母不喜欢，也要把她休掉。而自己不喜欢的妻子，如果父母说"她能很好地服侍我们"，那么仍要与她行夫妇之礼，至死不渝。孝顺的儿媳妇，对公婆的吩咐，不得违抗与怠慢。如果公婆赐给饮食，即使不喜欢吃也要品尝一下；赐给的衣服，即使不喜欢穿也要穿起来。作为子女孝顺父母是天定的人伦之礼，然而过分顺从的规定却是对人性的禁锢。

另外，子女之孝还体现在尊敬之上。《论语》曰："今之孝者，是谓能养。至于犬马，皆能有养。不敬，何以别乎！”曾子也说过：“孝有三，大孝尊亲；其次弗辱；其次能养。”可见，尊敬是孝的第一要义。古礼对此也有很多具体规定：在父母公婆之所，如果他们有所吩咐，就应该恭敬地回答“唯”，在他们面前前进、后退、转身，都要恭敬严肃，举止端庄。上下台阶、出入大门都要俯身而行且从容不迫。作为儿子，外出一定要告知父母，回来也要当面禀告。平常说话不要自称“老”，平时不要坐在室内的西南角，那是尊者之位；坐在席子上时，也不要坐在中间；走路时，不要走在路中间；宴客祭祀的规格、数量，不自定限制。父母召唤时，要在答应“唯”的同时站起身来。对父母公婆的饮食起居等一切生活用具皆要敬而远之，例如餐具，子女只在吃其剩下的食物时，才可以动用。

父慈子孝，是家庭和谐、家族兴旺之要素，这样的人伦关系之礼，即使在现代社会也是应予以提倡的，只是对古人的具体做法要予以批判地吸收。

勿施于人

子曰：“己所不欲，勿施于人。”

《论语·颜渊篇第十二》

【译文】孔子说：“自己不想做的事情，不要强加给别人。”

洗脚大会

古时，上巳节有为了除鬼神求清洁治疗不育症的祓禊、修禊或沐浴活动。“不孝有三，无后为大”，云南初春流传的洗脚大会乃是古代祓禊的遗风。

夫义妇从

FUYIFUCONG

古代婚姻中，丈夫对妻子只是承担道义上的责任，而妻子则要遵从丈夫的一切意旨，以“三从四德”为行为准则，根本没有独立的人格与权利。

宋代人物生活

至宋代，饮茶之风日盛，随之而来的是各种烹茶喝茶的礼数和器具。左图中一高髻妇女，正俯身注视面前的长方火炉，左手下垂，右手执火箸夹拨炉中火炭，炉上有一长柄带盖执壶。造型优美典雅。右图所展示的乃是北宋的建筑物构件。通常情况下，男子在外劳作，女子在家操持家务。图中妇女正站在案几前左手持器皿，右手拿布轻轻擦拭，神态安然，动作小心翼翼。两砖均为雕刻，刻工精致。人物比例匀称，形象生动，风格清新。为宋画像砖中的佳作。

夫妇有别、男尊女卑、夫唱妇随、夫义妇从等论说，严格地规定了夫妻之礼，而总的来说，就是“夫为妻纲”，女子要遵从丈夫的一切意旨，一切以丈夫为中心，女子在婚姻中根本没有独立的人格与权利。而作为丈夫，处于绝对主角地位，其对妻子所行之礼只是承担道义上的责任。可见，古礼中，夫妇之间应有的恩爱之情根本无从谈起。

丈夫对妻子的“义”，在《大戴礼记·本命》“三不去”的规定中有所体现。“三不去”包括：“有所娶无所归，不去；与更三年丧，不去；前贫后富，不去。”是说，妻子如果已经无家可归，就不能休；和丈夫一起，为公婆守了三年的丧，也不能休掉；曾与丈夫共度艰难困苦的岁月，如今丈夫富贵了，也不可以休掉。作为丈夫的，如果违背这三条而休妻，则将被视为不义。然而，这只是一种道义上的谴责，一种无力的约束，对违背者却没有实质上的处罚。在现实生活中，抛妻别娶的不义之夫并不少见。

相反，儒家的夫妇之礼对女子的要求却是相当严格、严厉，甚至苛刻的。《仪礼·丧服》曰：“妇人有三从之义，无专用之道，故未嫁从父，既嫁从夫，夫死从子。故父者，子之天也。夫者，妻之天也。”班昭甚至在《女诫》中说，“夫有再娶之义，妇无二适之文。”男子至尊，女子一生唯有服从，即使丈夫死了，也不得再嫁。另外，在女子出嫁前，“四德”是必修的内容，以便到了男家懂得规矩而不被休回。四德为“妇德、妇容、妇言、妇工”。《女诫》规定：“清闲贞静，守节整齐，行己有耻，动静有法，是谓妇德。择辞而说，不道恶语，时然后言，不厌于人，是谓妇言。盥浣尘秽，服饰鲜洁，沐浴以时，身不垢辱，是谓妇容。专心纺绩，不好戏笑，洁齐酒食，以奉宾客，是谓妇功。此为四德。”知耻守节、端庄顺从、相夫教子、尊老爱幼、勤俭节约为妻子毕生的行为规范。做为妻子的，如违反，轻则受到教导、责备，重则被休掉。《大戴礼记·本命》中就规定了对女子的“七去”，即女子如有不顺父母、无子、淫、妒、恶疾、多言、盗窃等行为，就会被休回娘家。《仪礼·丧服》又提出了“七出”的说法：“七出者，无子，一也；淫泆，二也；不事姑舅，三也；口舌，四也；盗窃，五也；妒忌，六也；恶疾，七也。”“七去”、“七出”词殊而意同，都是对女子的束缚，都体现了男尊女卑的封建思想，是男权社会家庭中夫权统治的工具。

相敬如宾

《左传·僖位公三十三年》：“臼季使，过冀，见冀缺耨，其妻之，敬，相待如宾。”相敬如宾、举案齐眉，乃是中国旧式夫妻的典范。

兄友弟恭

XIONGYOUDIGONG

长兄如父，兄长要有父亲般的慈爱，同样还要担负起父亲一样的教育之责，关心弟弟身心各方面的成长，从而引导弟弟的立身处事。反过来，弟弟则应对兄长恭敬、顺从，并怀报答之情。

气倒美人图

传统社会伦理道德要求“一男可纳几门妾，一女不可侍二夫”。图中所绘为一妇人见其夫新纳之妾容貌美丽、体态婀娜而妒恼交加，竟一时气闭晕倒。

古人常把孝悌相提并论，认为孝悌是礼的核心，是为人之本。人皆行孝悌之礼，则犯上之现象便会减少，作乱之事甚至会消失，即《论语·学而》所云：“其为人也孝悌，而好犯上者鲜矣。不好犯上，而好作乱者，未之有也。君子务本，本立而道生。”《弟子规》又曰：“入则孝，出则悌。”孝悌之道，为人子、为人弟者必行之礼也。同时，古人又对兄弟之间的关系，提出了“兄友弟恭”、“兄仁弟悌”的说法，也就是说，在家庭及家族中，作为兄长的要对弟弟友爱、关心，作为弟弟的，则要敬爱、顺从兄长。实际上，伦常之礼中，儒家更强调的是弟弟的悌与恭。

兄长对弟弟的关心、友爱，体现在方方面面。长兄如父，兄长要有父亲的慈爱，同样还要担负起父亲一样的教育之责，关心弟弟成长，辅助其行冠礼，帮助其完成婚事，引导其言行，指导其思想。对弟弟的立身处事有相当大的影响。

正因为兄长如父亲般对待弟弟，所以，古礼中更强调弟弟对兄长的“恭”与“悌”。《礼记·内则》中规定：一家的嫡子、庶子要恭敬

①含饴弄孙

②教训诸王

③戒饬宗族

④禁苑种谷

历代贤后故事图　清代　焦秉贞

图中所绘的虽是历代贤后的故事，但实则是以皇后为表率来要求广大的妇女尊崇恪守妇道、“三从四德”。

地对待嫡长子夫妇。嫡子和庶子即使变得富贵，也不能以自己的富贵去嫡长子家炫耀；子弟中若有人得到馈赠的器物，必须把最好的献给嫡长子，次等的自己留用。如果不是献给嫡长子的礼物，就不要带入其家。祭祀时，家境富裕者，要准备两头祭牲，把其中好的祭牲献给嫡长子。夫妇都斋戒助祭，要等嫡长子祭祀完毕，才敢进行自家的祭祀。

弟弟对兄长的恭敬、顺从，在《朱子童蒙须知》中也有规定：“父兄长上有所教督，但当低首听受，不可妄大议论。长上检责，或有过误，不可便自分解，姑且隐默。久，却徐徐细意条陈云，此事恐是如此，向者当是偶尔遗忘。或曰，当是偶尔思省未至，若尔，则无伤忤，事理自明。”“父兄长上坐起处，文字纸札之属，或有散乱，当加意整齐，不可辄自取用。”

另外，在很多有关礼仪的典籍中，都涉及了弟弟敬顺兄长之礼：陪兄长坐，要常露敬候之色，敬听之态；兄长有所命则起立；尊长有倦色，则请退。行路时，要与兄长“齿雁行”，不可相隔太远，如有所问，以便应对。诸如此类之规定细致而烦琐，不予赘说。

师教生尊

SHIJIAOSHENGZUN

作为老师，必须有“传道、授业、解惑”之功，同时，还要善于教育学生，教给学生做人之法、处事之道。反过来，学生必须尊敬老师，视之为父母，终生不忘教育之恩。

古人常把老师与父母、君王甚至天地相提并论，来倡导尊师重道之行。《尚书·泰誓》曰：“天佑下民，作之君，作之师。”意思是说，天佑助下民，为之立君以政之，为之立师以教之。《荀子·礼论》又云：“礼有三本：天地者，生之本也；先祖者，类之本也；君师者，治之本也……故礼上事天，下事地，尊先祖而隆君师，是礼之三本也。”荀子把老师与先祖、君王并论，且提升到了“礼之本”的高度。另外，世人还把师与天地君亲相排列，把万世师表的孔子当做顶礼膜拜的对象。在家中设牌位供奉，并以释奠礼或释菜礼加以祭祀。在民间又有“师徒如父子”“一日为师，终身为父”之说。可见，老师在古人心目中地位之高。

作为老师，有如此高的地位，这缘于其传道授业解惑之功。

为人之师，必须学而不厌，诲人不倦。学不厌为智，教不倦为仁，以智慧和仁德来教育学生，哪里还有不受人尊重的道理呢？因

先圣小像刻石

仪态是一个人内在涵养的重要体现。儒家思想规范中，对此有“君子有三变”之说，即望之俨然，即之也温，听其言也厉的原则。因此古代的绘画中表现儒者常以“温、良、躬、谦、让”的形象加以刻画。图为曲阜孔庙所藏《先圣小像》刻石上的儒者形象。

清明上河图——酒楼

《孟子·滕文公下》:“于此有焉:入则孝,出则悌。”孝和悌是儒家伦理思想的核心,把它看做是实行“仁”的根本条件。对父母长辈要孝顺,兄弟姊妹之间要友爱。

此,作为老师,首先,不断充实、提高自己,掌握教学规律,改进教育教学理念与方法,这样才能因材施教、与时俱进而不误人子弟。之后,将这些先进的教育教学理念及方法运用于实践之中,在学生得到知识的同时,教给学生学习方法,培养学生学习兴趣,使学生“善学之”且“乐学之”。孔子在《礼记·学记》中对老师的教学提出了极有价值的观点:大学的教育方法是,在学生不正当的欲望发生之前就予以禁止,即防患于未然;抓住最恰当的时机进行教育,即合乎时宜;不超越正常的顺序进行教育,即循序渐进;让学生互相学习长处,即切磋学习。在教学方法上,重在引导、鼓励、启发,而不是强逼、打击和老师全部讲解。而且老

高中状元归乡图

高中状元乃是天下读书人梦寐以求的事。图中,状元头戴状元帽、身着喜服、脚踏龙脊,三童子扛幡举旗,有飞黄腾达、前途不可限量之意。

雁塔进士题名帖

雁塔题名乃是唐朝士子的著名盛事。因唐朝进士极难考取,因此,所中之人是极其荣耀。录取后,皇帝在曲江池赐宴,然后所有新科进士登慈恩寺大雁塔,在其壁上题名留念。

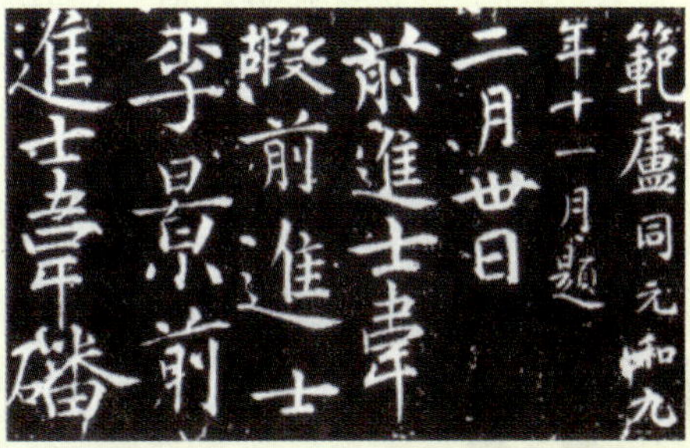

与人相处之礼

将适舍，求毋固〔1〕。将上堂，声必扬〔2〕。户外有二屦〔3〕，言闻则入，言不闻则不入〔4〕。将入户，视必下〔5〕。入户奉扃〔6〕，视瞻毋回〔7〕。户开亦开，户阖亦阖。有后入者，阖而勿遂〔8〕。毋践屦，毋踖〔9〕席。抠衣〔10〕趋隅，必慎唯诺。

《礼记·曲礼上第一》

【注释】〔1〕舍：旅舍。固：犹常。〔2〕将上堂，声必扬：扬，大声说话。因堂上有室，用以提醒室中之人。〔3〕屦：鞋，二屦，两双鞋。主人入室，鞋子脱在室外。〔4〕言不闻则不入：言不闻，室内人说话声音极低，似有机密事，因而不入。〔5〕视必下：眼睛朝下看，避免看到别人隐秘之事，引起对方猜忌。〔6〕入户奉扃（jiōng）："扃"是上门的横杠。此处指双手作出捧扃的姿势，表示对室内人的恭敬。〔7〕视瞻毋回：因入室后目光面对主人，"回"指收回目光向四周看。〔8〕阖而勿遂：指不要马上将门关上。遂：遂即、马上。〔9〕踖（jí）：践、踏。〔10〕抠衣：提衣。

【译文】外出时，将就住宿旅舍，不要强求与平常在家一样。将要上堂，必须高声说话示意。看到室外有两双鞋，如果听到室内人说话就进去，如果听不到室内人说话的声音就不进去。将进入室内时，目光一定要朝下看，进入室内，双手要做出像捧着门杠的样子，眼睛不要朝四周看。如果进门前室门是关着的，进门后就把门关上。如果后面还有人进来，关门时要慢慢关而不要马上把门关上。不要踩着别人的鞋，不要践踏别人的坐席，要提着衣裳走到室内一角登席。说话应答一定要谨慎。

师要善于举一反三，这样，他的学生也会掌握这个方法。而且，要根据学生所需进行教学。如果学生学习做官，就先教给他与职务有关的事；如果学做士，就先教给他应有的志向。

老师在教学时，除了授予学生文化知识外，还要教给学生做人之法，立身处事之道，使其懂得仁、义、礼、智、信的要义，并努力践行之，最终实现"齐家、治国、

文房四宝

俗指笔、墨、纸、砚。湖笔、徽墨、端砚、宣纸为文房四宝之上品。除四宝外，笔筒、笔架、墨床、墨盒、臂搁、笔洗、书镇、水丞、水勺、砚滴、砚匣、印泥、印盒、裁刀、图章、卷筒等等，也是书房中的必备之品。

平天下”的人生大志。

此外，老师对学生也要严格要求，使他们有所畏惧，收敛他们的威风。例如，老师可以用榎、楚两样东西来笞罚学生。“严师出高徒”，这也是古人的教育思想。

在教学上，老师全心全意地付出，使学生得以成才、立业，因此，反过来也应该得到学生及世人的尊敬。《国语·晋语》中说，对老师，应该像对待父母、君王一样，尽力报答，甚至不惜报以生命。《礼记·学记》中说，只有两种人，君王不以对待臣子之礼来待之。一是祭祀时，担任尸的人；一是自己的老师。按照大学的礼节，天子做学生、臣子为老师时，老师要面朝西向，而不是像臣子朝见天子时面朝北向的。

自孔子始，为表达对老师的酬劳，很多朝代都有行束脩礼之仪。束脩，十条干肉，作为学生拜见老师的礼物。后来便把学生送给老师的酬劳统称为束脩。如《全唐文·中宗》记载，天子中宗发布诏令：“学生在学，各以长幼为序。初入学，皆行束脩之礼于师。国子太学各绢三匹，四门学绢二匹，俊士及律书、算学，州县各绢一匹。皆有酒脯。”可见对老师的尊敬。

另外，在与老师相遇、相交之时，在举止言谈上，学生皆要以老师为尊。《礼记·曲礼》曰：“从于先生，不越路而与人言。遭先生于道，趋而进，正立拱手，先生与之言则对，不与之言则趋而退。”“先生书策琴瑟在前，坐而迁之，戒勿越。虚坐尽后，食坐尽前。坐必安，执尔颜，长者不及，毋儳言，正尔容，听必恭，毋剿说，毋雷同，必则古昔，称先王。侍坐于先生，先生问焉，终则对，请业则起，请益则起。”也就是说，学生对老师要毕恭毕敬才合于礼仪。

老师授学生以知识、道义，学生还老师以尊重，宜为万古不废之礼，世道长存之基。于今天，我们更应该予以提倡，以促进国家的稳定与发展，中华文明礼仪的弘扬光大。

科举的场面

进入科举考场，并取得功名，进入官场，实现个人的人生抱负，是传统社会中读书人梦寐以求的事。

身正令行

子曰："其身正，不令而行；其身不正，虽令不从。"

《论语·子路篇第十三》

【译文】孔子说："自身品行端正，就是不发命令，老百姓也知道该怎么做；自身品行不端正，即使有严厉的命令，老百姓也不听从。"

君子自洁之礼

博闻强识而让[1]，敦[2]善行而不怠，谓之君子。君子不尽人之欢，不竭[3]人之忠，以全交也。

《礼记·曲礼上第一》

【注释】〔1〕让：谦让。〔2〕敦：敦厚，诚心诚意。〔3〕竭：竭力，全力。

【译文】见闻广博，记忆力强而又谦让，诚心诚意做善事而不懈怠，这种人可以称之为君子。君子不要求别人全心全意喜欢自己，也不要求别人全力效忠于自己，这样，可以使交情能够完美地保持下去。

父为子隐，子为父隐

叶公语孔子曰："吾党有直躬[1]者，其父攘[2]羊，而子证[3]之。"孔子曰："吾党之直者异于是：父为子隐，子为父隐。——直在其中矣。"

《论语·子路篇第十三》

【注释】〔1〕直躬：直率。〔2〕攘：偷。〔3〕证：告发。

【译文】叶公对孔子说："我的家乡有一个性子很直率的人，他父亲偷了羊，他便去告发了父亲。"孔子说："我的家乡性子直率的人与你说的不同：父亲为儿子隐瞒，儿子为父亲隐瞒。——直率坦诚就在这里面了。"